Windows 10

PARA

DUMMIES™

Windows 10

PARA

DUMMIES™

Andy Rathbone

**Traducción Paola Tormo, Eugenia Arrés
y Natalia Montoro**

Obra editada en colaboración con Centro Libros PAPF, S.L.U. – España

Edición publicada mediante acuerdo con Wiley Publishing, Inc.
...For Dummies, el señor Dummy y los logos de Wiley Publishing, Inc. son marcas
registradas utilizadas bajo licencia exclusiva de Wiley Publishing, Inc.

Primera edición impresa en España: octubre de 2015
ISBN: 978-84-329-0258-1

Primera edición impresa en México: febrero de 2016
ISBN: 978-607-07-3260-7

Impreso en los talleres de Litográfica Ingramex, S.A. de C.V.
Centeno núm. 162-1, colonia Granjas Esmeralda, México, D.F.
Impreso en México – *Printed in Mexico*

¡La fórmula del éxito!

*T*omamos un tema de actualidad y de interés general, añadimos el nombre de un autor reconocido, montones de contenido útil y un formato fácil para el lector y a la vez divertido, y ahí tenemos un libro clásico de la colección Para Dummies.

Millones de lectores satisfechos en todo el mundo coinciden en afirmar que la colección Para Dummies ha revolucionado la forma de aproximarse al conocimiento mediante libros que ofrecen contenido serio y profundo con un toque de informalidad y en lenguaje sencillo.

Los libros de la colección *Para Dummies* están dirigidos a los lectores de todas las edades y niveles del conocimiento interesados en encontrar una manera profesional, directa y a la vez entretenida de aproximarse a la información que necesitan.

www.paradummies.es
www.facebook.com/paradummies
@ParaDummies

¡Entra a formar parte de la comunidad Dummies!

El sitio web de la colección *Para Dummies* está pensado para que tengas a mano toda la información que puedas necesitar sobre los libros publicados. Además, te permite conocer las últimas novedades antes de que se publiquen y acceder a muchos contenidos extra, por ejemplo, los audios de los libros de idiomas.

Desde nuestra página web, también puedes ponerte en contacto con nosotros para comentarnos todo lo que te apetezca, así como resolver tus dudas o consultas.

También puedes seguirnos en Facebook (www.facebook.com/paradummies), un espacio donde intercambiar impresiones con otros lectores de la colección, y en Twitter @ParaDummies, para conocer en todo momento las últimas noticias del mundo Para Dummies.

10 cosas divertidas que puedes hacer en www.paradummies.es, en nuestra página en Facebook y en Twitter @ParaDummies

1. Consultar la lista completa de libros *Para Dummies*.
2. Descubrir las novedades que vayan publicándose.
3. Ponerte en contacto con la editorial.
4. Suscribirte a la Newsletter de novedades editoriales.
5. Trabajar con los contenidos extra, como los audios de los libros de idiomas.
6. Ponerte en contacto con otros lectores para intercambiar opiniones.
7. Comprar otros libros de la colección.
8. Publicar tus propias fotos en la página de Facebook.
9. Conocer otros libros publicados por el Grupo Planeta.
10. Informarte sobre promociones, descuentos, presentaciones de libros, etc.

Descubre nuestros interesantes y divertidos vídeos
en nuestro canal de YouTube:
www.youtube.com/paradummies
¡Los libros Para Dummies también están disponibles
en e-book y en aplicación para iPad!

Sobre el autor

El *frikismo* informático de **Andy Rathbone** empezó allá por 1985 cuando se compró un CP/M Kaypro 2X portátil que pesaba 12 kilos. Como los demás cerebritos de la época, empezó a enredar con adaptadores *null modem*, a conectarse a anuncios clasificados y a trabajar a tiempo parcial en Radio Shack.

Escribió artículos para varias revistas de tecnología antes de pasar en 1992 al mundo de los manuales informáticos. Es el autor de toda la colección de *Windows for Dummies*, *Microsoft Surface for Dummies*, *Upgrading & Fixing PCs for Dummies*, además de otros muchos libros de informática.

Hasta la fecha se han impreso más de quince millones de ejemplares de sus libros y se han traducido a más de 30 idiomas. Puedes ponerte en contacto con Andy a través de su web: www.andyrathbone.com.

Agradecimientos

Quiero dar las gracias a Dan Gookin, Matt Wagner, Tina Rathbone, Steve Hayes, Colleen Diamond, Virginia Sanders y Ryan Williams.

También estoy agradecido con toda esa gente que conocí en la editorial, al equipo de ventas, *marketing*, corrección, maquetación, gráficos y producción, que han echado muchas horas para que puedas tener este libro en tus manos.

Sumario

Parte II: Trabajar con programas, aplicaciones y archivos *135*

Introducción

Te doy la bienvenida a *Windows 10 para Dummies*, el libro más vendido del mundo sobre Windows 10, la versión más reciente (y supuestamente la última) de Windows.

La popularidad de esta obra seguramente se deba a una sencilla cuestión: algunas personas quieren ser unos sabelotodo de Windows. Les encanta interactuar con cuadros de diálogo. O bien pulsan teclas al azar con la esperanza de descubrir características ocultas y no documentadas. Y hasta memorizan largas cadenas de comandos informáticos mientras se lavan el pelo.

¿Y tú? Bueno, tú no eres un *dummy*, de eso no cabe duda. Tampoco es que te fascinen Windows y las computadoras. Quieres hacer tu trabajo, terminarlo y ponerte a hacer otra cosa. No tienes intención de cambiar esto, y no es nada malo.

Ahí está lo bueno de este libro, que en vez de convertirte en un sabelotodo de Windows, aporta los conocimientos útiles de informática que necesitas. En lugar de convertirte en un especialista en Windows, sabrás lo suficiente para moverte rápido, sin complicaciones y de forma casi "indolora", de modo que no restes tiempo a asuntos más agradables.

Y podrás hacerlo en todos los dispositivos, sea una tableta táctil, una computadora portátil o una de escritorio.

Acerca de este libro

No intentes leer sus páginas de una tacada: no hace falta. En vez de ello, utilízalo como si de un diccionario o una enciclopedia se tratase. Ve a la página que contiene la información que necesitas y exclama: "¡Ah, a esto se referían!". Luego cierra el libro y sigue con tu vida.

No te molestes en intentar memorizar toda la jerga de Windows, como *Selecciona el elemento de menú del cuadro de lista desplegable*. Eso déjalo para los amantes de las computadoras. De hecho, cuando en algún capítulo figura algún tecnicismo, un símbolo de alerta te avisa de ello. Según te apetezca, puedes pararte a leerlo detenidamente o pasar de largo.

Los diferentes capítulos, en vez de derrochar elegante jerga informática, tratan en un lenguaje llano temas como los siguientes:

✔ Mantener segura tu computadora.

✔ Comprender el sentido de la nueva pantalla Inicio de Windows 10.

✔ Buscar, abrir y cerrar programas y aplicaciones.

✔ Localizar el archivo que guardaste o descargaste el día anterior.

✔ Configurar una computadora o tableta para que lo use toda la familia.

✔ Copiar información desde, o a, un disco o dispositivo USB.

✔ Guardar y compartir fotos de tu *smartphone* o cámara digital.

✔ Imprimir o escanear tu trabajo.

✔ Crear una red entre dos o más computadoras para compartir internet, archivos o una impresora.

✔ Resolver los problemas que causa Windows.

No tienes que aprender nada. Tan solo ve a la página adecuada, lee la breve explicación y vuelve a tu tarea. A diferencia de otros libros, este te permite hacer frente a los tecnicismos mientras cumples con tu trabajo.

Cómo utilizar este libro

Es muy probable que en algún momento Windows 10 te haga dudar. Es la versión comercializada de Windows que más confunde a los usuarios, así que siéntete orgulloso de tener la fuerza suficiente como para perseverar.

Cuando Windows te deje perplejo, utiliza este libro como referencia. Puedes buscar el tema en la tabla de contenidos o en el índice. La tabla de contenidos ofrece los títulos de cada sección y capítulo, y sus números de página. El índice enumera los temas y sus números de página. Avanza por la tabla de contenidos o el índice para buscar el apartado donde se trata ese punto negro de la informática, lee solo lo que tienes que leer, cierra el libro y ponlo en práctica.

Si te pica la curiosidad y quieres saber más, sigue leyendo hasta los elementos con viñetas que se encuentran bajo cada sección. Encontrarás más información de carácter opcional, consejos o referencias cruzadas para consultas. Pero no te agobies. Nadie te va a obligar a descubrir nada que no quieras o a lo que simplemente no puedas dedicar tiempo.

Si tienes que escribir algo en la computadora, lo localizarás fácilmente porque aparecerá en negrita, como en el siguiente ejemplo:

Escribe **Media Player** en el cuadro Buscar.

Según el ejemplo anterior, escribirías las palabras "Media Player" para después pulsar la tecla Intro del teclado. Escribir palabras en una computadora puede resultar confuso, por lo que describo lo que deberías ver en la pantalla.

Cuando describo una combinación de teclas que tienes que pulsar, lo hago de esta forma:

Pulsa Ctrl+B.

Esto significa que tienes que mantener pulsada la tecla Control al mismo tiempo que pulsas la tecla B (es la combinación de teclas que sirve para poner el texto seleccionado en negrita).

Cuando describo una dirección de correo electrónico o un nombre de archivo, lo hago así:

`notepad.exe`

Y las direcciones de sitios web aparecen así:

`www.andyrathbone.com`

Este libro no se lava las manos diciéndote: "Si necesitas más información, consulta el manual". Windows ni siquiera viene con un manual y aquí tampoco te daré información sobre cómo manejar paquetes de software de Windows, como Microsoft Office. Windows ya es bastante complicado de por sí. Por suerte, otros libros *Para Dummies* explican la mayoría de paquetes de software.

Pero no te sientas abandonado. En esta obra se describe Windows con tanto detalle como para que le saques provecho. Además, si tienes alguna duda o comentario sobre lo que leas, no dudes en ponerte en contacto conmigo en `www.andyrathbone.com`. Cada semana respondo una pregunta que algún lector deja en mi sitio web.

Por último, ten en cuenta que *Windows 10 para Dummies* se usa como referencia. No está pensado para enseñarte a manejar Windows como un experto, gracias a Dios. A cambio, reparte las pequeñas cantidades de información necesarias como para que no tengas que aprender a manejar Windows.

No me olvido de los que usan tabletas

Pese a que Windows 10 viene preinstalado en todas las computadoras de escritorio y tabletas Windows, Microsoft también dirige esta nueva versión de Windows a los usuarios de pantallas táctiles. Las tabletas, los teléfonos y algunos portátiles y monitores de escritorio cuentan con pantallas que puedes controlar tocándolas con los dedos.

Si acabas de comprar una pantalla táctil, no te preocupes. Este libro explica dónde corresponde que toques, deslices o pulses con el dedo.

Si las explicaciones dirigidas a usuarios de *mouse* te producen quebraderos de cabeza, recuerda estas tres reglas sobre las pantallas táctiles:

✔ **Cuando dice "haz clic", tienes que pulsar.** Tocar un botón y soltar rápidamente el dedo es lo mismo que hacer clic con el *mouse*.

✔ **Cuando dice "haz doble clic", pulsa dos veces.** Dar dos toques seguidos te servirá.

✔ **Cuando dice "haz clic con el botón derecho" sobre algo, mantén el dedo sobre ese elemento. Cuando aparezca un pequeño cuadro, levanta el dedo.** Este menú que ha aparecido en la pantalla es el mismo que se habría desplegado haciendo clic con el botón derecho del *mouse*. Echa un vistazo a ese cuadro o menú emergente y pulsa el elemento correspondiente de la lista para que Windows cumpla tus órdenes.

Si piensas que es engorroso trabajar sentado a una mesa con tu tableta de pantalla táctil, siempre puedes conectarle un *mouse* y un teclado. Funcionarán a la perfección. De hecho, suelen funcionar mejor que los dedos cuando trabajas en el escritorio de Windows, incluso en Windows 10 (son casi obligatorios en tabletas pequeñas de Windows).

¿Y qué pasa contigo?

Es muy probable que ya tengas Windows 10 o que estés pensando en actualizar tu sistema. Sabes lo que quieres hacer con la computadora. El problema está en conseguir que la computadora haga lo que tú quieres. Te has desenvuelto bien hasta este momento; puede que con la ayuda de un experto en informática, como un colega de trabajo, un familiar o el hijo en edad escolar de un vecino.

Ahora, cuando necesites a tu experto en informática y no lo tengas a mano, este libro podrá sustituirlo.

Iconos usados en este libro

Con tan solo echar un pequeño vistazo a Windows, veremos sus "iconos", que son botones que al pulsarlos abren diversos programas. Los iconos de este libro son muy prácticos e incluso cuesta menos descifrarlos.

¡Cuidado! Esta señal alerta de la presencia de información técnica inútil a la vuelta de la esquina. Apártate de este icono para estar a salvo de espantosas tonterías técnicas.

Este icono alerta de la presencia de información jugosa que hace más fácil la informática: por ejemplo, un método nuevo para evitar que el gato se ponga a dormir encima de tu tableta.

No olvides tener presentes estas importantes cuestiones (o, por lo menos, manosea y marca las páginas, porque es probable que quieras consultarlas otro día).

La computadora no explotará mientras realizas las delicadas tareas asociadas a este icono. Pese a ello, es recomendable usar guantes y actuar con precaución.

¿Vas a cambiarte de una versión antigua de Windows a Windows 10? Pues este icono avisa de las áreas en las que Windows 10 funciona de forma significativamente diferente a sus predecesores.

Las pantallas táctiles, controladas con los dedos en vez de con *mouse* y teclado, son habituales en las tabletas, así como en algunos portátiles y monitores de computadoras de escritorio. Este icono aparece junto a información dirigida a los usuarios a los que les gusta tocar las cosas.

Más allá del libro

El compañero en línea de este libro que encontrarás en `www.dum-mies.com` ofrece todavía más información sobre Windows 10. Esto es lo que te espera en internet:

✔ **Hoja de trucos:** en `www.dummies.com/cheatsheet/windows10` encontrarás una lista de consejos y trucos que te facilitan la vida con Windows 10.

✔ **Artículos en línea Dummies.com:** para leer información adicional que no cabría en este libro, consulta `www.dummies.com/extras/windows10`.

Qué hacer a partir de ahora

Ya estás a punto para la acción. Hojea rápidamente las páginas y examina una o dos secciones que sepas que vas a necesitar más adelante. Recuerda que este es tu libro, tu arma para combatir a los frikis que te han metido en la cabeza un complicado concepto de la informática. Rodea todos los párrafos que te sean útiles, subraya los conceptos clave, añade notas y haz garabatos junto a los temas complicados.

Cuantas más señales pongas en el libro, más rápido volverás a encontrar la información útil.

Parte I

Cosas de Windows 10 que todo el mundo cree que ya sabes

En esta parte...

✔ Entender qué cambia en Windows 10

✔ Navegar por el nuevo menú Inicio y personalizarlo

✔ Almacenar archivos en la nube con OneDrive

Capítulo 1

¿Qué es Windows 10?

Es muy probable que hayas oído hablar de Windows: todos esos cuadros de texto y ventanas que te reciben al encender la computadora. De hecho, millones de personas de todo el mundo estarán intentando comprender cómo funciona Windows mientras tú ahora lees este libro. Prácticamente todas las computadoras portátiles y de escritorio que se venden hoy en día vienen con Windows preinstalado, listo para llenar de cuadros de colores tu pantalla.

Este capítulo te ayudará a comprender por qué vive Windows dentro de la computadora, comenzando por ofrecerte una introducción a la versión más reciente de Windows de Microsoft: Windows 10. También explicaré en qué se diferencia Windows 10 de las versiones anteriores de Windows, con lo que sabrás si debes actualizar a Windows 10.

Por último, te hablaré de las nuevas características de Windows 10 y te enseñaré a instalar la actualización gratuita en tu computadora con Windows 7 u 8.1.

¿Qué es Windows y por qué lo usas?

Windows, creado y comercializado por una empresa llamada Microsoft, no se parece a los programas habituales que permiten calcular impuestos o enviar correos electrónicos furiosos a los políticos. Nada de eso: Windows es un "sistema operativo", es decir, controla el modo en que trabajas con la computadora. Tiene casi 30 años de vida y su versión más reciente se llama "Windows 10", como se muestra en la imagen 1-1.

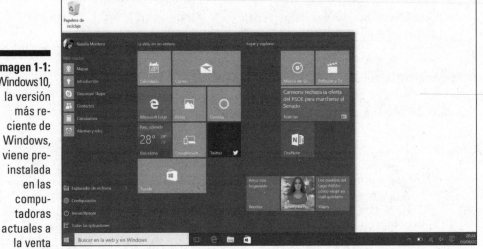

Imagen 1-1: Windows 10, la versión más reciente de Windows, viene preinstalada en las computadoras actuales a la venta

El nombre "Windows" procede de todas las pequeñas ventanas (en inglés, *windows*) que el sistema operativo coloca en la pantalla de la computadora. Cada ventana muestra una información, por ejemplo, una imagen, un programa o una desconcertante regañina técnica. Puedes colocar a la vez en la pantalla varias ventanas de diferentes programas y pasar de una a otra consultando. También puedes aumentar de tamaño una ventana para que ocupe toda la pantalla.

Cuando enciendes la computadora, Windows aparece en la pantalla y empieza a supervisar los programas que se estén ejecutando. Si todo funciona bien, no notas la presencia de Windows; solo ves los programas o tu trabajo. En cambio, si hay algún problema, Windows te dejará perplejo con un mensaje de error.

Además de controlar la computadora y de dar órdenes a tus programas, Windows cuenta a su vez con una serie de programas gratuitos y aplicaciones o miniprogramas que permiten realizar diferentes tareas, como escribir e imprimir cartas, navegar por internet, reproducir música y enviar fotos de lo último que has comido.

¿Y por qué utilizas Windows? Bueno, seguramente no tenías muchas opciones. Casi todas computadoras de escritorio, portátiles y tabletas con Windows vendidos a partir del 29 de julio de 2015 vienen con Windows 10 preinstalado. Algunos consumidores evitaron Windows comprando computadoras de Apple (esas computadoras más bonitas que son mucho más caras). Pero lo más probable es que tus vecinos, tu jefe, millones de personas de todo el mundo y tú mismo utilices Windows.

✔ Microsoft quiere que Windows 10 funcione en computadoras de escritorio, portátiles, tabletas y teléfonos (presenta el mismo aspecto y se comporta casi igual en todos ellos). Por ello, Windows 10 incluye muchos botones grandes para que sea más fácil trabajar con los dedos en las pantallas táctiles. Windows 10 también puede ejecutar en ventanas de una computadora de escritorio aplicaciones —es decir, programas sencillos— que se suelen encontrar en *smartphones* y tabletas.

✔ Para confundirnos a todos, Microsoft nunca lanzó un Windows 9, sino que se saltó un número de versión al pasar de Windows 8.1 a Windows 10.

✔ El menú Inicio tradicional del escritorio, que desapareció en Windows 8 y 8.1, regresa en Windows 10. Este nuevo menú Inicio personalizable también muestra las aplicaciones en el lateral derecho (explicaré cómo personalizar el menú Inicio en el capítulo 2).

Separar la publicidad de las características

Microsoft vende Windows como un compañero servicial que siempre piensa en lo mejor para ti, pero esa descripción no es del todo cierta. Windows siempre piensa en lo mejor para los intereses de Microsoft. Te darás cuenta de ello en cuanto llames por teléfono a Microsoft para pedir ayuda sobre un problema de Windows, ya que la asistencia telefónica se cobra a $ 100 la hora.

También Windows sirve para dar publicidad a los productos y servicios de la compañía. Por ejemplo, Edge, el nuevo explorador web de Windows, se abre con enlaces a los sitios web de Microsoft. La sección Favoritos del explorador, un lugar destinado a que añadas tus páginas web favoritas, viene surtida de sitios web de Microsoft.

Continúa

Continuación

Windows 10 inserta un enlace a OneDrive, su servicio de almacenamiento en línea, en cada carpeta. Pero Microsoft no se da tanta prisa en mencionar que hay que pagar una cuota anual cuando se alcanza el límite de almacenamiento.

Es posible que también veas anuncios de aplicaciones populares en la Pantalla de bloqueo de Windows, la pantalla que aparece cuando llevas un rato sin utilizar la computadora.

La aplicación Mapas utiliza el servicio de mapas Bing de Microsoft, en lugar de Google Maps u otro servicio de la competencia.

A Microsoft le gustaría además que empieces a comprar aplicaciones en lugar de programas tradicionales. Las aplicaciones solo se venden en la Tienda Windows, y Microsoft se queda un pico de cada venta.

Y esto es solo el principio.

En pocas palabras, Windows no solo controla tu computadora, sino que también funciona como un enorme medio publicitario de Microsoft. Trata estos folletos publicitarios integrados en el sistema como a los vendedores que llaman a tu puerta.

¿Qué novedades hay en Windows 10?

Microsoft considera que Windows 10 es una solución informática versátil que funciona en computadoras portátiles y de escritorio (como hemos visto anteriormente en la imagen 1-1), así como en teléfonos y tabletas, según se muestra en la imagen 1-2. Incluso podemos ejecutar Windows 10 en nuestro televisor a través de la consola Xbox One de Microsoft. Windows 10 se comporta de forma casi idéntica en cada dispositivo y ofrece la ventaja enorme de ejecutar las llamadas "aplicaciones universales" en todos ellos, computadoras portátiles y de escritorio, Xbox One, tabletas y teléfonos.

Además de su firme propósito de funcionar en cualquier aparato, salvo en un reloj despertador, Windows 10 trae estos cambios a tu computadora:

✔ **Menú y botón Inicio:** el menú Inicio y el botón Inicio, que habían sido eliminados en Windows 8 y reaparecieron sin mucha convicción en Windows 8.1, regresan triunfalmente al escritorio en Windows 10. La nueva versión del menú Inicio ahora incluye en el margen derecho una columna de mosaicos del tamaño de la yema del dedo para ejecutar las aplicaciones. Aquellos usuarios en guerra con los mosaicos encontrarán cómo eliminarlos en el capítulo 2.

✔ **Aplicaciones en el escritorio:** las aplicaciones, que son programas sencillos del universo de los teléfonos y las tabletas, se comían toda la pantalla en Windows 8 y 8.1. Ahora, Windows 10 te deja elegir dónde ejecutar las aplicaciones: a pantalla completa o dentro de las ventanas del escritorio.

✔ **Continuum:** este término no es más que una forma de decir que Windows 10 detecta la forma en que estás utilizando un dispositivo y adopta un comportamiento en consecuencia. Por ejemplo, cuando Windows 10 se ejecuta en una tableta, Continuum amplía el menú Inicio y las aplicaciones para que llenen la pantalla con botones más grandes, de un tamaño adecuado para pulsarlos con los dedos. Por otro lado, si conectas un *mouse* o un teclado a la tableta, esta cambia a modo Escritorio, el menú Inicio se reduce a su tamaño normal y las aplicaciones empiezan a ejecutarse en las ventanas del escritorio. Continuum permite convertir rápidamente tu tableta en una computadora de escritorio y volver a utilizarla como tableta cuando lo necesites.

✔ **Cortana:** el nuevo asistente digital en Windows 10, Cortana, te ayuda a gestionar las tareas informáticas: busca archivos perdidos, llena tu agenda de citas, recupera información de tráfico actualizada para tus desplazamientos y extrae píldoras informativas de internet. Cortana se puede controlar con la voz o mediante el teclado, y funciona desde el cuadro de búsqueda adyacente al botón Inicio.

Imagen 1-2:
Windows 10 funciona de forma prácticamente idéntica en computadoras portátiles y de escritorio (como hemos visto antes), teléfonos (izquierda) y tabletas (derecha)

✔ **OneDrive:** el servicio de almacenamiento de archivos en línea de Microsoft, anteriormente llamado "SkyDrive", viene integrado en el escritorio de Windows 10. Sin embargo, OneDrive ya no almacena los archivos en tu computadora y en internet (lo que llamamos a veces "la nube"). En lugar de esto, OneDrive pedirá que elijas si quieres dejar los archivos y las carpetas en la nube solamente o en la nube y en la computadora.

✔ **Más aplicaciones:** la Tienda Windows por fin ha alcanzado las 200 000 aplicaciones. Ni se aproxima al número de aplicaciones que tenemos para iPhone, iPad o los teléfonos y las tabletas Android, pero dispones de muchas de las más importantes, como Facebook y Netflix, y otras tantas están en camino.

✔ **Menor redundancia:** Windows 8 y Windows 8.1 confundieron a los usuarios al duplicar funciones; por ejemplo, disponían de dos paneles de control, dos exploradores web y dos visores de imágenes. Windows 10 presenta una fachada más unificada y no tendrás que saltar de un lado a otro para completar una única tarea.

✔ **Múltiples escritorios:** Windows 10 te permite crear escritorios adicionales y alternar entre ellos haciendo clic o pulsando en cada uno. Por ejemplo, puedes configurar un escritorio para trabajo y otro para jugar (o también puedes pasar por completo de esta función).

✔ **Windows 10 ahora es un servicio:** quizá sea la novedad más importante: Microsoft trata a Windows 10 como un servicio en lugar de como un producto acabado e inmodificable, y planea añadirle aplicaciones, funciones y actualizaciones mientras tengas el dispositivo.

A diferencia de Windows 8 y Windows 8.1, Windows 10 ya no parece dos sistemas operativos embutidos en una computadora. Parece un sistema operativo único que da lo mejor de sí mismo tanto en tabletas como en computadoras de escritorio.

Durante el primer año tras su lanzamiento, Windows 10 será una actualización gratuita para los usuarios que ya dispongan de computadoras con la versión Windows 7 o Windows 8.1 con todas sus revisiones. Y lo que es mejor: la actualización conserva todos los archivos, aplicaciones y programas en su sitio. Los propietarios de computadoras antiguas pueden pagar por actualizar a Windows 10, pero la actualización borrará todos los archivos y programas. Tendrás que volver a instalar todo a partir de una copia de seguridad. (Si tu computadora antigua es una patata, seguirá siendo una patata tras actualizar a Windows 10. Probablemente te convenga más comprar una computadora nueva con Windows 10 preinstalado).

Windows ya no viene en versión Windows RT. Si te has comprado una tableta con Windows RT, como la Surface RT o la Surface 2, no podrás actualizarla a Windows 10.

¿Debería molestarme en actualizar a Windows 10?

Si estás contento con tu versión de Windows actual, no te molestes en actualizar a Windows 10. Muchos usuarios se quedan con la versión de Windows que venía preinstalada en su computadora para no tener que aprender el funcionamiento de una nueva versión. Además, en el caso de Windows 10, la curva de aprendizaje es pronunciada, ya que es bastante diferente a las versiones anteriores de Windows.

Asimismo, los principales cambios de Windows 10 funcionan mejor en su mayoría con las pantallas táctiles de teléfonos móviles y tabletas, y con los monitores de algunas de las computadoras portátiles y de escritorio más recientes. Pero la generalidad de los usuarios de computadoras no necesita esa función.

En vez de actualizar, sigue a la gran masa y quédate con tu versión de Windows. Cuando estés listo para comprar un nueva computadora, la versión más reciente de Windows estará instalada y esperándote.

Pero si tienes Windows 8.1 y no estás contento, aprovéchate de la actualización gratuita a Windows 10. La actualización lima muchas de las asperezas de las versiones anteriores de Windows, sobre todo en las computadoras de escritorio y las tabletas que se convierten en computadora.

Si eres usuario de un teléfono móvil con Windows, pásate a Windows 10. Los dos funcionan bastante bien juntos.

Tras Windows 7, Microsoft dejó de ofrecer soporte para el "modo Windows XP", una forma popular de ejecutar una computadora de escritorio con Windows XP en Windows 7. Si dependes del modo Windows XP en Windows 7, quédate con Windows 7. Ocurre lo mismo con Windows Media Center, una forma popular de grabar programas de televisión y ver DVD. Si dependes de cualquiera de estos dos programas, no actualices a Windows 10.

Un poco de historia para los que actualizan desde Windows 7

Los acérrimos partidarios de Windows 7 se ahorraron bastantes inconvenientes al saltarse la actualización a Windows 8 y Windows 8.1. Esas dos versiones de Windows, que no fueron muy bien recibidas por los usuarios, han afectado a Windows 10 bastante, así que aquí tienes una breve historia para que comprendas Windows 10 un poco mejor.

Durante años, Microsoft había sufrido con impotencia que hordas de usuarios compraran iPhones, iPads y apps (aplicaciones, por su nombre en inglés abreviado; como he dicho, programas sencillos y de poco tamaño para tareas ligeras con pantallas táctiles). Con objeto de competir, Microsoft diseñó Windows 8 para tabletas táctiles y lo lanzó en 2012. Al igual que la competencia, Windows 8 se abrió a una pantalla llena de mosaicos táctiles de colores, cada uno de una aplicación.

Incluso el escritorio fue relegado a una aplicación, un diminuto mosaico en la pantalla. Pero, al abrirlo, a la aplicación Escritorio le faltaba su menú y su botón Inicio. Microsoft esperaba que los usuarios regresaran a la pantalla de inicio llena de mosaicos para ejecutar los programas del escritorio.

A la mayoría de usuarios de computadoras de escritorio no les gustó nada Windows 8. Y dado que muy poca gente compraba tabletas con Windows 8, el sistema operativo fracasó estrepitosamente. Con Windows 8.1 se hicieron algunas modificaciones, pero no fueron suficientes.

Con Windows 10, Microsoft quiere apaciguar a los amantes del escritorio convencional devolviéndoles los tradicionales menú Inicio y botón Inicio. Para complacer a los usuarios de tabletas, el menú Inicio ahora incluye una columna adicional para ejecutar las aplicaciones.

Y lo mejor de todo: Windows 10 es lo bastante inteligente como para cambiar de forma en función del dispositivo en el que esté instalado. En las tabletas, Windows 10 presenta el menú Inicio a pantalla completa y lleno de mosaicos, que cambia sutilmente la distribución del espacio para que podamos pulsar en ellos con comodidad. En las computadoras de escritorio, Windows 10 muestra el escritorio tradicional, el menú Inicio y el botón Inicio. En este caso, los menús siguen siendo pequeños, lo que funciona perfectamente con los clics del *mouse*.

Con Windows 10, Microsoft espera que Windows satisfaga por fin las necesidades tanto de los conservadores del escritorio como de los usuarios de tabletas.

¿Qué hace tan distinto a Windows 10?

Hoy en día, la informática se divide en dos campos: la creación y el consumo. La gente emplea sus computadoras de escritorio para "crear" cosas. Redactan artículos, preparan declaraciones de la renta, actualizan blogs, editan vídeos o, muy a menudo, pulsan las teclas que el jefe les pida ese día.

Pero cuando se trata del consumo, la gente a menudo rehúye de sus computadoras de escritorio. Sacan el *smartphone* o la tableta para leer correos electrónicos, ver vídeos, escuchar música y navegar por internet.

Esa división genera un problema. Las computadoras de escritorio, los teléfonos y las tabletas funcionan de forma distinta; cada uno ofrece distintos tamaños de pantalla, programas y comandos. Lo que funciona bien con los dedos no siempre funciona bien con un *mouse* y un teclado. Compartir archivos entre *gadgets* puede ser una pesadilla.

Windows 10 pretende resolver estos problemas con la creación de un sistema operativo que funcione bien en "todo", para que tanto los consumidores como los creadores trabajen en un único dispositivo. Con este fin, Windows 10 incluye dos modos distintos:

✔ **Modo tableta:** para quienes buscan información al instante con tabletas táctiles, el menú Inicio de Windows 10 ocupa toda la pantalla con grandes y coloridos mosaicos que actualizan constantemente los valores de bolsa, el tiempo, el correo electrónico, las actualizaciones de Facebook y otras chucherías. Como mostramos antes en la imagen 1-2, esa información aparece antes de tocar un botón. Y "tocar" es una palabra clave. El menú Inicio a pantalla completa funciona mejor con un monitor táctil o una tableta.

✔ **Modo escritorio:** cuando hay que trabajar, el escritorio de Windows tradicional saca toda la artillería, además de sus menús más potentes y detallados.

Algunas personas prefieren la comodidad de tener ambos tipos de computadoras integradas en uno: una portátil de pantalla táctil, por ejemplo, o una tableta con una base de acoplamiento que permite conectar un *mouse* y un teclado. Otros piensan que las dos experiencias no acaban de conectar de una forma natural.

✔ Si eres capaz de asimilar la confusión inicial, Windows 10 puede ofrecerte lo mejor de los dos tipos de dispositivos. Si permaneces en el menú Inicio a pantalla completa, navegarás al instante. Y si el trabajo te reclama, los programas tradicionales de Windows te esperan en el escritorio.

✔ Si trabajas con una computadora de escritorio, Windows 10 debería arrancar automáticamente con el escritorio.

✔ También si trabajas con una tableta, Windows 10 debería arrancar automáticamente con un menú Inicio a pantalla completa. Si no ocurre, haz clic en el icono del Centro de actividades (que se muestra en el margen) de la barra de tareas en la parte inferior de la pantalla;

cuando el panel Centro de actividades aparezca, haz clic en el botón de alternancia del modo Tableta.

✔ La consola de videojuegos de Microsoft, Xbox One, funciona en modo Tableta. El mando de Xbox One actúa como si fuera tu dedo; pulsa las teclas de flecha del mando para desplazarte entre mosaicos (si tienes conectada la cámara Kinect, también puedes controlar Xbox One con las manos).

✔ Explicaré el nuevo menú Inicio de Windows 10 en el capítulo 2. El escritorio de Windows te espera en el capítulo 3.

¿Mi computadora actual funcionará con Windows 10?

Si quieres actualizar a Windows 10, tu computadora seguramente no pondrá ningún pero. Windows 10 debería funcionar sin problemas en cualquier computadora con Windows 7, 8 u 8.1 (de hecho, la actualización es gratuita).

Si tu computadora funciona con Windows Vista o Windows XP, es posible que puedas ejecutar Windows 10, pero no de forma óptima. Yo no lo recomendaría.

Si en tu familia hay un friki de la tecnología, dile que te traduzca la tabla 1-1, que muestra los requisitos de hardware de Windows 10, tomados de la letra pequeña de las computadoras nuevas.

Tabla 1-1 Los requisitos de hardware de Windows 10

Arquitectura	x86 (32 bits)	x86 (64 bits)
Procesador	1 GHz o superior	
Memoria (RAM)	Al menos 1 GB	Al menos 2 GB
Tarjeta gráfica	Dispositivo gráfico DirectX 9 con controlador *Modelo de controladores de pantalla de Windows* (WDDM)	
Espacio libre en el disco duro	16 GB	
Firmware	Unified Extensible Firmware Interface (UEFI) 2.3.1 con arranque seguro habilitado	

Hablando claramente, la tabla 1-1 indica que casi cualquier computadora vendida en los últimos cinco años puede actualizarse a Windows 10 sin muchos problemas.

Windows 10 ejecuta casi cualquier programa que funcione en Windows Vista, Windows 7, Windows 8 y Windows 8.1. Incluso también algunos programas de Windows XP. Sin embargo, otros programas más antiguos no funcionarán, incluidos muchos relacionados con la seguridad, tales como antivirus, *firewalls* y paquetes de seguridad. Deberás ponerte en contacto con el fabricante del programa para que te proporcione una versión actualizada.

¿No sabes qué versión de Windows tiene tu computadora actual? Para averiguarlo, haz clic en el botón Inicio: si aparece el menú Inicio, haz clic con el botón derecho en la entrada del menú que se llame Mi PC, Equipo o algo similar y selecciona Propiedades. La pantalla que se abra indica la versión de Windows que tienes.

Si no hay botón Inicio, tienes instalado Windows 8. Y si al hacer clic en el botón Inicio la pantalla se llena de mosaicos de colores, es Windows 8.1.

Las siete versiones de Windows 10

Microsoft ofrece siete versiones distintas de Windows 10, aunque probablemente solo querrás comprar una: la versión llamada con acierto "Home".

Las pequeñas empresas elegirán Windows 10 Pro, mientras que las empresas de mayor tamaño preferirán Windows 10 Enterprise. Pese a todo, para aclarar la confusión, describiré todas las versiones en la tabla 1-2.

Tabla 1-2 Las siete versiones de Windows 10

Versión de Windows 10	Descripción
Home	Esta versión, dirigida a los consumidores, cuenta con el menú Inicio, las aplicaciones y un escritorio con todas las funciones que pueden ejecutar la mayoría de programas tradicionales de Windows.
Pro	Esta versión, dirigida al mercado de las pequeñas empresas, incluye todas las características de la versión Windows Home, así como herramientas empleadas por las pequeñas empresas: cifrado, funciones de red añadidas y herramientas similares.

Continúa

Continuación

Tabla 1-2 Las siete versiones de Windows 10

Móvil	Diseñada para alargar la vida de la batería, esta versión solo viene preinstalada, en su mayoría en tabletas con pantallas táctiles diminutas y teléfonos. Ejecuta la pantalla Inicio y las aplicaciones, pero no carga el escritorio. No ejecutará los programas tradicionales de Windows, pero compensa esa falta incluyendo aplicaciones gratuitas de Microsoft Office.
Enterprise/Mobile Enterprise	Microsoft vende esta versión empresarial al por mayor a grandes empresas. También ofrece una versión *Mobile Enterprise* para grandes empresas que adquieren teléfonos o minitabletas Windows al por mayor.
Education	Los centros educativos que lo soliciten pueden adquirir la versión Windows Education mediante un acuerdo de licencia; no se ofrece a estudiantes individualmente.
Internet of Things (IoT)	Es posible que nunca veas la versión más especializada de Windows 10. Está diseñada para ejecutarse en dispositivos conectados a internet, tales como cajeros automáticos, electrodomésticos y *gadgets* electrónicos.

A continuación encontrarás una guía para ayudarte a elegir la versión que necesitas.

✔ Si utilizas la computadora en casa o en una pequeña empresa, elige **Windows Home**.

✔ Si necesitas conectarte a un dominio mediante una red de trabajo y quieres asegurarte de que podrás hacerlo, tu opción ideal es **Windows Pro**.

✔ Si eres un informático que trabaja para empresas, ve a hablar con tu jefe sobre si necesitáis **Windows Pro** o **Windows Enterprise**. Tu jefe decidirá en función de si la empresa es pequeña (Windows Pro) o de gran tamaño (Windows Enterprise).

La mayoría de las computadoras permiten actualizar a una versión de Windows 10 más potente desde la sección Sistema del Panel de Control del escritorio. (Busca tu tarjeta de crédito antes de hacer clic en el enlace Consigue más características con una nueva edición de Windows).

Si ya tienes Windows 7 o Windows 8.1, Windows 10 será una actualización gratuita durante un año tras su lanzamiento. La actualización, que se distribuye a través de *Windows Update* (el sistema gratuito en línea de Microsoft que envía automáticamente actualizaciones de seguridad a la computadora), permite conservar todos los archivos en su lugar.

Para obtener información detallada sobre cómo actualizar a Windows 10, visita el sitio de Windows de Microsoft en www.windows.com.

Capítulo 2

Empecemos por el menú Inicio

· ·

En este capítulo

▶ Arrancar Windows

▶ Iniciar sesión en Windows

▶ Fundamentos básicos del menú Inicio

▶ Alternar entre aplicaciones

▶ Visualización de todas tus aplicaciones y programas

▶ Personalización del menú Inicio

▶ Apagar la computadora

· ·

Antes que nada, ¡la gran noticia es que Windows 10 recupera el menú Inicio! Pero la mala noticia es que este menú Inicio no se parece mucho al de versiones anteriores de Windows.

Aunque sea diferente, el nuevo menú Inicio funciona de manera casi idéntica al antiguo: haz clic en el botón Inicio en la esquina inferior izquierda de la pantalla y el menú se abrirá en una lista de todas las aplicaciones y programas instalados en la computadora. Haz clic en uno de ellos y aparecerá en la pantalla, listo para la acción.

En este capítulo explico cómo funciona este extraño y camaleónico menú Inicio. En las tabletas con pantalla táctil, el menú Inicio ocupa toda la pantalla. Sus grandes mosaicos son fáciles de pulsar con los dedos. Sin embargo, en las computadoras de escritorio, el menú Inicio se repliega a una esquina de la pantalla y se maneja haciendo clic con el puntero del *mouse* en sus botones y menús pequeñitos.

Tanto si usas una tableta como una computadora de escritorio, este capítulo te enseña a hacer que el menú Inicio lleve a cabo su principal tarea: ejecutar programas.

Si utilizas una computadora con pantalla táctil, cuando leas "haz clic", la acción es "pulsa"; si pulsas dos veces, es como hacer doble clic. Y cuando veas la expresión "haz clic con el botón derecho", pulsa y mantén el dedo sobre la pantalla hasta que aparezca el menú de clic derecho.

Bienvenido al universo de Windows

Arrancar Windows es tan sencillo como encender la computadora: Windows aparecerá en la pantalla automáticamente haciendo una floritura. Pero, antes de que puedas empezar a utilizarlo, te parará en seco: Windows mostrará una pantalla bloqueada, como la que puede verse en la imagen 2-1, sin clave de acceso pululando por los alrededores.

Imagen 2-1: Para pasar esta pantalla de bloqueo, arrástrala con el *mouse* o el dedo o pulsa una tecla del teclado

20:37
lunes, 3 de agosto

La pantalla de bloqueo, introducida en Windows 8, es anterior al inicio de sesión en la computadora con tu nombre de cuenta y contraseña.

¿Cómo se desbloquea la pantalla de bloqueo? La respuesta depende de si estás utilizando un *mouse*, un teclado o una pantalla táctil:

✔ *Mouse*: en una computadora de escritorio o portátil, haz clic con cualquier botón del *mouse*.

✔ **Teclado:** pulsa cualquier tecla y la pantalla de bloqueo desaparecerá. ¡Así de fácil!

✔ **Pantalla táctil:** toca la pantalla con el dedo y deslízalo hacia arriba. Bastará con un movimiento rápido.

Cuando pases esta pantalla, Windows te pedirá que inicies sesión, tal como se muestra en la imagen 2-2. Para ello, deberás hacer clic en tu nombre e introducir una contraseña.

Imagen 2-2: Haz clic en el nombre de tu cuenta de usuario y, a continuación, introduce tu nombre y contraseña en la siguiente pantalla

Yo he personalizado mi pantalla de inicio de sesión, así que la tuya tendrá un aspecto diferente. Cuando esté ante ti la pantalla de inicio de sesión, tienes varias opciones:

✔ **Si ves tu nombre y dirección de correo electrónico, introduce tu contraseña.** Windows te dejará acceder y mostrará el menú Inicio tal como lo dejaste la última vez.

✔ **Si no ves tu nombre, pero tienes una cuenta en la computadora,**

> **haz clic en la esquina inferior izquierda de la pantalla.** Windows mostrará una lista con todos los titulares de cuentas.
>
> ✔ **Si tu computadora es nueva, utiliza la cuenta que creaste al encenderla por primera vez.** Como parte del proceso de instalación, Windows te explicará cómo crear una cuenta en tu computadora.

Si necesitas más detalles sobre las cuentas de usuario, incluida la información sobre cómo crear cuentas nuevas o gestionar las antiguas, avanza al capítulo 14.

¿No quieres iniciar sesión en la pantalla de inicio de sesión? Dos de los botones de la esquina inferior de la pantalla ofrecen estas opciones:

✔ **El botoncito con forma de silla de ruedas,** como se muestra en la imagen 2-2 y en el margen, personaliza Windows para los usuarios con problemas físicos de audición, vista o destreza manual (todo ello se explica en el capítulo 12). Si seleccionas este botón por error, haz clic o pulsa en una parte diferente de la pantalla para evitar que la configuración cambie.

✔ **El botoncito redondo,** como se muestra en la imagen 2-2 y en el margen, te permite apagar o reiniciar la computadora, así como ponerla en suspensión (un estado de ahorro de energía que se desactiva rápidamente). Si has hecho clic de forma involuntaria en este botón y has apagado la computadora, no te preocupes. Pulsa el botón de inicio/apagado de la torre de la computadora y regresarás a esta pantalla.

Aunque esté bloqueada, tal y como mostramos en la imagen 2-1, la pantalla mostrará la información actual en la esquina inferior izquierda. En función de cómo esté configurada la computadora, podrás ver la fecha y la hora, la intensidad de la señal inalámbrica de internet (cuantas más ondas de radio haya en el icono, mejor será tu conexión), la intensidad de la batería (cuanto más intenso sea el color del icono, mejor), la próxima cita programada y el número de mensajes de correo no leídos, entre otras funciones.

Qué son las cuentas de usuario

Windows permite que varias personas trabajen en la misma computadora y mantiene separado el trabajo de todos. Para ello, necesita saber quién está sentado en ese momento delante del teclado. Cuando inicies sesión, preséntate haciendo clic en tu nombre, como se muestra en la imagen 2-2. Windows te mostrará el menú Inicio y el escritorio tal como los dejaste, listos para que los personalices a tu antojo.

Cuando hayas terminado de trabajar o quieras tomarte un descanso, cierra sesión (se explica al final de este capítulo) para que otro usuario pueda utilizar la computadora. Cuando vuelvas a iniciar sesión más tarde, tus archivos te estarán esperando.

Aunque tu espacio de trabajo acabe siendo un caos, es tu caos particular. Cuando vuelvas a la computadora, todo estará tal y como lo guardaste. José no habrá eliminado involuntariamente tus archivos o carpetas mientras jugaba al Angry Birds. El menú Inicio de Mónica seguirá incluyendo los enlaces a sus sitios web de ganchillo favoritos. Y nadie podrá leer tus mensajes de correo electrónico.

Hasta que no personalices tu imagen de usuario, tu ícono será una silueta. Para agregar una foto a tu cuenta, haz clic en tu nombre de usuario en la esquina superior izquierda del menú Inicio y selecciona Cambiar la configuración de cuenta. Cuando aparezca la sección de Cuentas del menú Configuración, haz clic en el icono de la cámara para tomar una foto rápida con la cámara integrada en tu computadora. ¿Todavía estás en pijama? Entonces selecciona Examinar... para elegir una foto almacenada en tu carpeta Imágenes.

Mantener la privacidad de tu cuenta mediante una contraseña

Ya que Windows permite que varios usuarios utilicen la misma computadora, ¿cómo podrás impedir que Diana lea las cartas de amor de Alberto para Miley Cyrus? ¿Cómo evitará Elisa que Juan borre sus películas de *Star Wars*? Con una contraseña resolverás todos estos problemas.

De hecho, las contraseñas son más importantes que nunca en Windows 10, porque algunas cuentas se pueden vincular a una tarjeta de crédito. Al introducir una contraseña secreta cuando inicies sesión, permitirás que tu computadora te reconozca a ti y a nadie más. Si proteges tu nombre de usuario con una contraseña, nadie podrá acceder a tus archivos. Y nadie podrá comprarse videojuegos con tu saldo cuando no estés en casa.

Para configurar o cambiar la contraseña, sigue estos pasos:

1. **Haz clic en el botón Inicio y, a continuación, en el texto Configuración.**

   Cuando aparezca el menú Inicio, haz clic en el texto Configuración en la esquina inferior izquierda. Aparecerá la nueva pantalla Configuración.

2. **Cuando aparezca el panel Cuentas, haz clic en el texto Opciones de inicio de sesión de la parte izquierda del panel.**

   A la derecha aparecerán opciones para iniciar sesión en tu computadora.

3. **En la sección Contraseña de la parte derecha de la aplicación, haz clic en el botón Cambiar, que se muestra en la imagen 2-3. ¿No tienes contraseña? Haz clic en el botón Agregar.**

   Si ya tienes contraseña, es posible que tengas que introducirla para acceder.

4. **Introduce una contraseña que resulte fácil de recordar.**

   Por ejemplo, elige el nombre de tu verdura favorita o de tu marca de hilo dental. Para reforzar el nivel de seguridad, introduce algunas letras en mayúsculas e inserta un número en la contraseña como, por ejemplo, **Guisant3s** o **D1ente5L1mpi0s** (procura no utilizar estos ejemplos, ya que, para cuando leas esto, probablemente ya se hayan añadido a todos los arsenales de generadores de contraseñas).

5. **Si se te pide, introduce la misma contraseña en el cuadro Vuelve a escribir la contraseña; es para que Windows sepa que la estás escribiendo correctamente.**

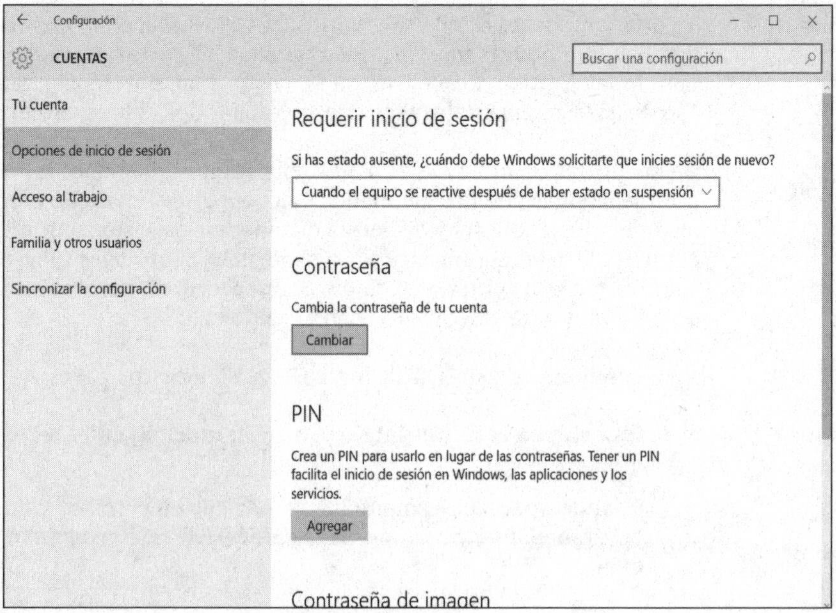

Imagen 2-3:
Haz clic en el botón Cambiar de la sección Contraseña

←   Configuración   — ☐ ✕

⚙   **CUENTAS**   Buscar una configuración 🔍

Tu cuenta

Opciones de inicio de sesión

Acceso al trabajo

Familia y otros usuarios

Sincronizar la configuración

Requerir inicio de sesión

Si has estado ausente, ¿cuándo debe Windows solicitarte que inicies sesión de nuevo?

Cuando el equipo se reactive después de haber estado en suspensión ∨

Contraseña

Cambia la contraseña de tu cuenta

[Cambiar]

PIN

Crea un PIN para usarlo en lugar de las contraseñas. Tener un PIN facilita el inicio de sesión en Windows, las aplicaciones y los servicios.

[Agregar]

Contraseña de imagen

6. **En el cuadro Sugerencia de contraseña, introduce una pista que te recuerde tu contraseña a ti y solo a ti.**

   Windows no dejará que introduzcas tu contraseña exacta como pista. Tendrás que ser más creativo.

7. **Haz clic en el botón Siguiente y, a continuación, haz clic en Finalizar.**

   ¿Sospechas que has hecho algo mal durante el proceso? Haz clic en Cancelar para volver al paso 3 e iniciar de nuevo el proceso o salir.

Una vez que hayas creado la contraseña, Windows te la pedirá cada vez que inicies sesión.

✔ En las contraseñas se distingue entre mayúsculas y minúsculas. Las palabras "Caviar" y "caviar" se consideran dos contraseñas distintas.

✔ ¿Temes olvidarte de la contraseña? Protégete ahora: avanza al capítulo 14, en el que explico cómo hacer un "Disco para restablecer contraseña", que es una forma especial de restablecer las contraseñas olvidadas para cuentas locales. Puedes restablecer una contraseña de cuenta de Microsoft perdida en línea en http://live.com.

✔ Cuando cambias la contraseña de tu cuenta de Microsoft, también la cambias en tu teléfono Windows, Xbox y todo otro dispositivo en el que inicies sesión con una cuenta de Microsoft.

✔ Windows también te brinda la posibilidad de crear una contraseña de imagen en el paso 4, donde deberás arrastrar un dedo o el *mouse* sobre una foto en una determinada secuencia. De elegir este tipo, en lugar de introducir una contraseña, tendrás que redibujar la secuencia en la imagen de inicio de sesión (las contraseñas de imagen funcionan mucho mejor en las tabletas con pantalla táctil que en los monitores de las computadoras de escritorio).

✔ Otra opción que se ofrece en el paso 4 es crear un PIN. Un PIN es un código de cuatro dígitos como los que se introducen en los cajeros automáticos. ¿Cuál es la desventaja de utilizar un PIN? No hay pista de contraseña para una contraseña de cuatro dígitos.

✔ ¿Ya se te ha olvidado la contraseña? Cuando introduzcas una contraseña equivocada, Windows mostrará automáticamente tu pista (si creaste una), lo que debería ayudarte a recordar la contraseña correcta. Eso sí, ten cuidado, ya que todo el mundo podrá leer la pista; asegúrate de que sea algo que tenga sentido solo para ti. Como último recurso, inserta tu *Disco para restablecer contraseña*, una tarea que trataremos en el capítulo 14.

Si necesitas saber más sobre las cuentas de usuario, encontrarás mucha más información en el capítulo 14.

¡Quiero que Windows deje de pedirme la contraseña!

Windows te pedirá el nombre y la contraseña solo cuando tenga que saber quién está tecleando. Esta información es necesaria por alguno de estos cuatro motivos:

✔ Dispones de una cuenta de Microsoft, que se necesita para OneDrive y para cualquier otra aplicación, incluidas Correo, Calendario y Contactos (lo más probable es que tengas una cuenta de Microsoft, lo que significa que debes seguir con esta contraseña).

✔ Tu computadora forma parte de una red y tu identidad determina a qué elementos puedes acceder.

✔ El propietario de la computadora quiere limitar lo que puedes hacer en él.

✔ Compartes la computadora con otros usuarios y quieres impedir que otros inicien sesión con tu nombre y cambien tus archivos y tu configuración.

Si no se te aplican estos supuestos, elimina la contraseña seleccionando Cambiar la contra-seña de mi cuenta en el paso 4 del apartado "Cómo mantener la privacidad de tu cuenta con una contraseña". En el paso 5, deja vacío el cuadro Nueva contraseña y haz clic en Siguiente.

Eso sí, deberás tener en cuenta que, sin contraseña, cualquiera puede iniciar sesión, utilizar tu cuenta de usuario y ver (o destruir) tus archivos. Si estás trabajando en una oficina, esta configuración puede resultar peligrosa. Si se te ha asignado una contraseña, lo mejor es acostumbrarse a ella.

Podemos encontrar un arreglo en el paso 2 del apartado "Cómo mantener la privacidad de tu cuenta con una contraseña". En lugar de hacer clic en el botón Cambiar de la sección Contraseña que se muestra en la imagen 2-3, haz clic en el menú desplegable sobre este y selecciona Nunca. Entonces tu computadora dejará de pedirte que inicies sesión cada vez que te alejes unos minutos. En vez de eso, solo iniciarás sesión cuando enciendas la computadora.

Iniciar sesión en una cuenta de Microsoft

Cuando inicies sesión en Windows por primera vez, intentes acceder a alguna aplicación o pretendas cambiar una opción, verás una pantalla parecida a la de la imagen 2-4.

Ahora puedes iniciar sesión en tu computadora con una cuenta de Microsoft o con una cuenta local. Aunque tener una cuenta de Microsoft hace que sea mucho más fácil trabajar con Windows, cada tipo de cuenta cubre necesidades diferentes.

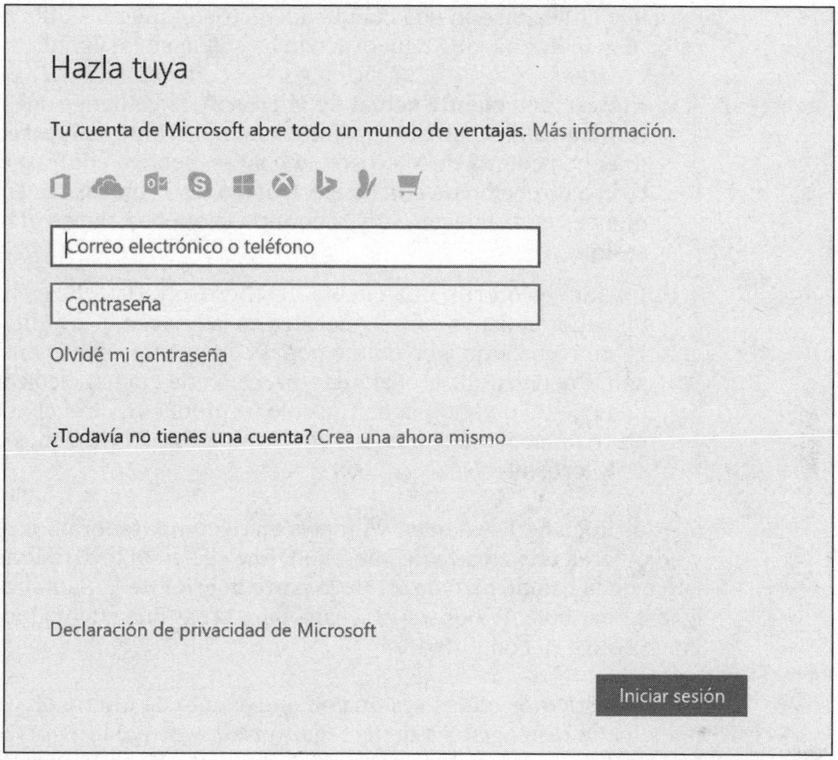

Hazla tuya

Tu cuenta de Microsoft abre todo un mundo de ventajas. Más información.

Correo electrónico o teléfono

Contraseña

Olvidé mi contraseña

¿Todavía no tienes una cuenta? Crea una ahora mismo

Declaración de privacidad de Microsoft

Iniciar sesión

Imagen 2-4: Necesitarás una cuenta de Microsoft para acceder a muchas de las funciones de Windows

✔ **Cuenta local:** esta cuenta es perfecta para los usuarios que utilicen los programas tradicionales de Windows en el escritorio de Windows. Sin embargo, los titulares de cuentas locales no pueden almacenar archivos en OneDrive. Tampoco pueden ejecutar muchas de las aplicaciones populares incluidas ahora en Windows (tales como Correo, Contactos y Calendario), ni descargar aplicaciones de la Tienda Windows.

✔ **Cuenta de Microsoft:** se requiere para acceder a muchos de los servicios de Microsoft. Consiste simplemente en una dirección de correo electrónico y una contraseña. Los titulares de cuentas de Microsoft pueden almacenar archivos en internet con OneDrive, descargar aplicaciones de la Tienda Windows y ejecutar programas incluidos en Windows, tales como las aplicaciones Correo y Calendario.

Para iniciar sesión con una cuenta de Microsoft, puedes utilizar uno de estos dos métodos, que aquí ordenamos según su facilidad:

✔ **Utilizar una cuenta actual de Microsoft.** Si ya tienes una cuenta en Hotmail, MSN, Xbox Live, Outlook.com o Windows Messenger, tendrás una cuenta de Microsoft con su respectiva contraseña. Introduce esa dirección de correo electrónico y su contraseña en la pantalla que ves en la imagen 2-4 y, a continuación, haz clic en el botón Iniciar sesión.

✔ **Iniciar sesión con una cuenta de Microsoft.** Haz clic en el texto Crea una ahora mismo, que se muestra en la imagen 2-4, y Microsoft te llevará a un sitio web donde podrás crear tu propia cuenta de Microsoft. Puedes utilizar cualquier dirección de correo electrónico para una cuenta de Microsoft. Tan solo introduce tu dirección de correo electrónico, crea una nueva contraseña y *voilà*: ya tienes tu cuenta de Microsoft.

Si estás iniciando sesión en Windows en tu computadora por primera vez y no quieres una cuenta de Microsoft, haz clic en el texto Saltar este paso, cerca de la esquina izquierda de la parte inferior de la pantalla. En la siguiente pantalla, Windows 10 te guía para crear una cuenta local, que se limita solo a tu computadora.

Eso sí, hasta que inicies sesión con una cuenta de Microsoft, la molesta pantalla de la imagen 2-4 te perseguirá cada vez que intentes acceder a una función de Windows que requiera una cuenta de Microsoft. Explico cómo convertir una cuenta local en una cuenta de Microsoft en el capítulo 14.

Cuando inicies sesión por primera vez con tu cuenta nueva, Windows te preguntará si quieres buscar otras computadoras, dispositivos y contenido en tu red. Si estás utilizando una red doméstica o de trabajo, haz clic en el botón Sí. Esta opción te dejará imprimir en las impresoras de tu red, así como compartir archivos con otras computadoras de la red. Si estás conectado a una red pública, como podría ser la de un hotel, una cafetería o un aeropuerto, haz clic en el botón No.

Descubriendo el nuevo menú Inicio de Windows 10

En Windows, todo comienza con el botón Inicio y su menú Inicio. Si estás listo para destruir naves espaciales, hacer tus cuentas o leer las noticias, haz clic en el botón Inicio en la esquina inferior izquierda de la pantalla para comenzar. Saltará el menú Inicio con una lista de tus aplicaciones y programas.

El menú inicio de Windows 10 es bastante distinto a sus predecesores, ya que está diseñado tanto para computadoras de escritorio como para tabletas de pantalla táctil. De hecho, el menú cambia ligeramente en función de si se ejecuta en una tableta o en una computadora de escritorio.

En una computadora de escritorio, el lado derecho del menú Inicio contiene una fila de mosaicos, como se muestra en la imagen 2-5. Cada mosaico representa una aplicación: un programa sencillo diseñado fundamentalmente para pantallas táctiles. En la parte izquierda, el menú muestra una lista con las aplicaciones y los programas a los que has accedido recientemente, así como distintas ubicaciones a las que accedes con frecuencia en tu computadora.

Imagen 2-5:
El menú Inicio de una computadora de escritorio se sitúa en la esquina inferior izquierda de la pantalla

En una tableta, por el contrario, los mosaicos del menú Inicio ocupan toda la pantalla, como se muestra en la imagen 2-6; el menú Inicio oculta el panel izquierdo que se mostraba antes en la imagen 2-5.

Para ver el panel izquierdo y sus útiles accesos directos, pulsa las tres líneas (que puedes ver en el margen) de la esquina superior izquierda de la pantalla; el panel reaparecerá en la parte izquierda del menú Inicio.

A pesar de esta remodelación de Windows 10, el menú Inicio sigue permitiendo ejecutar programas, ajustar la configuración de Windows, buscar

Imagen 2-6:
El menú
Inicio de
una tableta
ocupa toda
la pantalla
con boto-
nes fáciles
de pulsar

ayuda en situaciones escabrosas o, para nuestra alegría, apagar Windows y apartarnos de la computadora un rato.

Puede que los mosaicos del lateral derecho del menú Inicio sean nuevos, pero no son elementos visuales sin más. Por ejemplo, el mosaico Calendario se actualiza continuamente para mostrar la fecha y la hora actual, así como tu próxima cita. El mosaico Correo muestra secuencialmente las primeras palabras de tus últimos correos.

El menú Inicio cambiará cuando añadas más programas y aplicaciones a tu computadora. Por eso es posible que el menú Inicio de la computadora de tu amigo, así como la pantalla que aparece en este libro, estén organizados de forma distinta al menú Inicio de tu computadora. Y si los mosaicos no satisfacen tus necesidades, puedes quitarlos por completo, tal como describo más adelante en este capítulo.

Prueba los siguientes trucos para familiarizarte con tu menú Inicio:

✔ Para iniciar un programa o aplicación, haz clic o pulsa su nombre o mosaico. El programa aparecerá en pantalla.

✔ Los *fans* del teclado pueden abrir el menú Inicio pulsando la tecla ⊞ .

✔ ¿No has sido capaz de encontrar el programa o la aplicación que querías en la lista del menú Inicio? Entonces haz clic en el texto To-das las aplicaciones en la esquina inferior izquierda del menú. Aparecerá una columna con todos los programas y aplicaciones de Windows ordenados alfabéticamente. Desplázate por la lista hasta que encuentres la aplicación que querías.

✔ En una pantalla táctil, desplázate por el menú Inicio con el dedo. Imagínate que el menú Inicio es un folio de papel sobre una mesa. Cuando muevas el dedo, el menú Inicio se moverá con él.

✔ Si el menú Inicio aún ocupa toda la pantalla en tu escritorio, haz clic en el icono Centro de actividades en la esquina inferior derecha de la pantalla (como se muestra en el margen). Cuando el panel Centro de actividades aparezca, desactiva el modo tableta haciendo clic en el mosaico Modo de tableta de la esquina inferior izquierda del panel.

¿Dónde está la barra de accesos?

Windows 8 y Windows 8.1 traían un menú oculto llamado "barra de accesos" que se mostraba en el lateral derecho de la pantalla. La barra de accesos ofrecía menús útiles para compartir lo que estabas viendo, añadir un nuevo dispositivo, buscar algo o cambiar los ajustes de las aplicaciones que estabas utilizando en ese momento.

Windows 10 ha quitado la barra de accesos, pero ya que otras aplicaciones antiguas todavía dependen de ella, los comandos de la barra de accesos todavía están disponibles al pulsar el menú App, al que se puede acceder haciendo clic en las tres líneas de la esquina superior izquierda de una aplicación antigua. Si la aplicación ocupa toda la pantalla, haz clic con el botón derecho o desliza el dedo hacia abajo desde la parte superior de la pantalla para mostrar el menú App. Al pulsar el icono pequeño de las tres líneas, el menú App desplegará opciones como estas de la era de Windows 8, incluidas algunas de la antigua barra de accesos.

✔ Comandos de aplicación: pulsa este botón para abrir la barra de menús de la aplicación, que muestra opciones para controlar tu aplicación.

✔ Buscar: esta opción muestra la barra de búsqueda de la aplicación. Introduce tu término de búsqueda en el cuadro y Windows lo buscará y mostrará los resultados.

✔ Compartir: al seleccionar este icono, buscará opciones para compartir lo que está actualmente en la pantalla. (Sin embargo, no todas las aplicaciones admiten esta característica).

✔ Imprimir: selecciona esta opción para enviar la información actualmente en pantalla a la impresora, acción que explico en el capítulo 8.

✔ Configuración: a diferencia del icono Configuración de la barra de accesos, que controlaba toda la configuración de la computadora, esta opción muestra la configuración para la aplicación que tienes abierta. Para cambiar la configuración de la computadora, haz clic en el botón Inicio y selecciona Configuración.

✔ Si has llegado aquí desde Windows 8, ten en cuenta que Windows ya no contiene menús ocultos en cada esquina del escritorio. Solo queda un menú oculto en una esquina. Lleva el puntero del *mouse* a la esquina inferior derecha de la pantalla para echarle una ojeada rápida al escritorio, lo que resulta útil para buscar algo que escondiste ahí. Al retirar el puntero, la vista rápida desaparecerá.

Ejecutar una aplicación o un programa del menú Inicio

En el lateral derecho del menú Inicio Windows acumula aplicaciones, que son programas sencillos que sirven para realizar tareas simples. De hecho, Windows ahora se refiere a todos los programas como "aplicaciones". Para ver todas las aplicaciones y programas instalados en tu computadora, selecciona la opción Todas las aplicaciones en la esquina inferior izquierda del menú Inicio. Aparecerá una lista de los programas por orden alfabético.

Cada nombre o mosaico del menú Inicio es un botón para ejecutar una aplicación o un programa de Windows tradicional. Como no podía ser de otra forma, Windows complica las cosas ofreciendo varias formas de ejecutar una aplicación o un programa.

✔ **Mouse**: señala al mosaico y haz clic en el botón izquierdo del *mouse*.

✔ **Teclado:** pulsa las teclas de flecha hasta que aparezca un cuadro alrededor del mosaico deseado. A continuación, pulsa la tecla Intro.

✔ **Pantalla táctil:** pulsa el mosaico con el dedo.

Independientemente de cuál se trate, la aplicación elegida aparecerá en la pantalla, lista para informarte, entretenerte o, si tienes suerte, ambas cosas.

Más adelante en este capítulo explicaré las aplicaciones integradas en el menú Inicio. Si te apetece hincarle el diente ya, puedes hacer clic en el mosaico Tienda del menú Inicio y empezar a descargar e instalar tus propias aplicaciones (explicaré cómo descargar aplicaciones en el capítulo 6).

¿Qué es una aplicación?

Las aplicaciones proceden del mundo de los smartphones, esos móviles que son lo bastante potentes como para ejecutar programas sencillos, además de hacer llamadas. Las nuevas aplicaciones de Windows se diferencian de los programas del sistema Windows tradicional en varias cosas.

✔ A no ser que estén preinstaladas en tu computadora, las aplicaciones de Windows proceden de un lugar: la Tienda Windows. La aplicación Tienda, una de las tantas aplicaciones preinstaladas en Windows, te permite descargar más aplicaciones. Una vez que las hayas descargado, las aplicaciones se instalarán automáticamente en tu computadora. Muchas aplicaciones son gratuitas, pero hay otras por las que deberás pagar.

✔ Solo las aplicaciones de Windows pueden ejecutarse en Windows. Las aplicaciones que se encuentran en iPhones, iPads o teléfonos y tabletas Android no se ejecutarán en una computadora Windows. Incluso aunque ya hayas comprado tu aplicación favorita de Android o iPhone, tendrás que pagar de nuevo para comprar la versión de Windows.

✔ Lo bueno es que las aplicaciones de Windows 10 se ejecutarán en tu computadora, tu portátil y tu tableta con Windows 10. Si son aplicaciones "universales" de Windows, también se ejecutarán en tu teléfono con Windows 10 y en la videoconsola Xbox One.

✔ La mayoría de las aplicaciones realizarán tareas sencillas, normalmente de una forma que funcione bien en pantallas táctiles. Algunas aplicaciones facilitan el acceso a sitios web como Facebook. Otras son juegos, emisoras de radio por internet, un registro del kilometraje de tu coche o un medio de encontrar restaurantes cercanos que estén abiertos aún.

✔ Aunque la mayoría de las aplicaciones son claramente fáciles de usar, la sencillez trae consigo limitaciones. A diferencia de los programas de escritorio, la mayoría de las aplicaciones no permiten copiar palabras, fotos, archivos o enlaces de sitios web. Con frecuencia, no habrá forma posible de compartir el contenido de una aplicación con un amigo.

En un esfuerzo por parecer joven y moderno, Windows se refiere ahora a los programas tradicionales de escritorio como "aplicaciones". Que no te sorprenda oír a la gente usar aún el término "programa" para hablar de software antiguo diseñado para el escritorio de Windows, como Photoshop o TurboTax.

Buscar en el menú Inicio

Puedes explorar el menú Inicio hasta que tus ojos de halcón detecten el programa o el mosaico que necesitas y, a continuación, caer sobre él con un clic rápido del *mouse* o un golpe de dedo. Pero para cuando la emoción de la caza decaiga, Windows ofrece varios accesos directos para buscar aplicaciones y programas ocultos dentro de un repleto menú Inicio.

Busca estas secciones en concreto:

- ✔ **Nombre de usuario:** en la cima del lateral superior izquierdo imagen el nombre de tu cuenta de usuario. Haz clic en el nombre de tu cuenta de usuario y un menú emergente te permitirá cambiar la configuración de tu cuenta (se explica en el capítulo 14), bloquear tu computadora, cerrar sesión o dejar que alguien más inicie sesión (todo ello explicado en el último apartado de este capítulo, "Salir de Windows").

- ✔ **Más usadas:** debajo del nombre y la foto de tu cuenta de usuario, la sección Más usadas del menú Inicio se actualiza automáticamente para mostrar las aplicaciones y los programas que visitas con más frecuencia. Mira aquí primero para encontrar tus ubicaciones favoritas.

- ✔ **Agregados recientemente:** esta zona se muestra solo si has instalado una aplicación o un programa nuevo recientemente. Su nombre está ahí un tiempo y luego desaparece y va a la sección Todas las aplicaciones, que se explica a continuación.

- ✔ **Todas las aplicaciones:** haz clic en el texto junto al borde inferior de la columna izquierda del menú Inicio y esta desplegará una lista de todas las aplicaciones y programas mostrados por orden alfabético.

Es muy probable que, sin rebuscar demasiado, encuentres el elemento que querías en el menú Inicio, pero cuando una aplicación o programa demuestre ser un tanto escurridizo, prueba estos trucos.

- ✔ Después de abrir el menú Inicio, los usuarios de teclado pueden comenzar a introducir el nombre del programa o de la aplicación que deseen, de la siguiente forma: **facebook.** Conforme escribas, Windows mostrará todas las aplicaciones que coincidan con lo que tecleas, y afinará la búsqueda del objetivo fugitivo.

- ✔ ¿No encuentras la aplicación que querías como mosaico del menú Inicio en el lateral derecho? Puedes desplazarte por la columna derecha con un movimiento rápido de dedo hacia arriba o colocando el puntero del *mouse* en la columna y dándole un toque a la rueda del *mouse* que hay entre los dos botones del *mouse*. ¿Tu *mouse* no tiene rueda? Entonces arrastra hacia abajo la barra de desplazamiento en el lateral izquierdo de la columna de mosaicos del menú Inicio. En cualquier caso, se irán mostrando más mosaicos.

- ✔ Si los mosaicos que ves no reflejan tu manera de trabajar, es hora de personalizar el menú Inicio para que satisfaga tus necesidades. Avanza hasta el apartado posterior de este capítulo "Personalización del menú Inicio" para ver un adelanto.

Visualización o cierre de las aplicaciones abiertas

En una computadora de escritorio, es evidente que resulta fácil moverse entre aplicaciones. Ya que todas están en ventanas de tu escritorio, solo tienes que hacer clic en la aplicación deseada y aparecerá en primer plano, lista para trabajar. Para conocer más detalles sobre el escritorio, avanza al capítulo 3.

En una tableta, las aplicaciones y programas acaparan toda la pantalla cuando se están ejecutando, lo que dificulta pasar de una a otra.

Tanto si estás ejecutando Windows en una computadora como en una portátil o una tableta, puedes hacer aparecer en primer plano cualquier aplicación perdida siguiendo estos rápidos pasos:

1. **Haz clic o pulsa el botón Vista de tareas.**

   La pantalla se despejará y Windows mostrará vistas en miniatura de las aplicaciones y programas abiertos, como se muestra en la imagen 2-7.

2. **Pulsa o haz clic en cualquier miniatura para que la aplicación o el programa vuelva a mostrarse a tamaño completo.**

Estas sugerencias te permitirán no perder la pista a las aplicaciones en ejecución, así como cerrar las que ya no quieras abrir.

Imagen 2-7: Haz clic en el botón Vista de tareas y aparecerá la miniatura de cada aplicación y programa actualmente en ejecución

✔ Las aplicaciones y programas en ejecución también figuran como iconos en la "barra de tareas", la franja estrecha de la parte inferior de la pantalla (hablaré de la barra de tareas en el capítulo 3).

✔ Para cerrar una aplicación no deseada de la vista en miniatura, haz clic o pulsa la X en la esquina superior derecha (se muestra en el margen). O bien haz clic con el botón derecho del *mouse* en la miniatura de la aplicación y selecciona Cerrar en el menú emergente.

✔ Después de cerrar una aplicación, las vistas en miniatura de las otras aplicaciones permanecerán en pantalla, disponibles para que utilices una de ellas o las cierres. También saldrás del modo Vista de tareas pulsando o haciendo clic en el escritorio.

Las aplicaciones gratuitas del menú Inicio

El menú Inicio de Windows incluye varias aplicaciones gratuitas, cada una en su respectivo mosaico cuadrado o rectangular. Todos los mosaicos están etiquetados para ayudarte a que sepas qué es cada uno.

Los mosaicos de algunas aplicaciones, conocidos como "mosaicos vivos", cambian constantemente. Por ejemplo, el de la aplicación Dinero se actualiza sin parar con las últimas fluctuaciones de la bolsa, mientras que el mosaico El Tiempo informa en tiempo real del clima en la calle.

El menú Inicio de Windows muestra solamente algunas de tus aplicaciones. Haz clic en el texto Todas las aplicaciones de la esquina inferior izquierda del menú para verlas todas. La columna derecha del menú Inicio cambiará para mostrarte todas las aplicaciones instaladas ordenadas alfabéticamente. Haz clic en el texto Atrás para volver a la vista normal.

Encontrarás algunas o todas las aplicaciones siguientes en la lista; se ejecutarán cuando hagas clic con el *mouse* sobre ellas o las pulses con el dedo:

✔ **3D Builder:** a los pocos poseedores de impresoras 3D les permitirá crear chismes de plástico a partir de archivos informáticos.

✔ **Alarmas y reloj:** ofrece un reloj mundial, un temporizador y un cronómetro, aunque lo que más te interesará será la alarma, que puede activarse de forma diferente para cada día de la semana.

✔ **Buscar:** esta opción abre Cortana, tu asistente de búsqueda personal, que responderá a tus peticiones, tanto verbales como escritas, en la barra de búsqueda.

✔ **Calculadora:** esta aplicación, que comprende los modos estándar, científico y conversor, resolverá la vida a estudiantes de grado, matemáticos en potencia, cocineros y físicos.

✔ **Calendario:** te servirá para añadir tus citas o extraerlas automáticamente de calendarios creados mediante otras cuentas en línea.

✔ **Cámara:** como describiré en el capítulo 17, permite hacer fotos con tu *webcam* o con la cámara integrada en la computadora.

✔ **Configuración:** esto te lleva a la nueva aplicación Configuración de Windows 10, que contiene casi toda la configuración del Panel de control en versiones anteriores de Windows.

✔ **Contactos:** reúne los nombres y la información de contacto de tus amigos.

✔ **Correo:** como se describe en el capítulo 10, te permitirá enviar y recibir correos electrónicos. Si accedes a una cuenta de Windows Live, Yahoo!, AOL o Google, la aplicación Correo se configurará automáticamente y almacenará tu lista Contactos con tus contactos.

✔ **Deportes:** aquí encontrarás noticias deportivas y marcadores. También resulta un buen método de añadir listados para tus equipos favoritos.

✔ **Dinero:** este mosaico vivo se abre con titulares de negocios. Desplázate hacia la derecha para ver con una demora de treinta minutos los índices Dow Jones, NASDAQ y S&P con los gráficos habituales que representan el miedo y la incertidumbre.

✔ **El Tiempo:** esta estación meteorológica predice el tiempo de tu zona geográfica para una semana, pero solo si le das permiso para acceder a la información sobre tu ubicación (a menos que tu computadora disponga de un sistema de posicionamiento global o GPS, la aplicación limitará tu ubicación a la ciudad importante más cercana en lugar de a la dirección postal).

✔ **Escáner:** con esta joya, Windows simplifica el proceso a menudo complicado de escaneado de texto e imágenes en tu computadora; hablaré de ella en el capítulo 8.

✔ **Fotos:** muestra fotos almacenadas en tu computadora, así como en OneDrive, tu espacio de almacenamiento en internet; me ocuparé de esta aplicación en el capítulo 17.

✔ **Insider Hub:** un programa no apto para los de corazón débil, con el que los aficionados a Windows recibirán vistas previas de futuras características de Windows 10.

✔ **Introducción:** esta aplicación, que se trata en el capítulo 21, ofrece explicaciones de las características más básicas de Windows 10.

✔ **Lista de lectura:** ¿has visto en la red algo que quieras leer más tarde? Pulsa el botón Configuración y haz clic en el icono Compartir para añadir esa página web en tu lista de lectura y leerla más tarde en el tren, mientras te arreglan el coche o cuando te toque pasar horas muertas sentado.

✔ **Mapas:** la aplicación Mapas, muy práctica para la planificación de viajes, ejecuta una versión de Microsoft Bing Maps.

✔ **Microsoft Edge:** el nuevo navegador de Microsoft, Edge, llega a Windows 10 listo para sustituir a Internet Explorer.

✔ **Música de Groove:** esta aplicación, descrita en el capítulo 16, reproduce la música almacenada en tu computadora. Cabe decir que Microsoft también espera que compres o alquiles música de su tienda.

✔ **Noticias:** visita esta aplicación para leer las noticias del día, compiladas por servicios de noticias de todo el mundo. (Nota para frikis de la tecnología: puedes añadir fuentes RSS de tus sitios web favoritos).

✔ **OneDrive:** este término nombra el compartimento de Microsoft en internet donde puedes almacenar tus archivos. Al almacenarlos en línea en OneDrive, como se explicará en el capítulo 5, podrás acceder a ellos desde casi cualquier computadora, teléfono o tableta conectada a internet.

✔ **OneNote:** esta popular aplicación de toma de notas tiene un acceso propio en el menú Inicio de Windows 10.

✔ **Películas y TV:** el escaparate de vídeos de Microsoft te permite alquilar o comprar películas y series de televisión, tal y como se explica en el capítulo 17. Esta aplicación también te permite ver vídeos que has grabado con tu cámara o *smartphone*.

✔ **Ponerse en contacto con el soporte técnico:** haz clic aquí para comenzar tu viaje por los canales oficiales de asistencia técnica de Microsoft.

✔ **Tienda:** la Tienda Windows, descrita en el capítulo 6, supone la única forma de añadir más aplicaciones a tu menú Inicio. La Tienda Windows también tiene algunos programas que puedes instalar en tu escritorio de Windows, que se explica en el capítulo 3.

✔ **Xbox:** codiciado en su mayoría por los propietarios de la videoconsola Xbox de Microsoft, te permite hacer un seguimiento de las mejores puntuaciones (tanto las tuyas como las de tus compañeros de juego), chatear con otros jugadores, ver tus logros y visitar la aplicación Tienda para comprar más juegos.

Las aplicaciones incluidas en Windows funcionan mejor cuando se ejecutan en pantalla completa en una tableta y no son tan potentes como los
programas normales de escritorio. Pero, por alguna extraña razón, Microsoft configuró el escritorio de Windows para que utilice algunas de estas
aplicaciones del menú Inicio en lugar de los programas del escritorio
estándar.

En el capítulo 3 explico cómo elegir las aplicaciones y los programas con
los que debes realizar una tarea, pero aquí os dejo un truco provisional:
en el escritorio, haz clic con el botón derecho en un archivo y elige
Abrir con. El menú que se desplegará te dará a elegir programas con
los que realizar la tarea. Para permanecer en el escritorio, selecciona
otro programa de escritorio que no sea la aplicación del menú Inicio asignada.

Añadir elementos al menú Inicio o eliminarlos de él

Microsoft ha diseminado un montón de elementos al azar en el menú
Inicio de Windows 10 y el revoltijo que resulta no se adapta, desde luego,
a tus intereses personales o tus hábitos de trabajo. Este apartado te permite arreglar ese defecto.

Eliminar elementos del menú Inicio es fácil, así que puedes empezar a
hacerlo ya. Para eliminar un mosaico que no utilices o no quieras tener en
el menú Inicio, haz clic con el botón derecho en él y selecciona Desanclar
de Inicio en el menú desplegable situado en la parte inferior de la pantalla.
El mosaico no deseado desaparecerá sin mayor problema.

En una pantalla táctil, mantén el dedo sobre el mosaico no deseado. Cuando aparezca el botón Desanclar, púlsalo para eliminar el mosaico.

Tras eliminar los elementos no deseados, tómate tu tiempo para agregar
los elementos que desees al menú Inicio y accederás a ellos tan fácilmente
como tomas el taco de notas del escritorio.

Para añadir programas o aplicaciones al menú Inicio, sigue estos pasos:

1. **Haz clic en el texto Todas las aplicaciones en la esquina inferior izquierda del menú.**

   El menú Inicio mostrará una lista con todas tus aplicaciones y tus
   programas ordenados alfabéticamente.

2. **Haz clic con el botón derecho en el elemento que quieras que aparezca en el menú Inicio y selecciona Anclar a Inicio.**

   Repite la acción hasta que hayas agregado todos los elementos que quieras.

   Debes hacer clic con el botón derecho en cada uno por separado. Windows 10 ya no te permite seleccionar y añadir varios elementos de forma simultánea.

3. **En el escritorio, haz clic con el botón derecho en los elementos que desees y selecciona Anclar a Inicio.**

   Los mosaicos del menú Inicio no se limitan a aplicaciones y programas. En el escritorio, haz clic con el botón derecho en cualquier carpeta, archivo, biblioteca u otro elemento que quieras añadir al menú Inicio y después selecciona Anclar a Inicio en el menú emergente. Los elementos anclados recientemente aparecerán en la esquina inferior derecha del menú Inicio. En los menús Inicio que estén muy llenos, tendrás que desplazarte hacia abajo para verlos.

Cuando termines, el menú Inicio habrá crecido considerablemente con todos los destinos añadidos.

¿No encuentras una aplicación instalada recientemente? Es muy probable que se esconda en la zona Todas las aplicaciones del menú Inicio. Windows coloca las últimas aplicaciones descargadas en la zona Todas las aplicaciones en lugar de como mosaico en el menú Inicio. Si quieres que se vean en el lado derecho del menú Inicio, tendrás que anclarlas tú mismo.

Una vez que hayas llenado el menú Inicio con tus destinos de escritorio favoritos, dirígete al apartado "Personalización del menú Inicio" de este capítulo para colocarlos en grupos ordenados. Cuando termines, habrás creado un menú Inicio que responda a tus necesidades.

Personalización del menú Inicio

El menú Inicio se divide en dos columnas: los nombres de las aplicaciones a la izquierda y los mosaicos correspondientes a la derecha. Sin embargo, las pilas de mosaicos no tienen un orden en concreto, lo cual tiene un precio: ¿cómo puedes encontrar tus cosas preferidas?

Para sobrevivir al caos, intenta organizar el menú Inicio. Los siguientes pasos comienzan con una pequeña dosis de organización: deshaciéndonos de mosaicos no deseados y agregando mosaicos a tus favoritos.

Sigue estos pasos y acabarás alcanzando el nirvana organizativo: un menú Inicio repleto de "grupos" (colecciones de mosaicos relacionados) perfectamente etiquetados que respondan a tus intereses.

Puedes organizar los mosaicos como prefieras, en los grupos que quieras y con el nombre que elijas. Por ejemplo: Contactos, Trabajo, Juegos y Web (para echar un vistazo rápido al aspecto que tienen los grupos organizados y etiquetados, avanza a la imagen 2-11).

No obstante, seas lo organizado que seas, sigue estos pasos para empezar a convertir ese menú Inicio caótico en tus propias agrupaciones de mosaicos:

1. **Elimina los mosaicos que no necesites.**

   ¿Has divisado un mosaico que no necesitas? Haz clic con el botón derecho sobre él y selecciona Desanclar de Inicio en el menú emergente. Repite este paso hasta que hayas eliminado todos los mosaicos que no utilices. Si utilizas una pantalla táctil, mantén el dedo sobre la aplicación no deseada y luego pulsa el icono Desanclar que encontrarán.

   Cuando selecciones Desanclar de Inicio, no desinstalarás la aplicación o el programa; al eliminar el mosaico solo eliminarás del menú Inicio el botón de "arranque" de ese elemento. De hecho, si eliminas sin querer el mosaico de tu aplicación o programa favorito, podrás recuperarlo fácilmente en el paso 3.

2. **Coloca cerca los mosaicos relacionados.**

   A modo de ejemplo, imagina que quieres mantener cerca las aplicaciones relacionadas con la gente: Correo, Contactos y Calendario. Para mover una aplicación a una nueva ubicación, haz clic y mantén pulsado el botón izquierdo del *mouse* sobre el mosaico mientras lo arrastras hasta el punto deseado. A medida que arrastres, verás que otros mosaicos se apartan para hacer espacio al recién llegado.

   Si utilizas una pantalla táctil, mantén el dedo sobre la aplicación y arrástrala a su nueva posición cuando aparezca el menú emergente.

   Cuando la hayas arrastrado al punto deseado, levanta el dedo y el mosaico de la aplicación quedará colocado en su nueva ubicación.

   Para ahorrar espacio en la pantalla, encoge un mosaico grande rectangular a un cuadrado pequeño: haz clic con el botón derecho en él, selecciona Cambiar el tamaño en el menú emergente y elige un tamaño más pequeño en el segundo menú. También puedes agrandar un mosaico para convertirlo en un mosaico vivo que muestre información actualizada sobre el contenido de la aplicación.

3. **Añade mosaicos para las aplicaciones, los programas, las carpetas y los archivos que necesites.**

   En el anterior apartado "Añadir elementos al menú Inicio o eliminarlos de él", se trabajó con elementos en este capítulo, se explica cómo añadir mosaicos para aplicaciones, programas, carpetas y archivos.

   Una vez que hayas eliminado todos los mosaicos que no desees, reorganizado el resto de mosaicos y añadido los mosaicos de los elementos que necesites, el menú Inicio podrá responder a tus necesidades. Si es así, ¡a descansar! ¡Has terminado!

   Pero si el menú Inicio se sigue extendiendo por el borde inferior de la pantalla y no puedes encontrar elementos importantes, sigue leyendo.

   ¿Sigues aquí? Perfecto. Si te fijas en el menú Inicio, verás dos grupos de mosaicos. Windows los etiqueta como "La vida, en un vistazo" y "Jugar y explorar". Si eres como la mayoría de la gente, probablemente no te hayas percatado de la sutil brecha que separa estos dos grupos. Y eso te lleva al siguiente paso.

4. **Para crear un grupo nuevo, arrastra y suelta cualquier mosaico fuera de los dos grupos existentes.**

   Arrastra pulsando un mosaico fuera de los dos grupos existentes. Aparecerá una barra, como se muestra en la imagen 2-8, que creará un espacio vacío debajo de sí para tu mosaico. Arrastra el mosaico y este formará un nuevo grupo compuesto por un único mosaico, situado debajo de los otros dos grupos.

5. **Para añadir más mosaicos al grupo que acabas de crear, arrastra y suelta mosaicos adicionales en el grupo.**

   Arrastra y suelta mosaicos nuevos junto al primer mosaico del nuevo grupo para que le hagan compañía. Una vez que sueltes un mosaico en un grupo, podrás moverlo a una nueva posición dentro del grupo simplemente arrastrándolo.

   ¿Quieres crear otro grupo? Pues repite los pasos 4 y 5, arrastrando y soltando un mosaico fuera de los grupos existentes para formar otro grupo nuevo.

   Puede que tener grupos de mosaicos relacionados sea suficiente organización para ti. Si es así, ¡a descansar! Pero si quieres etiquetar los grupos, dirígete al siguiente paso.

6. **Asigna un nombre a los grupos.**

   Haz clic en el espacio en blanco justo encima de cualquier grupo de mosaicos y aparecerá un cuadro, listo para que escribas un nombre o sustituyas el existente. Tras escribirlo, pulsa Intro y el cuadro desaparecerá, dejando al grupo de mosaicos con su nuevo nombre.

Imagen 2-8:
Para crear
un grupo
nuevo,
arrastra
pulsando
cualquier
mosaico
fuera de
los dos
grupos.
Cuando
aparezca
la barra,
suelta el
mosaico

Personalización del menú Inicio

La aplicación Configuración de Windows 10, situada en la esquina inferior izquierda del menú Inicio, ofrece métodos adicionales para ajustar el menú Inicio. Explicaré la aplicación Configuración en el capítulo 12, pero esta sección se aplica en concreto al menú Inicio.

Para encontrar la configuración del menú Inicio, haz clic en el menú Inicio, selecciona Configuración y haz clic en el mosaico Personalización de la aplicación Configuración. Cuando aparezca la página Personalización, haz clic en el panel izquierdo y las opciones del menú Inicio se mostrarán a la derecha.

El menú Inicio ofrece varias opciones:

✔ **Mostrar aplicaciones más usadas:** deja esta opción activada para permitir que el menú Inicio guarde automáticamente la sección Más usadas del menú Inicio.

✔ **Mostrar aplicaciones agregadas recientemente:** deja esa opción activada para que

las aplicaciones instaladas recientemente aparezcan en su propia sección.

✔ **Usar pantalla de Inicio completa:** esta opción, diseñada para los amantes de Windows 8, hace que el menú Inicio ocupe toda la pantalla, como en la versión anterior de Windows.

✔ **Mostrar elementos abiertos recientemente en Listas de accesos directos en Inicio o en la barra de tareas:** deja esta opción activada, de forma que puedas volver a destinos favoritos, que aparecen en el menú Inicio y en las listas de accesos directos de la barra de tareas, que trataremos en el capítulo 3.

No hay forma correcta o incorrecta de aplicar la configuración. Mantén los valores predeterminados o prueba a ver qué configuración te sirve. La mayoría son modificadores de alternancia, por lo que siempre puedes volver y ajustar de nuevo el modificador si un cambio en la configuración no satisface tus necesidades.

También puedes escribir nombres o cambiar los existentes de cualquier otro grupo de mosaicos.

Cuando hayas acabado de asignar un nombre a los grupos de mosaicos, por fin podrás disfrutar de tu destreza organizativa, como se muestra en la imagen 2-9.

Imagen 2-9:
Resultará
más fácil
trabajar
con tu pan-
talla Inicio
si la tienes
organizada
en grupos
etiqueta-
dos de mo-
saicos re-
lacionados

✔ No hay forma correcta o incorrecta de organizar la pantalla Inicio. Al igual que en la vida real, puedes ser tan organizado o caótico como quieras.

✔ A medida que instalas aplicaciones y programas de escritorio nuevos, recuerda que tendrás que buscarlos en la zona Todas las aplicaciones, no en el mismo menú Inicio. Haz clic con el botón derecho en las aplicaciones recién llegadas y selecciona Anclar a Inicio. Después de colocar tus aplicaciones nuevas como mosaicos en el menú Inicio, puedes arrastrarlas y soltarlas dentro de él a tus grupos existentes o hacer grupos de mosaicos nuevos.

✔ No dudes en crear un grupo para tus sitios web favoritos y así accederás a ellos con toda facilidad directamente desde el menú Inicio. Para anclar un sitio web al menú Inicio, haz clic en el menú Configuración de Edge y selecciona Anclar a Inicio en el menú desplegable.

Salir de Windows

¡Ah! Quizá lo más placentero que puedas hacer con Windows sea dejar de utilizarlo. Sin embargo, salir de Windows añade un nuevo obstáculo al proceso: tendrás que decidir si quieres bloquear la computadora, apagarla, reiniciarla, suspenderla o cerrar sesión.

La respuesta depende de por cuánto tiempo vas a abandonar a tu computadora. ¿La dejarás solo unos minutos o has terminado tu jornada laboral y te marchas a casa?

Cubriré ambos casos (un breve descanso y dejar la computadora al final de la jornada) en las próximas dos secciones.

Pero, si no quieres lidiar con un manual para apagar la computadora, aquí te mostramos la forma más rápida de hacerlo:

1. **Haz clic en el menú Inicio y luego en el icono Apagar, cerca de la esquina superior izquierda del menú Inicio.**

2. **Selecciona Apagar en el menú desplegable.**

3. **Si la computadora protesta, diciéndote que perderás el trabajo que no hayas guardado, elige el modo Suspender.**

Las siguientes dos secciones tratan los matices de lo que se ha convertido en una tarea alarmantemente compleja.

Los usuarios expertos saben este truco para un apagado rápido: haz clic con el botón derecho en el menú Inicio, selecciona Apagar o Cerrar sesión del menú emergente y selecciona Apagar en el submenú.

Si abandonas temporalmente la computadora

Windows ofrece tres opciones cuando abandonas temporalmente la computadora, quizás para calentar la comida en el microondas de la oficina y volver al cubículo antes de que alguien se dé cuenta. Decide entre varios casos de "ausencia temporal" en Windows siguiendo estos pasos:

1. **Haz clic en el botón Inicio para abrir el menú Inicio.**

2. **Haz clic en la imagen de tu cuenta de usuario en la esquina superior izquierda del menú Inicio.**

   Aquí, tal y como puede verse en la imagen 2-10, se te da a elegir entre estas opciones:

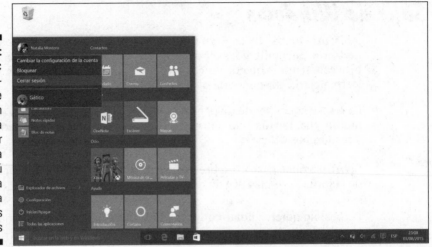

Imagen 2-10: Haz clic en tu nombre de cuenta en la esquina superior izquierda del menú Inicio para elegir una de estas opciones

✔ **Cambiar la configuración de la cuenta:** esta opción te lleva directo a la aplicación Configuración, donde ajustas la configuración de tu cuenta. Podrás cambiar tu foto, por ejemplo, o cambiar la contraseña de una cuenta local.

✔ **Bloquear:** está opción, diseñada para darte privacidad si haces pequeños viajes al frigorífico, bloquea la computadora y cubre la pantalla con la imagen de la pantalla de bloqueo. Cuando vuelvas, desbloquea la pantalla pulsando cualquier tecla e introduciendo tu contraseña. Windows mostrará rápidamente tu trabajo tal y como lo dejaste.

✔ **Cerrar sesión:** elige esta opción cuando hayas terminado de trabajar con la computadora y otro usuario quiera utilizarlo. Windows guardará tu trabajo y tu configuración y, a continuación, regresará a la pantalla de bloqueo, listo para que otro usuario inicie sesión.

✔ **Otra cuenta:** debajo de tu nombre, tal y como vimos anteriormente en la imagen 2-10, Windows muestra los nombres de otras cuentas en la computadora. Si uno de esos usuarios quiere tomar prestada la computadora unos minutos mientras te estás tomando un café, deberá elegir su nombre en la lista. Al introducir su contraseña, aparecerá su pantalla personalizada, lista para empezar a trabajar. Cuando este usuario cierre sesión y tú vuelvas a iniciar sesión, todo tu trabajo reaparecerá tal y como lo dejaste.

Cada una de las tres opciones indica a la computadora que espere tu regreso mientras tú te ausentas un tiempo.

Si, por el contrario, has terminado de trabajar por hoy, pasa a la siguiente sección.

Si has terminado por hoy de trabajar con la computadora

Cuando termines tu jornada (o solo quieras apagar el portátil mientras vas en el metro o en ese vuelo a Roma), Windows ofrece tres formas de manejar la situación.

Sigue estos pasos para elegir entre las opciones disponibles:

1. **Haz clic en el botón Inicio y luego en el icono Iniciar/Apagar (que puede verse en el margen).**

   El menú desplegable del icono Iniciar/Apagar ofrece tres opciones, tal y como puede verse en la imagen 2-11.

   A continuación puedes ver el resumen de tus opciones:

   • **Suspender:** esta opción, la más popular, guarda el trabajo en la memoria de tu computadora y en el disco duro y, a continuación, deja la computadora aletargada en un estado de bajo consumo. Más tarde, cuando regreses a la computadora, Windows te presentará todo rápidamente (incluso el trabajo no guardado) como si nunca te hubieras marchado. Además, si hay un apagón, la computadora seguirá activo con todo guardado, pero tardará algunos segundos más en recuperarlo.

Imagen 2-11: Al seleccionar Suspender, tu computadora se activa más rápidamente cuando lo enciendas de nuevo. Al seleccionar Apagar, tu computadora se apaga por completo.

- **Reiniciar:** será tu primera opción cuando ocurra algo extraño (por ejemplo, un programa se bloquea o Windows parece aturdido y confundido). Windows apagará la computadora y volverá a arrancar como nuevo. Algunos de los programas que instales por primera vez te pedirán que reinicies la computadora.

- **Apagar:** esta opción apaga tu computadora por completo. Es como la opción Reiniciar, pero sin encenderlo de nuevo. Además, es la mejor opción si estás preocupado por conservar la batería de tu portátil o tableta.

Creo que con esto podrás apañártelas, pero si tienes más tiempo, hay otros factores que atender y tomar en cuenta.

No tienes que apagar la computadora todas las noches. De hecho, algunos expertos dejan las computadoras encendidas todo el tiempo, alegando que es mejor para la salud de la computadora. Otros expertos afirman que sus computadoras estarán más sanas si se apagan a diario. Y otros incluso dicen que el modo Suspender ofrece el equilibrio ideal entre ambas opciones. Sin embargo, todos recomiendan apagar el monitor cuando termines de trabajar. Esto es porque a los monitores les encanta refrescarse cuando no están en uso.

¿Quieres que tu portátil o tu tableta se activen en modo Avión con el acceso a internet restringido? Entonces cambia al modo Avión y selecciona Suspender en lugar de Apagar. Cuando tu portátil o tu tableta se activen de nuevo en tu vuelo transatlántico, seguirán en modo Avión, desconectados de internet (hablaré del modo Avión en el capítulo 23).

Para apagar tu computadora lo más rápido posible, haz clic con el botón derecho en el menú Inicio, selecciona Apagar o Cerrar sesión en el menú emergente y selecciona Apagar en el submenú.

Capítulo 3

El escritorio tradicional

....

En este capítulo

▶ Acceder al escritorio

▶ Acceder al menú Inicio

▶ Trabajo en el escritorio

▶ Recuperación de elementos eliminados de la papelera de reciclaje

▶ Fundamentos básicos de la barra de tareas

▶ Personalización del escritorio

▶ Configuración de varios escritorios

▶ Búsqueda fácil de programas

....

*E*l nuevo modo Tableta de Windows 10 es más que apto para usuarios "de sofá". Cuando el menú Inicio llena la pantalla de aplicaciones para seleccionar cómodamente de forma táctil, puedes escuchar música, comprobar tu correo electrónico, ver los últimos vídeos de gatitos o conocer las desventuras de tus amigos en Facebook.

Pero cuando llega el lunes sin que hayas podido hacer nada por evitarlo, toca cambiar de rutina. Para trabajar en serio, normalmente hay que abandonar las aplicaciones sencillitas de Windows y usar los programas con mayor funcionalidad. Los jefes prefieren que trabajes con hojas de cálculo y procesadores de texto a que juegues a "Apalabrados".

Ahí es cuando la segunda mitad de Windows, el escritorio, entra en juego. Cuando desactivas el modo Tableta, el escritorio de Windows 10 funciona del mismo modo que en la década pasada. Este escritorio, optimizado para el *mouse* y el teclado, es el lugar donde organizarás tu trabajo en ventanas y darás luz a tus ideas.

El menú Inicio de Windows 10 y su legión de aplicaciones traen muchos cambios, pero el escritorio no varía mucho con respecto a las versiones anteriores. En este capítulo te mostraré cómo transformar tu computadora de dispositivo de ocio a oficina.

Acceder al escritorio y al menú Inicio

Windows 8 hizo todo lo posible por ocultar el escritorio, pero Windows 10 se enorgullece de anunciar su regreso. Y hay más buenas noticias. Tal y como puede verse en la imagen 3-1, cuesta distinguir este escritorio del escritorio de Windows 7.

Papelera de reciclaje

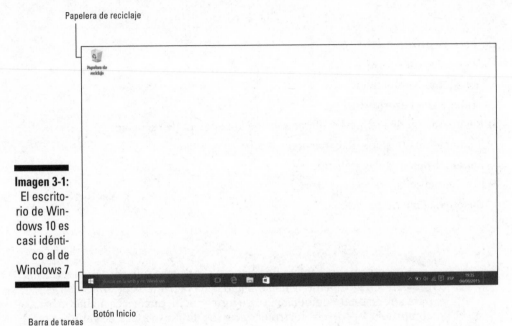

Imagen 3-1: El escritorio de Windows 10 es casi idéntico al de Windows 7

Botón Inicio

Barra de tareas

Cuando se active el modo Tableta, los programas y las aplicaciones ocuparán la pantalla por completo en lugar de ejecutarse en ventanas independientes. Sin embargo, los botones pequeños y las barras estrechas del escritorio funcionan aún mejor cuando se controlan con el teclado o el *mouse*. Si utilizas Windows 10 en una tableta con pantalla táctil, probablemente querrás comprar un *mouse* y un teclado Bluetooth (inalámbricos) para cuando trabajes con el escritorio.

El escritorio de Windows 10 ejecutará todos los programas de Windows que podías ejecutar en tu computadora con los antiguos Windows Vista, Windows 7, Windows 8 o Windows 8.1, excepto los programas antivirus, los paquetes de seguridad y algunas utilidades. Por lo general, las aplicaciones de este tipo no se transfieren bien de una versión de Windows a otra.

Windows 10 ahora ejecuta las aplicaciones en una ventana del escritorio. Sin embargo, en una tableta que se ejecute en el nuevo modo Tableta, las aplicaciones se seguirán ejecutando en pantalla completa. Para hacer que se ejecuten en una ventana, desactiva el modo Tableta, lo que describo más adelante en la sección "Cambiar entre el modo Tableta y el escritorio" de este capítulo.

Trabajar en el escritorio con una pantalla táctil

Pulsar la pantalla con los dedos es una buena opción si trabajas con los mosaicos extragrandes del menú Inicio. Además, si tienes los dedos finos, los controles táctiles de la pantalla funcionarán también con los bordes y botones del escritorio. A continuación se explica cómo controlar el escritorio con los dedos:

✔ **Seleccionar:** para seleccionar algo en el escritorio, púlsalo con la punta del dedo (es posible que la yema del dedo sea demasiado grande).

✔ **Hacer doble clic:** para hacer doble clic en un elemento, púlsalo dos veces. En este caso, la punta del dedo también es más adecuada.

✔ **Hacer clic con el botón derecho:** para hacer clic con el botón derecho en un elemento, coloca la punta del dedo suavemente sobre él y espera a que un cuadrado pequeño aparezca en pantalla. Levanta el dedo entonces; el menú emergente seguirá en pantalla y podrás pulsar la opción del menú que desees.

Si la punta del dedo te parece demasiado ancha para las delicadas maniobras con las ventanas del escritorio, compra un *mouse* y un teclado para tu tableta. Estos periféricos convertirán tu tableta en dos computadoras: una que utiliza aplicaciones sencillas para un uso informal y otra con el escritorio completo de Windows para el trabajo "de verdad".

Atención a lo siguiente: cuando actives el modo Tableta, los programas y las aplicaciones cubrirán la pantalla por completo; nunca se ejecutarán en ventanas del escritorio internas. Si tienes que ver y hacer clic con el botón derecho en el escritorio, deberás desactivar primero el modo Tableta.

Nota: solo las pantallas de 8 pulgadas o más incluyen el escritorio. Las tabletas con pantallas más pequeñas (y los teléfonos) ejecutan el sistema Windows 10 Mobile, que no incluye el escritorio; estos dispositivos solo pueden ejecutar aplicaciones.

Trabajo con el escritorio

El escritorio permite ejecutar varios programas y aplicaciones simultáneamente, cada uno en su propia ventanita. Así tienes la posibilidad de extender varios programas por la pantalla para compartir fragmentos de información de uno a otro.

Cuando se instala por primera vez, Windows arranca con el escritorio limpio y casi vacío que muestra la imagen 3-1. Una vez que hayas trabajado un rato, el escritorio se llenará de "iconos" (pequeños botones que cargarán tus archivos si haces un doble clic rápido). Muchos usuarios tienen los escritorios llenos de iconos para acceder a todo más fácilmente.

Otras personas organizan su trabajo: cuando terminan algo, guardan sus archivos en una carpeta (esta tarea se explica en el capítulo 4).

No obstante, independientemente de cómo utilices el escritorio, este se divide en tres partes, etiquetadas como se ve en la imagen 3-1:

✔ **Botón Inicio:** para ejecutar un programa, haz clic en el botón Inicio de la esquina inferior izquierda del escritorio. Cuando aparezca el menú Inicio, haz clic en el nombre o mosaico de la aplicación que vayas a ejecutar.

En el capítulo 2 hablo del menú Inicio y sus características. En el caso de que hayas decidido retirar del menú Inicio sus mosaicos de aplicaciones, vuelve a ese capítulo si lo requieres. Para simplificar el acceso a tus programas favoritos, colócalos en la barra de tareas de tu escritorio (que se describe a continuación).

✔ **Barra de tareas:** la barra de tareas, que reposa sobre el borde inferior de la pantalla, muestra los programas y las aplicaciones del escritorio que tienes abiertos en cada momento, así como los iconos para ejecutar algunos programas más habituales. Señala un icono en la barra de tareas para ver el nombre del programa al que corresponde o una foto en miniatura de ese programa en acción. En la sección "Personalización de la barra de tareas" de este capítulo describo cómo añadir los iconos de tus programas favoritos a la barra de tareas.

✔ **Papelera de reciclaje:** la Papelera de reciclaje del escritorio, ese icono en forma de papelera, almacena los archivos que has borrado recientemente; si te arrepientes de haberlo hecho, te será sencillo recuperarlos. ¡Fantástico!

Trataré estos elementos más adelante en este capítulo y a lo largo del libro, pero estos consejos te ayudarán mientras llegas a ese punto:

✔ Si eres usuario de computadora de escritorio o de portátil, puedes comenzar tus proyectos directamente desde el escritorio de Windows. Para ello, haz clic con el botón derecho en un espacio vacío del escritorio, elige Nuevo y selecciona el proyecto de tus sueños en el menú emergente, ya sea cargar tu programa favorito o crear una carpeta para almacenar archivos nuevos. En el menú Nuevo se muestran la mayoría de programas de la computadora, lo que te evitará la molestia de volver al menú Inicio. Por el contrario, en el modo Tableta solo puedes comenzar proyectos desde el menú Inicio.

✔ ¿Te preguntas la razón de ser de algún objeto del escritorio? Coloca el puntero sobre él y Windows desplegará un pequeño cuadro que explica qué es o qué hace esa cosa. Haz clic con el botón derecho en el objeto y el siempre servicial Windows te mostrará un menú con lo que puedes hacer con el objeto. Este truco funciona con la mayoría de iconos y botones de tu escritorio y sus programas.

✔ Es posible que todos los iconos desaparezcan de repente del escritorio y lo dejen totalmente vacío. Para recuperar tu trabajo, haz clic con el botón derecho en el escritorio vacío y elige Ver en el menú emergente. Después, asegúrate de que la opción de menú Mostrar iconos del escritorio tenga una marca de verificación para que todo esté visible. Si esto no funciona, intenta desactivar el modo Tableta: pulsa el icono del Centro de actividades al lado del reloj en la esquina inferior derecha de la pantalla. A continuación, pulsa el botón del modo Tableta para desactivarlo (el modo Tableta oculta todo lo que hay en el escritorio).

Ejecutar aplicaciones con el menú Inicio

El botón Inicio nunca desaparece de la esquina inferior izquierda del escritorio. Al hacer clic o pulsar en él, se abre el menú Inicio para mostrarte todos los programas y aplicaciones instalados y con otro clic abrirás la aplicación o el programa que quieras ejecutar.

En el capítulo 2 hablo del menú Inicio, pero aquí muestro un rápido tutorial paso a paso sobre cómo abrir el menú Inicio y ejecutar un programa o una aplicación:

1. **Señala el botón Inicio en la esquina inferior izquierda de la pantalla con el cursor del *mouse*.**

   Aparecerá el menú Inicio, como puede verse en la imagen 3-2. Si la computadora está en el modo Tableta descrito más adelante en este capítulo, el menú Inicio llenará la pantalla.

   El menú Inicio muestra en la columna izquierda los nombres de los programas y las aplicaciones a los que has accedido recientemente. A la derecha, otra columna muestra los mosaicos de las aplicaciones más utilizadas.

2. **Si ves el programa o la aplicación que quieres ejecutar en el menú Inicio, haz clic en él.**

   Haz clic en el nombre de un mosaico, y el programa o la aplicación aparecerá en la parte superior del escritorio, listo para la acción.

Para abrir una aplicación o un mosaico, haz clic en su nombre o en el mosaico correspondiente.

Imagen 3-2: Si encuentras el programa o la aplicación que quieres ejecutar en el menú Inicio, ábrelo con un clic en su nombre o mosaico

Para buscar una aplicación, escribe su nombre en el cuadro de búsqueda.
Haz clic en el botón Inicio para ver este menú Inicio.

Para ver una lista de tus programas y aplicaciones en orden alfabético, haz clic en Todas las aplicaciones.

3. **¿No encuentras el programa o la aplicación que buscas? Haz clic en la opción Todas las aplicaciones, que se muestra justo sobre el botón Inicio. A continuación, haz clic en la aplicación que desees para abrirla.**

   Cuando hagas clic en Todas las aplicaciones, la columna izquierda del menú Inicio mostrará todos tus programas y aplicaciones por orden alfabético. Esto te permite diferentes opciones:

   • Si encuentras el nombre de tu programa o aplicación, haz clic en su nombre para abrirlo.

   • Si no encuentras el nombre del programa o de la aplicación que deseas, desplaza hacia abajo la lista de nombres al hacer clic en la barra a la derecha con todos los nombres.

   • Si tu aplicación no aparece en la lista, es muy probable que no esté instalada en la computadora. Visita la Tienda Windows para descargarla (de esto te hablaré en el capítulo 6).

También puedes pulsar la tecla del teclado o de la tableta para acceder al menú Inicio.

Una vez abierto el programa o la aplicación, llegará el momento en el que quieras cerrarlo, una tarea que trataré en el capítulo 4. Pero te lo adelanto aquí: para cerrar la aplicación, dirígete a la esquina superior derecha y haz clic en la pequeña X que se muestra en el margen.

Doy más detalles sobre el menú Inicio, incluido cómo personalizarlo según tus necesidades, en el capítulo 2.

Alegrar el fondo del escritorio

Para alegrar tu escritorio, Windows lo cubre con una bonita imagen que llamamos "fondo" (muchos la llaman directamente "fondo de pantalla").

Cuando estés cansado del escenario integrado, no dudes en sustituirlo por una imagen que tengas guardada en tu computadora:

1. **Haz clic en el botón Inicio para elegir el enlace Configuración.**

   Aparecerá la aplicación Configuración de Windows 10.

2. **Haz clic en el icono Personalización que se muestra en el margen.**

   La sección Personalización de la aplicación Configuración se abrirá en la página de fondo.

Imagen 3-3: Prueba diferentes fondos haciendo clic en ellos. Haz clic en el botón Examinar para ver imágenes de diferentes carpetas

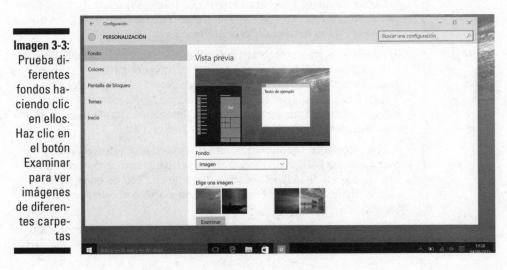

3. **Haz clic en cualquiera de las imágenes, tal y como puede verse en la imagen 3-3, y Windows la colocará de inmediato en el fondo de tu escritorio.**

   ¿Has encontrado un caballo ganador? Entonces ya has terminado; tus cambios se aplicarán inmediatamente. Pero si aún no has encontrado lo que buscas, avanza al siguiente paso.

4. **Haz clic en el botón Examinar para ver las fotos de tu carpeta Imágenes.**

   La mayoría de usuarios guardan sus fotos digitales en la carpeta Imágenes (explicaré todo lo necesario sobre examinar carpetas en el capítulo 4). Si has elegido sincronizar con OneDrive tu tableta o *smartphone*, las fotos que hagas aparecerán en tu carpeta Álbum de cámara.

5. **Haz clic en distintas imágenes para ver cómo quedarán de fondo de escritorio.**

   Cuando encuentres un fondo que te guste, estarás listo. Sal del programa haciendo clic en su esquina superior derecha y la foto elegida se expandirá por el escritorio.

A continuación vas a encontrar algunos consejos que te servirán para cambiar un fondo de escritorio:

✔ Las opciones que se muestran en el menú desplegable Elegir un ajuste de la página te dan a elegir la distribución de la imagen bien repetida en mosaico en toda la pantalla, bien en el centro o bien con aumento para que ocupe toda la pantalla. Las opciones Mosaico, Rellenar y Ajustar funcionan mejor con fotos pequeñas, como las que se hacen con los móviles, repitiéndolas o expandiéndolas para que se ajusten a los bordes de la pantalla.

✔ El nuevo explorador web Microsoft Edge tomará prestada fácilmente casi cualquier imagen que encuentre en internet para establecerla como fondo. Haz clic con el botón derecho en la imagen del sitio web y elige Guardar imagen en el menú emergente. Microsoft copiará sigilosamente la imagen en tu carpeta Imágenes, donde puedes seleccionarla como fondo siguiendo el paso 4 descrito.

✔ Si una fotografía de fondo dificulta la visualización de los iconos del escritorio, una solución es pintar el escritorio con un único color. Tras el paso 2 de la lista anterior, haz clic en Colores en el panel izquierdo de la ventana Personalización y aplica el que desees con un clic.

✔ Para cambiar por completo el aspecto de Windows, selecciona Temas en el borde izquierdo de la ventana Personalización en el paso 2.

Después haz clic en Configuración de temas en el panel derecho de la ventana Personalización. Los distintos temas, diseñados para los grandes indecisos, pintarán de diferentes colores los distintos cuadros, bordes y botones de Windows. Hablaremos más sobre los temas en el capítulo 12. Si descargas algún tema de los disponibles en internet, examínalo con el antivirus, como sugeriremos en el capítulo 11.

Cambiar entre el modo Tableta y el escritorio

Hay quienes trabajan con Windows 10 en una tableta, otros prefieren hacerlo en una computadora de escritorio y otros en una tableta que pueda funcionar como una computadora de escritorio conectándole un teclado y un *mouse*. Sin embargo, hacer que tu tableta funcione como una computadora de escritorio puede ocasionar un problema: las tabletas funcionan mejor con los dedos, pero las computadoras de escritorio se controlan mejor con *mouse* y teclado.

Para satisfacer ambas necesidades, Windows 10 te permite activar y desactivar el modo Tableta. Activar el modo Tableta hace que, por ejemplo, todos tus programas y aplicaciones llenen la pantalla (el menú Inicio también se ejecuta en pantalla completa). También el modo Tableta aumenta sutilmente el espacio entre los menús e iconos, lo que hace que sea más fácil pulsarlos con los dedos.

En muchos casos, Windows 10 percibe cómo estás trabajando y activa y desactiva el modo Tableta automáticamente (Microsoft llama a este sentido especial "Continuum"). Pero si crees que Windows 10 está funcionando en el modo equivocado, sigue estos pasos para alternar manualmente entre ambos modos:

1. **Haz clic en el icono Centro de actividades de la barra de tareas.**

   El icono Centro de actividades se encuentra cerca del borde derecho de la barra de tareas; lo verás en la parte inferior de cada pantalla.

   Aparecerá el panel Centro de actividades, como muestra la imagen 3-4.

2. **Pulsa el botón Modo de tableta de la parte inferior izquierda del panel Centro de actividades.**

   Cuando el botón Modo de tableta esté resaltado en color, el modo Tableta estará activado; cuando el color del botón desaparezca, el modo Tableta estará desactivado y el escritorio funcionará de forma convencional.

Imagen 3-4: Los cuatro botones inferiores del panel Centro de actividades ofrecen unas opciones de fácil acceso, que incluyen cambiar entre modos

Para buscar rápidamente el panel Centro de actividades en una tableta, desliza el dedo desde el borde derecho de la pantalla. Aparecerá el panel Centro de actividades, que te permite cambiar el modo Tableta con un rápido toque.

Hurgando entre la basura de la Papelera de reciclaje

La Papelera de reciclaje, ese icono en forma de papelera de la esquina superior izquierda del escritorio, funciona de forma muy parecida a una papelera de reciclaje real. Se muestra en el margen y te permite recuperar los archivos desechados del escritorio que pensabas que nunca volverías a necesitar.

Para tirar a la Papelera de reciclaje algún elemento del escritorio, como, por ejemplo, un archivo o una carpeta, puedes hacer lo siguiente:

✔ Haz clic con el botón derecho en el elemento no deseado y selecciona Eliminar en el menú emergente. Windows te preguntará prudentemente si estás seguro de querer borrar el elemento. Haz clic en Sí y Windows lo tirará a la Papelera de reciclaje, como si lo hubieras arrastrado ahí. ¡Zas!

✔ Para borrar el elemento rápidamente, haz clic en el objeto no deseado y pulsa la tecla Supr.

¿Quieres recuperar algo? Haz doble clic en el icono de la papelera de reciclaje y verás los elementos que has borrado recientemente. Haz clic con el botón derecho en el elemento que has decidido recuperar y elige Restaurar. La práctica Papelera de reciclaje devolverá tu valioso elemento al mismo punto en el que lo borraste. También puedes resucitar elementos eliminados arrastrándolos al escritorio o a cualquier carpeta; arrástralos a la Papelera de reciclaje para volver a eliminarlos.

La Papelera de reciclaje puede llenarse bastante. Si estás buscando desesperadamente un archivo que borraste hace poco, dile a la Papelera de reciclaje que ordene todos los elementos por la fecha y la hora en que los eliminaste. Haz clic con el botón derecho en una zona vacía dentro de la Papelera de reciclaje y elige Ordenar por. A continuación, selecciona Fecha de eliminación en el menú emergente.

Para borrar algo permanentemente, elimínalo dentro de la Papelera de reciclaje: haz clic y pulsa la tecla Supr. Para eliminar todos los elementos de la Papelera de reciclaje, haz clic con el botón derecho en el icono de la Papelera de reciclaje y selecciona Vaciar Papelera de reciclaje.

Para omitir directamente la Papelera de reciclaje al borrar archivos, mantén pulsada la tecla Mayús mientras pulsas Supr. ¡Paf! El objeto seleccionado desaparece para no verlo más. Un práctico truco cuando trates con elementos confidenciales, como números de tarjetas de crédito o cartas de amor a un colega de un cubículo cercano.

✔ El icono Papelera de reciclaje cambiará de vacío a lleno (como se muestra en el margen) en cuanto contenga algún archivo eliminado.

✔ La Papelera de reciclaje guarda solo los elementos eliminados del escritorio. No conserva información eliminada de las aplicaciones del menú Inicio.

✔ La Papelera de reciclaje guardará los archivos eliminados hasta que la basura consuma aproximadamente el 5 % del espacio disponible de tu computadora. Entonces eliminará de forma definitiva los archivos que hayas borrado más recientemente para hacer espacio a los nuevos. Si tienes poco espacio en el disco duro, reduce el tamaño de la papelera haciendo clic con el botón derecho de la Papelera de reciclaje y seleccionando Propiedades. Reduce el número de Tamaño personalizado para borrar la papelera más rápidamente; si aumentas el número, la Papelera de reciclaje almacenará los archivos durante más tiempo.

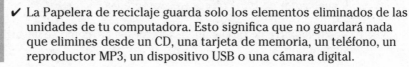

✔ La Papelera de reciclaje guarda solo los elementos eliminados de las unidades de tu computadora. Esto significa que no guardará nada que elimines desde un CD, una tarjeta de memoria, un teléfono, un reproductor MP3, un dispositivo USB o una cámara digital.

✔ ¿Ya has vaciado la Papelera de reciclaje? Es posible que todavía puedas recuperar el elemento que borraste y ahora añoras en la copia de seguridad del historial de archivos de Windows, de la que hablaremos en el capítulo 13.

✔ Si borras algo de la computadora de otro usuario en red, no lo podrás recuperar. La Papelera de reciclaje guarda solo los elementos eliminados de tu computadora, no de la computadora de otro usuario. Por algún feo motivo, la Papelera de reciclaje de la computadora del otro usuario tampoco guardará el elemento. Tenlo en cuenta.

La barra de tareas

Cuando hay más de una ventana en el escritorio, te enfrentas a un problema de logística: los programas y las ventanas tienden a solaparse, por lo que resulta difícil localizarlos. Para empeorar las cosas, algunos programas como los exploradores web y Microsoft Word pueden contener varias ventanas. ¿Cómo puedes hacer para no perder la pista de todas las ventanas?

La solución que nos ofrece Windows es la barra de tareas, un área especial que reúne todos los programas en ejecución y sus respectivas ventanas. Tal y como puede verse en la imagen 3-5, la barra de tareas está ubicada en la parte inferior del escritorio y se actualiza continuamente para mostrar el icono de cada programa del escritorio que estés ejecutando en este momento.

A diferencia de Windows 8, Windows 10 mantiene la barra de tareas en su lugar, incluso cuando se ejecuta en el modo Tableta. La barra de tareas siempre se encuentra accesible en el borde inferior de la pantalla, también cuando las aplicaciones o el menú Inicio llenan la pantalla.

La barra de tareas sirve además para ejecutar tus programas favoritos. Al mantener los iconos de tus programas favoritos a la vista y a un clic, te ahorras una visita al menú Inicio.

¿No sabes lo que hace un icono de la barra de tareas? Coloca el puntero del *mouse* sobre cualquiera de los iconos de la barra de tareas y verás el nombre del programa o una imagen en miniatura del contenido del programa, tal y como muestra la imagen 3-5. En esa figura, por ejemplo, el Visualizador de fotos ofrece tres fotografías.

Desde la barra de tareas puedes hacer magia, como se describe en la siguiente lista:

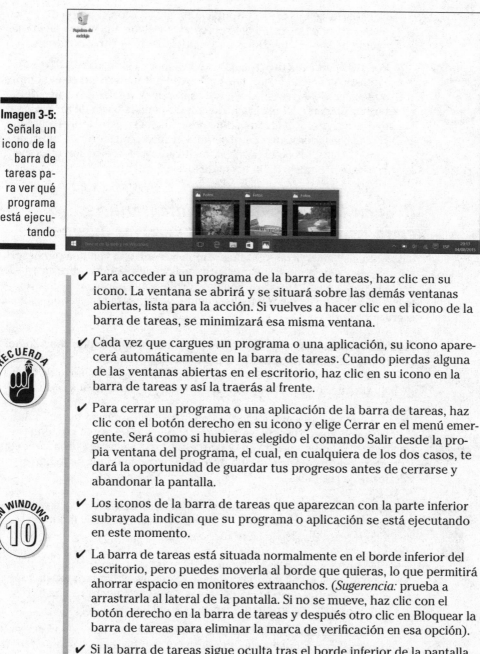

Imagen 3-5:
Señala un icono de la barra de tareas para ver qué programa está ejecutando

✔ Para acceder a un programa de la barra de tareas, haz clic en su icono. La ventana se abrirá y se situará sobre las demás ventanas abiertas, lista para la acción. Si vuelves a hacer clic en el icono de la barra de tareas, se minimizará esa misma ventana.

✔ Cada vez que cargues un programa o una aplicación, su icono aparecerá automáticamente en la barra de tareas. Cuando pierdas alguna de las ventanas abiertas en el escritorio, haz clic en su icono en la barra de tareas y así la traerás al frente.

✔ Para cerrar un programa o una aplicación de la barra de tareas, haz clic con el botón derecho en su icono y elige Cerrar en el menú emergente. Será como si hubieras elegido el comando Salir desde la propia ventana del programa, el cual, en cualquiera de los dos casos, te dará la oportunidad de guardar tus progresos antes de cerrarse y abandonar la pantalla.

✔ Los iconos de la barra de tareas que aparezcan con la parte inferior subrayada indican que su programa o aplicación se está ejecutando en este momento.

✔ La barra de tareas está situada normalmente en el borde inferior del escritorio, pero puedes moverla al borde que quieras, lo que permitirá ahorrar espacio en monitores extraanchos. (*Sugerencia:* prueba a arrastrarla al lateral de la pantalla. Si no se mueve, haz clic con el botón derecho en la barra de tareas y después otro clic en Bloquear la barra de tareas para eliminar la marca de verificación en esa opción).

✔ Si la barra de tareas sigue oculta tras el borde inferior de la pantalla, señala con el *mouse* el borde inferior de la pantalla hasta que aparezca la barra de tareas. A continuación, haz clic con el botón derecho en la barra de tareas, elige Propiedades y elimina la marca de verificación de la opción Ocultar automáticamente la barra de tareas.

✔ Puedes añadir tus programas y aplicaciones favoritos a la barra de tareas: en el menú Inicio, haz clic con el botón derecho en el nombre o mosaico del programa elegido y selecciona Anclar a la barra de tareas. El icono del programa se integrará en la barra de tareas, con lo que accederás a él tan fácilmente como si se estuviera ejecutando. ¿Estás cansado de que un programa acapare espacio en la barra de tareas? Haz clic con el botón derecho sobre él y selecciona Desanclar este programa de la barra de tareas.

Reducir las ventanas para integrarlas en la barra de tareas y recuperarlas después

Las ventanas llaman a las ventanas. Empiezas con una ventana para escribir una carta elogiando tu restaurante mexicano preferido. Abres otra ventana para consultar una dirección y otra para echar un vistazo a un menú en línea. Antes de que te des cuenta, ya tienes cuatro ventanas en el escritorio.

Para combatir el desorden, Windows proporciona un método sencillo de control de las ventanas: puedes transformar una ventana de un cuadrado que ocupa parte de la pantalla en un botón diminuto en la barra de tareas de la parte inferior de la pantalla. La solución es el botón Minimizar.

¿Ves los tres botones que merodean en la esquina superior derecha de todas las ventanas? Haz clic en el botón Minimizar (el botón con una pequeña línea, que se muestra en el margen). ¡Zas! La ventana desaparecerá y quedará representada por su botón en la barra de tareas de la parte inferior de la pantalla.

Para que un programa minimizado en la barra de tareas vuelva a ser una ventana normal en pantalla, solo tienes que hacer clic en su icono en la barra de tareas. Muy fácil, ¿verdad?

✔ ¿No puedes encontrar el icono de la barra de tareas para la ventana que quieres minimizar o maximizar? Si pasas el puntero del *mouse* sobre el botón de la barra de tareas, Windows mostrará una foto en miniatura de ese programa o el nombre del programa.

✔ Cuando minimices una ventana, no borrarás su contenido ni cerrarás el programa. Y cuando hagas clic en su nombre en la barra de tareas, la ventana se volverá a abrir con el tamaño que tenía antes de minimizarla y mostrará el mismo contenido.

Alternar entre distintas tareas desde las listas de accesos directos de la barra de tareas

La barra de tareas de Windows no solo permite abrir programas y alternar entre ventanas. También puedes saltar a otras tareas haciendo clic con el botón derecho en los iconos que contiene. Al hacer clic con el botón derecho en el icono Microsoft Edge se muestra una lista rápida de los sitios web visitados recientemente. Haz clic en cualquier sitio de la lista y volverás a acceder a él rápidamente.

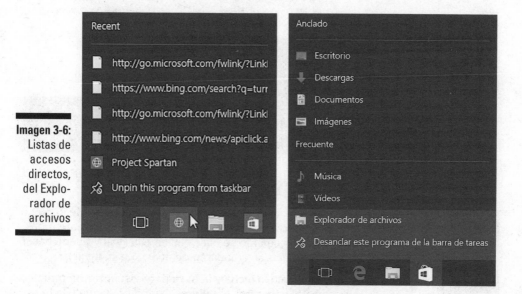

Imagen 3-6: Listas de accesos directos, del Explorador de archivos

Estos menús emergentes, que se llaman listas de accesos directos, añaden un nuevo truco a la barra de tareas: con un clic podrás saltar a las ubicaciones que hayas visitado recientemente, y así podrás trabajar más rápido.

Los elementos de las listas de accesos directos funcionan en cualquier momento. Incluso aunque no hayas abierto el explorador web; por ejemplo, haz clic con el botón derecho en el icono de la barra de tareas y salta a un sitio web de la lista.

¿Qué ocurre al hacer clic en las zonas sensibles de la barra de tareas?

Como si de un jugador de cartas astuto se tratara, la barra de tareas viene con algunos trucos y sugerencias. Por ejemplo, aquí te contamos la ver-

dad sobre los iconos que hay cerca del borde derecho de la barra de tareas, la que ves en la imagen 3-7, conocida como el "Centro de actividades". Aparecerán distintos elementos en el Centro de actividades en
función de tu computadora y de los programas, pero probablemente te
encuentres con algunos de estos:

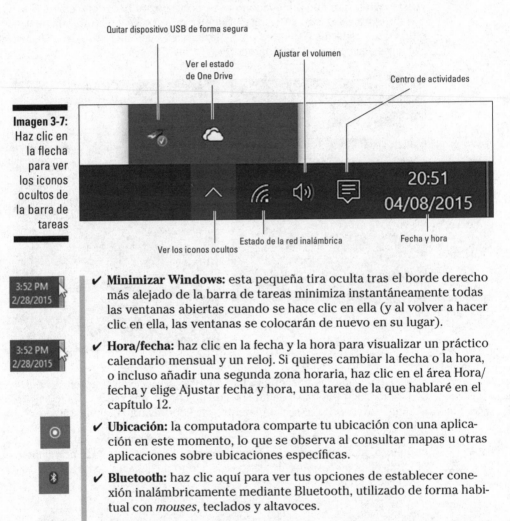

Quitar dispositivo USB de forma segura

Ver el estado
de One Drive

Ajustar el volumen

Centro de actividades

Imagen 3-7:
Haz clic en
la flecha
para ver
los iconos
ocultos de
la barra de
tareas

20:51
04/08/2015

Ver los iconos ocultos

Estado de la red inalámbrica

Fecha y hora

✔ **Minimizar Windows:** esta pequeña tira oculta tras el borde derecho
más alejado de la barra de tareas minimiza instantáneamente todas
las ventanas abiertas cuando se hace clic en ella (y al volver a hacer
clic en ella, las ventanas se colocarán de nuevo en su lugar).

✔ **Hora/fecha:** haz clic en la fecha y la hora para visualizar un práctico
calendario mensual y un reloj. Si quieres cambiar la fecha o la hora,
o incluso añadir una segunda zona horaria, haz clic en el área Hora/
fecha y elige Ajustar fecha y hora, una tarea de la que hablaré en el
capítulo 12.

✔ **Ubicación:** la computadora comparte tu ubicación con una aplicación en este momento, lo que se observa al consultar mapas u otras
aplicaciones sobre ubicaciones específicas.

✔ **Bluetooth:** haz clic aquí para ver tus opciones de establecer conexión inalámbricamente mediante Bluetooth, utilizado de forma habitual con *mouses*, teclados y altavoces.

✔ **Quitar hardware de forma segura:** antes de desconectar un dispositivo de almacenamiento, sea un dispositivo USB diminuto, un reproductor de música portátil o un disco duro portátil, haz clic aquí. Así
pedirás a Windows que prepare el dispositivo para la desconexión.

✔ **Centro de actividades:** haz clic aquí para visualizar el Centro de actividades, que te mantiene al día de tus correos electrónicos y citas, así como del rendimiento de la computadora.

✔ **Red cableada:** aparece cuando estás conectado a internet o a otras computadoras a través de una red cableada. ¿No estás conectado? Una X roja aparecerá sobre el icono.

✔ **Red inalámbrica:** aparece cuando tu computadora está conectada de forma inalámbrica a internet o a otra red. Cuantas más ondas veas en el icono, más intensa será la señal inalámbrica.

✔ **Volumen:** haz clic o pulsa este icono del altavoz para ajustar el volumen de la computadora, como puede verse en la imagen 3-8. También puedes hacerlo desde el Mezclador: haz doble clic en la palabra y aparecerá un panel de mezclas desde el que podrás ajustar un volumen diferente para cada programa. Así, puedes mantener el volumen de Media Player más alto que los molestos pitidos del resto de programas.

Imagen 3-8:
Desliza el botón de la barra deslizante para ajustar el volumen

✔ **Administrador de tareas:** codiciado por los técnicos informáticos, este programita puede cerrar programas que no funcionen correctamente, controlar las tareas en segundo plano, verificar el rendimiento y hacer realidad otros sueños de los cerebritos informáticos.

✔ **Proceso host de Windows:** este icono de nombre pésimamente elegido encierra un mensaje aún peor. El *gadget* que acabas de conectar no funciona, sea la impresora, el escáner, el reproductor de música u otro objeto. Prueba a desconectar el dispositivo, vuelve a ejecutar el software de instalación y conéctalo otra vez.

✔ **USB:** haz clic aquí antes de desconectar una unidad USB; así Windows dejará de utilizarlo.

✔ **OneDrive:** cuando tu computadora esté sincronizando sus archivos con OneDrive (tu espacio de almacenamiento en internet), una línea en movimiento se desplazará debajo de este icono.

✔ **Energía, conectado a la red:** indica que el portátil o la tableta está conectado a una toma eléctrica y la batería se está cargando.

✔ **Energía, batería:** tu portátil o tableta está funcionando solo con la batería (coloca el puntero del *mouse* sobre el icono para ver cuánta batería le queda).

✔ **Flecha:** la barra de tareas a veces oculta cosas. Si ves una flecha diminuta que señala hacia arriba al principio del área de notificación de la barra de tareas, haz clic en ella y saldrán los iconos que estuvieran ocultos. Consulta la sección "Personalización de la barra de tareas" para obtener trucos y sugerencias sobre si los iconos deben ocultarse.

Puedes elegir los iconos de notificación que deben estar siempre visibles. Haz clic en el botón Inicio, elige Configuración, haz clic en el icono de Sistema y elige Notificaciones y acciones en el panel derecho. A la izquierda, haz clic en Seleccionar los iconos que aparecerán en la barra de tareas. Una ventana nueva te mostrará todos los iconos con la opción de activar o desactivar al lado de cada uno (a mí me gusta tenerlos todos activados).

De cháchara con Cortana

Te habrás dado cuenta de que hay un cuadro extraño en la barra de tareas, a la derecha del botón Inicio. Es Cortana, tu nuevo asistente digital integrado en Windows 10. Cortana te ayudará a encontrar información tanto en tu computadora como en internet.

Por ejemplo, escribe algunas palabras de uno de tus archivos en el cuadro de texto y Cortana encontrará el archivo y mostrará su nombre, listo para que lo abras con un clic. Cortana debería hacer lo mismo si escribes el nombre de una opción o un programa.

Cortana también admite órdenes de voz. Haz clic en el pequeño micrófono del cuadro y da una orden. O bien introduce la orden con las palabras "Hola, Cortana". Cortana escucha lo que dices y responde.

O por lo menos es lo que suele hacer. Cortana necesita un tiempo para adaptarse a tu voz y tú necesitas tiempo para acostumbrarte a su vocabulario limitado. Explicaré todo lo que sé sobre Cortana en el capítulo 7.

Abrir el Centro de actividades

El borde derecho de la barra de tareas normalmente está lleno de iconos. A menos que memorices todos los de la sección anterior de este libro, te resultarán bastante misteriosos. Haz clic en el icono Centro de actividades para que este aparezca, como puede verse en la imagen 3-9; entonces aclarará esta parte dándote más detalles sobre la computadora y tu información personal.

Imagen 3-9:
Haz clic en el icono Centro de actividades para ver su panel, que muestra la información actual de tu computadora

El Centro de actividades muestra información sobre tus últimos correos electrónicos, por ejemplo, así como las fechas de las próximas citas y otras notificaciones. También proporciona una lista de cuatro botones muy útiles en la parte inferior:

- ✔ **Modo de tableta:** haz clic o pulsa este botón para cambiar al modo Tableta. Cuando lo veas coloreado, estarás en el modo Tableta, que funciona bien solo en pantallas táctiles.

- ✔ **VPN:** haz clic o pulsa este botón para acceder a la configuración de la conexión VPN.

- ✔ **Conectar:** este botón informa a Windows de que empiece a buscar algo que has conectado, a menudo de forma inalámbrica. Elígelo después de activar un monitor inalámbrico o altavoces Bluetooth, por ejemplo.

   Nota: Haz clic aquí para buscar OneNote, la aplicación para tomar notas en texto, imágenes, sonido y vídeo.

- ✔ **Todas las configuraciones:** este botón muestra la nueva aplicación Configuración de Windows 10, un enorme panel de botones organizados que reemplaza en su mayor parte al Panel de control de las versiones anteriores de Windows. También puedes llegar a la aplicación Configuración haciendo clic en el botón Inicio y después en Configuración.

En la parte inferior de Centro de actividades se muestran normalmente cuatro botones, haz clic en Expandir con el botón derecho para ver los que están ocultos. Los botones varían según tu modelo de computadora o tableta particular.

Ten esto en mente para poder obtener los mayores beneficios del Centro de actividades.

✔ A veces, al Centro de actividades se le van de las manos las notificaciones y te recuerda una cita de ayer. Para eliminar el elemento, señálalo y haz clic en la X que aparece en la esquina superior derecha.

✔ Para eliminar todo lo que aparece en el Centro de actividades, haz clic en Borrar todo en la esquina superior derecha.

✔ Los usuarios de tabletas pueden visualizar rápidamente el Centro de actividades al deslizar el dedo desde el borde derecho de la pantalla hacia dentro.

✔ Para personalizar los botones inferiores del Centro de actividades, haz clic en el botón Todas las configuraciones de la esquina inferior derecha del panel. Cuando aparezca la ventana Configuración, haz clic en la sección Sistema y en el enlace Notificaciones y acciones de esta sección. Cuando aparezca la ventana Notificaciones y acciones, verás los cuatro botones que se muestran en la parte superior; haz clic o pulsa en cualquier botón o elige otro del menú emergente para reemplazarlo.

Personalización de la barra de tareas

Windows ofrece un amplio abanico de opciones para la barra de tareas, lo que te permitirá jugar con ella de muchas formas distintas.

Esto es especialmente importante si no te interesa el nuevo menú Inicio, ya que, al llenar la barra de tareas con iconos para los programas más utilizados, puedes ahorrarte viajes innecesarios al menú Inicio.

En primer lugar, el borde izquierdo de la barra de tareas ya viene cargado con iconos para tres aplicaciones: Microsoft Edge (el nuevo explorador web de Windows 10), Explorador de archivos (tu explorador de archivos) y la aplicación Tienda (para descargar aplicaciones y programas). Se pueden mover, como los demás iconos de la barra de tareas, así que no dudes en arrastrarlos para colocarlos en el orden que prefieras.

Si divisas el icono o mosaico de un programa favorito en el menú Inicio, haz clic con el botón derecho en el icono y elige Anclar a la barra de tareas en el menú del borde inferior de la ventana.

Para una personalización aún mayor, haz clic con el botón derecho en un espacio vacío de la barra de tareas y elige Propiedades. Aparecerá el cuadro de diálogo Propiedades de la barra de tareas, como en la imagen 3-10.

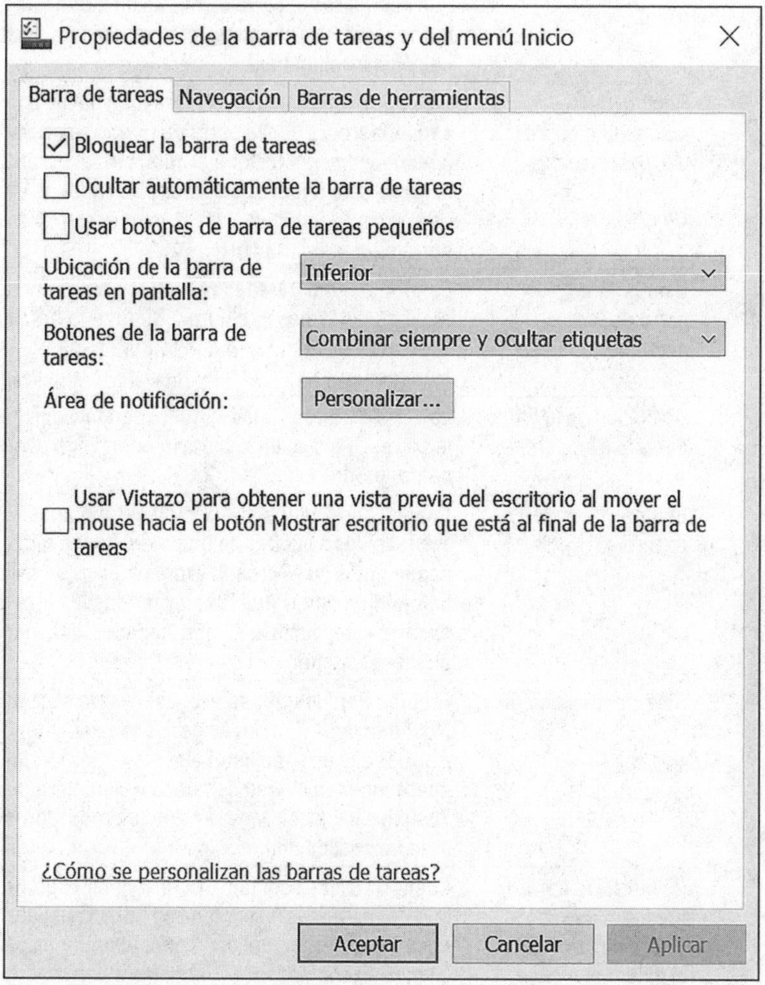

Imagen 3-10:
Haz clic en la ficha Barra de tareas para personalizar el aspecto y el comportamiento de la barra de tareas

En la tabla 3-1 se explican las opciones del cuadro de diálogo, así como mis recomendaciones para ellas. Tendrás que eliminar la marca de verificación de Bloquear la barra de tareas para que algunas opciones funcionen.

Tabla 3-1 Personalización de la barra de tareas

Ajuste	Mis recomendaciones
Bloquear la barra de tareas	Al seleccionar esta casilla de verificación, se bloqueará la barra de tareas y evitará que cambies su aspecto. Una vez que configures la barra de tareas de modo que responda a tus necesidades, mantenla bloqueada para protegerla de cambios involuntarios.
Ocultar automáticamente la barra de tareas	Esta opción, práctica para la mayoría de las pantallas pequeñas, hará que la barra de tareas se oculte automáticamente (coloca el cursor en el borde inferior de la pantalla para hacer que aparezca de nuevo). Yo dejo esta opción sin seleccionar para mantener siempre visible la barra de tareas.
Usar botones de barra de tareas pequeños	Es otra utilidad para las pantallas pequeñas disponible en algunos portátiles y tabletas. Reduce la barra de tareas a la mitad de su altura, lo que te deja espacio para añadir más iconos.
Ubicación de la barra de tareas en pantalla	La barra de tareas puede situarse en cualquier borde del escritorio, no solo en la parte inferior. Elige cualquiera de los cuatro bordes.
Botones de la barra de tareas	Cuando abras muchos programas y ventanas, Windows agrupará los similares en un botón. Por ejemplo, todos los documentos de Microsoft Word abiertos se apilan en el botón Microsoft Word. Para evitar que la barra se llene en exceso, selecciona la opción llamada Combinar siempre y ocultar etiquetas.
Área de notificación	El botón Personalizar de esta sección te lleva al área Notificaciones y acciones de la aplicación Configuración. Ahí, haz clic en el enlace Seleccionar los iconos que aparecerán en el área de tareas y elige los que quieres ver. Yo activo la opción Mostrar siempre todos los iconos en el área de notificación.
Usar vistazo para obtener una vista previa del escritorio al mover el *mouse* hacia el botón Mostrar escritorio que está al final de la barra de tareas	Cuando actives esta función, al señalar el borde derecho de la barra de tareas, la ventana se hará transparente y te dejará ver el fondo del escritorio. Al hacer clic en esta zona, se minimizarán todas las ventanas abiertas.

No dudes en trastear con la barra de tareas hasta que tenga el aspecto que quieras. Una vez que hayas cambiado una opción, haz clic en el botón Aplicar para ver el resultado inmediatamente. ¿No te gusta el cambio? Invierte tu decisión y haz clic en Aplicar para regresar al modo normal.

Una vez que configures la barra de tareas a tu gusto, selecciona la casilla de verificación Bloquear la barra de tareas, que se describe en la tabla 3-1.

Configuración de varios escritorios

Algunos usuarios conectan dos o más monitores a su computadora para duplicar el poder del escritorio. Estos entusiastas de la informática podrán ver, por ejemplo, una hoja de cálculo en un monitor mientras que escriben un informe sobre la hoja de cálculo en el otro (explicaré cómo configurar dos monitores en el capítulo 12).

Para adaptarlo al presupuesto, Windows 10 incluye un método para ejecutar varios escritorios en un mismo monitor. Los llamados "escritorios virtuales" pueden intercambiar la vista, lo que te permite cambiar tu trabajo de un escritorio a otro. Puede resultar útil para quienes tienen monitores pequeños y quieran alternar entre distintos conjuntos de ventanas, por ejemplo. En lugar de hacer malabares con las ventanas, estas pueden cambiarse a diferentes escritorios.

Para crear escritorios virtuales y trabajar con ellos, sigue estos pasos:

1. **Haz clic en el botón Vista de tareas de la barra de tareas y después en Nuevo escritorio.**

   Un clic o toque en el botón Vista de tareas que se muestra en el margen, y la pantalla se vaciará y mostrará las miniaturas de todas tus ventanas abiertas. En la esquina inferior derecha, como en la imagen 3-11, verás Nuevo escritorio.

Haz clic en Nuevo escritorio y una miniaturita del escritorio aparecerá enseguida en el borde inferior de la pantalla, como se muestra en la imagen 3-12.

2. **Haz clic en la miniatura del nuevo escritorio y tu segundo escritorio llenará la pantalla.**

   La miniatura se ampliará y formará un nuevo escritorio. El nuevo escritorio es una réplica de tu escritorio original, pero sin los programas o ventanas abiertos.

Y eso es todo. Has creado tu segundo escritorio virtual y te has trasladado a él. Windows mantiene tu otro escritorio oculto hasta que decidas volver a él.

Imagen 3-11:
Haz clic en el botón Vista de tareas de la barra de tareas y Nuevo escritorio aparecerá en la parte superior de la barra de tareas

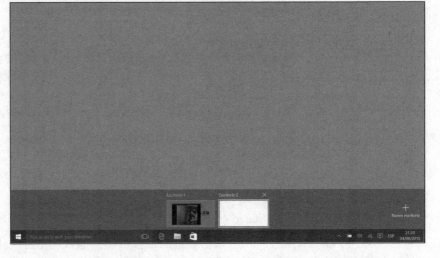

Imagen 3-12:
Cuando aparezca la miniatura del segundo escritorio, cambia a él con un clic

Los escritorios virtuales tienen partidarios que los adoran. Otros usuarios creen que son innecesarios y confunden. Si te decantas por el amor a los escritorios virtuales, los consejos que siguen te serán muy útiles.

✔ Para cambiar de escritorio, haz clic en el botón Vista de tareas. Cuando aparezcan las miniaturas de ventana de escritorio virtual, como en la imagen 3-11 anterior, haz clic en la que desees.

✔ Para ver las ventanas abiertas en un escritorio virtual, haz clic en el botón Vista de tareas. En el borde inferior de la pantalla aparecerá la miniatura del escritorio, pasa el puntero del *mouse* sobre ella y la ventana cambiará y mostrará las miniaturas de las ventanas abiertas de ese escritorio. Retornarás a cualquier ventana de un escritorio tan solo con un clic en el mosaico de dicha ventana.

✔ Para cerrar un escritorio no deseado, haz clic en el botón Vista de tareas y luego otro clic en la X (aparece en el margen) de la miniatura de ese escritorio. Todas las ventanas abiertas de ese escritorio se volcarán en tu escritorio actual. Lo importante es que no perderás el trabajo no guardado por cerrar de forma accidental un escritorio virtual.

✔ Para crear más escritorios virtuales, haz clic en el botón Vista de tareas. Cuando aparezca la pantalla de la imagen 3-11, haz clic en el icono del símbolo más (visible en el margen) de la esquina inferior derecha de la pantalla.

✔ Los amantes del teclado pueden añadir un escritorio manteniendo pulsada la tecla de Windows y pulsando después Ctrl+D. Tu escritorio actual desaparecerá inmediatamente y se reemplazará por un escritorio nuevo y vacío. Al pulsar ▦+Tab se abrirá el modo Vista de tareas, que te permitirá ver todas tus ventanas abiertas, así como cualquier escritorio virtual.

✔ Para mover una ventana abierta de un escritorio virtual a otro, pulsa el botón Vista de tareas para ver las miniaturas de tus escritorios abiertos. Haz clic con el botón derecho en la ventana que prefieras de una de las miniaturas de escritorio y elige el número del escritorio del menú emergente. Los escritorios están numerados según el orden en el que los has creado.

Búsqueda fácil de programas

Cada vez que instales un programa nuevo en la computadora, este te hará preguntas como si fuera obtuso. Pero estate atento a ver esta pregunta: "¿Te gustaría un icono de acceso directo en el escritorio o en la barra de tareas?".

Di que sí sin dudarlo, ya que esto evitará que tengas que salir al menú Inicio para encontrar el icono o mosaico del programa.

Pero si tus programas favoritos aún no tienen iconos en el escritorio o la barra de tareas, puedes colocarlos ahí así:

1. **Dirígete al menú Inicio y haz clic en la opción Todas las aplicaciones.**

Haz clic en Todas las aplicaciones, cerca de la esquina inferior izquierda del menú Inicio. Aparecerán los iconos de todos tus programas y aplicaciones por orden alfabético.

2. **Haz clic con el botón derecho en cualquier programa o aplicación que quieras que aparezca en el escritorio y selecciona Anclar a la barra de tareas.**

Si estás utilizando una pantalla táctil, mantén pulsado el icono de la aplicación elegida. Levanta el dedo cuando aparezca el nombre de la aplicación. A continuación, toca la opción Anclar a la barra de tareas del menú emergente.

Ahora, en lugar de dirigirte al menú Inicio, puedes ejecutar tus aplicaciones más utilizadas con un clic en su icono de la barra de tareas.

Una vez que hayas llenado la barra de tareas de iconos, imagina que están numerados, de izquierda a derecha, pero no numeres el icono Vista de tareas. Al pulsar ▦+1 desde la barra de tareas, se abrirá el primer programa; si pulsas ▦+2, se abrirá el segundo programa, y así sucesivamente. ¡Has creado accesos directos automáticos!

Capítulo 4

Mecánica básica de las ventanas del escritorio

*E*l menú Inicio de Windows 10 tiene colores brillantes, letras grandes y botones amplios. Es fácil ver lo que estás pulsando con el dedo o el *mouse.*

Por contra, el escritorio de Windows incluye minúsculos botones monocromos, letras diminutas, botones sin etiquetas y ventanas con bordes del grosor del trazo de un lápiz. Las ventanas tienen demasiadas partes, muchas con nombres confusos que los programas esperan que recuerdes. Para echarte una mano, este capítulo te dará una clase de anatomía de ventanas y de navegación entre ellas.

Te hará falta saber estas cosas, porque las ventanas tienden a solaparse en el escritorio y necesitarás mover algunas y apartar otras para verlas.

He diseccionado cada parte de la ventana para que sepas qué ocurre cuando haces clic o pulsas en cada sección. Te recomiendo encarecidamente que utilices los márgenes del libro para hacer anotaciones cuando pases del sencillísimo menú Inicio al poderoso, pero complicado, escritorio de Windows.

Disección de una ventana del escritorio tradicional

En la imagen 4-1 tenemos una ventana típica en la mesa de disección, con todas las partes etiquetadas. Reconocerás la ventana como la carpeta Documentos, ese depósito de almacenamiento para la mayoría de tus trabajos.

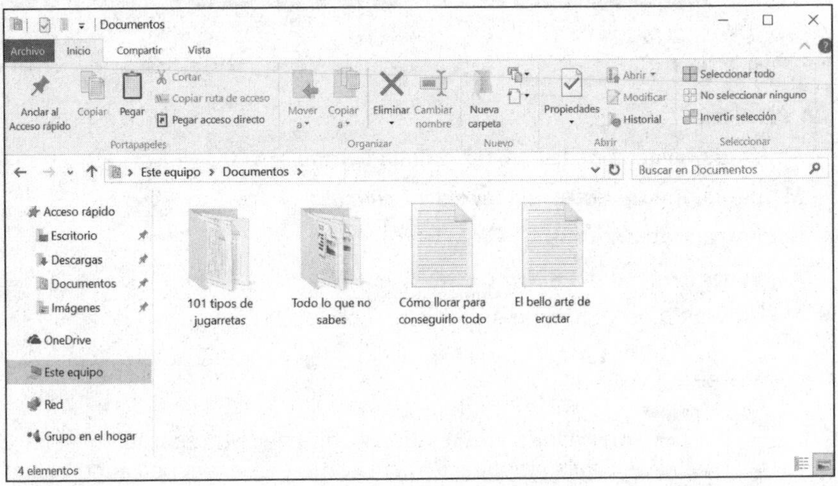

Imagen 4-1:
Aquí puedes ver cómo los siempre precisos frikis de la informática llaman a las distintas partes de una ventana

Al igual que los boxeadores esbozan distintas muecas en función de dónde se les golpee, las ventanas se comportan de forma distinta según dónde se haga clic en ellas. En las siguientes secciones se describen las principales partes de la ventana Documentos de la imagen 4-1, cómo hacer clic en ellas y cómo responderá Windows.

✔ Los veteranos de Windows recordarán su carpeta Mis documentos, ese almacén para casi todos sus documentos. Windows 10 la llama simplemente Documentos (aunque da igual cómo se llame; siguen esperando que guardes tus archivos ahí).

✔ En la parte superior de cada carpeta, hay un panel ancho lleno de controles llamado "Cinta". A algunos usuarios les gustan los menús y botones grandes de la Cinta; otros prefieren el antiguo sistema de menús. ¿No te gusta la Cinta? Observa la esquina superior derecha de la carpeta y haz clic en la flecha pequeña situada junto al signo de interrogación, que se muestra en el margen. La Cinta desaparecerá (para devolverla a su sitio, repite este paso).

✔ Windows ya no muestra las bibliotecas en el Panel de navegación. La mayoría de la gente no las echará de menos, pero si tú eres la excepción, recupéralas: haz clic con el botón derecho en un lugar en blanco del Panel de navegación y selecciona Mostrar bibliotecas en el menú contextual.

✔ Windows está lleno de cuadros, bordes y botones con formas raras. No tienes que recordar todos sus nombres, aunque eso te ayudaría a averiguar qué hacen los eruditos menús de Ayuda de Windows. Cuando divises una parte rara de una ventana, vuelve a este capítulo, busca su nombre en la imagen 4-1 y lee la explicación.

✔ Puedes lidiar con la mayoría de elementos de Windows haciendo clic o doble clic en ellos con el botón derecho. *Sugerencia:* Cuando tengas dudas, haz clic con el botón derecho.

✔ ¿Estás navegando por las ventanas del escritorio en una computadora con pantalla táctil? Si quieres conocer algunos trucos de pulsar la pantalla, echa un vistazo al texto del capítulo 3 sobre cómo pulsar los programas de escritorio en una tableta con Windows.

✔ Cuando hagas clic unas cuantas veces en unas cuantas ventanas, te darás cuenta de lo fácil que es manejarlas. Lo difícil es encontrar los controles adecuados por primera vez (es como intentar entender el salpicadero de ese coche de alquiler).

Entresijos de la barra de título de una ventana

La barra de título, que se encuentra en la parte superior en casi todas las ventanas de escritorio (ver ejemplos en la imagen 4-2), indica el nombre del programa y el archivo o la carpeta que está mostrando en este momento. Por ejemplo, en la imagen 4-2 se ven las barras de título de los programas WordPad (arriba) y Bloc de notas (abajo) de Windows. En la barra de título de WordPad figura el nombre del archivo como Documento, porque aún no ha podido guardar el archivo y asignarle un nombre.

La barra de título, mundana aunque respetable, oculta sus poderes, que se describen en las siguientes sugerencias.

✔ Las barras de título son una herramienta práctica para mover las ventanas por el escritorio. Señala un espacio vacío de la barra de título, mantén pulsado el botón del *mouse* y mueve el *mouse* por la pantalla; la ventana te seguirá cuando muevas el *mouse*. ¿Has encontrado la ubicación adecuada? Suelta el botón del *mouse* y la ventana acampará en su nueva ubicación.

Haz doble clic en un espacio vacío de la barra de título y la ventana ocupará todo el escritorio. Vuelve a hacer doble clic y la ventana volverá a su tamaño original.

✔ ¿Ves la pila de pequeños iconos en la esquina superior izquierda del programa WordPad? Esos iconos forman la Barra de herramientas de acceso rápido, que es parte de lo que Microsoft llama una "interfaz de Cinta". Con tan solo hacer clic en un icono, podrás acceder a tareas habituales como guardar un archivo.

✔ En Windows 10, tanto los programas como las aplicaciones tienen tres botones cuadrados en el extremo derecho de todas las barras de título. De izquierda a derecha, te permitirán minimizar, restaurar o maximizar y cerrar una ventana, temas que se tratan en la sección "Maniobrar con ventanas por el escritorio", más adelante en este capítulo.

✔ Para encontrar la ventana en la que estás trabajando ahora mismo, mira el título de la ventana en la barra de título situada en el borde superior de la ventana: un título estará más oscuro que el otro. Observa cómo la palabra "WordPad" (imagen 4-2, arriba) es más oscura que la palabra "Bloc de notas" (abajo). Ese color diferencia de las demás la ventana en la que estás trabajando. Al echar un vistazo a todas las barras de título del escritorio, puedes detectar qué ventana está activa y aceptando todo lo que escribas.

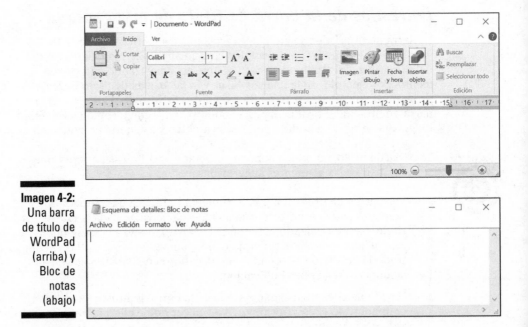

Imagen 4-2:
Una barra de título de WordPad (arriba) y Bloc de notas (abajo)

Arrastrar, soltar y listo

Aunque la expresión "arrastrar y soltar" suena como sacada de un manual para la mafia, en realidad es un truco pacífico de *mouse* que se utiliza en todo Windows. Arrastrar y soltar es una forma de mover algo, por ejemplo, trasladar un icono del escritorio de un lugar a otro.

Para arrastrar, coloca el puntero del *mouse* sobre el icono y mantén pulsado el botón izquierdo o derecho del *mouse* (yo prefiero el botón derecho del *mouse*). Cuando muevas el *mouse* por el escritorio, el puntero arrastrará el icono por la pantalla. Coloca el puntero/icono donde desees y suelta el botón del *mouse*. El icono se soltará también, sin cambio alguno.

Si mantienes pulsado el botón derecho del *mouse* mientras arrastras y sueltas, Windows mostrará un práctico menú que te preguntará si quieres copiar o mover el icono.

Departamento de consejos prácticos: ¿has empezado a arrastrar algo y te has dado cuenta a medio camino de que es el elemento equivocado? No sueltes el botón del *mouse*; en lugar de ello, pulsa Esc para cancelar la acción. ¡Fantástico! Si has arrastrado un elemento con el botón derecho del *mouse* y ya has soltado el botón, tienes otra salida: selecciona Cancelar en el menú emergente.

Desplazarse por las carpetas con la barra de direcciones de una ventana

Justo debajo de la barra de título o Cinta de todas las carpetas se encuentra la barra de direcciones, que se muestra cerca de la parte superior de la carpeta en la imagen 4-3. Quienes están habituados a navegar por internet tendrán un *déjà vu*: la barra de direcciones de Windows se ha copiado directamente del borde superior de los exploradores web, como Internet Explorer, y se ha pegado en la parte superior de cada carpeta.

Imagen 4-3:
Una barra de direcciones

← → ∨ ↑ ▮ ⟩ Este equipo ⟩ Documentos ⟩ Cosas   ∨ ↻   Buscar en Cosas   ₽

Las cuatro partes principales de la barra de direcciones, descritas de izquierda a derecha en la siguiente lista, llevan a cabo cuatro tareas distintas.

← →

✔ **Botones Atrás y Adelante:** estas dos flechas siguen tus pasos cuando navegas cómodamente entre carpetas de la computadora. Con el botón Atrás se retrocede hasta la carpeta a la que acabas de acceder. El botón Adelante te devuelve a la ubicación siguiente.

✔ **Botón de flecha hacia abajo:** haz clic en esta flecha superpequeña para desplegar la lista de carpetas que has visitado. Puedes hacer clic en cualquier carpeta de la lista para regresar rápidamente a ella.

✔ **Botón de flecha hacia arriba:** haz clic en el botón de flecha hacia arriba para subir a la carpeta que contiene la carpeta en la que te encuentras ahora mismo. Por ejemplo, si has estado ordenando archivos en la carpeta "Cosas" de la biblioteca Documentos, con un clic en la flecha hacia arriba volverás a la carpeta Documentos.

✔ **Dirección:** al igual que la barra de direcciones de los exploradores web muestra una dirección de un sitio web, la barra de direcciones de Windows muestra la dirección de tu carpeta actual, es decir, su ubicación dentro de la computadora. Por ejemplo, la barra de direcciones en la imagen 4-3 muestra tres palabras: "Este equipo", "Documentos" y "Cosas". Estas palabras te indican que estás buscando dentro de la carpeta Cosas que se encuentra dentro de la carpeta Documentos en Este equipo (esa es tu computadora, en oposición a la computadora de otra persona). Sí, las direcciones son lo bastante complicadas como para necesitar un capítulo entero: el capítulo 5.

✔ **Cuadro de búsqueda:** todas las carpetas de Windows tienen un cuadro de búsqueda. En lugar de buscar en internet, rebusca en el contenido de la carpeta en la que te encuentras ahora mismo. Por ejemplo, si escribes la palabra "zanahoria" en el cuadro de búsqueda de una carpeta, Windows escudriñará el contenido de esa carpeta y recuperará todos los archivos y carpetas que contengan la palabra "zanahoria".

En la barra de direcciones, fíjate en las pequeñas flechas entre las palabras Este equipo, Documentos y Cosas. Las flechas ofrecen atajos para acceder rápidamente a otras carpetas. Haz clic en cualquier flecha como, por ejemplo, la que está a la derecha de la palabra Documentos. Se desplegará un menú a partir de la flecha, y este te permitirá saltar a cualquier otra carpeta de la carpeta Documentos.

Encontrar comandos en la Cinta

El escritorio de Windows tiene más opciones en sus menús que un restaurante chino. Para centrarnos en los comandos informáticos en lugar de en la ensalada de algas, Windows coloca los menús dentro de una Cinta llena de fichas situada sobre cada carpeta (como en la imagen 4-4).

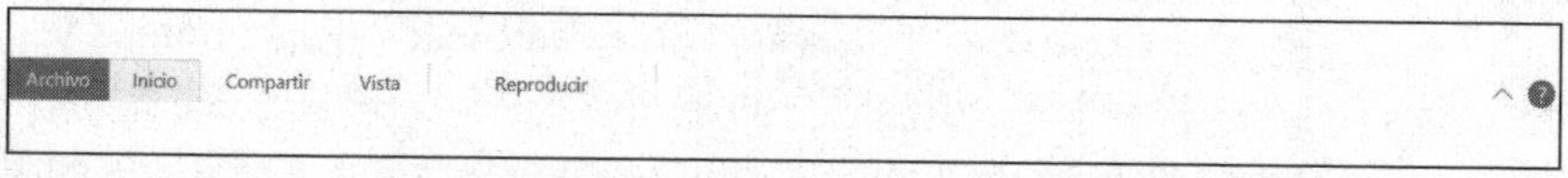

Imagen 4-4:
Las fichas
de la Cinta

Cada ficha de la Cinta ofrece distintas opciones. Para descubrir las opciones secretas, haz clic en cualquier ficha (en Compartir, por ejemplo). La Cinta se transformará rápidamente, tal y como ves en la imagen 4-5, y te presentará todas las opciones relacionadas con el uso compartido de un archivo.

Imagen 4-5:
Haz en clic
en cual-
quier ficha
de la Cinta
para ver
los coman-
dos aso-
ciados

Tal como algunas veces los restaurantes se quedan sin menús del día, a veces una ventana no es capaz de ofrecer todos los elementos de su menú. Cualquier opción que no esté disponible se mostrará atenuada, como la opción Imprimir en la imagen 4-5 (ya que no puedes imprimir archivos de música, esta opción aparece atenuada).

Si haces clic por error en la ficha equivocada de la Cinta y se accionan los comandos erróneos, solo tienes que hacer clic en la ficha que pretendías en principio. Windows, que todo lo perdona, mostrará el contenido de la ficha que hayas abierto en último lugar.

No tienes que saber mucho de la Cinta, porque Windows coloca automáticamente los botones correctos sobre cada programa. Abre la carpeta Música, por ejemplo, y la Cinta abrirá una nueva ficha Reproducir para escuchar sesiones.

Si el significado de un botón no es obvio de primeras, pasa el puntero del *mouse* sobre él; un mensaje te explicará la *raison d'être* del botón. A continuación incluyo mis propias traducciones de las fichas y los botones más comunes:

✔ **Archivo:** esta ficha, que se encuentra en el borde izquierdo de cada Cinta, proporciona poca emoción, ya que te ofrece opciones para abrir ventanas nuevas, volver a ubicaciones comunes y, curiosamente, borrar toda prueba de las carpetas que has ojeado dentro.

✔ **Inicio:** la ficha Inicio, que se encuentra en la Cinta de cada carpeta, es una mina de oro, así que cada carpeta se abre mostrando las opciones de esta ficha. La ficha Inicio ofrece herramientas para seleccionar, cortar, copiar, pegar, mover, eliminar o asignar un nombre a los elementos de una carpeta.

✔ **Compartir:** como su nombre indica, esta ficha incluye métodos para compartir el contenido de una carpeta con otras personas, ya sea grabándolos en un CD, enviándolos por correo electrónico o compartiéndolos en una red (hablaré sobre las redes en el capítulo 14).

✔ **Vista:** haz clic aquí para cambiar el aspecto de los archivos en la ventana. Por ejemplo, en la carpeta Imágenes, elige Iconos muy grandes para ver miniaturas más grandes de tus fotos.

✔ **Administrar:** esta ficha de utilidad general, que se encuentra solamente en carpetas especiales, despliega distintos métodos para manejar los elementos de la carpeta. Por ejemplo, sobre una carpeta llena de imágenes, la ficha Administrar contiene un botón Presentación con diapositivas, así como botones para rotar fotos recortadas o convertirlas en fondos de escritorio.

¿No te gusta la Cinta que ocupa varios centímetros de la parte superior de la ventana? Si necesitas espacio, elimina de un plumazo la Cinta haciendo clic en la flecha hacia arriba junto al signo de interrogación azul en la esquina superior derecha de la Cinta. Vuelve a hacer clic para recuperar la Cinta.

Accesos directos rápidos con el Panel de navegación

Si miras los escritorios de verdad, verás que los elementos más usados se encuentran al alcance de la mano: la taza de café, la grapadora y quizás algunas migas del bocadillo del desayuno. De forma similar, Windows reúne los elementos utilizados con más frecuencia y los coloca en el Panel de navegación, como en la imagen 4-6.

El Panel de navegación, que se encuentra en el borde izquierdo de todas las carpetas, contiene varias secciones principales: Acceso rápido, One-Drive y Este equipo (en las computadoras conectadas a una red, también verás las secciones Red y Grupo Hogar). Haz clic en cualquiera de estas secciones (en Acceso rápido, por ejemplo) y el lateral derecho de la ventana mostrará el contenido de aquello en lo que acabas de hacer clic.

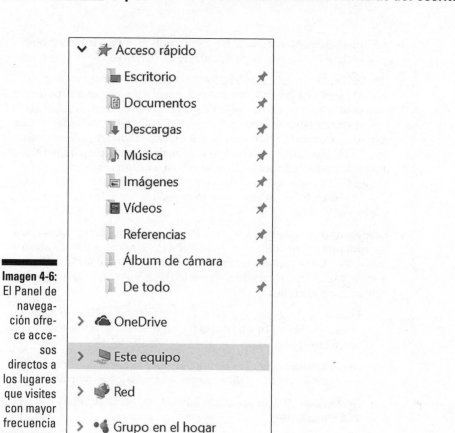

Imagen 4-6:
El Panel de navegación ofrece accesos directos a los lugares que visites con mayor frecuencia

A continuación tienes una descripción más detallada de cada parte del Panel de navegación:

✔ **Acceso rápido:** antes llamadas "Favoritos", estas ubicaciones sirven de accesos directos a las ubicaciones que visitas con más frecuencia en Windows.

   • **Escritorio:** el escritorio de Windows, lo creas o no, es una carpeta de verdad que está siempre abierta en la pantalla. Al hacer clic en Escritorio, verás enseguida el contenido del escritorio.

   • **Descargas:** haz clic en este acceso directo para buscar los archivos que has descargado con Internet Explorer mientras navegas por internet. ¡Sí, aquí es donde vienen a parar!

   • **Documentos:** esta carpeta, que es un favorito de todos los tiempos, almacena la mayor parte de tu trabajo, como hojas de cálculo, informes, cartas y otras cosas que hayas creado.

- **Imágenes:** otro destino frecuente que te lleva a las fotos que hiciste tú mismo o que guardaste de internet.

✔ **OneDrive:** Microsoft te entregó este espacio de almacenamiento gratuito en línea cuando creaste una cuenta de Microsoft. Ya que está protegido por contraseña y está en línea, llenarlo con tus archivos favoritos para acceder a ellos desde cualquier computadora es tentador. Cuando la cantidad de tus archivos almacenados supere los 15 GB, Microsoft te pedirá tu tarjeta de crédito para aumentar tu límite de almacenamiento. Consejo: busca ofertas especiales para aumentar tu espacio libre. Por ejemplo, pídele a tu *smartphone* que almacene sus fotos en OneDrive para recibir espacio de almacenamiento adicional.

✔ **Este equipo:** esta sección te permite navegar por las carpetas de tu computadora y tus discos duros (muchas de estas zonas de almacenamiento utilizadas habitualmente también se encuentran en la zona Acceso rápido del Panel de navegación). La sección Este equipo contiene estas zonas:

- **Escritorio:** haz clic aquí para ver los archivos y las carpetas almacenadas en tu escritorio (o puedes cerrar la carpeta y ver tu escritorio tal cual).

- **Documentos:** al hacer clic aquí se abre la carpeta Documentos, un almacén práctico para cartas, formularios e informes.

- **Descargas:** ¿has descargado un archivo de Edge? Pues mira aquí y lo encontrarás.

- **Música:** sí, este acceso directo te llevará a la biblioteca Música, donde un doble clic sobre la canción que desees la reproducirá por los altavoces de la computadora.

- **Imágenes:** este acceso directo abre la carpeta Imágenes, hogar de todas tus fotos digitales.

- **Vídeos:** haz clic aquí para visitar la carpeta Vídeos y, si quieres ver cualquiera de ellos, solo tienes que hacer doble clic sobre él.

- **Disco local (C:):** esta reliquia para los viejos frikis de la tecnología te permite colarte en cualquier carpeta de la computadora, aunque a menos que sepas qué elemento estás buscando, probablemente no lo encuentres. En vez de eso, quédate con los otros destinos.

- **Unidades de disco:** si tu computadora incluye unidades de disco adicionales, aquí también aparecerán sus iconos. Inserta un dispositivo USB en tu puerto USB y su icono aparecerá aquí también.

✔ **Red:** aunque los grupos de hogar simplifican el uso compartido de archivos, las redes de la vieja escuela siguen funcionando y cualquier computadora en red, incluidos tus colegas del Grupo Hogar, aparecerán aquí.

✔ **Grupo Hogar:** una forma cómoda de compartir información entre varias computadoras domésticas. Los grupos de hogar son dos o más computadoras que comparten información en una red simple. Haz clic en Grupo Hogar, en el Panel de navegación para ver las carpetas compartidas por otras computadoras conectadas en red en tu Grupo Hogar (hablaré de los grupos de hogar y otras redes en el capítulo 15).

Aquí tienes algunos trucos para sacarle el máximo partido al Panel de navegación:

✔ Para evitar viajes al menú Inicio, añade tus sitios favoritos al área Acceso rápido del Panel de navegación: haz clic con el botón derecho en la carpeta y elige Anclar al acceso rápido en el menú emergente.

✔ Si te has conectado a una red en casa o en el trabajo, puede que la sección Este equipo del panel incluya música, vídeos y fotos de los otras computadoras (a los que se les llama a veces "elementos multimedia"). Haz clic en los iconos de esas computadoras para acceder a estos elementos como si estuviesen almacenados en tu computadora.

✔ Los propietarios de Windows 7 se darán cuenta de que Windows 10 no muestra las bibliotecas en el Panel de navegación. Las bibliotecas siguen existiendo, pero están ocultas en el fondo. Para hacer que se vuelvan a ver, haz clic en una zona en blanco del Panel de navegación y selecciona Mostrar bibliotecas en el menú emergente (también puedes añadir las carpetas públicas a cada biblioteca para devolverlas a los días de gloria de Windows 7).

Moverse dentro de una ventana con la barra de desplazamiento

La barra de desplazamiento, que parece un corte de un hueco de ascensor (ver figura 4-7), está situada en el borde de todas las ventanas con muchos elementos. Puedes encontrar una barra de desplazamiento incluso en el lateral de un menú Inicio superlargo.

Dentro del hueco, un pequeño ascensor (técnicamente, la barra de desplazamiento) se mueve a medida que te desplazas por el contenido de la ventana. De hecho, al mirar la posición del cuadro en la barra de desplazamiento, podrás saber si estás viendo elementos del principio, de la mitad o del final de la ventana.

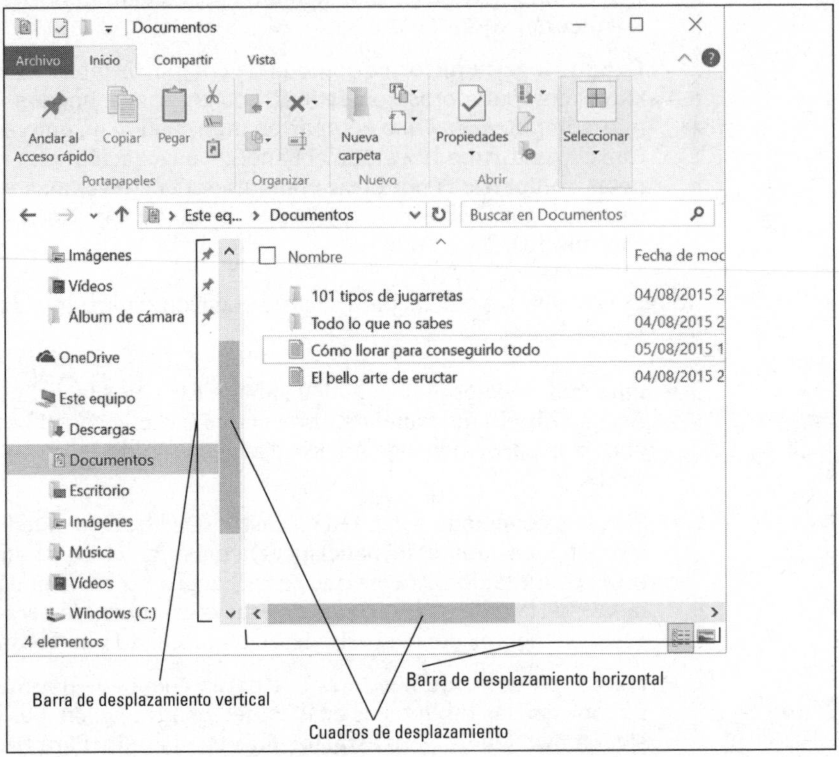

Imagen 4-7:
Barras de desplazamiento horizontal y vertical

Barra de desplazamiento vertical

Cuadros de desplazamiento

Barra de desplazamiento horizontal

Al hacer clic en los distintos puntos de la barra de desplazamiento, podrás ver rápidamente distintas partes del contenido. Así se hace:

✔ Haz clic dentro de la barra de desplazamiento en la dirección que quieras ver. En una barra de desplazamiento vertical, por ejemplo, haz clic en el cuadro de desplazamiento para que la vista se mueva una página hacia arriba. De forma similar, haz clic bajo el cuadro de desplazamiento si quieres mover la vista una página hacia abajo.

✔ El extremo derecho del menú Inicio es una barra de desplazamiento difícil de ver, pero aparece cuando el puntero del *mouse* está cerca. Desliza la barra de desplazamiento hacia abajo para ver cualquier aplicación que se oculte bajo el borde inferior de la pantalla.

✔ ¿No encuentras un cuadro de desplazamiento o un cuadro en la barra? Entonces estás viendo todo lo que la ventana tiene que ofrecer; no hay nada más arriba o abajo.

✔ Para desplazarte por una ventana rápidamente, arrastra el cuadro de desplazamiento dentro de la barra de desplazamiento. A medida que lo arrastres, verás como el contenido de la ventana pasa por delante a gran velocidad. Cuando veas el punto que quieras, suelta el botón del *mouse* para detenerte en esa posición de visualización.

 ✔ ¿Estás utilizando un *mouse* con una rueda pequeña integrada en la parte posterior del pobre bicho? Gira la rueda y el ascensor se moverá rápidamente dentro de la barra de desplazamiento; la vista irá cambiando en consonancia. Resulta un método práctico para explorar un menú Inicio lleno de mosaicos, los documentos largos y las carpetas llenas de archivos.

Bordes aburridos

Un borde es un filo estrecho que rodea una ventana, incluyendo las ventanas de escritorio que contienen aplicaciones. Comparados con las barras, son diminutos.

Cuando con uno no basta

Por lo general, en Windows solo puedes seleccionar los elementos de uno en uno. Cuando hagas clic en un archivo, Windows dejará de seleccionar el archivo que habías seleccionado con el clic anterior. Si quieres seleccionar varios archivos o carpetas simultáneamente, prueba esto.

✔ Para seleccionar más de un archivo o carpeta, mantén pulsada la tecla Ctrl y haz clic en los elementos que quieras. Todos los elementos que elijas se resaltarán. Si utilizas una tableta, mantén el dedo sobre el archivo o carpeta para seleccionarlo (verás que aparecen casillas alrededor de los archivos o carpetas adyacentes, lo que te permite seleccionar múltiples elementos en sus casillas de verificación).

✔ Para seleccionar un grupo de archivos contiguos en un cuadro de lista dentro de una carpeta, haz clic en el primer archivo que quieras seleccionar. A continuación, mantén pulsada la tecla Mayús y haz clic en

el último archivo de los que quieras seleccionar. Windows resaltará inmediatamente tanto el primer archivo como el último, y todos los que están entre medias. Muy astuto, ¿verdad? Para desactivar la selección de varios archivos entre medias, mantén pulsada la tecla Ctrl y haz clic en ellos; Windows dejará de resaltar estos elementos eliminados y el resto permanecerán resaltados.

✔ Por último, cuando selecciones varios archivos o carpetas, prueba el truco del "lazo de vaquero". Señala un área de la pantalla cerca de un elemento y, mientras mantienes pulsado el botón del *mouse*, mueve este dibujando un lazo de vaquero alrededor de los elementos. Cuando hayas resaltado los archivos o carpetas que quieras, suelta el botón del *mouse* y permanecerán resaltados. En las tabletas, el dedo funciona como un *mouse* cuando se trata de resaltar elementos.

Para cambiar el tamaño de una ventana, arrastra el borde hacia dentro o hacia fuera (cuando el puntero del *mouse* se vuelve una flecha de dos puntas, estás en el lugar adecuado para empezar a arrastrar). Algunas ventanas poco comunes no tienen bordes. Viven en el limbo de las ventanas cuyo tamaño no puede modificarse, aunque este sea bastante raro.

La verdad es que no utilizarás mucho los bordes, salvo para tirar de ellos con el *mouse*.

Maniobrar con ventanas por el escritorio

Windows, que es malísimo dando cartas en una mesa de póquer, reparte las ventanas por el escritorio de una forma que parece bastante aleatoria. Los programas se solapan y a veces se salen del escritorio. En estas secciones te mostraremos cómo reunir todas las ventanas en una pila ordenada, colocando tu ventana favorita en lo alto. Si lo prefieres, también podrás soltarlas en el tapete como una mano de póquer. Y, como ventaja añadida, puedes cambiar su tamaño automáticamente, de modo que adopten el que desees.

Mover una ventana a lo alto de la pila

Windows dice que la ventana que corona la pila y que está atrayendo toda la atención se llama "ventana activa". Esto significa que recibe todas las pulsaciones de teclas que hagas tú (o, si es el caso, tu gato).

Realiza una de estas acciones para mover una ventana a lo alto de la pila y hacer que esté activa:

✔ Mueve el puntero del *mouse* hasta que pase sobre cualquier parte de la ventana que quieras; a continuación, haz clic en el botón del *mouse*. Windows traerá inmediatamente la ventana a lo alto de la pila;

✔ En la barra de tareas de la parte inferior del escritorio, haz clic en el icono de la ventana que quieras. En el capítulo 3 explico con más detalle qué puede hacer la barra de tareas.

✔ Mantén pulsada la tecla Alt mientras pulsas y sueltas la tecla Tabulador. Cada vez que pulses la tecla Tab, aparecerá una ventana pequeña con una miniatura de cada ventana abierta del escritorio (también verás miniaturas de las aplicaciones del menú Inicio que estén abiertas). Cuando al pulsar la tecla Tab resaltes tu ventana favorita, suelta la tecla Alt y tu ventana se pondrá en primer plano.

✔ Al hacer clic en el botón Vista de tareas (como se muestra en el margen), también se colocan las vistas en miniatura de cada ventana en la pantalla, incluso aunque estén en diferentes escritorios virtuales. Haz clic en la ventana en miniatura que prefieras y esta se pondrá la primera. En el capítulo 3 hablo del botón Vista de tareas y los escritorios virtuales.

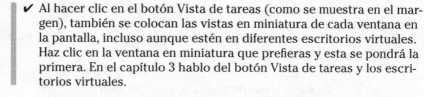

¿Tienes el escritorio demasiado lleno como para trabajar cómodamente en la ventana actual? Pues mantén pulsado el puntero del *mouse* en la barra de título de la ventana y agítalo rápidamente unas cuantas veces; Windows soltará el resto de ventanas en la barra de tareas, dejando la ventana principal sola en un escritorio vacío.

Mover una ventana de aquí a allí

A menudo querrás mover una ventana a un lugar distinto del escritorio. Es posible que parte de la ventana cuelgue del borde y tú quieras centrarla. O a lo mejor quieres acercar una ventana a otra.

En cualquier caso, puedes mover una ventana arrastrando y soltando su barra de título, esa barra gruesa en la parte superior (si no sabes cómo funciona la acción de arrastrar y soltar, consulta la sección "Arrastrar, soltar y listo" de este capítulo). Cuando sueltes la ventana en su lugar, no solo permanecerá allí, sino que también se mantendrá a la cabeza de la pila (hasta que hagas clic en otra ventana, es decir, hasta que coloques esa ventana en lo alto de la pila).

Hacer que una ventana ocupe todo el escritorio

Tarde o temprano, te cansarás de todo este rollo multiventana. ¿Por qué no hacer que una ventana llene la pantalla? Eso, ¿por qué no?

Para hacer que cualquier ventana del escritorio crezca tanto como sea posible, haz doble clic en la barra de título, esa barra que hay en el borde superior de la ventana. La ventana ocupará todo el escritorio y, de paso, tapará todas las demás.

Para que la ventana ampliada regrese a su tamaño anterior, vuelve a hacer doble clic en su barra de título. La ventana se encogerá a su tamaño anterior y podrás ver los elementos que había tapado.

✔ Si te opones moralmente a hacer doble clic en la barra de título de una ventana para expandirla, puedes hacer clic en el botón pequeño Maximizar. Este botón, que se muestra en el margen, se encuentra en medio de tres botones de la esquina superior derecha de cada ventana.

✔ Cuando una ventana se maximiza para ocupar el escritorio, el botón Maximizar se convierte en un botón Restaurar (aparece en el margen). Haz clic en el botón Restaurar y la ventana volverá a su tamaño inferior.

✔ ¿Necesitas usar la fuerza bruta? Arrastra el borde superior de una ventana hasta que tope con el borde superior del escritorio. La sombra de los bordes de la ventana se expandirá para cubrir el escritorio; suelta el botón del *mouse* y los bordes de la ventana ocuparán el escritorio (sí, hacer doble clic en la barra de título es más rápido, pero este método impresionará a cualquier espectador del despacho de al lado).

✔ ¿Estás demasiado ocupado para coger el *mouse*? Maximiza la ventana actual manteniendo pulsada la tecla ⊞ y pulsando la tecla ↑ (mantén pulsada la tecla ⊞ y pulsa la tecla ↓ para volver al tamaño normal).

Cerrar una ventana

Cuando hayas terminado de trabajar en una ventana, ciérrala. Para ello, haz clic en la X de la esquina superior derecha. ¡Zas! Ya tienes el escritorio vacío otra vez.

Si intentas cerrar la ventana antes de terminar el trabajo, sea el Solitario o un informe para el jefe, Windows te preguntará prudentemente si quieres guardar tus progresos. Aprovecha este ofrecimiento haciendo clic en Sí y, si es necesario, escribiendo un nombre de archivo para que puedas encontrar tu trabajo después.

Hacer una ventana más grande o más pequeña

Al igual que los perros holgazanes, las ventanas tienden a dejarse caer unas encima de otras. Para espaciar las ventanas de forma más regular, puedes modificar su tamaño arrastrando y soltando sus bordes hacia dentro o hacia fuera. Aquí tienes cómo hacerlo:

1. **Señala a cualquier esquina con la flecha del *mouse*. Cuando la flecha se convierta en una flecha de dos puntas, puedes mantener pulsado el botón del *mouse* y arrastrar la esquina hacia dentro o hacia fuera para cambiar el tamaño de la ventana.**

2. **Cuando estés satisfecho con el nuevo tamaño de la ventana, suelta el botón del *mouse*.**

   La ventana se acomodará en su nueva posición.

Colocar dos ventanas en paralelo

Cuanto más utilices Windows, más probable es que quieras ver dos ventanas en paralelo. Por ejemplo, puede que quieras copiar cosas de una ventana a otra o comparar dos versiones del mismo archivo. Si pasas unas cuantas horas con el *mouse*, podrás arrastrar y soltar las esquinas de las ventanas hasta que estén en yuxtaposición perfecta.

Si eres impaciente, Windows te permite agilizar esta práctica colocación en paralelo de varias formas.

La solución más rápida es arrastrar la barra de título de una ventana a un lado del escritorio; cuando el puntero del *mouse* toque el borde del escritorio, suelta el botón del *mouse*. Repite estos mismos pasos con la segunda ventana, arrastrándola al lado contrario del escritorio.

✔ Si arrastras una ventana para llenar un borde de la pantalla, Windows mostrará miniaturas de tus ventanas minimizadas. Haz clic en la miniatura de la ventana que te gustaría ver en la otra mitad de la pantalla.

✔ Para colocar cuatro ventanas en la pantalla simultáneamente, arrastra la barra de título de cada ventana a una esquina diferente de la pantalla. Cada ventana cambiará sola de tamaño para ocupar su propio cuarto de pantalla.

✔ Haz clic con el botón derecho en un espacio vacío de la barra de tareas (incluso en el reloj) y selecciona Mostrar ventanas en paralelo. Las ventanas se alinearán entre sí, como pilares. Para alinearlas en filas horizontales, selecciona Mostrar ventanas apiladas (si tienes más de tres ventanas abiertas, esto las coloca en mosaico en el escritorio, lo que resulta práctico para ver solo un poco de cada una).

✔ Si tienes más de dos ventanas abiertas, haz clic en el botón Minimizar (el icono más a la izquierda de la esquina superior derecha de cada ventana) para minimizar las ventanas que no quieras colocar en mosaico. A continuación, utiliza la opción Mostrar ventanas en paralelo del punto anterior para alinear las dos ventanas restantes.

✔ Para que la ventana actual ocupe la mitad derecha del escritorio, mantén pulsada la tecla ⊞ y pulsa la tecla →. Para que ocupe la mitad izquierda del escritorio, mantén pulsada la tecla ⊞ y pulsa la tecla ←.

Hacer que las ventanas se abran con el mismo maldito tamaño

A veces las ventanas se abren en forma de cuadrado pequeño; otras veces se abren y ocupan todo el escritorio. Sin embargo, las ventanas raramente se abrirán con el tamaño que quieres. Hasta que descubras el siguiente truco. Cuando ajustes manualmente el tamaño y la ubicación de una ventana, Windows memorizará ese tamaño y volverá a abrir siempre la ventana en ese tamaño. Sigue estos tres pasos para ver cómo funciona:

1. **Abre la ventana.**

   La ventana se abrirá en su tamaño habitual no deseado.

2. **Arrastra las esquinas de la ventana hasta que tenga el tamaño exacto y se encuentre en la ubicación exacta. Suelta el _mouse_ para soltar la esquina en su nueva posición.**

   Asegúrate de modificar el tamaño de la ventana manualmente arrastrando sus esquinas o bordes con el _mouse_. No bastará con hacer clic solo en el botón Maximizar.

3. **Cierra la ventana inmediatamente.**

   Windows memorizará el tamaño y la ubicación que tenía una ventana cuando se cerró. Al volver a abrir esa ventana, debería ofrecer el mismo tamaño en el que la dejaste. Sin embargo, los cambios que hagas se aplicarán solo a las ventanas del programa en el que los hiciste. Por ejemplo, los cambios en la ventana Internet Explorer se recordarán solo para Internet Explorer, no para otros programas que abras.

La mayoría de ventanas siguen estas reglas de ajuste de tamaño, pero, desafortunadamente, algunas renegadas de otros programas no responden igual.

Capítulo 5

Almacenamiento: interno, externo y en la nube

Al abandonar los escritorios de roble repletos de papeles y pasarse a las computadoras, todos esperaban que las cosas fueran más fáciles. Los documentos importantes ya no se colarían por detrás de la mesa ni languidecerían en los cajones polvorientos. Veinte años después, conocemos el desenlace: las computadoras vienen con tantos recovecos, rendijas y escondrijos como los escritorios a los que sustituyeron... y quizá incluso con más.

En Windows, el Explorador de archivos sirve de archivador informatizado. Inserta un dispositivo USB o un disco duro portátil en la computadora y aparecerá el Explorador de archivos, listo para que empieces a rebuscar en las carpetas.

No te quedará más remedio que utilizar el Explorador de archivos cada vez que tengas que buscar carpetas en la computadora, fuera de la computadora en unidades externas y cámaras digitales e incluso en la mayoría de puntos de almacenamiento de internet.

Utilices una tableta con pantalla táctil, un portátil o una computadora de escritorio, los archivos y las carpetas seguirán dominando el mundo informático. Así que, a menos que comprendas la metáfora de las carpetas de Windows, es posible que no encuentres la información fácilmente.

En este capítulo se explica cómo utilizar el programa de archivado de Windows, llamado "Explorador de archivos" (lo reconocerás como Explorador de Windows, su nombre en las versiones anteriores de Windows). También se explicará cómo utilizar OneDrive, tu espacio de almacenamiento en internet, para guardar archivos fuera de la computadora.

Por el camino, recibirás una dosis de gestión de archivos de Windows suficiente para guardar y completar tu trabajo sin mayores complicaciones.

Gestión de archivos en un dispositivo táctil

La mayoría de tabletas táctiles se ejecutan de forma predeterminada en modo Tableta, que incluye botones grandes y aplicaciones que se pueden seleccionar cómodamente de forma táctil, pero oculta el escritorio, lo cual genera un problema de gestión de archivos. Windows 10 no incluye un gestor de archivos para aplicaciones táctiles, por lo que tendrás que conformarte con el Explorador de archivos del escritorio.

Es bastante probable que tus dedos no estén contentos con la idea de aporrear los diminutos botones y menús del Explorador de archivos. Para mejorar las cosas, empieza por desactivar el modo Tableta: desliza un dedo hacia dentro desde el borde derecho de la pantalla y, cuando aparezca el Centro de actividades, pulsa el botón del modo de Tableta para desactivarlo, lo que te permitirá utilizar el escritorio de una

forma más sencilla. Después de desactivar el modo Tableta, podrás volver a ver el escritorio y sus carpetas en ventanas movibles.

Si piensas pasar mucho tiempo en el escritorio, invierte en un *mouse* Bluetooth (inalámbrico) económico para hacer clic en los controles. Y, para eliminar el teclado en pantalla de la tableta, que bloquea gran parte de la vista del escritorio, plantéate comprar también un teclado Bluetooth.

Si quieres que tu tableta sirva como computadora de escritorio, mejor cómprate una base de acoplamiento, que te permitirá conectar un monitor, así como un *mouse* y un teclado con cable, de forma permanente. Así, cuando coloques la tableta en una base de acoplamiento, será difícil distinguirla de una computadora de escritorio.

Moverse por los archivadores del Explorador de archivos

Para mantener bien organizados los programas y los archivos, Windows ha sustituido la metáfora del viejo archivador con iconos silenciosos de Windows. Dentro del Explorador de archivos, los iconos representan las áreas de almacenamiento de la computadora, y te permiten copiar, mover, eliminar o asignar un nombre a los archivos antes de que lleguen los investigadores.

 Para abrir el Explorador de archivos, que se ve en la imagen 5-1, y empezar a deambular por el contenido de la computadora, abre la aplicación Explorador de archivos del menú Inicio. Esta aplicación, que se muestra en el margen, está cerca de la esquina inferior izquierda del menú Inicio.

También puedes abrir el Explorador de archivos haciendo clic en su icono (visible en el margen) en la barra de tareas, que se extiende por el borde inferior de la pantalla.

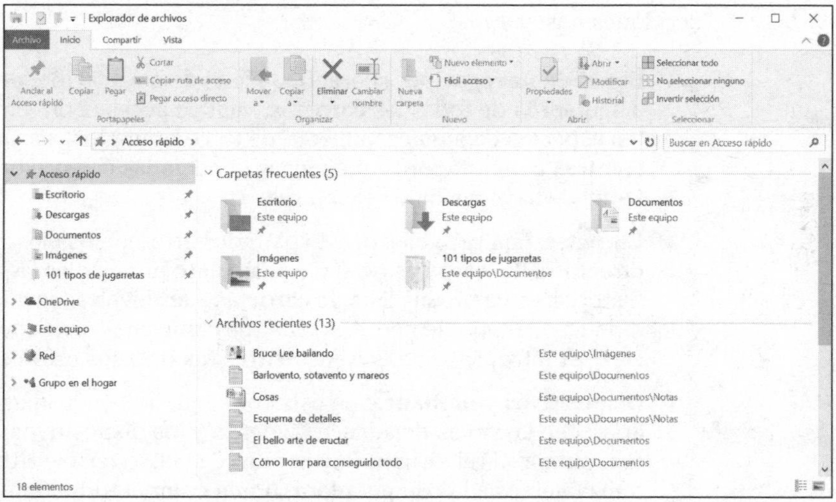

Imagen 5-1:
En la ventana Explorador de archivos se muestran áreas de almacenamiento y los últimos archivos que hayas abierto

En versiones anteriores de Windows, el Explorador de archivos se abría y mostraba los archivadores de mayor tamaño de tu computadora, llamados "unidades" o "discos". Windows 10 va un paso más allá.

 En lugar de dejarte en las unidades y obligarte a hacer una expedición arqueológica en busca de tus archivos, el Explorador de archivos de Windows 10 intenta serte de ayuda y te muestra una lista con las carpetas que más hayas usado. Por ejemplo, Documentos, donde guardas casi todos los archivos, y Descargas, el contenedor que almacena todo lo que descargas de internet (también verás accesos directos a las carpetas Música, Vídeos e Imágenes)

Debajo de estas carpetas principales, el Explorador de archivos mostrará accesos directos a aquellos elementos que hayas abierto más recientemente. Si estuviste trabajando ayer con una hoja de cálculo, por ejemplo, la encontrarás fácilmente abriendo el Explorador de archivos. En la página principal, aparecerá un vínculo a dicha hoja de cálculo que la abrirá con un doble clic.

Puede que ver tus carpetas de almacenamiento principales y los últimos archivos que has abierto sea todo lo que necesites para empezar a trabajar. Sin embargo, si deseas ver todas las áreas de almacenamiento de la computadora, haz clic en Este equipo en el panel del margen izquierdo. El Explorador de archivos tiene un diseño parecido al de las versiones de Windows anteriores, como se muestra en la imagen 5-2.

Las imágenes del Explorador de archivos que mostramos antes parecerán algo distintas a las de tu computadora, pero seguirás viendo las mismas secciones básicas:

✔ **Panel de navegación:** el práctico Panel de navegación, desplegado a la izquierda de todas las carpetas, incluye accesos directos a diferentes espacios de almacenamiento de tu computadora en OneDrive y en otras computadoras que tengas conectadas (hemos hablado del Panel de navegación en el capítulo 4).

✔ **Carpetas:** una vez abierto, el Explorador de archivos mostrará accesos directos a tus carpetas de almacenamiento principales, así como a tu historial; es decir, una lista de carpetas y archivos a los que has accedido en el último tiempo. A no ser que comiences un proyecto desde cero, es muy probable que encuentres tus trabajos previos aquí.

✔ **Dispositivos y unidades:** en esta zona, que ves en la imagen 5-2, aparecen las áreas de almacenamiento y los dispositivos de tu computadora (el término "dispositivo" suele referirse a todo aparato que conectes a la computadora). Cada computadora tiene al menos un disco duro. Al hacer doble clic en el icono de un disco duro, se ven sus archivos y carpetas, pero rara vez será útil que los explores así. No, los archivos más importantes residen en las carpetas Documentos, Música, Imágenes y Vídeos, situados cerca de la parte superior de la imagen 5-2.

¿Has visto la unidad de disco duro con el icono pequeño de Windows (aparece en el margen)? Indica que en esa unidad está instalado Windows. ¿Y ves la línea multicolor junto al icono de la unidad? Cuanto más colorido sea el espacio que ves en la línea, más archivos tendrás en la unidad. Cuando las líneas se vuelvan rojas, la unidad estará casi llena, y deberías ir pensando en eliminar algunos archivos no deseados, desinstalar unos cuantos programas que no utilices o actualizar a una unidad mayor.

También puede que veas aquellos dispositivos extraíbles que estén vinculados a la computadora. A continuación describimos algunos de los elementos más comunes.

✔ **Unidades de CD, DVD y Blu-ray:** tal y como se ve en la imagen 5-2, Windows inserta una breve descripción junto al icono de cada unidad. Por ejemplo, "CD-RW" indica que la unidad puede escribir en CD, pero no en DVD. "DVD-RW" quiere decir que puede leer y escribir tanto en DVD como en CD. Una unidad "BD-ROM" puede leer discos Blu-ray, pero solo puede escribir en CD y DVD. Y las superversátiles unidades "BD-RE" y "BD-R" pueden leer y escribir en discos Blu-ray, DVD y CD.

El proceso de escribir información en un disco se llama *grabación*. El proceso de copiar información de un disco se llama *extracción*.

✔ **Dispositivos USB:** el icono para algunas marcas de dispositivos USB tienen la forma de un dispositivo USB de verdad. La mayoría solo tendrá un icono genérico, como el que aparece en el margen.

Windows no mostrará los iconos de los lectores de tarjetas de memoria de la computadora hasta que hayas insertado una tarjeta. Para ver los iconos de lectores de tarjetas de memoria vacías, abre el Explorador de archivos, haz clic en la ficha Vista y selecciona la casilla Elementos ocultos en la sección Mostrar u ocultar. Hazlo de nuevo para ocultarlos otra vez.

✔ **iPads, teléfonos móviles y reproductores MP3:** el icono de un teléfono de Windows es bonito, pero el de los teléfonos Android, iPads y iPhones es un icono de un reproductor MP3 genérico. Si tienes un iPhone o un iPad, debes descargar el programa iTunes de Apple (www.apple.com/itunes/) que funcionará en el escritorio de Windows. Windows no puede copiar o pegar las canciones de tu iPod o iPad por sí solo (hablaré de los reproductores MP3 en el capítulo 16).

✔ **Cámaras:** cuando conectes una cámara digital a un puerto USB, el icono de cámara aparecerá normalmente en la ventana del Explorador de archivos. Para importar las fotografías de la cámara, enciéndela y configúrala en el modo Ver fotos en lugar de en el modo Copiar fotos. A continuación, haz clic con el botón derecho en el Explorador de archivos y selecciona Importar fotos y vídeos en el menú emergente. Una vez que Windows te guíe por el proceso de extracción de las imágenes (ver capítulo 17), colocará las fotografías en la biblioteca Imágenes.

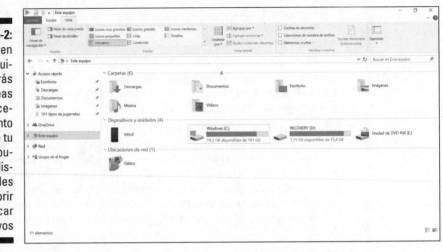

Imagen 5-2:
Haz clic en
Este equi-
po y verás
las áreas
de almace-
namiento
de tu
compu-
tadora dis-
ponibles
para abrir
y buscar
archivos

Si conectas una cámara de vídeo digital, un teléfono móvil u otro dispositivo a la computadora, la ventana Explorador de archivos a menudo mostrará un icono nuevo que representa al dispositivo. Si Windows no te
pregunta qué quieres hacer con el dispositivo que acabas de conectar,
haz clic con el botón derecho en el icono; verás una lista de todo lo que
puedes hacer con el elemento. ¿No ves ningún icono? Entonces tendrás
que instalar un controlador para el dispositivo, toda una ardua tarea que
explico con detalle en el capítulo 13.

Si prefieres que el Explorador de archivos abra la vista tradicional de Este
equipo, en lugar de la vista Acceso rápido, abre cualquier carpeta. A continuación, haz clic en la ficha Archivo y selecciona Cambiar opciones de
carpeta y búsqueda. Cuando la ventana de Opciones de carpeta aparezca,
abre el menú desplegable en el margen superior de la ventana y selecciona
Este equipo en lugar del Acceso rápido predeterminado.

Para ver los archivos de un dispositivo USB o una cámara digital en el
Explorador de archivos, haz doble clic. Para volver, haz clic en la flecha
que apunta a la izquierda, como se muestra en el margen, arriba del Panel
de navegación.

Consejo para tabletas: cuando leas "haz clic", sustitúyelo por "pulsa". Del
mismo modo, "haz doble clic" significa "mantén pulsado". Y la expresión
"arrastrar y soltar" quiere decir "desliza el dedo por la pantalla, como si
tu dedo fuera el puntero del *mouse* y, a continuación, levántalo para soltar
el elemento".

La verdad sobre las carpetas

Este material es mortalmente aburrido, pero si no lo lees, estarás tan perdido como tus archivos.

Una *carpeta* es un área de almacenamiento, como una carpeta real en un archivador. Windows divide las unidades de disco duro de la computadora en varias carpetas para separar todos los proyectos que tengas. Por ejemplo, has almacenado toda la música en la carpeta Música y todas las imágenes en la carpeta Imágenes. De esta forma, tanto tú como tus programas podrán encontrarlas fácilmente.

Windows te ofrece seis carpetas principales para almacenar los archivos. Para acceder a ellas con mayor facilidad, ve a la sección Este equipo del Panel de navegación en el lado izquierdo de cada carpeta. Ya vimos antes, en la imagen 5-2, cómo son las áreas de almacenamiento principales: Escritorio, Documentos, Descargas, Música, Imágenes y Vídeos.

Ten en cuenta esta información sobre las carpetas cuando explores archivos en Windows:

✔ Puedes ignorar las carpetas y dejar todos los archivos en el escritorio de Windows. No obstante, esto sería como arrojar todo lo que se te ocurra en el asiento trasero del coche y buscar las gafas de sol un mes después entre esa maleza. Las cosas ordenadas son mucho más fáciles de encontrar.

✔ Si tienes ganas de crear una o dos carpetas (y resulta bastante fácil), avanza a la sección "Creación de una carpeta nueva" de este capítulo.

✔ El nuevo explorador web de Windows 10, Microsoft Edge, dejará todas tus descargas, como es de rigor, en la carpeta Descargas. Los archivos permanecerán en esa carpeta hasta que los elimines.

✔ Las carpetas del Explorador de archivos utilizan una "metáfora de árbol", ya que se ramifican a partir de una carpeta principal (una unidad) que contiene carpetas que, a su vez, contienen más carpetas aún.

Examinar las unidades, las carpetas y otros soportes

Conocer todas estas cosas sobre las carpetas no solo impresionará a los empleados de las tiendas de informática, sino que también te ayudará a buscar los archivos que desees (lee la sección anterior para ver un resumen de qué carpeta contiene qué elementos). Ponte el casco e inicia una expedición entre los dispositivos y las carpetas de la computadora, así como entre los CD, DVD y teléfonos móviles. He aquí tu guía de expedición en las secciones que siguen.

Ver los archivos en una unidad

Al igual que todo lo demás en Windows, las unidades de disco están representadas por botones o iconos. El programa Explorador de archivos también muestra información almacenada en otras áreas, como teléfonos, reproductores MP3, cámaras digitales o escáneres (explico estos iconos en la sección "Moverse por los archivadores del Explorador de archivos" de este capítulo.)

Al abrir un icono, normalmente podrás acceder al contenido del dispositivo y mover los archivos a tu antojo, como con cualquier otra carpeta en Windows.

Cuando hagas doble clic en un icono del disco duro del Explorador de archivos, Windows abrirá rápidamente la unidad para mostrarte las carpetas que contiene. Pero ¿cómo debería reaccionar Windows cuando insertes algo nuevo en la computadora, como un dispositivo USB, un CD o un DVD?

Las versiones anteriores de Windows intentaban adivinar tus deseos. Cuando insertabas un CD, por ejemplo, Windows comenzaba a reproducir la música automáticamente. Por el contrario, el nuevo Windows es más

Imagen 5-3:
Windows te preguntará cómo debe tratar los elementos que insertes

educado y te pregunta cómo prefieres manejar la situación, tal y como se
muestra en la notificación emergente de la esquina inferior derecha (imagen 5-3).

Cuando aparezca ese mensaje, haz clic con el *mouse*. Verás un segundo
mensaje, como en la imagen 5-4, con las opciones de la computadora, así
como con el conjunto de aplicaciones y programas que pueden abrir el archivo.

Selecciona una opción (Abrir carpeta para ver los archivos, por ejemplo)
y Windows te mostrará a toda pastilla los contenidos del dispositivo en el
Explorador de archivos. La próxima vez que conectes ese dispositivo a la
computadora, el Explorador de archivos aparecerá automáticamente para
mostrar los contenidos de las carpetas del dispositivo.

Pero ¿qué pasa si cambias de idea acerca de cómo debe tratar Windows
un elemento que insertes? Pues deberás cambiar la reacción de Windows
al respecto: en la sección Este equipo del Explorador de archivos, haz clic
con el botón derecho en el icono del elemento insertado y selecciona
Abrir reproducción automática. Una vez más, Windows mostrará el mensaje de la imagen 5-4 y te pedirá que traces el rumbo futuro.

El ajuste de las opciones de Reproducción automática resulta particular-
mente útil para las unidades de almacenamiento USB. Si tu dispositivo
USB contiene unas cuantas canciones, Windows podría querer reproducir-
las, lo que ralentizaría el acceso a otros archivos del dispositivo USB. Para
evitarlo, selecciona Abrir carpeta para ver los archivos en la opción Reproducción automática.

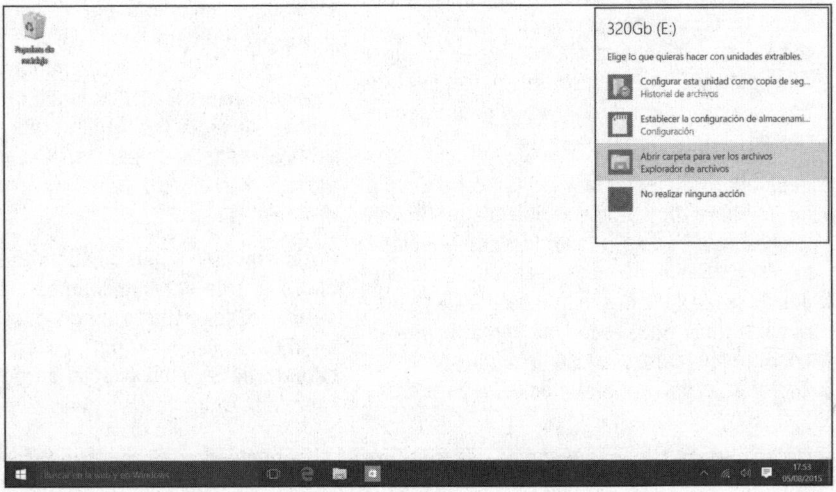

Imagen 5-4:
Selecciona
cómo debe
reaccionar
Windows
la próxima
vez que in-
sertes ese
elemento

✔ Cuando tengas dudas sobre lo que puedes hacer con un icono en el Explorador de archivos, haz doble clic en él. Windows te mostrará un menú con todas las opciones posibles para ese objeto (por ejemplo, seleccionar Abrir para ver los archivos de un dispositivo USB, lo que te permitirá copiarlos con mayor facilidad en la computadora).

✔ Si haces doble clic en el icono de una unidad Blu-ray, CD o DVD cuando no haya ningún disco insertado en la unidad, Windows te detendrá, sugiriendo amablemente que insertes un disco antes de continuar.

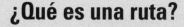

¿Qué es una ruta?

Una *ruta* es simplemente la dirección del archivo, similar a una dirección postal. Cuando alguien te envía una carta a casa, por ejemplo, la carta viajará hasta tu país, tu ciudad, tu calle y, con suerte, tu piso o casa. Las rutas de la computadora hacen lo mismo. Comienzan con la letra de la unidad de disco y acaban con el nombre del archivo. Entre medias, en la ruta se incluyen todas las carpetas que la computadora debe recorrer para llegar al archivo.

Por ejemplo, mira la carpeta Descargas. Para encontrar un archivo almacenado en mi carpeta Descargas, Windows empieza por la unidad C:\ de la computadora, luego va a las carpetas Usuarios y luego a tu carpeta personal. Desde allí, accede a la carpeta Descargas de la carpeta Andy (Internet Explorer seguirá esa ruta cuando guarde los archivos descargados).

Respira profundamente y suelta el aire poco a poco. Ahora toca añadir la horrible gramática informática. En una ruta, la letra de la unidad de disco de Windows es C:\. La letra de la unidad de disco y los dos puntos forman la primera parte de la ruta. Todas las carpetas que se encuentren dentro de la gran carpeta C:\ aparecerán con la C.\. Windows separa estas carpetas anidadas con algo llamado "barra diagonal inversa" o "\". El nombre del archivo descargado ("Renta2015", por ejemplo) se coloca al final.

Ponlo todo junto y obtendrás lo siguiente: C:\ Usuarios\Andy\Descargas\Renta2015. Esa sería la ruta oficial de mi computadora para localizar el archivo en la carpeta Descargas de Andy. En tu computadora, deberás sustituir Andy con tu propio nombre de usuario. Los nombres de usuario de las cuentas de Microsoft suelen comenzar con las primeras letras de la cuenta de correo electrónico vinculada a Microsoft.

Este procedimiento puede dar problemas, así que te lo recordamos aquí. La letra de la unidad va primero, seguida de dos puntos y una barra diagonal inversa. A continuación, introduce el nombre de todas las carpetas que conducen al archivo, separadas por barras diagonales inversas. Por último, se añade el nombre del propio archivo.

Por fortuna, Windows compondrá automáticamente la ruta por ti cuando hagas clic en las carpetas. No obstante, cada vez que hagas clic en el botón Examinar para buscar un archivo, estarás navegando por las carpetas y recorriendo la ruta que lleva al archivo.

✔ ¿Ves un icono en el encabezado Ubicación de red? Es una pequeña puerta para explorar otras computadoras vinculadas a tu computadora, si hay alguno. Puedes encontrar más información sobre redes en el capítulo 15.

Ver lo que hay dentro de una carpeta

Dado que las carpetas son en realidad pequeños compartimentos de almacenamiento, Windows utiliza la imagen de una carpeta pequeña para representar un lugar de almacenamiento de archivos.

Para ver lo que hay dentro de una carpeta, en el Explorador de archivos o en el escritorio de Windows, solo tienes que hacer doble clic en la imagen de la carpeta y aparecerá una ventana nueva con el contenido de esa carpeta. ¿Ves otra carpeta dentro de esa carpeta? Haz doble clic para ver lo que hay dentro. Sigue haciendo clic hasta que encuentres lo que buscas o hasta que no haya más opciones.

¿Has llegado a un punto muerto? Si acabas en la carpeta incorrecta, vuelve atrás, al igual que harías si navegaras por internet. Haz clic en la flecha hacia atrás en la esquina superior izquierda de la ventana. Al hacerlo, se cerrará la carpeta incorrecta y verás la carpeta que acabas de abandonar. Si sigues haciendo clic en la flecha hacia atrás, acabarás donde empezaste.

La barra de direcciones te ofrece un método rápido para saltar a distintas ubicaciones de la computadora. A medida que te desplazas de una carpeta a otra, la barra de direcciones de la carpeta, ese pequeño cuadro lleno

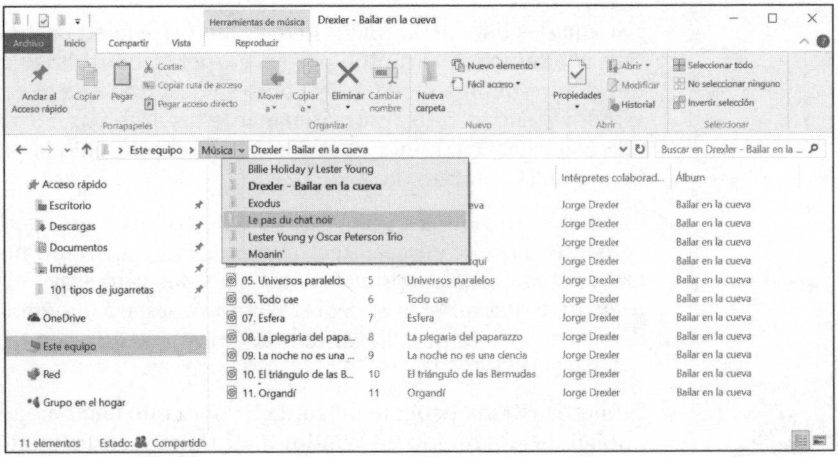

Imagen 5-5:
Haz clic en la flecha después de Música para acceder a cualquier ubicación que aparezca en la carpeta Música

de palabras en la parte superior de la carpeta, realizará un registro constante de tu recorrido.

Observa las flechas entre los nombres de las carpetas. Esas flechas proporcionan accesos rápidos a otras carpetas y ventanas. Prueba a hacer clic en alguna de las flechas; aparecerá un menú con las ubicaciones a las que puedes acceder desde ese punto. Por ejemplo, haz clic en la flecha después de Música, que puede verse en la imagen 5-5, y se desplegará un menú que te permitirá acceder rápidamente al resto de carpetas.

A continuación te damos algunos consejos para acceder a las carpetas y salir de ellas::

✔ Algunas veces, las carpetas contienen demasiados archivos o carpetas, y estos no caben en la ventana. Si deseas verlos todos, haz clic en las barras de desplazamiento de esa ventana en el borde inferior o derecho de una ventana. Para saber más acerca de las barras de desplazamiento, consulta tu guía práctica, el capítulo 4.

✔ Mientras cavas hondo en las carpetas, la flecha de Ubicaciones recientes ofrece otro método rápido para saltar inmediatamente a cualquier carpeta por la que te hayas abierto paso antes. Haz clic en la flecha que señala hacia abajo junto a la flecha hacia delante en la esquina superior izquierda de la ventana Se desplegará un menú con las carpetas por las que te has abierto paso en tu recorrido. Haz clic en el nombre de cualquiera de ellas y accederás rápidamente a esa carpeta.

✔ Haz clic en el botón de la flecha que señala hacia arriba (la verás a la derecha de la barra de direcciones) para mover la vista hacia arriba en la página. Sigue haciendo clic y acabarás en un lugar reconocible: el escritorio.

✔ ¿No puedes encontrar un archivo o una carpeta en particular? En lugar de rebuscar al tuntún por las carpetas, consulta el menú Inicio del cuadro de búsqueda, tal y como se describirá en el capítulo 7. Windows encontrará automáticamente los archivos, las carpetas, los correos y casi cualquier cosa a la que hayas perdido la pista y se oculte en la computadora.

✔ Cuando te enfrentes a una larga lista de archivos ordenados alfabéticamente, haz clic en cualquier punto de la lista. A continuación, escribe rápidamente la primera letra o las dos primeras del nombre del archivo al que quieras acceder. Windows saltará inmediatamente dentro de la lista para llegar al primer archivo que comience con estas letras.

✔ Bibliotecas, una especie de supercarpeta que nació con Windows 7, habían desaparecido en Windows 8.1. Microsoft las quitó del Panel de navegación y todavía no han vuelto en Windows 10. Si las echas de menos, vuelve a agregarlas haciendo clic con el botón derecho en el área vacía del Panel de navegación y selecciona Mostrar bibliotecas.

Creación de una carpeta nueva

Para almacenar información nueva en un archivador, selecciona una carpeta, ponle un nombre arriba y empieza a llenarla de información. Para almacenar información nueva en Windows (por ejemplo, los apuntes para una biografía), crea una carpeta nueva, ponle un nombre y empieza a llenarla de archivos.

Crearás una carpeta nueva rápidamente con un clic en Inicio en los botones de la barra de herramientas de la carpeta y seleccionando Nueva carpeta en el menú Cinta. Aparecerá una nueva carpeta, lista para que le pongas un nombre.

Si los menús siguen ocultándose, aquí tienes un método rápido e infalible.

1. **Haz clic con el botón derecho en la carpeta (o en el escritorio) y selecciona Nuevo.**

   Con un todopoderoso clic con el botón derecho, aparecerá un menú desde el lateral.

2. **Selecciona Carpeta.**

   Cuando selecciones Carpeta, como en la imagen 5-6, aparecerá una nueva carpeta rápidamente, esperando a que escribas su nombre.

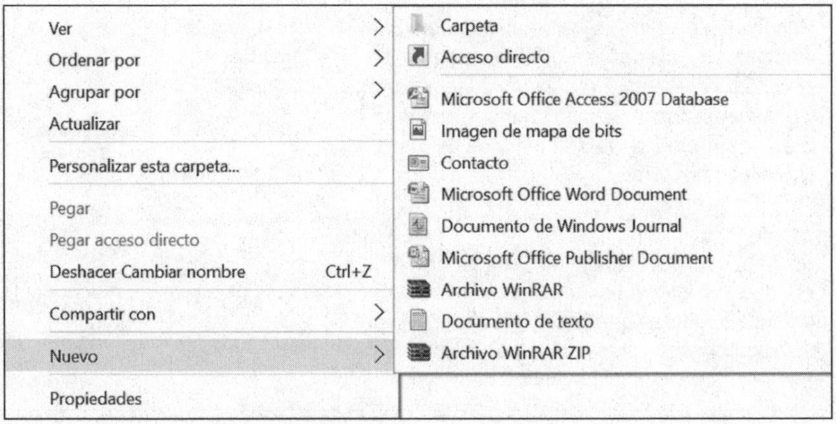

Imagen 5-6: Haz clic con el botón derecho donde quieras que aparezca una nueva carpeta, selecciona Nuevo y después Carpeta, en el menú emergente

Ver >	Carpeta
Ordenar por >	Acceso directo
Agrupar por >	Microsoft Office Access 2007 Database
Actualizar	Imagen de mapa de bits
Personalizar esta carpeta...	Contacto
Pegar	Microsoft Office Word Document
Pegar acceso directo	Documento de Windows Journal
Deshacer Cambiar nombre Ctrl+Z	Microsoft Office Publisher Document
Compartir con >	Archivo WinRAR
Nuevo >	Documento de texto
Propiedades	Archivo WinRAR ZIP

3. Escribe un nombre nuevo para la carpeta.

La carpeta recién creada tendrá el aburrido nombre de "Nueva carpeta". Cuando empieces a escribir, Windows lo borrará y adoptará el nombre nuevo. ¿Ya lo has hecho? Guarda el nombre nuevo. Para ello, pulsa Intro o haz clic en algún punto lejos del nombre que acabas de escribir.

Si te equivocas con el nombre y quieres volver a intentarlo, haz clic con el botón derecho en la carpeta, selecciona Cambiar nombre y vuelve a empezar.

✔ *Algunos símbolos* no se pueden utilizar en nombres de carpetas (y archivos). En el recuadro "Elegir nombres válidos para archivos y carpetas" se explican los detalles, pero nunca tendrás problemas si utilizas las letras y los números corrientes para los nombres.

✔ Los observadores astutos se percatarán de que, en la imagen 5-6, Windows permite crear muchas más cosas que una carpeta cuando se hace clic en el botón Nuevo. Haz clic con el botón derecho dentro de una carpeta cada vez que quieras crear un acceso directo nuevo u otros elementos comunes.

✔ Los más cautos observarán que el menú, tras hacer clic con el botón derecho, es diferente al que se muestra en la imagen 5-6. No pasa nada; los programas suelen añadir sus propios elementos al menú tras hacer clic con el botón derecho, por lo que cada menú es distinto en cada computadora.

Elegir nombres válidos para archivos y carpetas

Windows es bastante quisquilloso con qué elementos puedes añadir al nombre de un archivo o una carpeta. Si te limitas a las letras y los números corrientes, no tendrás problema. Pero no pruebes a insertar algunos de los siguientes caracteres:

```
 : / \ * | < >? "
```

Si intentas utilizar alguno de esos caracteres, Windows mostrará un mensaje de error en la pantalla y tendrás que probar de nuevo. Aquí tienes algunos nombres de archivo no admitidos:

```
1/2 trabajo
TAREA:2
UNO<DOS

No es un "caballero"
```

Estos nombres son válidos:

```
La mitad de mi trabajo
TAREA=2
Dos es mayor que uno
Un #@$%) canalla
```

Asignar un nombre nuevo a un archivo o una carpeta

¿Estás harto del nombre de un archivo o una carpeta? Pues cámbialo. Solo tienes que hacer clic con el botón derecho en el icono causante del problema y seleccionar Cambiar nombre en el menú emergente. Windows resaltará el nombre antiguo del archivo, que desaparecerá cuando empieces a escribir el nuevo. Pulsa Intro o haz clic en el escritorio al terminar. ¡Listo!

También puedes hacer clic en el nombre del archivo o de la carpeta para seleccionarlo, esperar un segundo y volver a hacer clic en el nombre del archivo para cambiarlo. Algunos usuarios hacen clic en el nombre y pulsan F2, ya que así Windows permite asignar automáticamente un nombre nuevo al archivo o a la carpeta.

✔ Cuando cambies el nombre de un archivo, solo cambiará su nombre. El contenido seguirá siendo el mismo, el tamaño también, y el archivo seguirá en el mismo lugar.

✔ Para asignar un nombre nuevo a grupos grandes de archivos simultáneamente, selecciónalos todos, haz clic con el botón derecho en el primero y selecciona Cambiar nombre. Escribe el nombre nuevo y pulsa Intro para que Windows lo asigne al archivo. Sin embargo, también renombrará el resto de archivos seleccionados con el nuevo nombre, añadiendo un número a medida que vaya haciendo los cambios: gato, gato (2), gato (3), gato (4), y así sucesivamente. Es una forma práctica para cambiar el nombre de fotografías.

El cambio de nombre en algunas carpetas confunde a Windows, especialmente si esas carpetas contienen programas. No asignes nombres nuevos a las carpetas principales: Descargas, Documentos, Música, Imágenes o Vídeos.

✔ Windows no te dejará cambiar el nombre de un archivo o una carpeta si uno de los programas lo está utilizando en ese momento. En algunas ocasiones, bastará con cerrar el programa. En otras, tendrás que reiniciar la computadora. Así soltarás el embrague del programa para poder renombrarlo.

Seleccionar grupos de archivos o carpetas

Aunque seleccionar un archivo, una carpeta u otro objeto pueda parecer aburrido, te abre las puertas a un sinfín de tareas: eliminar, cambiar el nombre, mover, copiar y cualquier otro malabarismo del que hablemos en el resto del capítulo.

Para seleccionar un único archivo, basta con hacer clic en él. Para seleccionar varios archivos y carpetas, mantén pulsada la tecla Ctrl y haz clic en los nombres o iconos. Cada nombre o icono permanecerá resaltado cuando hagas clic en el siguiente.

Para agrupar varios archivos o carpetas que estén pegados en una lista, haz clic en el primero. A continuación, mantén pulsada la tecla Mayús mientras haces clic en el último. Estos dos elementos aparecen resaltados, junto con cada archivo y carpeta entre ellos.

Windows también te permite realizar la selección de "lazo de vaquero" con los archivos y las carpetas. Señala ligeramente por encima del primer archivo o carpeta que quieras y, a continuación, mientras mantienes pulsado el botón del *mouse*, señala el último archivo o carpeta. El *mouse* creará un lazo de color para rodear tus archivos. Suelta el botón del *mouse* y el lazo desaparecerá, dejando resaltados todos los archivos que lo rodean.

✔ Puedes arrastrar y soltar montones de archivos del mismo modo en que arrastras un único archivo.

✔ También puedes cortar o copiar y pegar simultáneamente estos montones en ubicaciones nuevas mediante cualquiera de los métodos que se describen en la sección "Copiar o mover archivos y carpetas", que encontrarás más adelante en este capítulo.

✔ Asimismo, puedes eliminar estos montones de elementos pulsando la tecla Supr. Todos se quedarán en la Papelera de reciclaje y podrás recuperarlos en caso de emergencia.

✔ Para seleccionar rápidamente todos los archivos de una carpeta, haz clic en Seleccionar todo en el menú Inicio de la carpeta. Si no ves el menú, usa las teclas Ctrl+E. Y aquí tienes otro ingenioso truco: para seleccionar solo algunos archivos, pulsa Ctrl+E y mientras tienes pulsada la tecla Ctrl, haz clic en los que no quieres seleccionar.

Deshacerse de un archivo o una carpeta

Tarde o temprano, tendrás que eliminar un archivo de alguna importancia, como, por ejemplo, los números que elegiste para la lotería de ayer o una fotografía digital especialmente vergonzosa. Para eliminar un archivo o una carpeta, haz clic con el botón derecho en su nombre o icono. A continuación, selecciona Eliminar en el menú emergente. Este truco, tan sencillo, funciona con archivos, carpetas, accesos directos y casi con cualquier cosa en Windows.

Para borrar un elemento cuando tengas prisa, haz clic en el objeto problemático y pulsa la tecla Supr. Conseguirás el mismo resultado si arrastras y sueltas un archivo o una carpeta en la Papelera de reciclaje.

La opción Eliminar suprime carpetas enteras con todo su contenido, tanto los archivos como las demás carpetas que guarden. Asegúrate de haber elegido la carpeta adecuada antes de seleccionar Eliminar.

✔ Cuando elijas Eliminar, Windows te preguntará con una ventana si estás seguro. Si lo estás, haz clic en Sí. Si estás cansado de la prudencia de Windows con sus preguntas, haz clic con el botón derecho en la Papelera de reciclaje, selecciona Propiedades y elimina la marca de verificación que hay junto a Mostrar cuadro de diálogo para confirmar eliminación. En adelante, Windows procederá a eliminar cualquier elemento que resaltes al pulsar intencional o accidentalmente la tecla Supr.

✔ Asegúrate muy bien de que sabes lo que haces cuando elimines cualquier archivo que muestre engranajes en su icono. Estos archivos suelen ser archivos ocultos confidenciales, y la computadora quiere que los dejes tranquilos (aparte de eso, no son emocionantes que se diga, pese a la acción que prometen esos engranajes).

✔ Los iconos con flechas en la esquina (como el que aparece en el margen) son "accesos directos", botones de comando que, básicamente, cargan archivos (hablaré de los accesos rápidos en el capítulo 6). Al eliminar un acceso directo, se elimina solo un botón que carga un archivo o programa. El propio archivo o programa no resultará dañado y permanecerá en la computadora.

✔ En cuanto descubras cómo eliminar archivos, ve corriendo al capítulo 3, donde se explican varias formas de recuperarlos. *(Consejo para los desesperados:* abre la Papelera de reciclaje, haz clic con el botón derecho en el nombre del archivo y selecciona Restaurar).

Copiar o mover archivos y carpetas

Para copiar o mover archivos a distintas carpetas del disco duro, a menudo es más sencillo utilizar el *mouse* y arrastrarlos ahí. Por ejemplo, a continuación mostramos cómo mover un archivo a una carpeta distinta del escritorio. En este caso, estoy moviendo el archivo Viajes de la carpeta Casa a la carpeta Marruecos.

No te molestes en leer este material técnico oculto

No eres el único que crea archivos en la computadora. Los programas, a menudo, almacenan su propia información en un "archivo de datos". Por ejemplo, es posible que tengan que almacenar información sobre la configuración de la computadora. Para evitar que los usuarios confundan esos archivos con basura y los eliminen, Windows los oculta.

Sin embargo, si quieres espiar un poco, puedes ver los nombres de los archivos y carpetas ocultos.

1. **Abre cualquier carpeta y haz clic en la pestaña Vista del borde superior.**

   La Cinta cambiará para mostrar las distintas formas que tienes de visualizar los archivos de esa carpeta.

2. **Haz clic en el cuadro llamado Elementos ocultos.**

   ¿No ves el cuadro Elementos ocultos? Amplía un poco la ventana hasta que aparezca la opción.

De esta forma, los archivos ocultos aparecerán junto al resto de nombres de archivo. No obstante, asegúrate de no eliminarlos. Los programas que los crearon colapsarán y probablemente queden dañados o provoquen daños en Windows. Para evitar problemas, vuelve a hacer clic en el cuadro Elementos ocultos para correr un velo de secretismo sobre esos archivos importantes.

1. **Alinea las dos ventanas.**

   (Explico todo esto en el capítulo 4. Si te saltaste este capítulo, intenta lo siguiente). Haz clic en la primera ventana y, mientras mantienes pulsada la tecla ⊞, pulsa la tecla →. Para que ocupe la mitad izquierda de la pantalla, haz clic en la otra ventana, mantén pulsada la tecla ⊞ y pulsa la tecla ←.

2. **Dirige el puntero del *mouse* hacia el archivo o la carpeta que quieras mover.**

   En este caso, me coloco en el archivo Viajes.

3. **Mientras mantienes pulsado el botón derecho del *mouse*, mueve el *mouse* hasta que señale a la carpeta de destino.**

   Como ves en la imagen 5-7, el archivo Viajes se está arrastrando de la carpeta Casa a la carpeta Marruecos.

   Al mover el *mouse*, el archivo se moverá con el puntero y Windows te avisará de que vas a mover el archivo, como se muestra en la imagen 5-7 (asegúrate de mantener pulsado en todo momento el botón derecho del *mouse*).

Imagen 5-7:
Para mover un archivo o una carpeta de una ventana a otra, arrástralo ahí mientras mantienes pulsado el botón derecho del *mouse*

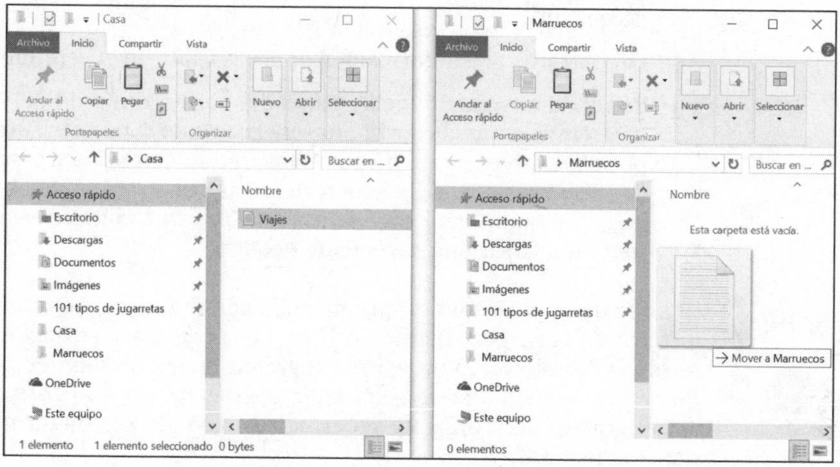

Arrastra siempre los iconos mientras mantienes pulsado el botón derecho del *mouse*. Si lo haces así, Windows será tan amable de ofrecerte un menú de opciones cuando coloques el icono, y podrás seleccionar entre copiar, mover o crear un acceso directo. Si mantienes pulsado el botón izquierdo del *mouse*, Windows algunas veces no sabe si quieres copiar o mover.

4. **Suelta el botón del *mouse* y selecciona Copiar aquí, Mover aquí o Crear iconos de acceso directo aquí desde el menú emergente.**

Cuando arrastrar y soltar te lleve mucho trabajo, Windows ofrece otras formas de copiar o mover archivos. En función del diseño actual de la pantalla, algunas de las siguientes herramientas en pantalla pueden funcionar con más facilidad.

✔ **Menús de clic derecho:** haz clic con el botón derecho en un archivo o una carpeta y selecciona Cortar o Copiar, según desees una u otra cosa. Después, haz clic con el botón derecho en la carpeta de destino y selecciona Pegar. Es sencillo, funciona siempre y no tendrás que preocuparte por colocar las ventanas en paralelo.

✔ **Comandos de Cinta:** en el Explorador de archivos, haz clic en la carpeta o el archivo; después, haz clic en la ficha Inicio de la Cinta y selecciona Copiar a (o Mover a). Se desplegará un menú con algunas de las ubicaciones más comunes. ¿No encuentras lo que buscas? Entonces haz clic en Elegir ubicación, navega por la unidad y las carpetas para llegar a la carpeta de destino y Windows transportará el archivo en consecuencia. Aunque puede resultar algo engorroso, este método funciona bien si sabes la ubicación exacta de la carpeta de destino.

Encontrarás más información sobre la Cinta en el capítulo 4.

✔ **Panel de navegación:** este panel del borde izquierdo del Explorador de archivos, que describimos en el capítulo 4, muestra ubicaciones populares tales como dispositivos, redes, OneDrive y carpetas usadas con frecuencia. De esta forma, puedes arrastrar y soltar un archivo en un punto del Panel de navegación, ahorrándote el jaleo de tener que abrir una carpeta de destino.

Una vez que instales un programa en la computadora, no tendrás que mover más la carpeta de ese archivo. Los programas se hacen su propio hueco en Windows. Al mover el programa, se puede romper y tendrás que volver a instalarlo. Sin embargo, puedes mover el acceso directo de un programa (los iconos de acceso directo se distinguen porque incorporan una flechita).

Ver más información sobre los archivos y las carpetas

Siempre que creas un archivo o una carpeta, Windows inserta información secreta, como la fecha de creación, el tamaño e incluso elementos más triviales. En ocasiones, Windows te permite incluso que seas tú quien añada la información secreta, como tus propias críticas para archivos de música o imágenes en miniatura personalizadas en cualquiera de las carpetas.

Puedes ignorar tranquilamente la mayoría de la información. Otras veces, modificar esa información será la única forma de solucionar un problema.

Para ver los datos que Windows incluye en tus archivos y carpetas sin avisarte, haz clic con el botón derecho y selecciona Propiedades en el menú emergente. Por ejemplo, si seleccionas Propiedades en una canción, verás un montón de detalles, como en la imagen 5-8. A continuación, se explica qué significa cada ficha.

✔ **General:** la primera ficha (a la izquierda del todo en la imagen 5-8) muestra el tipo de archivo (un archivo MP3 de la canción "Getting Better"), su tamaño (8,66 MB), el programa que lo abre (en este caso, la aplicación Música de Groove de la pantalla Inicio) y la ubicación del archivo.

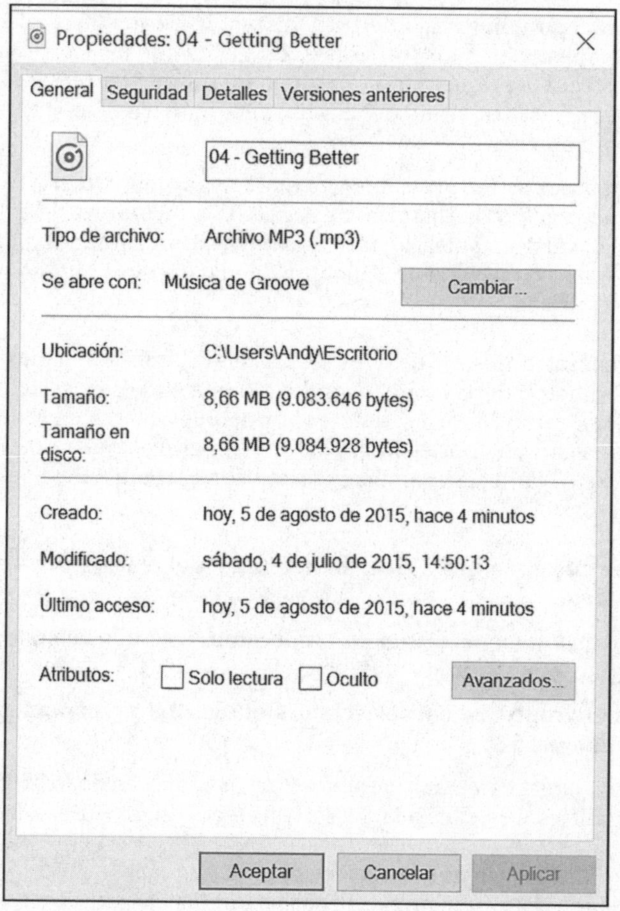

Propiedades: 04 - Getting Better   ✕

General   Seguridad   Detalles   Versiones anteriores

04 - Getting Better

Tipo de archivo: Archivo MP3 (.mp3)

Se abre con: Música de Groove   Cambiar...

Ubicación: C:\Users\Andy\Escritorio

Tamaño: 8,66 MB (9.083.646 bytes)

Tamaño en   8,66 MB (9.084.928 bytes)
disco:

Creado: hoy, 5 de agosto de 2015, hace 4 minutos

Modificado: sábado, 4 de julio de 2015, 14:50:13

Último acceso: hoy, 5 de agosto de 2015, hace 4 minutos

Atributos: ☐ Solo lectura   ☐ Oculto   Avanzados...

Aceptar   Cancelar   Aplicar

Imagen 5-8: El cuadro de diálogo Propiedades del archivo muestra el programa que lo abre automáticamente, el tamaño del archivo y otros detalles

¿Quieres que otro programa abra el archivo? Haz clic con el botón derecho en el archivo, selecciona Propiedades y selecciona el botón Cambiar de la ficha General, tal y como se muestra en la figura 5-8. Aparecerá una lista de reproductores de música disponibles para que elijas el que prefieras.

✔ **Seguridad:** en esta ficha, puedes controlar los permisos (las normas que determinan quién puede acceder al archivo y qué puede hacer con él). Los administradores del sistema son los que ganan dinero por decidir al respecto.

✔ **Detalles:** haciendo honor a su nombre, esta ficha revela detalles secretos sobre el archivo. Por ejemplo, en el caso de las fotografías digitales, esta ficha mostrará los datos EXIF (siglas en inglés de formato intercambiable de archivos de imagen): modelo de la cámara, relación focal, abertura, distancia focal y otros elementos que apasionan a los fotógrafos. En el caso de las canciones, la ficha mostrará la etiqueta ID3 (siglas en inglés de identificar el MP3), que incluye: artista, título del álbum, año, número de pista, género, duración, etc.

✔ **Versiones anteriores:** una vez que hayas ajustado el sistema de recuperación de Historial de archivos de Windows, la ficha mostrará las versiones del archivo que hayas ido guardando para que lo puedas extraer con un solo clic. En el capítulo 13 hablo de Historial de archivos.

Por lo general, todos los detalles permanecen ocultos a menos que hagas clic con el botón derecho en un archivo o una carpeta y selecciones Propiedades. Pero ¿qué pasa si quieres ver detalles acerca de todos los archivos de una carpeta, por ejemplo, buscar fotografías que se han tomado un día concreto? Para ello, cambia la vista de la carpeta a Detalles siguiendo estos pasos:

1. **Haz clic en la ficha Vista de la Cinta en el margen superior de la carpeta.**

   Aparecerá un menú con los tropecientos métodos en que una carpeta puede mostrar los archivos.

2. **En el grupo Diseño, selecciona Detalles, tal y como puede verse en la imagen 5-9.**

   La pantalla cambiará para mostrar los nombres de los archivos, con detalles sobre ellos a la derecha y en columnas ordenadas.

Prueba todas las vistas para seleccionar la que más te guste (Windows recuerda las vistas que prefieras para distintas carpetas).

✔ Si no puedes recordar lo que hacen los botones de la barra de herramientas de la carpeta, coloca el puntero del *mouse* sobre un botón. Windows mostrará un práctico cuadro con el resumen del objetivo del botón.

✔ Cambia las distintas vistas hasta que encuentres aquella que se ajusta a lo que buscas, ya sea para ver la fecha de creación de una fotografía individual o las miniaturas de las fotografías de una carpeta.

✔ Las carpetas suelen mostrar los archivos ordenados alfabéticamente. Para ordenarlos de forma distinta, haz clic con el botón derecho en una parte vacía dentro de la carpeta y selecciona la opción Ordenar por. Un menú desplegable te permitirá ordenar elementos por tamaño, tipo y otros detalles.

✔ Cuando se te pase la euforia del menú Ordenar por, prueba a hacer clic en las palabras sobre cada columna ordenada. Por ejemplo, haz clic en Tamaño para invertir el orden, de forma que los archivos más grandes queden en la parte superior de la lista.

✔ No dudes en añadir tus propias columnas a la vista Detalles. Haz clic con el botón derecho en el encabezado de una columna que no necesites y aparecerá un menú desplegable en el que podrás seleccionar criterios distintos (yo siempre añado una columna "Fecha en que la tomé" a mis fotografías para ordenarlas por fecha de creación).

Escribir en CD y DVD

La mayoría de computadoras actuales escriben información en CD y DVD utilizando un método llamado "grabación". Para ver si tu lector es antiguo y no puedes grabar discos, saca cualquier disco que haya dentro antes que nada. A continuación, haz doble clic en el icono del Explorador de archivos y busca el icono de la unidad de CD o DVD.

Dado que las computadoras siempre hablan en código secreto, aquí te informamos de lo que puedes hacer con las unidades de disco de la computadora.

✔ **DVD-RW:** estas unidades leen y escriben en CD y DVD.

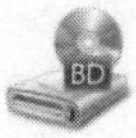

✔ **BD-ROM:** pueden leer y escribir en CD y DVD, además de leer el formato Blu-ray Disc.

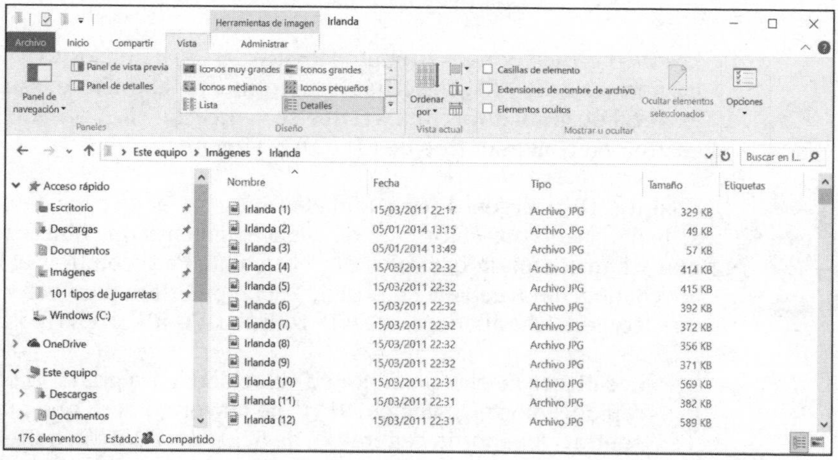

Imagen 5-9:
Para ver detalles sobre los archivos de una carpeta, haz clic en la ficha Vista y selecciona Detalles

Nombre	Fecha	Tipo	Tamaño	Etiquetas
Irlanda (1)	15/03/2011 22:17	Archivo JPG	329 KB	
Irlanda (2)	05/01/2014 13:15	Archivo JPG	49 KB	
Irlanda (3)	05/01/2014 13:49	Archivo JPG	57 KB	
Irlanda (4)	15/03/2011 22:32	Archivo JPG	414 KB	
Irlanda (5)	15/03/2011 22:32	Archivo JPG	415 KB	
Irlanda (6)	15/03/2011 22:32	Archivo JPG	392 KB	
Irlanda (7)	15/03/2011 22:32	Archivo JPG	372 KB	
Irlanda (8)	15/03/2011 22:32	Archivo JPG	356 KB	
Irlanda (9)	15/03/2011 22:32	Archivo JPG	371 KB	
Irlanda (10)	15/03/2011 22:31	Archivo JPG	569 KB	
Irlanda (11)	15/03/2011 22:31	Archivo JPG	382 KB	
Irlanda (12)	15/03/2011 22:31	Archivo JPG	589 KB	

176 elementos   Estado: Compartido

✔ **BD-RE:** aunque tengan el mismo icono que la unidad BD-ROM, pueden leer y escribir en CD, DVD y Blu-ray.

Si la computadora tiene dos grabadores de CD o DVD, indica a Windows qué unidad quieres que realice las tareas de grabación de discos. Para ello, haz clic con el botón derecho, selecciona Propiedades y haz clic en la ficha Grabación. A continuación, selecciona tu unidad favorita en el cuadro superior.

Comprar los CD y DVD vírgenes adecuados para la grabación

Las tiendas venden dos tipos de CD: CD-R (abreviatura de "CD grabable") y CD-RW (abreviatura de "CD regrabable"). ¿En qué se diferencian?

✔ **CD-R:** la mayoría de usuarios compran discos CD-R porque son muy baratos y funcionan bien para el almacenamiento de la música o los archivos. Puedes escribir en ellos hasta que se llenan; llegado ese momento, no podrás reutilizarlos para volver a escribir en ellos. Pero eso no es un problema, ya que la mayoría de los usuarios no quieren borrar sus CD y grabarlos de nuevo. Con insertar el CD grabado en el equipo del coche o guardarlo como copia de seguridad les basta.

✔ **CD-RW:** los aficionados a la informática compran discos CD-RW algunas veces para hacer copias de seguridad temporales de datos. Puedes escribir información en ellos, como con los CD-R. Pero, además, cuando un disco CD-RW se llena, puedes borrarlo y empezar de cero con un espacio vacío, algo que no es posible con un CD-R. Sin embargo, los CD-RW son más caros, por lo que la mayoría se queda con los CD-R, más rápidos y baratos.

Los DVD vienen con los formatos R y RW, al igual que los CD, por lo que las normas de R y RW descritas anteriormente también se les aplican. La mayoría de grabadoras de DVD que se vendieron en el pasado pueden escribir en cualquier tipo de CD o DVD virgen.

Comprar DVD vírgenes para unidades antiguas es un caos. Los fabricantes se han peleado por el formato de almacenamiento que quieren que utilicemos y han confundido a todos por el camino. Para comprar el DVD virgen adecuado, comprueba la factura de la computadora para ver los formatos que requiere la grabadora de DVD: DVD-R, DVD-RW, DVD+R o DVD+RW.

✔ Los discos se clasifican por su velocidad. Para grabar discos más rápido, compra la velocidad "x" de mayor número que puedas encontrar que, por lo general, es de 52x para CD y 16x para DVD.

✔ Los CD vírgenes son baratos; pídele uno al hijo de un vecino para ver si funciona en tu unidad. Si funciona bien, compra algunos del mismo tipo. Por el contrario, los DVD vírgenes son más caros. Pregúntale al vendedor de la tienda si puedes devolverlos en caso de que a tu unidad de DVD no le gusten.

✔ Los discos Blu-ray vírgenes cuestan mucho más que los CD o DVD. Por suerte, las unidades de Blu-ray no son muy quisquillosas, y prácticamente todos los Blu-ray funcionan.

✔ Por alguna extraña razón, los discos compactos (CD) y los discos de vídeo digital (DVD) se escriben en inglés, y en español, con "c" y no con "k".

✔ Aunque Windows puede realizar tareas de grabación de discos, resulta muy incómodo copiar discos con su programa. La mayoría de usuarios abandonan rápidamente y compran software de grabación de discos de terceros. En el capítulo 16 explicaré cómo Windows crea los CD de música.

✔ En México es ilegal realizar copias de DVD de películas, incluso para hacer una copia de seguridad en caso de que los niños rayen el nuevo DVD de Disney. Windows no puede copiar DVD por sí mismo, pero algunos programas de sitios web de otros países realizan esta tarea.

Copiar archivos desde un CD o DVD

Los CD y DVD una vez pertenecieron a la escuela de la sencillez: solo tenías que introducirlos en el reproductor de CD o DVD. Pero, en cuanto estos discos se graduaron y pasaron a las computadoras, los problemas crecieron. Cuando crees un CD o DVD, deberás indicarle a la computadora qué estás copiando y dónde quieres reproducirlo. ¿Es música para un reproductor de CD? ¿Son diapositivas de fotografías para un reproductor de DVD de la televisión? ¿O son archivos que vas a almacenar en tu computadora?

Si eliges la respuesta correcta, el disco no funcionará y habrás creado un bonito posavasos.

Aquí tienes las normas de creación de discos.

✔ **Música:** para crear un CD para escuchar música en un reproductor de CD o en la radio del coche, pasa directamente al capítulo 16. Tienes que ejecutar el Reproductor de Windows Media y grabar un CD de audio.

✔ **Presentación de diapositivas de fotografías:** Windows no incluye Windows DVD Maker en las versiones Vista y 7. Necesitas un programa de terceros para crear las presentaciones de diapositivas de fotografías.

Si quieres copiar archivos en un CD o DVD, por ejemplo, para guardar una copia de seguridad o pasárselos a un amigo, permanece a la escucha.

Sigue estos pasos para escribir archivos en un CD o DVD virgen nuevo (si estás escribiendo archivos en un CD o DVD en el que has escrito antes, avanza al paso 4).

1. **Introduce un disco virgen en la grabadora de discos y cierra la bandeja. A continuación, haz clic o toca el cuadro que aparece en la esquina superior derecha de la pantalla.**

2. **Cuando el cuadro Notificación te pregunte cómo proceder, haz clic en la opción Grabar archivos a disco del cuadro.**

   Windows mostrará el cuadro de diálogo Grabar a disco y te pedirá que crees un título para el disco.

   Si la casilla Notificación desaparece antes de que puedas hacer clic en ella, expulsa el disco, vuelve a introducirlo y ten el *mouse* preparado. Si no, también puedes hacer que vuelva a aparecer la casilla Notificación haciendo clic con el botón derecho en el icono de la unidad del Explorador de archivos y luego seleccionar la opción Abrir reproducción automática.

3. **Escribe un nombre para el disco, describe cómo quieres utilizarlo y haz clic en Siguiente.**

   Desafortunadamente, Windows limita el título del CD o DVD a 16 caracteres. En lugar de escribir "Picnic familiar en la sierra de Guerrero en 2012", ve al grano: "Guerrero 2012". También puedes hacer clic en Siguiente para utilizar la fecha actual como nombre predeterminado del disco.

   Windows puede grabar los archivos en el disco de dos formas distintas. Para que decidas el método más adecuado en cada caso, te brinda dos opciones:

   • **Como un dispositivo USB:** este método permite leer y escribir archivos en el disco muchas veces; es un método práctico para utilizar discos como transportadores de archivos portátiles. Por desgracia, este método no es compatible con algunos reproductores de CD o DVD conectados a equipos de música o televisores.

   • **Para un reproductor de CD/DVD:** si piensas reproducir el disco en un reproductor de discos lo bastante nuevo e inteligente como para leer archivos almacenados en distintos formatos, selecciona este método.

Armado con el nombre del disco, Windows prepara el disco para los archivos entrantes.

4. **Indica a Windows qué archivos escribir en el disco.**

   Ahora que el disco está listo para aceptar los archivos, informa a Windows de qué información vas a enviarle. Puedes hacerlo de cualquiera de estas formas:

   - Arrastra y suelta los archivos o carpetas en la ventana del dispositivo en Explorador de archivos.

   - Haz clic con el botón derecho en el elemento que quieres copiar, sea un único archivo, una carpeta o un conjunto de archivos y carpetas. Cuando aparezca el menú emergente, selecciona Enviar a y selecciona la grabadora de discos en el menú (en el menú emergente se mostrará el título del disco que elegiste en el paso 2).

   - Arrastra y suelta archivos y/o carpetas sobre el icono de la grabadora en el Explorador de archivos.

   - Desde la carpeta Música, Imágenes o Documentos, haz clic en la ficha Compartir y luego en Grabar en disco. Este botón permite copiar todos los archivos de la carpeta (o solo los que hayas seleccionado) al disco en forma de archivos.

   - Dile al programa actual que guarde la información en el disco en lugar de en el disco duro.

   Independientemente del método que elijas, Windows examinará la información y la copiará en el disco que insertaste en el primer paso. Aparecerá una ventana que muestra el progreso de la grabadora de discos. Cuando desaparezca la ventana de progreso, Windows habrá terminado de grabar el disco.

5. **Expulsa el disco para cerrar la sesión de grabación del disco.**

   Cuando termines de copiar archivos en el disco, pulsa el botón Expulsar de la unidad (o haz clic con el botón derecho en el icono de la unidad en el Explorador de archivos y selecciona Expulsar). Windows cerrará la sesión y añadirá un último retoque al disco que permitirá que otras computadoras lo lean.

Si intentas copiar un lote grande de archivos en un disco (más que los que caben), Windows se quejará inmediatamente. Copia menos archivos en cada proceso; por ejemplo, puedes dividirlos en dos discos.

La mayoría de programas te dejan guardar archivos directamente en un disco. Elige Guardar en el menú Archivo y selecciona tu grabadora de CD. Coloca un disco (mejor si es uno que no esté lleno) en la unidad de discos para empezar el proceso.

Duplicado de un CD o DVD

Windows no dispone de un comando para duplicar un CD, DVD o Blu-ray Disc. Ni siquiera puede hacer copias de un CD de música (por eso muchos usuarios compran programas de grabación de CD).

Sin embargo, puede copiar todos los archivos de CD o DVD en un disco virgen con dos pasos:

1. **Copia los archivos y las carpetas desde el CD o DVD a una carpeta de la computadora.**

2. **Copia esos mismos archivos y carpetas de nuevo en un CD o DVD virgen.**

De esta forma tendrás un duplicado del CD o DVD, que resultará práctico cuando necesites una segunda copia de un disco de copia de seguridad básico.

Puedes probar este proceso con una película en DVD o un CD de música, pero no funcionará (lo he probado). Solo funciona cuando duplicas un disco que contiene programas de computadora o archivos de datos.

Trabajar con dispositivos USB y tarjetas de memoria

Los usuarios con cámaras digitales acaban familiarizándose con las tarjetas de memoria, esos pequeños cuadrados de plástico que han reemplazado a los incómodos rollos de película. Windows puede leer fotografías digitales de la cámara una vez que encuentres el cable y lo conectes a la computadora. Pero Windows también puede recuperar fotografías directamente desde la tarjeta de memoria, un método que agradecerán aquellos que hayan perdido los cables de la cámara.

El secreto es un lector de tarjetas de memoria, una cajita llena de ranuras que se conecta a la computadora. Desliza la tarjeta de memoria en la ranura y la computadora podrá leer los archivos de la lectura, como lee los archivos de cualquier otra carpeta. Algunas tabletas, portátiles y computadoras incluyen de fábrica lectores de tarjetas de memoria integrados.

La mayoría de las tiendas de electrónica y material de oficina venden lectores de tarjetas de memoria que admiten los formatos más populares: *Compact Flash, SecureDigital High Capacity* (SDHC), *Micro-SecureDigital High Capacity* (SDHC), *Micro-SecureDigital Extended Capacity* (SDXC) y otros trabalenguas de su especie. En computadoras con lectores de tarjetas integrados de fábrica, verás estos en forma de ranuras diminutas en la parte delantera de la carcasa.

La grandeza de los lectores de tarjetas es que no hay nada nuevo por aprender. Windows trata la tarjeta insertada como a cualquier carpeta normal. Inserta una tarjeta y aparecerá una carpeta en la pantalla con las fotos de tu cámara digital. Se siguen aplicando las mismas normas de "arrastrar y soltar" y de "cortar y pegar", de las que hablamos antes en este capítulo, que te permitirán mover las imágenes u otros archivos de la tarjeta a tu carpeta Imágenes.

Los dispositivos USB, conocidos también como unidades de almacenamiento, funcionan como lectores de tarjetas de memoria. Conecta el dispositivo USB a uno de los puertos USB de la computadora y el dispositivo aparecerá en forma de icono (se muestra en el margen) en el Explorador de archivos, listo para abrirse con un doble clic.

✔ Primero, la advertencia: al formatear una tarjeta o un disco, se eliminará toda la información que contenga. No formatees nunca una tarjeta o un disco a menos que no te importe la información que almacena.

✔ Ahora, el procedimiento: si Windows se queja de que una tarjeta que acabas de insertar no está formateada, haz clic con el botón derecho del *mouse* en su unidad y selecciona Formatear (este problema ocurre más con tarjetas totalmente nuevas o dañadas).

OneDrive: tu compartimento en la nube

Cuando usas la computadora, lo más normal es que guardes los archivos en la computadora. No hay otro sitio para almacenarlos. Y, cuando dejes la computadora, puedes llevarte los archivos importantes en dispositivos USB, CD, DVD y discos duros portátiles (si te acuerdas de llevarlos contigo cuando salgas).

Pero ¿cómo se puede acceder a los archivos desde cualquier computadora, aunque te hayas olvidado de llevártelos? ¿Cómo puedes acceder a los archivos que tienes en casa desde el trabajo y viceversa? ¿Cómo puedes ver un documento importante en medio de un viaje?

La solución de Microsoft a ese problema se llama OneDrive. Se trata de un espacio de almacenamiento privado en internet que se ha incorporado a Windows 10. Con OneDrive, tus archivos serán accesibles desde cualquier computadora con conexión a internet. También desde el teléfono móvil o la tableta, ya sea Apple, Android, Blackberry o Windows. Microsoft ofrece la aplicación gratuita OneDrive para todos ellos.

Si cambias un archivo en OneDrive, Microsoft hará dicho cambio de forma automática para todos las computadoras y dispositivos. Así, la carpeta OneDrive se actualiza al mismo tiempo en cada dispositivo.

Windows 10 facilita conectar con OneDrive incluyéndolo en cada carpeta. Sin embargo, hay que hacer varias cosas para que OneDrive funcione.

✔ **Cuenta de Microsoft:** necesitarás una cuenta de Microsoft para cargar archivos en OneDrive o recuperarlos de allí. Es posible que abrieras una cuando creaste tu cuenta en la computadora con Windows (describo las cuentas de Microsoft en el capítulo 2).

✔ **Una conexión a internet:** sin señal de internet, sea por cable o inalámbrica, los archivos se quedarán flotando en la nube, lejos de ti y de la computadora.

✔ **Paciencia:** la carga de archivos siempre tarda más en realizarse que la descarga. Aunque puedes cargar archivos pequeños con bastante rapidez, los archivos grandes, como las fotos digitales, pueden requerir varios minutos.

Para algunos usuarios, OneDrive ofrece un oasis seguro, llamado *nube*, donde siempre podrán localizar sus archivos más importantes. Para otros, OneDrive tiene una complicación adicional, además de ser un posible escondite para los archivos perdidos.

Las secciones que siguen explicarán cómo acceder a OneDrive directamente desde cualquier carpeta de la computadora, así como mediante un explorador web. También aprenderás a configurar OneDrive para que su gran capacidad de almacenamiento no atore tu espacio en la computadora.

Seleccionar las carpetas OneDrive que deben sincronizarse con la computadora

En Windows 10, OneDrive aparece en todas las ventanas del Panel de navegación, lo cual hace que sea más fácilmente accesible. OneDrive funciona como cualquier otra carpeta, salvo por una cosa: los archivos y carpetas que contiene tu carpeta OneDrive se copian al espacio de almacenamiento OneDrive en la red.

Eso puede generar un problema. Los *smartphones*, tabletas y portátiles actuales no disponen de mucho espacio de almacenamiento. OneDrive, por el contrario, puede contener un sinfín de archivos. Las computadoras más pequeñas, normalmente tabletas, no suelen tener suficiente espacio como para conservar una copia de todo lo que se envía a OneDrive.

Windows 10 ofrece una solución: puedes seleccionar aquellas carpetas que solo existirán en OneDrive y aquellas que saldrán luego reflejadas (o sincronizadas) en la computadora.

Los archivos que quieras que se sincronicen se actualizarán automáticamente entre la computadora y la nube. En la nube, tus archivos son copias de seguridad y puedes acceder a ellos desde el teléfono, la tableta o la computadora.

Aquellos archivos que no estén sincronizados permanecerán solo en OneDrive. Si los necesitas, puedes acceder a ellos mediante la dirección electrónica de OneDrive, como se especificará luego en esta sección.

Cuando haces clic por primera vez en la carpeta OneDrive desde una computadora nueva, Windows selecciona aquellos archivos y carpetas que permanecerán exclusivamente en OneDrive y aquellos que tendrán su copia en la computadora.

Para decidir qué carpetas OneDrive deberían tener una copia en la computadora, sigue estos pasos.

1. **Haz clic en el icono Explorador de archivos de la barra de tareas y, a continuación, en el icono OneDrive de la carpeta del margen izquierdo.**

   Puesto que es la primera vez que configuras OneDrive en la computadora, este mostrará la pantalla de inicio.

2. **Haz clic en Empezar de la pantalla de inicio y, si se te da la opción, inicia sesión con tu cuenta y contraseña de Microsoft.**

   Solo los usuarios de cuentas locales deberán iniciar sesión, los titulares de cuentas Microsoft ya habrán iniciado sesión con su cuenta de usuario (explico cómo convertir una cuenta local en una cuenta de Microsoft en el capítulo 14).

   OneDrive te preguntará si quieres realizar cambios en la ubicación de almacenamiento de los archivos en la computadora.

3. **Si deseas cambiar la ubicación de los archivos, haz clic en Cambiar. En caso contrario, pulsa el botón Guardar.**

   Si estás usando una computadora de escritorio con mucho espacio de almacenamiento, haz clic en Siguiente. OneDrive almacenará todos tus archivos de OneDrive en el disco duro interno con gran capacidad.

   Las tabletas pequeñas, por el contrario, disponen de un espacio de almacenamiento muy limitado. Para añadir más, muchos usuarios adquieren una tarjeta de memoria y la colocan en la ranura correspondiente de la tableta. Si has comprado una de estas tarjetas y la tienes insertada en tu tableta, haz clic en Cambiar y especifícale a

OneDrive que deseas que los archivos se guarden en la tarjeta de memoria, en lugar de en el disco duro interno.

4. **Selecciona las carpetas de OneDrive que deben sincronizarse con la computadora**

   OneDrive presenta todas sus carpetas, tal y como se muestra en la imagen 5-10.

5. **Selecciona los archivos y carpetas que deseas sincronizar entre la computadora y OneDrive y haz clic en Siguiente.**

   OneDrive te ofrecerá dos opciones.

   - **Sincronizar todos los archivos y carpetas en OneDrive:** a menos que tengas una razón para lo contrario, haz que todos tus archivos de OneDrive se reflejen en tu computadora o en la tarjeta de memoria de tu tableta seleccionando esta opción. La mayoría de las computadoras de escritorio la soportarán muy bien y esta opción es el acceso menos problemático a OneDrive.

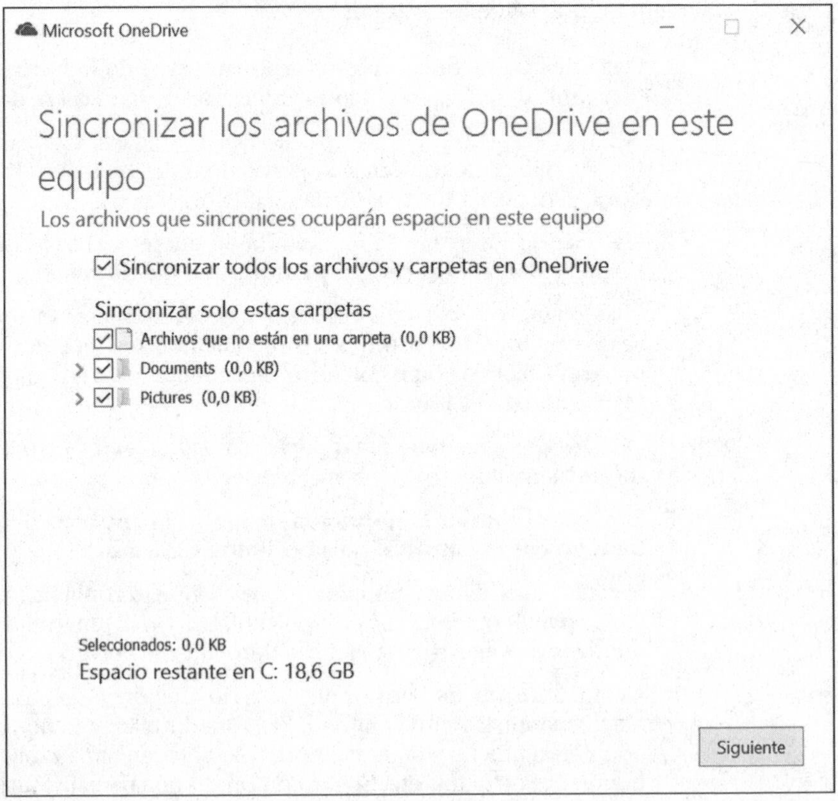

Imagen 5-10: Marca la casilla de verificación junto a las carpetas que deseas que se localicen tanto en la computadora como en OneDrive

- **Sincronizar solo estas carpetas:** selecciona esta opción en tabletas u computadoras con escaso espacio de almacenamiento. Para ello, marca la casilla de verificación junto a las carpetas que deseas que permanezcan tanto en la computadora como en OneDrive.

6. **Haz clic en Listo para guardar los cambios.**

   Haz clic en Listo en la pantalla Acceder a los archivos desde cualquier parte, tal y como se muestra en la imagen 5-11.

Imagen 5-11: Haz clic en Listo para guardar los cambios

No tienes por qué sincronizar el mismo número de carpetas en todas tus computadoras. Por ejemplo, puedes hacer que solo se sincronicen las más importantes en la tableta (solo las fotografías, quizás). Puedes seleccionar que en la computadora de escritorio se cargue todo por tener más capacidad.

Si deseas acceder a una carpeta OneDrive que no está sincronizada con tu computadora, tienes dos opciones: cambiar la configuración de OneDrive para que se sincronice la carpeta que deseas o acceder a OneDrive a través de internet y localizar el archivo (explico cómo hacer esto en esta misma sección).

Acceder a tu computadora desde la nube

OneDrive facilita que compartas archivos con todos tus dispositivos. Pero ¿qué pasa si no tienes un archivo guardado en OneDrive? ¿Qué pasa si lo tienes en el escritorio de la computadora de casa con Windows 10?

He aquí una solución: puedes hacer que todos los archivos y carpetas de la computadora estén accesibles a través del sitio web de OneDrive. Vuelve a la imagen 5-11, la última sobre la configuración de OneDrive. Selecciona la casilla de verificación Usar OneDrive para acceder a mis archivos en este equipo.

Si seleccionas esta casilla de verificación, accederás a toda tu computadora desde la página de OneDrive. En efecto, desde la página recuperarás cualquier archivo o carpeta de tu computadora. Incluso tienes a tu alcance los archivos y las carpetas almacenados en redes accesibles desde dicha computadora.

Por supuesto, Microsoft ha tomado precauciones de seguridad con respecto a este paso tan osado. Antes de acceder a una computadora nueva por primera vez, OneDrive te pedirá un código.

Tras ello, Microsoft enviará un mensaje de texto al teléfono móvil o un correo electrónico al correo electrónico que tengas asociado con tu cuenta Microsoft. Cuando recibas el mensaje, lo escribes en la computadora en el que estás intentando acceder. Una vez que Microsoft reciba el código correcto, se añade dicha computadora a la lista de computadoras accesibles.

Solo podrás acceder a una computadora con Windows 10 que esté encendida y conectada a internet. Si estás pensando en usar esta maravilla de OneDrive, asegúrate de introducir el código del teléfono móvil para verificar la configuración de la cuenta Microsoft.

Cambiar la configuración de OneDrive

Puesto que tus necesidades variarán, existe la posibilidad de alterar la configuración de OneDrive, quizás para sincronizar las carpetas con la computadora.

Si quieres cambiar la configuración de OneDrive, sigue los siguientes pasos:

1. **Haz clic con el botón derecho en el icono de OneDrive del área de notificación de la barra de tareas y selecciona Configuración.**

   Es posible que tengas que hacer clic en una flechita que apunta hacia arriba en el área de notificación para ver el icono (como se muestra en el margen). He explicado el área de notificación de la barra de tareas (la pequeña área llena de iconitos en el extremo derecho de la barra de tareas) en el capítulo 3.

Aparecerá el cuadro de diálogo Microsoft OneDrive, como en la imagen 5-12.

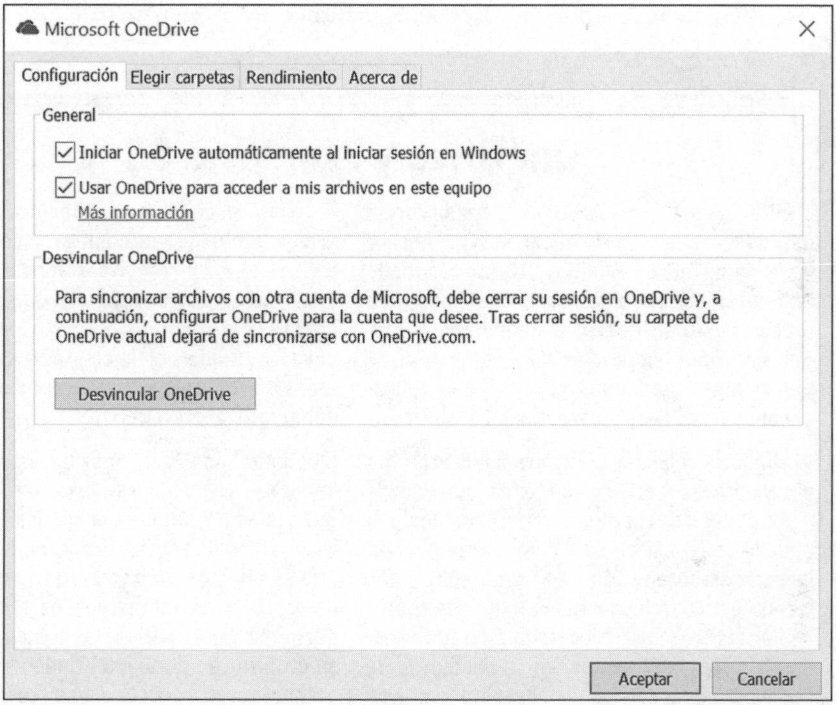

Imagen 5-12:
El cuadro de diálogo Configuración de OneDrive te permite cambiar la comunicación entre OneDrive y tu computadora

> **Microsoft OneDrive**   ✕
>
> **Configuración** Elegir carpetas Rendimiento Acerca de
>
> **General**
> ☑ Iniciar OneDrive automáticamente al iniciar sesión en Windows
> ☑ Usar OneDrive para acceder a mis archivos en este equipo
>   Más información
>
> **Desvincular OneDrive**
>
> Para sincronizar archivos con otra cuenta de Microsoft, debe cerrar su sesión en OneDrive y, a continuación, configurar OneDrive para la cuenta que desee. Tras cerrar sesión, su carpeta de OneDrive actual dejará de sincronizarse con OneDrive.com.
>
> [Desvincular OneDrive]
>
>   [Aceptar] [Cancelar]

2. **En este cuadro de diálogo de configuración, haz clic en la pestaña Elegir carpetas y, a continuación, haz clic en el botón Elegir carpetas.**

   Se abrirá la ventana Sincronizar los archivos de OneDrive en este equipo y aparecerán tus carpetas de OneDrive, como se mostró previamente en la imagen 5-10.

3. **Realiza los cambios y luego haz clic en el botón Aceptar.**

   OneDrive comenzará a sincronizar tus archivos y carpetas, según los cambios.

Microsoft da un espacio de almacenamiento en OneDrive de 15 GB inicialmente, pero puedes incrementarlo mediante promociones o pagando una tarifa mensual.

Para ver cuánto espacio de almacenamiento tienes disponible en OneDrive, haz clic con el botón derecho en el icono de OneDrive en la barra de tareas y selecciona Administrar almacenamiento en el menú emergente. Cuando tu explorador web te lleve a la página de configuración en línea de OneDrive, inicia sesión con tu cuenta de Microsoft. La página de configuración en línea de OneDrive muestra cuánto espacio de almacenamiento tienes disponible, así como las formas de incrementarlo.

OneDrive y Windows 8.1

En Windows 10, OneDrive funciona de forma muy diferente a como lo hacía en Windows 8 y 8.1. Al igual que en Windows 10, las versiones anteriores tampoco sincronizaban todos los archivos de OneDrive en la computadora, sino que sincronizaban lo que llamaban "archivos inteligentes", pequeños archivos que representan los archivos y carpetas en línea.

Al abrir OneDrive con el Explorador de archivos de Windows 8 y 8.1, se ven todos los archivos y carpetas que contiene OneDrive, incluso aquellos que aún no están sincronizados con la computadora. ¿Cómo? Porque solo estás viendo estos archivos inteligentes que representan los archivos y las carpetas sin conexión. Los archivos inteligentes funcionan muy bien, pues permiten ver los nombres de archivos y carpetas sin conexión e incluso hacer búsquedas.

Algunas aplicaciones pueden usar incluso los archivos inteligentes como archivos normales: cuando abres un archivo inteligente, OneDrive se apresura a descargarlo y lo pasa a la aplicación o al programa como si nada hubiera pasado. ¿Cuál es el único problema? La magia del archivo inteligente solo funciona si estás conectado a internet.

En cuanto estés sin conexión, los archivos inteligentes ya no tendrán acceso a sus homólogos reales y aparecerá un mensaje de error. A Microsoft todo esto le parecía muy confuso, así que eliminó los archivos inteligentes de Windows 10. Solo podrás ver los archivos y las carpetas de OneDrive que hayas decidido sincronizar en tu nuevo Windows 10. El resto permanecerá invisible e inaccesible, a menos que acudas a OneDrive con el explorador web.

Abrir y guardar archivos desde OneDrive

Cuando inicies sesión por primera vez en Windows 10 con una cuenta Microsoft nueva, Windows guardará en tu OneDrive dos carpetas vacías: Documents (Documentos) y Pictures (Imágenes).

Para ver las dos carpetas, abre cualquier carpeta. ¿No tienes ninguna ventana abierta? A continuación, haz clic en el icono Explorador de archivos (que puede verse en el margen) en la barra de tareas. OneDrive aparecerá en el Panel de navegación del margen izquierdo. Haz clic en OneDrive y los contenidos aparecerán en la ventana de la derecha. Verás dos carpetas vacías que se llaman Documents y Pictures, tal y como aparecen en la imagen 5-13, aunque si ya posees una cuenta OneDrive, verás tus propias carpetas de OneDrive, en lugar de estas.

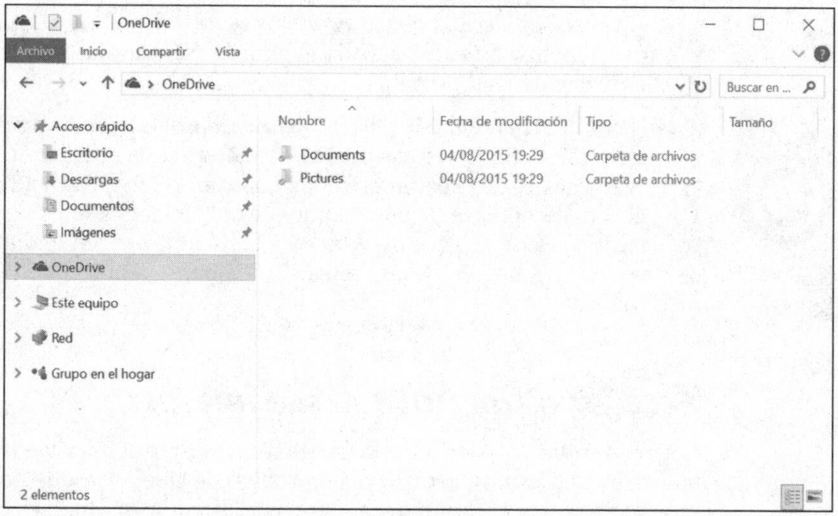

Imagen 5-13: Las carpetas de OneDrive se sincronizan y guardan una copia de seguridad en internet

No hay nada nuevo que aprender con OneDrive, ya que las carpetas funcionan igual que las de la computadora.

✔ Para ver los contenidos de cualquier carpeta de OneDrive, ábrela con doble clic en ella.

✔ Para editar un archivo almacenado en la carpeta OneDrive, haz doble clic en él y el archivo se abrirá en el programa que lo creó.

✔ Para guardar algo nuevo en la carpeta OneDrive, guárdalo en una carpeta de OneDrive (en la carpeta Documentos, por ejemplo). No te limites a guardarlo en tu carpeta Documentos de la computadora.

✔ Para eliminar algo de OneDrive, haz clic con el botón derecho y selecciona Eliminar. El elemento se trasladará del escritorio a la Papelera de reciclaje, donde podrás recuperarlo más tarde si fuese necesario.

Sean cuales sean los cambios que realices a los archivos o las carpetas de la carpeta OneDrive, Windows 10 realizará dichos cambios automáticamente en las copias en línea para que estén igual.

Así luego accederás a OneDrive con tu iPad o tu dispositivo Android y verás que los archivos te esperan para que los leas detenidamente.

✔ Si guardas la lista de la compra en OneDrive, podrás añadirle más cosas desde la computadora. Luego, cuando estés en el supermercado, podrás abrir la lista actualizada desde el teléfono móvil (Microsoft ha sacado aplicaciones de OneDrive para iPhones, Android, Blackberry y Windows).

✔ ¿Quieres una copia de tus archivos favoritos en la carpeta OneDrive? Al comienzo de este capítulo expliqué cómo copiar y mover los archivos entre las carpetas.

✔ Hay quienes hacen de OneDrive un auténtico baúl de los recuerdos musical. Cuando tengas conexión a internet, la aplicación Música de Windows 10, que explicaré en el capítulo 16, mostrará y reproducirá automáticamente la música que tengas almacenada en OneDrive. El antiguo Reproductor de Windows Media Player, sin embargo, solo reproduce la música que tengas físicamente almacenada en la computadora.

Acceder a OneDrive desde internet

A veces tendrás que acceder a OneDrive sin estar delante de la computadora o tendrás que acceder a un archivo de OneDrive que no esté sincronizado con la computadora. Para ayudarte con cualquiera de estos problemas, Microsoft ofrece acceso a OneDrive mediante cualquier explorador web de internet.

Cuando necesites archivos, visita el sitio web de OneDrive desde cualquier computadora en *http://OneDrive.live.com* e inicia sesión con tu cuenta y contraseña de Microsoft si es necesario. Aparecerá el sitio web de OneDrive, como puede verse en la imagen 5-14.

Desde el sitio web de OneDrive puedes añadir, eliminar, mover y renombrar archivos, así como crear carpetas y mover archivos entre carpetas e incluso editar algunos archivos en línea directamente. OneDrive cuenta también con una Papelera de reciclaje de la que podrás recuperar aquellos archivos que hayas eliminado por error.

Resulta mucho más sencillo modificar los archivos directamente en la carpeta de la computadora. Pero si no tienes la computadora a mano, el sitio web de OneDrive te brinda un colchón cómodo y manejable.

Asimismo, el sitio web ofrece algo que la carpeta OneDrive no tiene y es la posibilidad de compartir archivos por correo electrónico. Mediante vínculos web que compartas, tus carpetas estarán disponibles para terceros.

Si acabas usando OneDrive con regularidad, ten en cuenta que Microsoft ofrece aplicaciones gratuitas de OneDrive para *smartphones* y tabletas de Apple, Android y Windows. OneDrive hace que compartir archivos entre todos tus dispositivos sea mucho más simple.

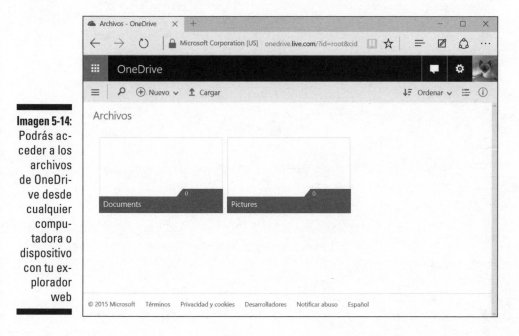

Imagen 5-14: Podrás acceder a los archivos de OneDrive desde cualquier computadora o dispositivo con tu explorador web

Parte II
Trabajar con programas, aplicaciones y archivos

En esta parte...

✔ Manejar programas, aplicaciones y documentos
✔ Encontrar aplicaciones perdidas, ventanas, archivos y computadoras
✔ Imprimir y escanear trabajos

Capítulo 6

Juguemos con programas, aplicaciones y documentos

En este capítulo

▶ Abrir un programa, una aplicación o un documento

▶ Cambiar el programa que abre cada documento

▶ Instalar, desinstalar y actualizar aplicaciones

▶ Crear un acceso directo

▶ Cortar, copiar y pegar

*E*n Windows, los programas y las aplicaciones son tus herramientas: carga un programa o una aplicación y te servirá para hacer cosas como sumar, escribir palabras o disparar a naves espaciales.

Por el contrario, los documentos son cosas que creas con aplicaciones y programas, por ejemplo, formularios de impuestos, disculpas sinceras o listas de récords.

Este capítulo explica todo lo básico que debes saber para abrir programas y aplicaciones desde el nuevo menú Inicio de Windows. En él te contaré cómo localizar y descargar una aplicación nueva de la Tienda del menú Inicio. También te enseñaré dónde encontrar los menús de una aplicación, ya que Microsoft, por alguna razón desconocida, los ha ocultado.

A medida que vayas leyendo estas páginas, descubrirás cómo conseguir que tu programa preferido te abra los archivos. También cómo crear accesos directos: iconos que te permiten cargar programas sin tener que pasar por el menú Inicio.

El capítulo acaba con la "Guía absolutamente esencial para cortar, copiar y pegar". Guárdate este truco bajo la manga y podrás enfrentarte a casi cualquier situación que Windows te presente.

Ejecutar un programa o una aplicación

En Windows 10, el icono y el menú de Inicio regresan a su antiguo lugar, la esquina inferior izquierda del escritorio. El icono de Inicio te lleva al menú Inicio, en el que aparece la barra de aplicaciones que se despliegan a la derecha.

Explico el menú Inicio, que aparece en la imagen 6-1, en el capítulo 2; además te enseño a añadir o quitar mosaicos para personalizarlo y a encontrar las cosas de forma más sencilla.

Imagen 6-1:
Cuando aparezca el menú Inicio, haz clic en el nombre del programa que quieras ejecutar

El menú Inicio de Windows 10 no se parece mucho al menú Inicio de las versiones anteriores; aun así, te permite ejecutar programas y aplicaciones siguiendo los pasos que incluyo a continuación.

1. **Abre el menú Inicio.**

   Abre el menú Inicio haciendo clic o pulsando en el botón Inicio en la esquina inferior izquierda de la pantalla. Si ya tienes las manos en el teclado, pulsa la tecla Windows (⊞).

   El menú Inicio (imagen 6-1) se abrirá y mostrará tu lista de aplicaciones y programas. De hecho, el menú Inicio se actualiza automáticamente para mantener visibles los programas o aplicaciones que vas usando.

2. **Si ves el mosaico del programa o de la aplicación que deseas, haz clic con el *mouse* para elegirlo o, si estás usando una pantalla táctil, púlsalo.**

¿No ves el mosaico del programa que estás buscando en la lista del menú Inicio? Ve al siguiente paso.

3. **Desplázate hacia abajo hasta la parte derecha de la pantalla para ver más mosaicos.**

Hay una barra de desplazamiento oculta en el borde derecho más alejado del menú Inicio que se parece a las barras de desplazamiento de las carpetas de almacenamiento. En ocasiones no verás la barra de desplazamiento hasta que sitúes el puntero del *mouse* directamente encima. Cuando veas la barra de desplazamiento, arrastra el cuadro de desplazamiento hacia abajo en la pantalla y verás el mosaico del menú Inicio que permanecía oculto. ¿No hay una barra de desplazamiento? Entonces es que ya tienes ante ti todo lo que el menú Inicio ofrece.

Si tienes una pantalla táctil, desliza el dedo hacia arriba en el menú Inicio para ver los mosaicos ocultos.

¿Aún no ves el programa o la aplicación que quieres? Entonces el paso 4 es el tuyo.

4. **Visualiza todas las aplicaciones.**

En la lista del menú Inicio no aparecen todos los programas y aplicaciones de la computadora, con objeto de que sea más manejable.

Haz clic en el texto Todas las aplicaciones de la esquina inferior izquierda del menú Inicio para verlas todas y aparecerán por orden alfabético.

Para ver todas las aplicaciones en una pantalla táctil, desliza el dedo hacia arriba en la pantalla y aparecerá la vista Todas las aplicaciones.

Si aun con todo no encuentras el programa que quieres en el ya de por sí repleto menú Inicio, sigue estos truquitos de formas alternativas de abrir una aplicación o un programa.

✔ En el mismo menú Inicio, empieza a escribir el nombre del programa que no encuentras. Al teclear la primera letra, el panel Buscar aparecerá enseguida y te mostrará una lista de programas cuyo nombre empiece por esa letra. Escribe la segunda o la tercera letra y la lista de coincidencias irá disminuyendo en consecuencia. Cuando veas el programa o la aplicación que deseas, haz doble clic con el *mouse* para abrirlo (o si tienes pantalla táctil, púlsalo).

✔ Abre Explorador de archivos (que se muestra en el margen) en la barra de tareas, la barra de la parte inferior del escritorio. Cuando Explorador de archivos se abra, elige Documentos en el panel de navegación que hay en el borde izquierdo de la ventana y haz doble clic en el archivo que quieres abrir. El programa pertinente se abrirá de forma automática. Si se abriese el programa equivocado, mira la sección "Elegir qué programa abre cada tipo de archivo" de este mismo capítulo.

✔ Haz doble clic en el acceso directo del programa. Los accesos directos, que suelen estar en el escritorio, son iconos desechables para abrir archivos y carpetas. Explicaré mucho más sobre los accesos directos en la sección "Accesos directos para vagos" de este capítulo.

✔ Si estás en el escritorio, también te será cómodo encontrar el icono del programa en la barra de tareas, que es una tira muy útil de iconos colocados aleatoriamente a lo largo del borde inferior del escritorio. Si lo ves, haz clic en el icono de la barra de tareas y el programa se pondrá a tus órdenes. El tema de la barra de tareas del escritorio y cómo personalizar la fila de iconos se explica en el capítulo 3.

✔ Haz clic con el botón derecho en el escritorio de Windows, selecciona Nuevo y elige el tipo de documento que quieres crear. Windows cargará el programa adecuado para dicha tarea. Si usas una tableta, este truco solo funcionará si desactivas el modo Tableta.

Windows ofrece otras formas de abrir un programa, pero los métodos anteriores son los que cumplen con el objetivo. Amplío la información sobre el menú Inicio en el capítulo 2 y el escritorio es la estrella del capítulo 3.

Abrir un documento

Al escritorio de Windows le chifla la normalización. Para cargar todos los documentos (a menudo llamados *archivos*) de casi todos los programas de Windows, hay que seguir exactamente los mismos pasos.

1. **Haz clic en la palabra Archivo de la barra de menús del programa, esa fila aburrida de palabras que hay en la parte superior del programa.**

   Si el programa oculta la barra de menús, pulsa la tecla Alt y, casi siempre, aparecerá.

   ¿Sigues sin ver la barra de menús? Si es así, tu programa tiene una "Cinta", una tira gruesa de iconos de colores en la parte superior de la ventana. Si te encuentras con la Cinta, haz clic en la ficha o icono que hay en la esquina izquierda para que el menú Archivo se despliegue.

2. Cuando se abra el menú, elige Abrir.

Gracias a Windows, sentirás como si tuvieses un *déjà vú* con la ventana Abrir, tal y como se muestra en la imagen 6-2. Se parece a la carpeta Documentos (y funciona del mismo modo), de la que he hablado en el capítulo 5.

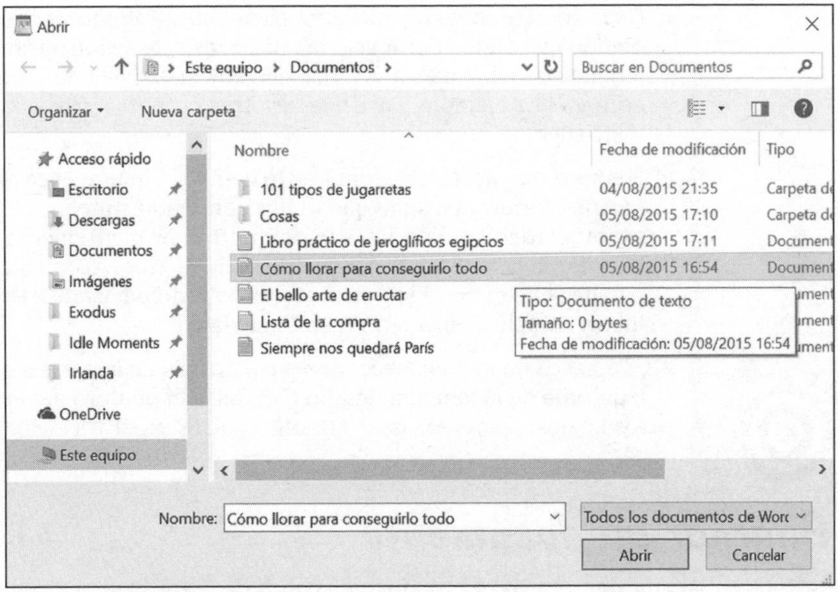

Imagen 6-2:
Haz doble clic en el nombre del archivo que quieras abrir

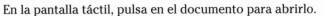

Abrir				✕
← → ∨ ↑ 📄 › Este equipo › Documentos ›		∨ ↻	Buscar en Documentos	🔍
Organizar ▾ Nueva carpeta			📧 ▾ 🔲 ❓	

Nombre	Fecha de modificación	Tipo
★ Acceso rápido		
📁 Escritorio 📌	101 tipos de jugarretas	04/08/2015 21:35	Carpeta de
↓ Descargas 📌	Cosas	05/08/2015 17:10	Carpeta de
📄 Documentos 📌	Libro práctico de jeroglíficos egipcios	05/08/2015 17:11	Document
🖼 Imágenes 📌	Cómo llorar para conseguirlo todo	05/08/2015 16:54	Document
📄 Exodus 📌	El bello arte de eructar		ment
📄 Idle Moments 📌	Lista de la compra	Tipo: Documento de texto	ment
📄 Irlanda 📌	Siempre nos quedará París	Tamaño: 0 bytes	ment
		Fecha de modificación: 05/08/2015 16:54	
☁ OneDrive		
💻 Este equipo		

Nombre: Cómo llorar para conseguirlo todo ∨   Todos los documentos de Word ∨

[Abrir]   [Cancelar]

Sin embargo, hay una gran diferencia: esta vez, la carpeta muestra solo los archivos que el programa en concreto reconoce y sabe cómo abrir, y deja fuera el resto.

3. Coloca el puntero sobre el documento deseado, tal y como se muestra en la imagen 6-2. Haz clic en él y, después, haz clic en el botón Abrir.

En la pantalla táctil, pulsa en el documento para abrirlo.

El programa abrirá el archivo y lo mostrará en pantalla.

En la mayoría de programas de Windows puedes abrir un archivo de esta forma, tanto si lo ha creado Microsoft como cualquiera de sus socios o el vecino del quinto.

✔ Para ir más rápido, haz doble clic en el nombre del archivo deseado y se abrirá en un instante, al tiempo que se cerrará la ventana Abrir.

✔ El ser humano guarda cosas en el garaje, pero las computadoras prefieren guardar los archivos en compartimentos ordenadamente etiquetados, que reciben el nombre de *carpetas*. Haz doble clic en una carpeta para ver lo que hay dentro. Si localizas el archivo deseado, ábrelo haciendo doble clic. Si no dominas eso de buscar por carpetas, la sección de carpetas del capítulo 5 te refrescará la memoria.

✔ Cuando tu archivo no aparezca en la lista de nombres, búscalo haciendo clic en los botones o las palabras que se muestran en el lado izquierdo de la imagen 6-2. Haz clic en OneDrive o en la carpeta Este equipo, por ejemplo, para buscar otras carpetas y los archivos que contienen.

✔ Siempre que abres un archivo y lo cambias, aunque sea por equivocación, Windows asume que lo has cambiado a mejor. Si intentas cerrar el archivo, Windows te preguntará prudentemente si quieres guardar los cambios. Si has actualizado el archivo con ingenio maestro, haz clic en Sí. Si lo has destrozado todo o has abierto el archivo incorrecto, haz clic en No o en Cancelar.

✔ ¿Te haces un lío con los iconos o comandos de la parte superior o izquierda de la ventana de Abrir? Si dejas el puntero del *mouse* sobre los iconos, aparecerá un cuadradito que te explicará cuál es su trabajo.

Guardar un documento

Al guardar, envías el trabajo que acabas de crear bien al disco duro, o bien a un dispositivo USB, o bien a un disco para guardarlo a buen recaudo. Si no guardas el trabajo, la computadora pensará que te has pasado las últimas cuatro horas toqueteando el archivo y tendrás que decirle de forma específica que guarde el trabajo para que lo haga.

Siguiendo las órdenes de Microsoft, aparecerá un comando Guardar en cada programa de Windows, sea cual sea el que haya creado el archivo.

Puedes guardarlo de cualquiera de estas formas.

✔ Haz clic en Archivo en el menú superior, elige Guardar y guarda el documento en la carpeta Documentos, o en el escritorio, para que te sea más fácil encontrarlo después. Lo mismo ocurrirá si pulsas la tecla Alt, seguida de la letra F y la letra S.

✔ Haz clic en el icono Guardar que se muestra en el margen.

✔ Mantén pulsada la tecla Ctrl y pulsa la tecla G ("G" corresponde a "Guardar").

Esa pelea de los programadores por los formatos de los archivos

Cuando no se pelean por la comida rápida, los programadores discuten sobre los formatos (o formas de agrupar la información en un archivo). Para evitar entrar en batallas campales, la mayoría de los programas te permiten abrir los archivos guardados en varios tipos de formato.

Por ejemplo, mira el cuadro de lista despegable en la esquina inferior derecha (imagen 6-2). Se muestra una lista de documentos de texto (*.txt), que es el formato que se usa en el Bloc de notas, editor de textos de Windows. Para ver los archivos guardados en otros formatos, haz clic en ese cuadro y elige un formato diferente. El cuadro Abrir actualizará la lista y mostrará solo los archivos con el formato elegido.

¿Y cómo puedes ver la lista de todos los archivos de la carpeta en ese menú, sea cual sea su formato? Selecciona Todos los documentos en el cuadro desplegable. De esta forma, se cambiará la vista para mostrar todos los archivos de esa carpeta. Seguramente, el programa no puede abrirlos todos y tal vez se atragante si lo intenta.

Por ejemplo, puede que el Bloc de notas incluya algunas fotos digitales en su vista Todos los documentos. Sin embargo, si intentas abrir una foto, el Bloc de notas mostrará diligentemente la foto como una oscura serie de símbolos de programación. Si has abierto una foto por equivocación en un programa y no la ves, no intentes guardar lo que se ha abierto. Si el programa es como el Bloc de notas y guardas el archivo, la foto se estropeará. Simplemente, sal ya: haz clic en el botón Cancelar.

Si estás guardando algo por primera vez, Windows te pedirá que pienses un nombre para el documento. Escribe algo descriptivo usando solo letras, números y espacios entre palabras. Si intentas usar algún carácter no admitido de los que describo en el capítulo 5, la policía de Windows llegará y te pedirá, educadamente, que utilices un nombre diferente.

✔ Elige nombres de archivo que describan tu trabajo. Windows te deja utilizar 255 caracteres. Un archivo con el nombre "Informe de ventas de alpargatas en enero de 2015" será más fácil de localizar que uno que se llame "Cosas".

 ✔ Puedes guardar archivos en cualquier carpeta, CD o DVD, y hasta en un dispositivo USB. Será mucho más fácil encontrar los archivos posteriormente si los guardas en las carpetas principales: Documentos, Música, Imágenes y Vídeos. Estas carpetas aparecen en el margen izquierdo de cada carpeta, por lo que es muy fácil acceder a los archivos que contienen.

✔ Si quieres tener acceso a un archivo desde otros dispositivos, como un teléfono o una tableta, guárdalo en la carpeta Documentos de

OneDrive. Selecciona OneDrive en la ventana Guardar del margen izquierdo y, a continuación, selecciona la carpeta Documentos de OneDrive. Después, haz clic en el botón Guardar.

✔ La mayoría de los programas permiten guardar los archivos directamente en un CD o DVD. Selecciona Guardar en el menú Archivo y localiza tu unidad favorita en el panel derecho de la sección Este equipo. Coloca un disco (preferiblemente uno que ya no esté lleno) en la unidad de escritura de discos para empezar el proceso.

✔ Algunos programas más nuevos te ahorran la rutina de hacer clic en el botón Guardar y guardan el trabajo que realizas conforme escribes. El programa de Microsoft para la toma de notas, OneNote, y muchas aplicaciones del menú Inicio guardan automáticamente el trabajo que has realizado, por lo que no cuentan con el botón Guardar.

✔ Si estás trabajando en algo importante (y la mayoría de veces es así), haz clic en el comando Guardar cada pocos minutos. O utiliza el método abreviado de teclas Ctrl + G (mientras mantienes presionada la tecla Ctrl, pulsa la tecla G). Los programas te pedirán que elijas un nombre y una ubicación para un archivo cuando lo guardes por primera vez, pero guardarlo posteriormente será mucho más rápido.

¿Qué diferencia hay entre "Guardar" y "Guardar como"?

¿Perdón? ¿Guardar como qué? ¿Un componente químico? Qué va. El comando Guardar como te da la oportunidad de guardar el trabajo con un nombre y en una ubicación diferentes.

Imagínate que abres el archivo "Poema para María" que has escrito y cambias un par de frases. Quieres guardar los cambios y no quieres perder lo que habías escrito antes. Para guardar ambas versiones, selecciona "Guardar como" y escribe el nuevo nombre: "Florituras añadidas a Poema para María".

Cuando guardas algo por primera vez, los comandos Guardar y Guardar como son idénticos: ambos te piden que elijas un nombre y una ubicación nuevos para guardar el trabajo.

Quizás resulta más importante saber que el comando Guardar como te permite además que guardes un archivo en un formato diferente. Puedes guardar la copia original en el formato que tú empleas y otra copia en un formato anterior del programa para un amigo que lo necesite.

Elegir qué programa abre cada tipo de archivo

La mayoría de las veces, Windows reconoce de forma automática el programa que debería abrir cada tipo de archivo. Haz doble clic en un archivo y Windows utilizará el programa correcto para acceder al archivo y dejarte ver su contenido.

Sin embargo, a veces Windows no elige el programa preferido, y esto es especialmente notorio en esta última versión. Por ejemplo, Windows, gran amante de las aplicaciones, le dice a la aplicación Música del menú de Inicio que reproduzca la música que tienes. A lo mejor prefieres que sea el Reproductor de Windows Media del escritorio el que se encargue de las tareas musicales.

Cuando el programa equivocado abre el archivo, puedes hacer que el programa correcto lo abra en su lugar.

1. **Haz clic con el botón derecho en el archivo problemático y elige "Abrir con" en el menú emergente.**

   Tal y como se muestra en la imagen 6-3, Windows señala una serie de programas que pueden abrir el archivo, además de algunos que ya has utilizado para abrir ese archivo.

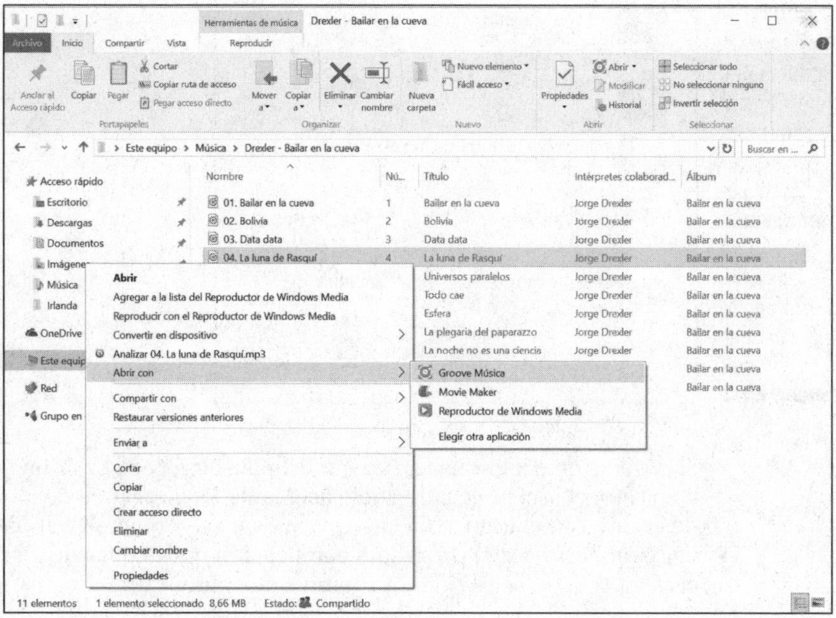

Imagen 6-3: Windows presenta algunos programas que anteriormente abrieron ese tipo de archivo

2. **Haz clic en la opción Elegir otra aplicación.**

   Aparecerá la ventana que se muestra en la imagen 6-4 con la lista de otros programas y el programa asignado a ese tipo de archivo se mostrará en la parte superior de dicha lista. Haz doble clic en el programa que prefieras que abra el archivo. Asegúrate de haber seleccionado la casilla Usar siempre esta aplicación para abrir los archivos para no tener que repetir estos pasos. Haz clic en Aceptar a continuación. ¡Has terminado!

   ¿No ves el programa que quieres o necesitas para abrir el archivo? Ve al paso 3.

3. **Haz clic en Encontrar una aplicación en la Tienda y haz clic en el botón Aceptar.**

   La aplicación Tienda te deja en una estantería virtual llena de aplicaciones que pueden abrir el archivo.

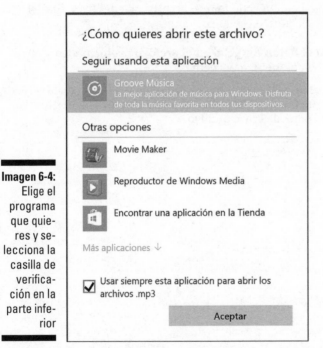

Imagen 6-4:
Elige el programa que quieres y selecciona la casilla de verificación en la parte inferior

Si instalas un programa nuevo o una aplicación para abrir un archivo en concreto, el recién llegado suele asignarse los derechos de abrir ese tipo de archivo en el futuro. En caso de que no sea así, vuelve al paso 1. Sin embargo, esta vez el programa o aplicación que acabas de instalar aparecerá en la lista. Selecciónalo y habrás acabado.

✔ Repasemos un poco la historia: Windows utiliza el término *aplicación* para referirse tanto a los programas tradicionales del escritorio como a las aplicaciones del menú Inicio. Ten presente la terminología de Windows cuando estés en el escritorio. Si Windows te advierte de que una acción afectará a las aplicaciones, entonces también afectará a los programas del escritorio.

✔ Del mismo modo, Windows te permite seleccionar programas predeterminados desde el menú Inicio. En el menú Inicio, haz clic en Configuración. Cuando aparezca la aplicación Configuración, haz clic en el icono Sistema. En la ventana Sistema, haz clic en Aplicaciones predeterminadas en el panel izquierdo. A la derecha, Windows muestra una lista de programas que abren dicho tipo de archivo. Haz clic en el nombre del programa y aparecerá una lista que te permitirá dar las riendas a otro programa distinto.

✔ A veces podrás alternar entre varias aplicaciones o programas cuando trabajes con el mismo archivo. Para ello, haz clic con el botón derecho sobre el archivo, elige Abrir con y selecciona el programa que necesites en ese momento.

✔ De vez en cuando, ves que el programa que quieres utilizar no abre un archivo porque, simplemente, no sabe cómo hacerlo. Por ejemplo, el Reproductor de Windows Media puede reproducir la mayoría de los vídeos, excepto cuando están almacenados en formato QuickTime, el formato de la competencia de Microsoft. La única solución que tienes es instalar QuickTime (www.apple.com/quicktime) y utilizarlo para abrir ese vídeo en concreto.

✔ Si alguien dice algo sobre "asociaciones de archivos", échale un vistazo al rincón técnico con el título "El extraño mundo de las asociaciones de archivos", donde se explica este tema tan desagradable.

Cómo navegar por la Tienda Windows

Las aplicaciones (miniprogramas especializados para una sola tarea) proceden del mundo de los *smartphones* (teléfonos móviles inteligentes y computarizados). Al igual que las aplicaciones de los *smartphones*, solo podrás descargarlas en Tienda. En Windows, la Tienda está disponible a un solo clic en su icono de la barra de tareas (que se muestra en el margen).

Las aplicaciones se diferencian de los programas tradicionales en varios aspectos.

El extraño mundo de las asociaciones de archivos

Cada programa de Windows pega un código secreto, llamado "extensión de archivo", al nombre de cada archivo que crea. Esta extensión funciona como una marca de hierro para ganado: cuando haces doble clic en el archivo, Windows escudriña la extensión y, de forma automática, apela al programa para que abra el archivo. Por ejemplo, el Bloc de notas marca la extensión .txt en cada archivo que crea. De esta forma, Windows asociará la extensión.txt al Bloc de notas.

Por lo general, y por motivos de seguridad, Windows no muestra estas extensiones, a fin de aislar a los usuarios de los mecanismos internos de Windows. Esto es porque si, de forma involuntaria, alguien cambia o elimina una extensión, Windows ya no sabrá cómo abrir el archivo.

Si tienes curiosidad por saber qué aspecto tiene una extensión, echa un ojo a estos pasos:

1. **Haz clic en la pestaña Vista de la parte superior de cualquier carpeta.**

   El menú cambiará rápidamente y se colocará en la parte superior de la carpeta, mostrándote varias formas de ver los contenidos de esa carpeta.

2. **Selecciona la casilla de verificación Extensiones de nombre de archivo.**

   Los archivos de la carpeta cambiarán de forma inmediata para mostrar sus extensiones (algo muy práctico en momentos de emergencia técnica).

Ahora que ya lo has visto, repite los pasos para ocultar las extensiones, pero anula la selección de Extensiones de nombre de archivo.

Advertencia: No cambies la extensión del archivo, a no ser que sepas exactamente lo que estás haciendo. Windows olvidará qué programa debe usar para abrir el archivo y te dejará más solo que al uno.

✔ Windows 10 permite el uso de aplicaciones con ventanas del escritorio, en lugar de ocupar toda la pantalla, como ocurría con versiones de Windows anteriores. No obstante, cuando uses el modo Tableta, la pantalla completa será como en las versiones anteriores. Los programas se ejecutan en ventanas o en pantalla completa, como mejor te venga.

✔ Las aplicaciones están vinculadas a tu cuenta de Microsoft, de manera que necesitas una cuenta de Microsoft para descargar una aplicación, tanto de pago como gratuita, de la Tienda.

✔ Cuando descargas una aplicación de la Tienda de Windows, puedes utilizarla en un máximo de 81 computadoras o dispositivos, siempre y cuando hayas iniciado sesión con tu cuenta de Windows en cada uno de ellos. No obstante, dicho número puede ser mayor o menor según la aplicación.

✔ Las nuevas aplicaciones instaladas solo ocupan un mosaico en el menú Inicio. Los nuevos programas instalados, por el contrario, suelen ocupar varios mosaicos en el menú Inicio.

Las aplicaciones y los programas pueden pertenecer tanto a grandes compañías como a personas que se sirven de su tiempo libre para crearlas como afición en el sótano.

Aunque los programas del escritorio y las aplicaciones del menú Inicio se comportan de forma distinta y no se parecen en nada, en Windows se utiliza la denominación *aplicaciones* para ambas. Te toparás con esta terminología peculiar cuando utilices antiguos programas además de los nuevos, creados por compañías a las que les mole la nueva terminología de Microsoft.

Añadir aplicaciones nuevas de la Tienda de Windows

Cuando estés hasta las narices de las aplicaciones de Windows o necesites una aplicación nueva para saciar una necesidad especial que tengas, sigue estos pasos para conseguirla.

1. **Pulsa el botón Inicio y abre la aplicación Tienda desde el menú Inicio.**

   La aplicación Tienda aparecerá en la pantalla, tal y como te muestra la imagen 6-5. También puedes hacer clic en la aplicación Tienda (aparece en el margen) de la barra de tareas que permanece en la parte inferior de la pantalla.

   Al abrir Tienda, verás la categoría Destacado, en la que Microsoft muestra su selección de aplicaciones. Debajo, la sección Sugerencias para ti te indica aplicaciones en las que podrías estar interesado, en función de las descargas que hayas realizado anteriormente.

   Para ver más, desplaza el cursor al margen derecho de la aplicación Tienda para que aparezca una barra de desplazamiento. Arrastra la casilla de la barra de desplazamiento hacia abajo para ver las aplicaciones más populares de cada categoría: Principales aplicaciones gratuitas, Aplicaciones mejor valoradas, Aplicaciones nuevas y más populares, Principales juegos gratuitos, Principales juegos de pago, Juegos mejor valorados, etc.

2. **Para reducir la búsqueda, haz clic en su nombre y elige una categoría.**

La aplicación Tienda te permite descargar aplicaciones gratuitas, de prueba o de pago, que se incorporarán al menú Inicio

Si haces clic en Las mejores aplicaciones nuevas podrás ir más rápido. Es la primera opción de la imagen 6-5. Haz clic en la aplicación gratis que te interese y cuando aparezca el botón Gratis haz clic para comenzar el proceso. De igual modo, haz clic en las aplicaciones de pago para ver el precio.

3. **Para buscar una aplicación en concreto, utiliza el cuadro de búsqueda de la esquina superior derecha y pulsa Intro.**

    ¿No aparece la que buscabas? Dirígete al cuadro de búsqueda en la esquina superior derecha de Tienda. Como se muestra en la imagen 6-6, el cuadro de búsqueda hace una criba de las aplicaciones mediante palabras clave.

Al igual que en la aplicación Tienda, casi todas las aplicaciones de búsqueda incluyen un cuadro de búsqueda situado en la esquina superior derecha.

4. **Ordena la lista de aplicaciones por subcategorías, precio y relevancia.**

    Cuando busques juegos, por ejemplo, puedes ordenarlos por subcategorías. Por ejemplo, puedes elegir que solo aparezcan los de Acción y aventura.

Imagen 6-6:
Escribe una palabra clave en el cuadro de búsqueda para ver las aplicaciones relevantes

El panel Redefinir te permite ordenar las aplicaciones con otros criterios, como las diferentes categorías.

5. **Haz clic en cualquier aplicación para leer una descripción detallada.**

   Se abrirá una página con información al detalle, el precio, imágenes de la aplicación, opiniones de otros clientes e información técnica.

6. **Haz clic en el botón Gratis o en el del precio.**

   Cuando encuentres una aplicación gratuita que te resulte imprescindible en tu día a día, haz clic en Gratis. Para comprar una aplicación de pago, haz clic en el botón con la etiqueta de precio. El precio se cargará a la tarjeta de crédito que esté vinculada a tu cuenta de Microsoft. Si aún no tienes ninguna tarjeta registrada, Microsoft te guiará por todo el proceso.

   Sea gratuita o de pago, la aplicación que instales aparecerá en la lista Todas las aplicaciones ordenada alfabéticamente en el menú Inicio, en cuanto lo permita la velocidad de tu conexión a internet.

Para copiar una aplicación de la lista Todas las aplicaciones a un mosaico de la primera página del menú Inicio, haz clic con el botón derecho en el nombre de la aplicación y selecciona Anclar a Inicio. Explico cómo personalizar el menú Inicio en el capítulo 2.

Desinstalar las aplicaciones

¿Has descargado una birria de aplicación? Para desinstalarla desde el menú Inicio, haz clic con el botón derecho en el mosaico. Cuando aparezca el menú emergente, selecciona Desinstalar.

Si desinstalas una aplicación, solo se eliminará del menú Inicio de tu cuenta, pero no afectará a otros titulares de cuenta que hayan instalado la misma aplicación.

Actualizar las aplicaciones

Los programadores no paran de hacer cambios en las aplicaciones, reparando irregularidades, añadiendo prestaciones y resolviendo problemas de seguridad. Siempre que te conectes a internet, Windows examinará las aplicaciones instaladas. Si alguna de ellas se encuentra desactualizada, Windows descargará automáticamente las actualizaciones pendientes y las instalará.

Si estás usando una conexión móvil, no te preocupes: las aplicaciones no se actualizan cuando estés usando una conexión a internet de uso medido, como la de los teléfonos móviles. Windows reanudará las actualizaciones en cuanto dispongas de conexión por Wi-Fi o cable.

¿Por alguna razón no deseas que las actualizaciones sean automáticas? Si sigues estos pasos, podrás desactivar la actualización automática.

1. **En la aplicación Tienda, haz clic en el icono de tu cuenta y selecciona Configuración en el menú desplegable.**

El icono de tu cuenta es una foto de tu cuenta de usuario que se encuentra en la esquina superior derecha de la Tienda, junto al cuadro de búsqueda.

2. **Cuando la pantalla Configuración aparezca, haz clic en Actualizar aplicaciones automáticamente para que se lea Desactivado.**

Los cambios se aplicarán inmediatamente. Si deseas que tus aplicaciones se actualicen automáticamente, haz clic para que se lea Sí.

Cuando el control de Actualizaciones de aplicaciones esté activado, todas tus aplicaciones se actualizarán. Desafortunadamente, no puedes hacer que unas aplicaciones se actualicen y otras no. Por ello, te recomiendo que dejes activada la actualización automática. Si intentas evitar que una sola aplicación se actualice, correrías el riesgo de perder las revisiones de seguridad automáticas, así como las mejoras para el resto de aplicaciones.

Accesos directos para vagos

Mientras trabajas, andas siempre navegando entre el escritorio y el menú Inicio. Cuando estés hasta el moño de vagar por el bosque para encontrar un programa, una carpeta, una unidad de disco, un documento o un sitio web, crea un método abreviado (un icono que te llevará directamente al objeto de tu deseo).

Como un acceso directo es un icono para abrir otra cosa, es seguro, práctico y te puedes deshacer de ellos. Y son fáciles de diferenciar del original porque tienen una flechita en la esquina inferior izquierda, como el acceso directo que se muestra en el margen.

Sigue estas instrucciones para crear accesos directos en el escritorio de los elementos que más usas y, así, poder saltarte el menú Inicio.

✔ **Carpetas o Documentos:** en el Explorador de archivos del escritorio, haz clic con el botón derecho en la carpeta o el documento deseado, elige Enviar a y selecciona la opción Escritorio (Crear acceso directo). El acceso directo aparecerá en el escritorio.

✔ **Sitios web:** en Microsoft Edge, ¿ves el iconito delante de la dirección del sitio web en la barra de direcciones del navegador? Desliza el iconito hasta el escritorio y suéltalo. Así podrás acceder después en un instante. Para este manual, el navegador Microsoft Edge no permite crear accesos directos en el escritorio.

✔ **Panel de control:** el Panel de control del escritorio contiene ocho secciones, cada una de ellas con un vínculo debajo. Puedes arrastrar el icono y vínculo que quieras del Panel de control al escritorio para crear un acceso directo. Una forma fácil de acceder al Panel de control del escritorio: haz clic con el botón derecho en la esquina inferior izquierda de la pantalla y elige Panel de control en el menú emergente.

✔ **Áreas de almacenamiento:** abre el Explorador de archivos haciendo clic en el icono de la barra de tareas del escritorio. En el panel de navegación del margen derecho del Explorador de archivos, arrastra y suelta el área de almacenamiento que desees en el escritorio. Windows colocará en el acto un acceso directo a esa unidad en el escritorio. Funciona tanto con la carpeta OneDrive como con las unidades USB y discos duros, e incluso con las ubicaciones de red.

Aquí tienes algunas sugerencias más sobre los accesos directos del escritorio.

✔ Para grabar unidades de CD o DVD de forma rápida, añade un acceso directo a la unidad de disco en el escritorio. Puedes grabar archivos en un disco fácilmente: arrastra y suelta los archivos en el acceso directo de la unidad disco. Introduce un disco virgen en el lector de unidades de disco, confirma la configuración y empieza a grabar el disco.

✔ ¿Quieres enviar un acceso directo del escritorio a la pantalla de inicio? Haz clic con el botón derecho en el acceso directo del escritorio y selecciona Anclar a Inicio para que aparezca tanto en el menú Inicio como en la lista Todas las aplicaciones del menú Inicio.

✔ Puedes mover los accesos directos de un lugar a otro siempre y cuando no muevas los elementos originales. Si lo haces, el acceso directo no podrá encontrar el elemento y Windows entrará en un estado de pánico que le hará buscar (casi siempre, en vano) aquello que has desplazado.

✔ ¿Quieres saber qué programa se corresponde con un acceso directo? Haz clic con el botón derecho sobre el acceso directo y haz clic en Abrir la ubicación del archivo (si está disponible). El acceso directo te llevará ante su líder en un santiamén.

Guía absolutamente esencial para cortar, copiar y pegar

Windows hizo caso a los de guardería y convirtió el *copipega* en una parte integral de la vida computacional. Puedes cortar o copiar prácticamente todo y, después, pegarlo en cualquier sitio de forma sencilla y sin complicarte.

Por ejemplo, puedes copiar una foto y pegarla en los folletos de invitación a tu fiesta. Puedes cortar archivos de una carpeta y pegarlos en otra para moverlos. Puedes cortar las fotos de la cámara digital y pegarlas en una carpeta dentro de la carpeta Imágenes. También puedes cortar párrafos y pegarlos dentro del procesador de textos.

Lo bonito del escritorio de Windows es que, con tantas ventanas abiertas al mismo tiempo, puedes coger un poquito de cada una y pegarlo todo en una ventana nueva.

No pases por alto la opción de copiar y pegar también las cosas pequeñas. Es más rápido copiar y luego pegar un nombre o una dirección que escribirlos a mano. O, por ejemplo, si alguien te envía por correo electrónico una dirección web, cópiala y pégala directamente en la barra de dirección del navegador. También es muy fácil copiar la mayoría de las cosas que componen un sitio web (para desgracia de muchos fotógrafos).

La guía rápida y tosca para cortar y pegar

Según la premisa de "No me vengas con rollos", aquí te dejo una guía rápida con tres pasos básicos sobre cortar, copiar y pegar.

1. **Selecciona un elemento que quieras cortar o copiar: una serie de palabras, un archivo, un sitio web u otra cosa.**

2. **Haz clic con el botón derecho sobre la selección y elige Cortar o Pegar en el menú desplegable, dependiendo de lo que quieras hacer.**

   Utiliza Cortar cuando quieras mover algo. Utiliza Pegar cuando quieras duplicar algo y dejar el original intacto.

   Método abreviado de teclas: mantén pulsada la tecla Ctrl y pulsa X para cortar o C para copiar.

3. **Haz clic con el botón derecho en el destino del elemento y elige Pegar.**

   Puedes hacer clic con el botón derecho en un documento, una carpeta o casi en cualquier sitio.

   Método abreviado de teclas: mantén pulsada la tecla Ctrl + V para pegar.

Ahora pasaré a explicar cada uno de los tres pasos con más detalle.

Seleccionar cosas para cortar o copiar

Antes de que te dispongas a trasladar información de un lugar a otro, tienes que decirle a Windows exactamente qué es lo que quieres seleccionar. El método más sencillo es seleccionar la información con el *mouse*. En la mayoría de los casos, para seleccionar solo tienes que hacer una acción rápida con el *mouse* que resaltará todo lo que hayas seleccionado.

✔ **Para seleccionar un texto en un documento, una página web o una hoja de cálculo:** coloca el puntero o la flecha del *mouse* al principio de la información deseada y mantén pulsado el botón del *mouse*. Después, mueve el *mouse* hasta el final de lo que quieras seleccionar y suelta el botón. ¡Ya lo tienes! Así habrás seleccionado todo lo que había entre el momento del clic y el momento en el que soltaste, tal y como puedes ver en la imagen 6-7.

En la pantalla táctil, pulsa dos veces sobre una palabra para seleccionarla. Para ampliar tu selección, pulsa de nuevo la palabra resaltada, pero no levantes el dedo: deslízalo por la pantalla hasta que hayas llegado a la zona en la que la selección debería detenerse. ¿Ya lo has hecho? Quita el dedo para que esa porción de texto se quede seleccionada.

Ten cuidado cuando hayas resaltado un trozo de texto. Si después, por ejemplo, pulsas sin querer la letra K, el programa sustituirá el texto resaltado por la letra "k". Para invertir esta calamidad, elige Deshacer en el menú Edición del programa (o bien, pulsa Ctrl + Z, que es el método abreviado para Deshacer).

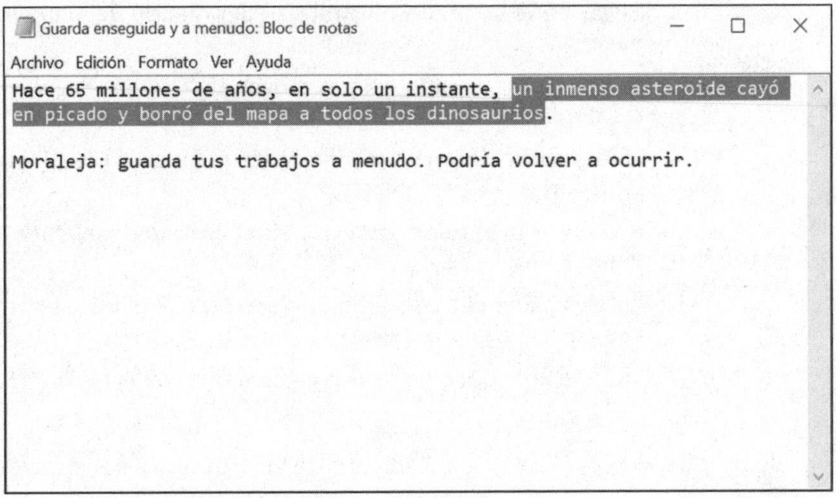

📄 Guarda enseguida y a menudo: Bloc de notas	— □ ✕

Archivo Edición Formato Ver Ayuda

Hace 65 millones de años, en solo un instante, un inmenso asteroide cayó en picado y borró del mapa a todos los dinosaurios.

Moraleja: guarda tus trabajos a menudo. Podría volver a ocurrir.

Imagen 6-7:
Windows resaltará el texto seleccionado y cambiará el color para que lo veas fácilmente

---

✔ **Para seleccionar cualquier archivo o carpeta:** basta con que hagas clic sobre el que deseas, y si se trata de varios elementos, prueba esto:

- **Si todos los archivos aparecen juntos:** haz clic en el primer elemento, mantén pulsada la tecla Mayús y, a continuación, selecciona el último elemento. Windows resaltará el primer elemento y el último, además de todos los que están en medio.

- **Si los archivos no aparecen juntos:** mantén pulsada la tecla Ctrl mientras vas haciendo clic en cada archivo o carpeta que quieras seleccionar.

Ahora que has seleccionado el elemento, en la siguiente sección explicaré cómo cortar o copiar.

✔ Después de que hayas seleccionado algo, córtalo o cópialo inmediatamente. Si has hecho clic con el *mouse* en algún sitio sin darte cuenta, el texto o los archivos resaltados volverán a su estado aburrido y severo, y tendrás que empezar de nuevo.

✔ Para borrar cualquier elemento seleccionado, ya sea un archivo, un párrafo o una imagen, pulsa la tecla Supr. También puedes hacer clic con el botón derecho sobre el archivo problemático y elegir Suprimir en el menú emergente.

CONSEJO

Seleccionar letras, palabras, párrafos... de forma individual

Cuando estés manejando palabras en Windows, estos métodos abreviados te ayudarán a seleccionar la información de forma rápida.

✔ Para seleccionar una letra o carácter individual, haz clic justo delante de ellos. Después, mientras mantienes presionada la tecla Mayús, pulsa la tecla →. Sigue manteniendo pulsadas ambas teclas para continuar seleccionando un texto en una línea.

✔ Para seleccionar una sola palabra, coloca el puntero sobre la palabra y haz doble clic en él. Si la palabra cambia de color, significa que está resaltada. En la mayoría de los procesadores de texto, puedes mantener pulsado el botón del *mouse* en el segundo clic y, después, mover el *mouse* para resaltar, palabra por palabra, más texto.

✔ Para seleccionar una sola línea de texto, haz clic justo en el margen izquierdo. Para resaltar más texto, línea por línea, sigue manteniendo pulsado el botón del *mouse* y mueve el *mouse* hacia arriba o hacia abajo. También puedes seguir seleccionando más líneas si mantienes pulsada la tecla Mayús y pulsas la tecla ↓ o la tecla ↑.

✔ Para seleccionar un párrafo de texto, haz clic en el margen izquierdo del párrafo. Para resaltar más texto párrafo por párrafo sigue manteniendo el botón del *mouse* en el segundo clic y mueve el *mouse*.

Para seleccionar un documento entero, pulsa Ctrl + A (o elige Seleccionar todo en el menú Edición).

Cortar o copiar tu selección

Cuando hayas seleccionado la información (que, por si acabas de abrir el libro por aquí, he descrito en la sección anterior), tendrás todas las herramientas para empezar a jugar. Puedes cortar o pegar dicha información (o pulsar Supr para eliminarla).

Y vuelta la burra al trigo: tras haber seleccionado un elemento, haz clic con el botón derecho en él. En la pantalla táctil, púlsalo y mantén el dedo presionado para que se asome el menú emergente. Cuando aparezca, elige Cortar o Copiar, dependiendo de lo que quieras hacer, tal y como se muestra en la imagen 6-8. Después, haz clic con el botón derecho en el destino y elige Pegar. A continuación, haz clic con el botón derecho en la carpeta de destino y elige Pegar.

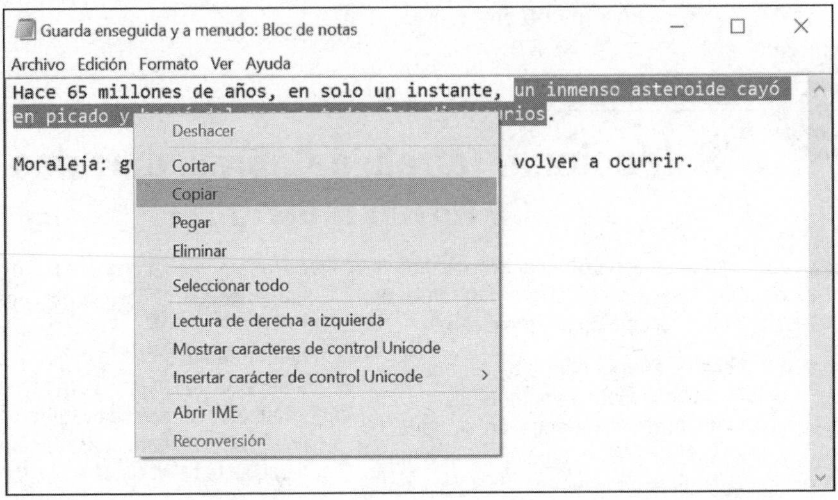

Imagen 6-8:
Para copiar información en otra ventana, haz clic con el botón derecho en la selección y elige Copiar

Guarda enseguida y a menudo: Bloc de notas	— □ ×

Archivo Edición Formato Ver Ayuda

Hace 65 millones de años, en solo un instante, un inmenso asteroide cayó
en picado y ~~...~~

Moraleja: g~~...~~ volver a ocurrir.

Deshacer

Cortar
Copiar
Pegar
Eliminar

Seleccionar todo

Lectura de derecha a izquierda
Mostrar caracteres de control Unicode
Insertar carácter de control Unicode   >

Abrir IME
Reconversión

Las opciones de Cortar y Copiar varían mucho. ¿Cómo saber cuál hay que escoger?

✔ **Elige Cortar para mover información.** Al cortar, se borra de la pantalla la información seleccionada, pero no habrás perdido nada, ya que Windows almacena la información guardada en un depósito oculto llamado Portapapeles, y se queda ahí esperando hasta que lo pegues.

No dudes en cortar y copiar filas enteras en carpetas diferentes. Cuando cortas un archivo de una carpeta, el icono se queda atenuado hasta que lo pegues. Si hiciesen que desapareciese, nos llevaríamos un susto. ¿Has cambiado de idea en mitad de un *copipega*? Pulsa la tecla Esc para cancelar y el icono volverá a la normalidad.

✔ **Elige Copiar para hacer una copia de la información.** Comparado con cortar, copiar la información te corta bastante el rollo. Mientras que, al cortar, el elemento desaparece de la vista, al copiarlo, se queda en la ventana, aparentemente sin tocarlo. La información copiada también se guarda en el Portapapeles hasta que la pegues.

Si quieres guardar una imagen de toda la pantalla, pulsa ⊞ y la tecla Impr Pant. En algunos teclados, esta tecla podría aparecer escrita de forma distinta. Windows guardará la imagen en un archivo llamado "Captura" dentro de la biblioteca de Imágenes. Vuelve a hacerlo y la captura tendrá el nombre de "Captura (2)". Y así sucesivamente.

Pegar información en otro lugar

Una vez que hayas cortado o copiado información al Portapapeles de Windows, podemos decir que está listo para embarcar. Podrás pegar la información casi en cualquier otro sitio.

Pegar es bastante sencillo.

1. **Abre la ventana de destino y mueve el puntero del *mouse* (o cursor) al lugar en el que quieres que aparezca todo.**

2. **Haz clic con el botón derecho del *mouse* y elige Pegar en el menú emergente.**

   ¡Bravo! El objeto que acabas de cortar o copiar acude de un salto a su nuevo lugar.

Si lo que quieres es copiar un archivo en el escritorio, haz clic con el botón derecho sobre el escritorio y elige *Pegar*. El archivo cortado o copiado aparecerá justo donde has hecho clic con el botón derecho.

✔ El comando Pegar inserta una *copia* de la información que está en el Portapapeles. La información permanecerá en el Portapapeles para que puedas seguir pegando lo mismo en varios sitios, si quieres.

✔ Para pegar en una pantalla táctil, mantén el dedo en el lugar donde quieras pegar la información. Cuando el menú aparezca, toca Pegar.

✔ Algunos programas, entre ellos el Explorador de archivos, tienen barras de herramientas para que puedas acceder a los botones Cortar, Copiar y Pegar, tal y como se muestra en la imagen 6-9. (*Sugerencia:* mira en la ficha Inicio del Explorador de archivos).

Deshacer lo que acabas de hacer

Windows ofrece una forma de deshacer la última acción, lo que devolverá la leche derramada a la olla: mantén pulsada la tecla Ctrl + Z. Así tu último fallo se revertirá y no tendrás de qué avergonzarte. Si pulsas el botón Deshacer, si lo encuentras, se producirá el mismo efecto.

Y si, además, deshaces por error algo que tendría que haberse quedado tal cual, pulsa Ctrl + Y para deshacer lo último que hayas deshecho y así todo volverá a su lugar.

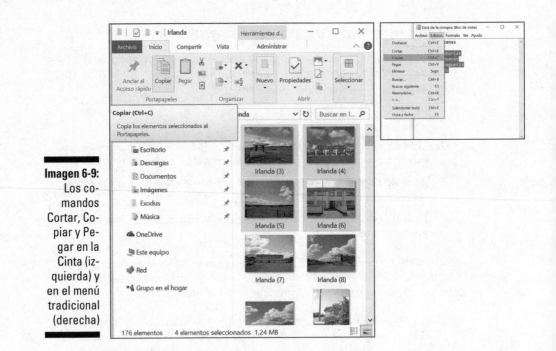

Imagen 6-9:
Los co-
mandos
Cortar, Co-
piar y Pe-
gar en la
Cinta (iz-
quierda) y
en el menú
tradicional
(derecha)

Capítulo 7

Encontrar cosas que has perdido

*E*n algún momento, tarde o temprano, Windows te dejará desconcertado. "Pero bueno —te dirás mientras repiqueteas con los dedos—, si hace un segundo tenía esto aquí, ¿dónde estará ahora?".

Por si ves que Windows empieza a jugar al escondite, este capítulo te explica por dónde buscar y cómo hacer que se deje de jueguecitos.

Encontrar aplicaciones y programas en funcionamiento

En las tabletas con Windows 10, las aplicaciones suelen acaparar toda la pantalla. Si cambias de aplicación, la nueva será la que ocupe toda la pantalla y tapará a la anterior. Lo bueno que tiene es que verás mejor la aplicación que estés usando en ese momento, pero las demás aplicaciones se pondrán su capa de invisibilidad y permanecerán ocultas.

Cuando usas el escritorio de Windows, puedes ejecutar aplicaciones y programas, cada uno en su propia ventana. Pero, incluso en este caso, las ventanas tienden a solaparse y taparse unas a otras.

Entonces, ¿qué hay que hacer para encontrar una aplicación o un programa que acabas de usar y volver a verlo? ¿Cómo se pasa de uno a otro, por ejemplo, para consultar un informe e ir creando una hoja de cálculo al mismo tiempo?

Windows sabe resolver esta situación en un santiamén: se ocupa de despejar la pantalla, reducir a ventanas en miniatura todas las aplicaciones y los programas que estás usando y ponerlos en fila, como se ve en la imagen 7-1. Si haces clic en la aplicación o el programa que buscas, te lo mostrará de nuevo a tamaño normal.

Para ver la lista de los últimos programas y aplicaciones que has usado (y cerrar los que no te interesen), te servirá cualquiera de estos métodos:

✔ **Con el** *mouse***:** haz clic en el botón Vista de tareas, situado en la barra de tareas, justo a la derecha del cuadro de búsqueda. Para pasar a una aplicación, haz clic en ella. Si quieres cerrar una aplicación, haz clic con el botón derecho sobre su miniatura y elige Cerrar. También puedes hacer clic en la X de la esquina superior derecha de la miniatura.

✔ **Con el teclado:** pulsa ⊞ + Tab para ver la lista de las últimas aplicaciones que has utilizado, como se muestra en la imagen 7-1.

Imagen 7-1:
Haz clic en el botón Vista de tareas para ver todas las aplicaciones y los programas que están en funcionamiento

Para seleccionar las diferentes ventanas en miniatura, pulsa las flechas izquierda o derecha. Cuando hayas seleccionado la ventana que desees, pulsa Intro y la aplicación pasará a ocupar toda la pantalla.

✔ **Con una pantalla táctil:** si estás en el modo Tableta, desliza suavemente el dedo desde el borde izquierdo de la pantalla hacia el centro. Las aplicaciones y los programas que estén abiertos se alinearán en forma de miniaturas, como has visto en la imagen 7-1. Pulsa cualquier aplicación de la tira para que ocupe la pantalla. Si quieres cerrar alguna aplicación, pulsa en la X de su esquina superior derecha.

El botón Vista de tareas de Windows 10 muestra las aplicaciones y, también, los programas de escritorio que están en funcionamiento. Hasta ahora, en Windows 8 y 8.1, no aparecían los programas de escritorio abiertos, sino una sola ventana en miniatura que representaba el escritorio.

Al hacer clic en el botón Vista de tareas, también puedes crear un "escritorio virtual", un curioso concepto que aparece por primera vez en Windows 10 y que explico en el capítulo 3.

Encontrar ventanas del escritorio desaparecidas

El escritorio de Windows funciona, un poco, como uno de esos clavos donde los camareros clavan las comandas. Cada vez que abres una ventana o un programa, se coloca otra nota en el clavo. La ventana más reciente es fácil de ver, pero ¿cómo se llega a las que hay debajo?

Si una ventana está más o menos tapada, pero se ve alguna parte del borde o las esquinas, con solo hacer clic ahí, se situará en primer plano.

Si la ventana que te interesa está totalmente escondida, echa un vistazo a la barra de tareas del escritorio (la tira que se extiende a lo largo de la parte inferior de la pantalla). ¿Ves el nombre de la ventana que no encuentras en la barra de tareas? Haz clic en él y volverá a aparecer. Si lo necesitas, hay más información sobre la barra de tareas en el capítulo 3.

¿Sigues sin encontrar la ventana? Mantén pulsada la tecla Alt y, sin soltarla, pulsa la tecla Tab. Como se ve en la imagen 7-2, Windows muestra las miniaturas de todas las ventanas, las aplicaciones y los programas que tienes abiertos, alineados en torno al centro de la pantalla. Mientras mantienes pulsada la tecla Alt, pulsa Tab varias veces (o mueve la rueda del *mouse*) para que la aplicación o la ventana resaltada ocupe toda la pantalla cada vez que la pulses. Si encuentras la ventana que te interesa, suelta la tecla Alt y se quedará en primer plano en el escritorio.

Imagen 7-2:
Mantén
pulsada la
tecla Alt y
pulsa Tab
varias ve-
ces para
alternar
entre las
ventanas
abiertas

Si tienes la certeza de que hay una ventana abierta y no la encuentras, haz clic con el botón derecho en un hueco de la barra de tareas, situada en la parte inferior del escritorio, y en el menú emergente, elige Mostrar ventanas en paralelo. Todas las ventanas se extenderán sobre el escritorio. Es el último recurso, pero tal vez te sirva para encontrar, por fin, la ventana que te falta.

¿Dónde está el comando Buscar de la barra de accesos?

En Windows 8, el comando Buscar de la barra de accesos estaba integrado en Windows y podías acceder a él desde cualquier lugar. Antes, si querías buscar algo dentro de una aplicación, ibas a la barra de accesos, hacías clic en el icono de Buscar y escribías la palabra correspondiente.

En Windows 10, ya no hay barra de accesos, sino un cuadro de búsqueda específico en la esquina superior derecha de cada aplicación, que sirve para realizar las búsquedas. Escribe lo que quieras en el cuadro de búsqueda y pulsa la tecla Intro para buscar dentro de la aplicación.

Ten en cuenta que, en esto, los programas de escritorio no funcionan igual que las aplicaciones, así que no verás el cuadro de búsqueda estándar en su esquina superior derecha.

Encontrar aplicaciones, programas, configuraciones o archivos desaparecidos

En los dos apartados anteriores, se explica cómo encontrar aplicaciones y programas que están en funcionamiento. Pero ¿cómo se localiza todo lo que hace un tiempo que no usas?

Para eso está el cuadro de búsqueda de Windows, que encontrarás junto al botón Inicio. Este cuadro te ayuda a encontrar archivos errantes, configuraciones ocultas y hasta datos de sitios web que no has visitado nunca, porque busca en todas partes.

Para buscar, sigue estos pasos:

1. **Escribe lo que desees buscar en el cuadro de búsqueda que hay junto al botón Inicio.**

   En cuanto empieces a escribir, Windows comenzará a buscar resultados. También puedes decir en voz alta a la computadora lo que buscas, como se describe en el apartado "Buscar con Cortana" de este capítulo.

   Por ejemplo, esto es lo que sucede cuando buscas al trompetista Lee Morgan: en cuanto empiezas a escribir, Windows comienza a mostrar una lista de los archivos que se llaman igual, como se ve en la imagen 7-3. Por ejemplo, al introducir **Lee**, verás un archivo MP3 que coincide con ese nombre.

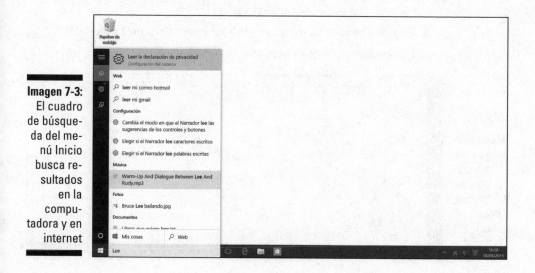

Imagen 7-3: El cuadro de búsqueda del menú Inicio busca resultados en la computadora y en internet

Hasta este momento, el cuadro de búsqueda se centra en ser rápido, así que busca nombres que coincidan, pero solo dentro de la computadora y de OneDrive.

Si con esto encuentras lo que buscas, avanza al paso 4.

Si, por el contrario, terminas de escribir lo que buscas y no lo encuentras en la lista, sigue con el paso 2. Significa que tienes que definir más la búsqueda.

2. **Limita la búsqueda para que abarque solamente la computadora o internet.**

El cuadro de búsqueda, al principio, solo busca nombres de archivo que coincidan. Si no los encuentra, debes dirigir la búsqueda a una de las dos categorías que aparecen en la lista de búsqueda:

- **Mis cosas:** elige esta categoría si quieres limitar la búsqueda a los elementos que hay en tu computadora. Se abrirá una ventana, similar a la de la imagen 7-4, con una lista de resultados por la que te puedes desplazar. Si aparecen demasiadas cosas, puedes restringir la búsqueda; haz clic en la palabra Todo que hay encima de la lista y elige una de las categorías del menú desplegable: Todo, Documentos, Carpetas, Aplicaciones, Configuración, Fotos, Vídeos o Música.

- **Web:** con esta categoría, se deja de buscar en la computadora y se dirige la búsqueda a internet directamente. Se abrirá el explorador web para mostrar las páginas web que coincidan con lo que has pedido.

Con cualquiera de las dos categorías, Windows muestra al instante los resultados que te pueden servir.

3. **Elige un resultado para abrirlo y que aparezca en la pantalla.**

Por ejemplo, puedes hacer clic en una canción para que empiece a

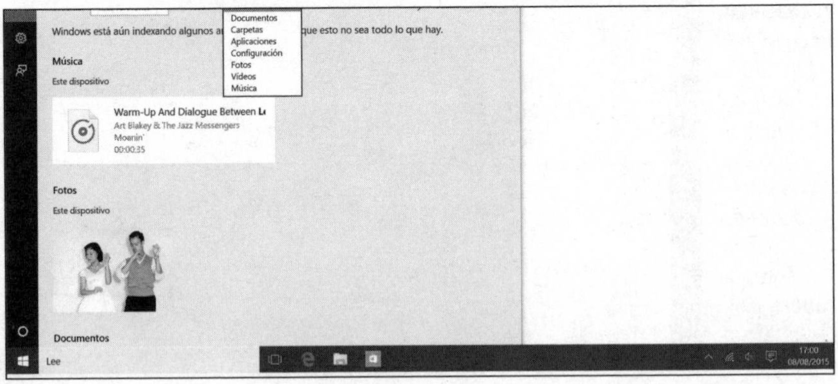

Imagen 7-4: Filtra más la búsqueda limitándola a determinados elementos

sonar. Si haces clic en un elemento de configuración, se abrirán el Panel de control o la aplicación Configuración en la sección que corresponde a lo que hayas elegido. Y si haces clic en una carta, se abrirá el procesador de textos.

Con estos consejos, sacarás el máximo partido de la función Buscar:

✔ El panel de búsqueda se centra en la rapidez y, por eso, solo muestra los archivos cuyos nombres coinciden con tu búsqueda. Este método sirve para encontrar resultados más rápidamente, pero si buscas la palabra "naranjas", por ejemplo, no te mostrará la lista de la compra. Si tienes claro que hay algún resultado que contiene esa palabra pero no aparece, termina de escribir las palabras que quieres buscar y, luego, haz clic en los botones Mis cosas o Web, en la parte inferior del panel.

✔ No pulses la tecla Intro al terminar de escribir lo que buscas. Si lo haces, Windows elegirá el primer resultado, que puede no coincidir con lo que estás buscando. Espera a ver los resultados y, después, haz clic en el que quieras.

✔ La búsqueda de Windows rastrea todos los archivos de las carpetas Documentos, Música, Imágenes y Vídeos, y por eso es tan importante que guardes los archivos en esas carpetas.

✔ Además, la búsqueda de Windows rastrea todos los archivos que guardas en OneDrive, aunque no se encuentren también en tu computadora.

✔ Windows no incluye en la búsqueda los archivos de dispositivos extraíbles, como dispositivos USB, CD, DVD o discos duros portátiles.

✔ Si estás buscando una palabra muy común y Windows te muestra demasiados archivos, escribe varias palabras del archivo que buscas para limitar la búsqueda, por ejemplo: "Después de que el gato mordisqueara la hierba". Cuantas más palabras escribas, más probabilidades tendrás de dar con un archivo concreto.

✔ Al cuadro de búsqueda no le importa si las letras son mayúsculas o minúsculas: para él, "Abeja" y "abeja" son el mismo insecto.

Buscar con Cortana

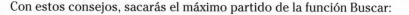

Windows 10 contiene una asistente personal digital muy buena, llamada Cortana. Cortana trata de hacerte la vida más fácil buscando, además de los archivos que te faltan, fragmentos de información útil relacionados contigo y con lo que te rodea; por ejemplo, noticias sobre el tiempo local, información sobre el tráfico para volver a casa o, tal vez, una lista de los restaurantes cercanos que más gustan. Cortana es muy lista y puede incluso avisarte cuando tu grupo favorito vaya a tocar en tu ciudad.

De hecho, ya la conoces: es el cerebro que hay detrás del cuadro de búsqueda del menú Inicio.

Está siempre esperando a que actives el micrófono de tu computadora, tableta o teléfono y le digas "Hola, Cortana". Cuando te oye decir esas dos palabras, escucha con atención lo que buscas y empieza a procesar lo que le has pedido.

Antes de nada, deberás configurar a Cortana. Para ello, haz clic en el cuadro de búsqueda que hay a la derecha del botón Inicio y sigue sus indicaciones. Cuando termines, estará todo listo para que te ayude con las búsquedas

Por ejemplo, para buscar en internet a la cantante Lady Gaga, haz lo siguiente: a la derecha del botón Inicio, en el cuadro de búsqueda, haz clic en el icono del micrófono y, a continuación, di "Hola, Cortana Lady Gaga". No hagas ninguna pausa después de "Hola, Cortana", para no confundirla. Pronuncia todas las palabras de corrido.

Cortana abrirá rápidamente el explorador web y el motor de búsqueda de Microsoft, Bing, y recopilará toda la información que encuentre sobre Lady Gaga.

En el capítulo 9, explico cómo Cortana colabora con el nuevo explorador Microsoft Edge para ayudarte a buscar en internet.

Encontrar un archivo desaparecido dentro de una carpeta

Si estás rebuscando en una carpeta de la computadora tratando de encontrar un archivo, puede que el panel de búsqueda del menú Inicio sea demasiado sofisticado para lo que necesitas. Para que no te ahogues en un mar de archivos cuando entres en carpetas a rebosar, Windows ha colocado un cuadro de búsqueda en la esquina superior derecha de cada carpeta. Ese cuadro de búsqueda se limita a buscar entre los archivos de esa carpeta en concreto.

Para localizar un archivo que no encuentras en una carpeta concreta, haz clic en el cuadro de búsqueda de la propia carpeta y empieza a escribir una o varias palabras del archivo en cuestión. A medida que vas escribiendo letras y palabras, Windows empieza a filtrar los archivos por las palabras que buscas y sigue reduciendo las opciones hasta que la carpeta muestra unos pocos archivos, incluido el que no localizabas (espero).

Si el cuadro de búsqueda de una carpeta encuentra demasiados resultados, hay otro truco que te puede ayudar: los encabezados de las columnas. Para que funcione mejor, en la pestaña Vista, dentro del grupo Diseño, elige la opción Detalles, que reúne los nombres de los archivos en una misma columna, como se muestra en la imagen 7-5. La primera columna, Nombre, incluye el nombre de cada archivo, y las demás muestran detalles concretos sobre cada archivo.

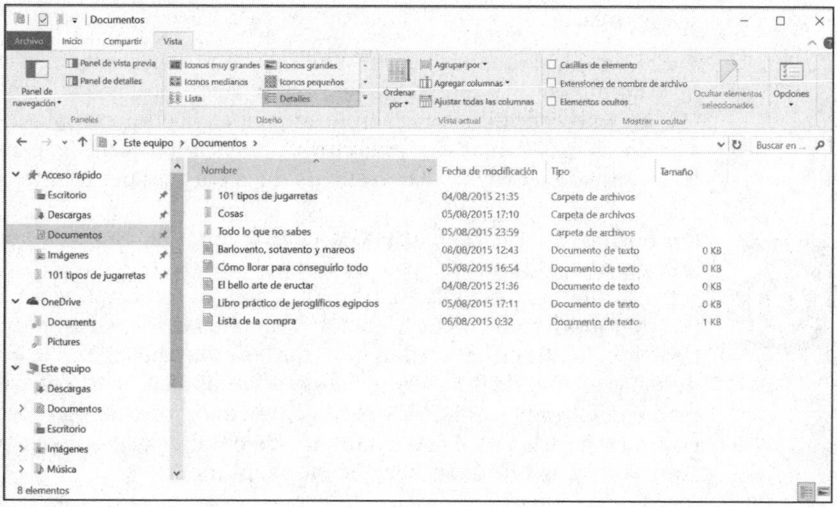

Imagen 7-5:
La vista Detalles te permite ordenar los archivos por su nombre para que te sea más fácil encontrar el que buscas

¿Ves los encabezados de las columnas, como Nombre, Fecha de modificación y Tipo? Haz clic en cualquiera de ellos para ordenar los archivos por ese dato. Así es como puedes ordenar la carpeta Documentos por algunos de los encabezados de columna:

✔ **Nombre:** si sabes por qué letra empieza el nombre del archivo, haz clic en este encabezado para que los archivos se muestren en orden alfabético. Así, podrás localizar el archivo siguiendo la lista. Para invertir el orden, vuelve a hacer clic en Nombre.

✔ **Fecha de modificación:** si recuerdas la fecha aproximada en la que cambiaste por última vez un documento, haz clic en el encabezado Fecha de modificación. Los archivos más recientes se colocarán en la parte superior de la lista y te será más fácil encontrar lo que buscas. Al hacer clic de nuevo en Fecha de modificación, se invierte el orden: es una manera útil de descartar los archivos antiguos que ya no te sirven.

✔ **Tipo:** este encabezado ordena los archivos según su contenido. Por ejemplo, agrupa por una parte todas las fotos; por otra, todos los documentos de Word, etc. Es una forma práctica de localizar fotos descarriadas dentro de una manada de archivos de texto.

✔ **Tamaño:** si ordenas los archivos con este encabezado, tu tesis de 450 páginas aparecerá en un extremo y la lista de la compra, en el otro.

✔ **Autores:** Microsoft Word y otros programas introducen tu nombre en los archivos que creas. Si haces clic en este encabezado, se ordenarán los archivos alfabéticamente según los nombres de sus creadores.

✔ **Etiquetas:** muchas veces, Windows te permite asignar etiquetas a documentos y fotos, una tarea que describiré más adelante en este mismo capítulo. Por ejemplo, si añades la etiqueta "Madremía" a las fotos más llamativas, encontrarás esas fotos con solo escribir la etiqueta u ordenar los archivos de la carpeta por etiquetas.

Por norma general, las carpetas muestran unas cinco columnas de detalles, pero puedes añadir más. De hecho, puedes ordenar los archivos según su número de palabras, su duración (si son canciones), su tamaño (si son fotos), su fecha de creación y muchos otros datos. Para ver una lista de los detalles que pueden mostrar las columnas, haz clic con el botón derecho en uno de los encabezados de columna. Cuando aparezca el menú desplegable, elige Más para ver el cuadro de diálogo Elegir detalles. Haz clic en cada una de las columnas de detalles que quieras ver para marcarlas y, al terminar, haz clic en Aceptar.

Encontrar fotos que no encuentras

Windows indexa hasta la última palabra de tus correos electrónicos, pero no diferencia entre las fotos de tu gato y las de las fiestas del trabajo. Con las fotos, la tarea de identificarlas te toca a ti, pero puede que te resulte más fácil si pones en práctica estos cuatro truquillos:

✔ **Etiqueta las fotos.** Cuando conectas la cámara a la computadora (como se explica en el capítulo 17) y eliges Importar fotos y vídeos, Windows se ofrece a copiar las fotos a la computadora. Antes de copiarlas, Windows te pregunta si quieres etiquetar esas imágenes. Es tu gran oportunidad para escribir unas pocas palabras que describan la serie de fotos. Windows indexa las palabras como una sola etiqueta para que te sea más fácil recuperar las fotos en otro momento.

Orden exhaustivo

La vista Detalles de una carpeta (imagen 7-5) coloca todos los nombres de archivo en una misma columna, y muestra otras columnas de detalles a la derecha. Para ordenar el contenido de la carpeta, puedes hacer clic en el nombre de una de las columnas y los archivos se colocarán conforme a ese criterio: Nombre, Fecha de modificación, Autor, etc. Pero las funciones de ordenación de Windows van mucho más allá, como verás si haces clic en la flechita orientada hacia abajo que hay a la derecha del nombre de cada columna.

Por ejemplo, haz clic en la flecha situada junto a Fecha de modificación y se mostrará un calendario desplegable. Haz clic en una fecha, y la carpeta mostrará al instante los archivos modificados en esa fecha y excluirá los demás. Debajo del calendario, encontrarás diferentes casillas que te permiten ver los archivos creados hoy, ayer, la semana pasada, este mes, este año o, directamente, hace mucho tiempo.

De igual modo, si haces clic en la flecha que hay junto a la columna Autores, se mostrará un menú desplegable con los nombres de los autores de cada uno de los documentos de la carpeta. Activa las casillas ubicadas junto a los nombres de los autores que quieres ver y Windows excluirá los archivos creados por otras personas (esta característica funciona mejor con los documentos de Microsoft Office).

Sin embargo, estos filtros ocultos pueden ser peligrosos, ya que es fácil que olvides que los has activado. Si ves que hay una marca de verificación junto al encabezado de una columna, significa que te has dejado algún filtro activado y se están ocultando algunos archivos de la carpeta. Para desactivar el filtro y ver todos los archivos de esa carpeta, desactiva la casilla que hay junto al encabezado de la columna y observa con atención el menú desplegable. Haz clic en todas las casillas activadas de ese menú para quitar las marcas de verificación y retirar el filtro.

✔ **Guarda cada serie de fotos en una carpeta.** El programa de importación de fotos de Windows crea automáticamente una carpeta nueva para almacenar cada serie y le asigna como nombre la fecha actual y la etiqueta que elijas. Pero si utilizas otros programas para transferir las fotos, no olvides crear una carpeta nueva para cada serie y nombrarla con una breve descripción de las fotos: "Paseos del perro", "*Kitesurf*" o "Excursión para buscar trufas" (Windows indexa los nombres de las carpetas).

✔ **Ordénalas por fechas.** ¿Te has encontrado una carpeta inmensa con un amontonadero de fotos de todo tipo? Para solucionarlo rápido, prueba con esto: haz clic en la pestaña Vista y elige Iconos grandes para que las fotos se transformen en miniaturas reconocibles. Después, en el menú de la pestaña Vista, elige Ordenar por y selecciona Fecha de captura. Windows ordenará las fotos por la fecha en la que las sacaste y el caos dejará paso al orden.

✔ **Cambia el nombre de las fotos.** En vez de dejar las fotos de tus vacaciones en Túnez con los nombres que asigna la cámara (tipo DSC_2421, DSC_2422, etc.), ponles nombres que signifiquen algo: haz clic en la pestaña Inicio de la Cinta y, a continuación, haz clic en el botón Seleccionar todo para seleccionar todos los archivos de la carpeta Túnez. Después, haz clic con el botón derecho en la primera foto, elige Cambiar nombre y escribe **Túnez**. Windows cambiará todos los nombres por Túnez, Túnez (2), Túnez (3), etc. Si te arrepientes, pulsa Ctrl + Z para deshacer el cambio de nombre.

Con estas cuatro sencillas reglas, evitarás que tu colección de fotos se convierta en un revoltijo de archivos.

No olvides hacer una copia de seguridad de tus fotos digitales en un disco duro externo, CD, DVD u otro de los métodos que describo en el capítulo 13. Si no lo haces, algún día dejará de funcionar el disco duro de la computadora y perderás todos esos recuerdos familiares.

Encontrar otras computadoras de una red

Una red no es más que un grupo de computadoras conectadas que pueden compartir cosas, como la conexión a internet, archivos o una impresora. La mayoría de la gente utiliza una red pública todos los días sin saberlo: cada vez que consultas el correo electrónico, tu computadora se conecta a otra computadora de internet para recibir los mensajes que están a la espera.

La mayor parte del tiempo no tienes que preocuparte por las demás computadoras de la red, pero si quieres encontrar una computadora conectada, por ejemplo, para acceder a unos archivos que tienes en la computadora del salón, Windows estará encantado de ayudarte.

De hecho, Windows dispone de un sistema llamado "Grupo Hogar" y, gracias a él, compartir archivos con otras computadoras es más fácil que nunca. Crear un Grupo Hogar es tan sencillo como introducir la misma contraseña en todas las computadoras conectadas.

Para encontrar una computadora de tu Grupo Hogar o red tradicional, abre cualquier carpeta y haz clic en la palabra Red en el panel de navegación que ocupa toda la parte izquierda de la carpeta, tal y como se muestra en la imagen 7-6.

Al hacer clic en Red, se mostrarán todas las computadoras conectadas a tu computadora en una red tradicional. Si haces clic en Grupo Hogar en el panel de navegación, se mostrarán las computadoras con Windows de tu

Grupo Hogar, que es una forma más sencilla de compartir archivos. En cualquiera de estos dos tipos de red, tanto tradicional como Grupo Hogar, solo tienes que hacer doble clic en los nombres de sus computadoras para navegar por los archivos.

Encontrarás los pasos que debes seguir para crear tu propio Grupo Hogar o una red doméstica en el capítulo 15.

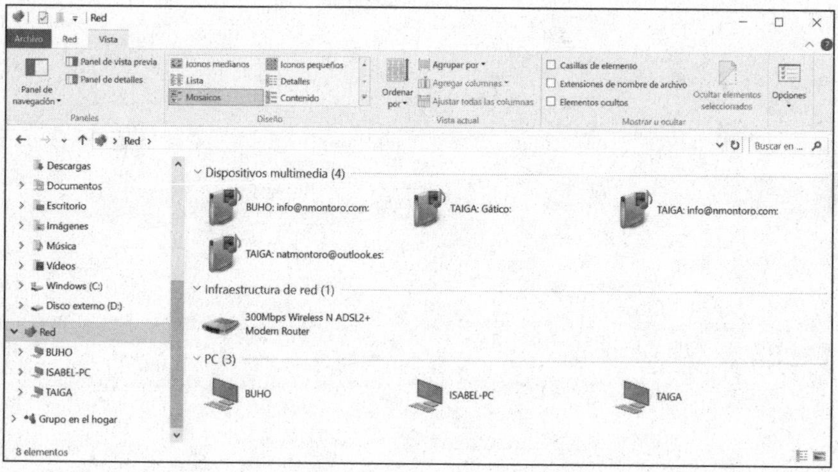

Imagen 7-6: Para encontrar computadoras conectadas a tu computadora por medio de una red, haz clic en la categoría Red del panel de navegación

Capítulo 8

Imprimir y digitalizar

· ·

En este capítulo

▶ Imprimir y digitalizar (escanear) desde las aplicaciones del menú Inicio

▶ Imprimir archivos, sobres y páginas web desde el escritorio

▶ Ajustar las proporciones de una página

▶ Solucionar problemas con la impresora

· ·

S eguro que, de vez en cuando, te interesa tener un texto o una imagen de la computadora en un formato menos etéreo, como, por ejemplo, en papel. En este capítulo, se aborda esa tarea y se explica todo lo que necesitas saber sobre la impresión. Además, averiguarás qué hay que hacer para que un documento que te está dando problemas te quepa en un papel sin salirse por los bordes.

También descubrirás cómo imprimir desde las aplicaciones del menú Inicio y los programas del escritorio.

Explicaré cómo imprimir solamente las partes que te interesan de un sitio web, sin más páginas, anuncios, menús ni imágenes que te hagan malgastar tinta.

Y, por si te encuentras junto a una impresora que está escupiendo 17 páginas incorrectas, no te pierdas la cobertura de la misteriosa cola de impresión que ofrecemos en este capítulo. Es una zona bastante desconocida que te permite cancelar la impresión de los documentos antes de que acaben con tus reservas de papel. (Para ver cómo se configura una impresora, consulta el capítulo 12).

Y si lo que quieres es convertir el papel en archivos informáticos, este capítulo concluye con un resumen de la aplicación Escáner de Windows. Si se usa junto con un escáner, permite transformar mapas, recibos, fotos y otros papeles en archivos de la computadora.

Imprimir desde una aplicación de la pantalla Inicio

Aunque, últimamente, Microsoft haga como si las aplicaciones del menú Inicio y los programas de escritorio fueran lo mismo, a menudo las aplicaciones y los programas de escritorio se comportan de maneras bastante distintas.

Muchas de las aplicaciones ni siquiera te permiten imprimir, y las que lo hacen no te dejan jugar mucho con la configuración de la impresora. Aun así, si necesitas de todas todas imprimir algo desde una aplicación de Windows, sigue estos pasos para jugar todas tus cartas:

1. **Desde el menú Inicio, abre la aplicación que contiene los datos que quieres imprimir.**

   Cruza los dedos para que sea una de las pocas aplicaciones capaces de imprimir.

2. **Haz clic en el icono de configuración de la aplicación o en el icono Más para ver los menús emergentes.**

   Al hacer clic en estas tres líneas, que apodaremos "menú hamburguesa", se muestra un menú desplegable. A veces, este menú sustituye a los iconos de la barra de accesos que veíamos en Windows 8 y 8.1.

   Del mismo modo, al hacer clic en el icono de los tres puntos (en el margen) que hay en algunas aplicaciones, aparece también un menú desplegable. Al menú de los tres puntos, a veces, lo llamamos "menú Más" porque te ofrece más opciones.

   Si estás usando el modo Tableta en una tableta, para que aparezca el menú de la aplicación a toda pantalla, desliza el dedo desde el borde superior de la tableta hacia abajo.

   Al hacer clic en Imprimir en el menú desplegable, se mostrará el menú Imprimir de la aplicación, que será similar al de la imagen 8-1. Si la palabra Imprimir está atenuada, significa que la aplicación no puede imprimir.

3. **Haz clic en la impresora para recibir el trabajo.**

   Haz clic en el cuadro Impresora y aparecerá un menú desplegable con todas las impresoras de las que dispone la computadora. Haz clic en el nombre de la impresora que quieras que se encargue del trabajo.

4. **Retoca los últimos detalles.**

   La ventana Imprimir (imagen 8-1) ofrece una vista previa de lo que vas a imprimir e indica, justo encima, el número total de páginas.

Imagen 8-1:
Elige las opciones de impresión o haz clic en el enlace Más configuraciones para ver otras opciones

Para navegar por las páginas que se van a imprimir, haz clic en los botones Anterior o Siguiente que hay sobre la vista previa.

¿Que no te basta con estas opciones? Puedes hacer clic en el enlace Más configuraciones. La opción Páginas por hoja te permite juntar varias páginas en una sola hoja, muy útil para imprimir varias fotos pequeñas con una impresora a color.

5. Haz clic en el botón Imprimir.

Windows enviará el trabajo a la impresora que elijas, con la configuración que seleccionaste en el paso 4.

Algunas aplicaciones te permiten imprimir, pero siempre te encontrarás con ciertas limitaciones:

✔ La mayoría de las aplicaciones no dejan imprimir. Por ejemplo, no puedes imprimir las tareas de un día desde la aplicación Calendario. Ni siquiera te deja imprimir un calendario mensual.

✔ El enlace Más configuraciones, que mencionamos en el paso 4, te permite elegir entre el modo Vertical u Horizontal, además de escoger una de las bandejas de la impresora. Pero no encontrarás ajustes más detallados que estos: por ejemplo, para elegir los márgenes o añadir encabezados y pies de página.

En resumen, es posible imprimir desde ciertas aplicaciones, pero los resultados que se obtienen no son nada del otro mundo. Los programas de escritorio, que se describen en el resto de este capítulo, permiten controlar mejor los ajustes de impresión.

Imprimir tus obras de arte desde el escritorio

El escritorio, un centro de poder y control, te ofrece muchas más opciones de impresión, con el inconveniente de que tendrás que manejarte por menús interminables.

Si usas el escritorio, Windows te ofrece unas cuantas maneras de enviar lo que quieras plasmar en papel directamente a la impresora. Lo más probable es que, casi siempre, acabes utilizando uno de estos métodos:

✔ Elegir Imprimir en el menú Archivo del programa

✔ Hacer clic en el icono Imprimir (una impresora chiquitita) del programa

✔ Hacer clic con el botón derecho en el icono de un documento sin abrir y elegir Imprimir

✔ Hacer clic en el botón Imprimir de la barra de herramientas de un programa

✔ Arrastrar el icono de un documento hasta el icono de la impresora

Si aparece un cuadro de diálogo, haz clic en los botones Aceptar o Imprimir y Windows empezará a enviar las páginas correspondientes a la impresora. Espera un minuto o así. Puedes hacerte un café. Si la impresora está encendida (y aún tiene papel y tinta), Windows lo hará todo él solito e imprimirá mientras tú sigues con tus cosas.

Si las páginas impresas no tienen buena pinta (puede que la información no quepa en el papel o que todo se vea descolorido), tendrás que jugar con la configuración de la impresora o, tal vez, cambiar la calidad del papel, como explicaré enseguida.

✔ Para imprimir un taco de documentos rápidamente, selecciona los iconos de todos ellos. Después, haz clic con el botón derecho en alguno de los iconos seleccionados y elige Imprimir. Windows los enviará a la impresora, de donde saldrán, uno por uno, en papel.

✔ Si usas una impresora de inyección de tinta y la impresión está descolorida, significa que toca cambiar el cartucho de color de la impresora. Puedes comprar cartuchos de repuesto por internet o en casi cualquier tienda de materiales de oficina.

✔ ¿Aún no has instalado ninguna impresora? Ve al capítulo 12, que es donde explico cómo conectar una a la computadora y hacer que Windows la vea.

Ajustar el documento respecto de la página

En teoría, Windows siempre te muestra los documentos como si estuviesen impresos en papel. El departamento de marketing de Microsoft lo llama "Lo que ves es lo que obtienes", un concepto muy recurrente en informática pero impronunciable en inglés, donde se conoce por las siglas WYSIWYG (What You See Is What You Get). Si lo que ves en pantalla no es lo que quieres tener en papel, el cuadro de diálogo Configurar página (imagen 8-2) suele servir para rectificarlo.

La opción Configurar página, que encontrarás en el menú Archivo de prácticamente todos los programas, ofrece varias formas de disponer el docu-

Echar un vistazo a la página que vas a imprimir (antes de que llegue al papel)

A veces, hay que darle un voto de confianza a la impresora: eliges Imprimir en el menú, esperas a que salga el papel y, si tienes suerte, la página habrá quedado perfecta. Pero si tienes el día gris, será otra hoja malgastada.

La opción Vista previa de impresión, que encontrarás en muchos menús de impresión, predice el destino de lo que vas a imprimir antes de que la tinta llegue al papel. La opción Vista previa de impresión combina el documento que quieres imprimir con la configuración de página del programa para mostrarte una imagen detallada de la página tal como quedará impresa. Gracias a esta vista, te será más fácil modificar márgenes descentrados, frases descolgadas y otros errores de impresión.

La pantalla de vista previa de cada programa es diferente y unas ofrecen más información que otras, pero cualquiera te dirá si cabe todo en la página correctamente.

Si la vista previa está bien, elige Imprimir para enviar el elemento a la impresora. Si ves que hay que cambiar algo, haz clic en Cerrar para volver al documento y retocar lo que sea necesario.

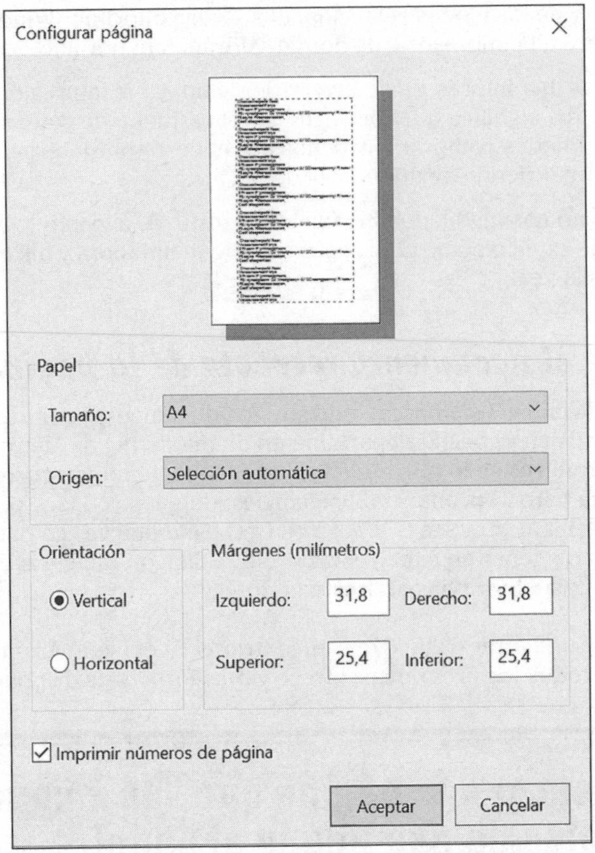

Imagen 8-2:
El cuadro
de diálogo
Configurar
página te
permite
ajustar el
documento
respecto
del papel

mento sobre la página que vas a imprimir (y, con ello, también en la pantalla). El cuadro de diálogo Configurar página cambia de un programa a otro y de un modelo de impresora a otro, pero a continuación describo las opciones que encontrarás casi siempre y la configuración que suele funcionar mejor.

✔ **Tamaño de página:** con esta opción, podrás decirle al programa de qué tamaño es el papel que hay en la impresora. Deja esta opción en A4 para imprimir en hojas de papel estándar de 21 × 29,7 centímetros. Cambia esta opción si utilizas papel de tamaño carta (21,6 × 27,9 cm), sobres u otros tamaños de papel. (En el recuadro "Imprimir sobres sin problemas", en este mismo capítulo, encontrarás más información sobre la impresión de sobres).

✔ **Origen:** elige Selección automática o Alimentador de hojas, a menos que tengas una impresora de esas sofisticada que aceptan papel de varias bandejas de la impresora. Si es así, selecciona la bandeja que contenga el tamaño de papel correcto. Algunas impresoras permiten que el papel sea introducido de forma manual; en este caso, la impresora espera hasta que cada hoja se desliza hacia su interior.

✔ **Encabezado y pie de página:** en estos cuadros, puedes introducir códigos secretos para definir lo que colocará la impresora encima y debajo de cada página: números de página, títulos y fechas, por ejemplo, además del espaciado. Por desgracia, cada programa utiliza códigos diferentes para el encabezado y el pie de página. Si ves un pequeño signo de interrogación en la esquina superior derecha del cuadro de diálogo Configurar página, haz clic en él y, después, haz clic en los cuadros del encabezado o el pie de página para entender de qué van esos códigos secretos.

✔ **Orientación:** deja esta opción en Vertical para imprimir páginas normales que se lean de forma vertical, como una carta. Elige Horizontal solamente si quieres imprimir en horizontal, una opción muy útil para las hojas de cálculo. Si eliges esta opción, la impresora imprimirá las páginas de lado de forma automática: no es necesario que gires el papel de la impresora.

✔ **Márgenes:** puedes reducir los márgenes como quieras para que quepa todo en una sola hoja, o bien aumentarlos para que un trabajo de seis páginas ocupe las siete que te han pedido.

✔ **Impresora:** si tienes más de una impresora instalada en la computadora o la red, haz clic en esta opción para elegir la que quieras que imprima. También debes hacer clic en ella para cambiar la configuración de la impresora (lo explicaré en el siguiente apartado).

Cuando hayas acabado de ajustar la configuración, haz clic en Aceptar para guardar los cambios. Si te aparece el botón Vista previa de impresión, haz clic en él para comprobar que todo está en orden.

En algunos programas, para encontrar el cuadro Configurar página, tendrás que hacer clic en la flechita que hay junto al icono de la impresora y elegir Configurar página en el menú desplegable.

Ajustar la configuración de la impresora

En algunos programas, al elegir Imprimir, Windows te ofrece una última oportunidad para que dejes bien arreglada la página que vas a imprimir. El cuadro de diálogo Imprimir, que se muestra en la figura 8-3, te permite enviar el trabajo a cualquier impresora instalada en la computadora o en la red. Dentro de él, puedes ajustar la configuración de la impresora, elegir la calidad del papel y seleccionar las páginas (y la cantidad de copias) que quieres imprimir.

Imprimir sobres sin jaleos

Es muy fácil hacer clic en Sobres dentro de la ventana Configurar página del programa, pero conseguir que la dirección se imprima en la parte correcta del sobre es extraordinariamente difícil. Cada modelo de impresora te pide que introduzcas los sobres en un sentido: del derecho, del revés... Lo mejor que puedes hacer es probar varias veces: coloca el sobre de diferentes formas sobre la bandeja de la impresora hasta que des con la fórmula mágica. También puedes recurrir al manual de la impresora, si todavía lo tienes, y consultar las imágenes que explican cómo insertar el sobre correctamente.

Cuando hayas descubierto el método que funciona con tu impresora, pega con celo sobre la impresora un sobre que hayas conseguido imprimir bien y píntale una flecha para indicar la forma correcta de introducirlo.

Si, al final, decides que no quieres imprimir sobres, puedes probar a usar las etiquetas postales de Avery. Compra el tamaño que prefieras y descarga el programa de asistencia de Avery desde el sitio web `www.avery.es`. El asistente es compatible con Microsoft Word y coloca en la pantalla pequeños cuadros de texto que coinciden con el tamaño exacto de las etiquetas de Avery que has comprado. Solo tienes que escribir las direcciones en los cuadros, insertar la hoja de etiquetas en la impresora y Word imprimirá todo él solito sobre las pegatinas. No hará falta ni que las lamas.

También puedes hacer lo que yo: encargar un sello de caucho con tu dirección. Es mucho más rápido que las pegatinas y las impresoras.

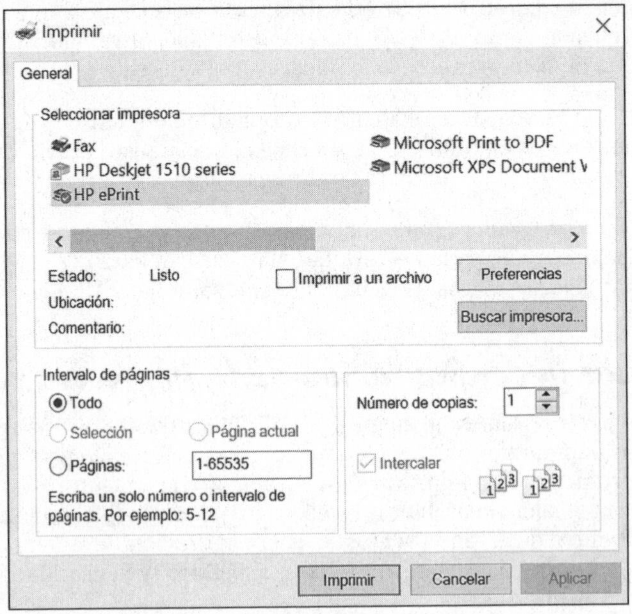

Imagen 8-3: El cuadro de diálogo Imprimir te permite elegir la impresora y ajustar su configuración

En el cuadro de diálogo encontrarás, seguramente, estas opciones:

✔ **Seleccionar impresora:** ignora esta opción si solo tienes una impresora, ya que Windows la elegirá de forma automática. Si la computadora tiene acceso a varias impresoras, haz clic en la que quieres que se encargue del trabajo. Si tienes un módem fax en la computadora o la red y quieres enviar el documento por fax a través del programa Fax y Escáner de Windows, haz clic en Fax.

La impresora con el nombre Escritor de documentos XPS de Microsoft (o Microsoft XPS Document Writer) envía el documento a un archivo con un formato especial que se suele usar para imprimir o distribuir documentos de forma profesional. Seguramente, nunca tendrás que utilizar esta opción.

✔ **Intervalo de páginas:** elige Todo para imprimir el documento entero. Si solo deseas imprimir unas páginas, elige la opción Páginas e introduce los números de las páginas que quieres imprimir. Por ejemplo, introduce 1-4, 6 para imprimir un documento de seis páginas sin la página 5. Si has resaltado un párrafo, elige Selección para imprimir ese párrafo en concreto. Es una buena forma de imprimir la parte importante de una página web y deshacerse del resto.

✔ **Número de copias:** lo normal es dejar esta opción a 1 (copia), a menos que haga falta una copia para cada asistente a una reunión, por ejemplo. Algunas impresoras ofrecen también la opción Intercalar, pero no son mayoría, así que lo más probable es que te toque ordenar las páginas a mano.

✔ **Preferencias:** haz clic en este botón para ver un cuadro de diálogo como el que muestra la imagen 8-4, donde podrás elegir las opciones de tu modelo de impresora. Por norma general, el cuadro de diálogo Preferencias de impresión te permite seleccionar diferentes tipos de papel, elegir entre la impresión en color o en blanco y negro, fijar la calidad de la impresión y hacer las últimas correcciones en el diseño de la página.

Cancelar un trabajo de impresión

Te acabas de dar cuenta de que has enviado a la impresora el documento que no era, y tiene 26 páginas. ¿Qué haces? Vas a la impresora y la apagas. Lo malo es que hay muchas impresoras que, de forma automática, continúan imprimiendo en cuanto vuelves a encenderlas, todo un problema para ti o tus compañeros de trabajo.

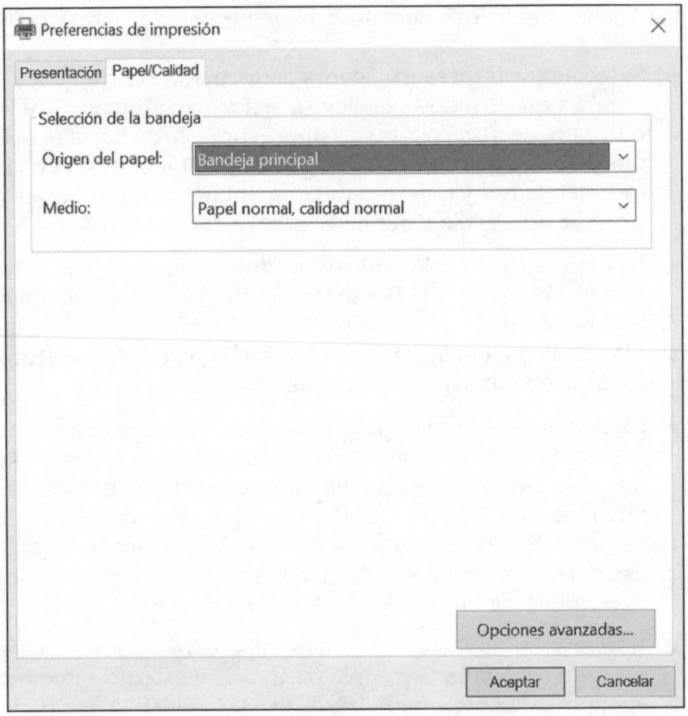

Imagen 8-4:
El cuadro
de diálogo
Preferen-
cias de im-
presión te
permite
cambiar
las opcio-
nes pro-
pias de la
impresora,
como el ti-
po de pa-
pel o la ca-
lidad de la
impresión

Si quieres que la impresora se olvide de tu error, sigue estos pasos:

1. **En la barra de tareas del escritorio, haz clic con el botón derecho en el icono de la impresora y, en el menú que aparece, elige el nombre de tu impresora.**

   Para ver el icono de la impresora, puede que tengas que hacer clic en la flechita hacia arriba que hay a la izquierda de los iconos de la barra de tareas, junto al reloj.

   Al elegir el nombre de la impresora, se mostrará una ventana muy útil: la cola de impresión, similar a la de la imagen 8-5.

2. **Haz clic con el botón derecho en el documento equivocado y elige Cancelar para detener el trabajo. Si te piden confirmación, haz clic en el botón Sí. Repite el proceso con todos los demás documentos de la lista que no quieras imprimir.**

   Puede que la cola de impresión tarde un par de minutos en vaciarse. Para que vaya más rápido, haz clic en el menú Ver y elige Actualizar. Cuando la cola de impresión esté vacía, vuelve a encender la impresora y verás que no sigue imprimiendo el documento maldito.

🖨 HP Deskjet 1510 series						— ☐ ✕

Impresora   Documento   Ver

Nombre del documento	Estado	Propietario	Páginas	Tamaño	Enviado	Puerto
🖹 Documento	Imprimiendo	natmo	1	187 KB/187 KB	18:19:08 08/08/2015	USB001

Pausa
Reiniciar
Cancelar
Propiedades

Cancela la impresión de los documentos seleccionados.

✔ La cola de impresión, o administrador de trabajos de impresión, muestra una lista de todos los documentos que esperan pacientemente para llegar a la impresora. Tienes total libertad para arrastrarlos, subirlos y bajarlos dentro de la lista y, así, cambiar el orden en el que se imprimirán, pero recuerda que nada puede adelantarse al documento que se está imprimiendo.

✔ ¿Compartes una impresora con tu red? A veces, los trabajos de impresión que se envían desde otras computadoras acaban en la cola de impresión de tu computadora, así que tendrás que cancelar tú los que no valgan. Del mismo modo, si tus compañeros de red comparten su impresora, puede que tengan que eliminar los trabajos equivocados que envíes tú.

✔ Si a la impresora se le acaba el papel mientras está imprimiendo, se detiene y no continúa ni a la de tres, añade más papel. Después, para que vuelva a la acción, abre la cola de impresión, haz clic con el botón derecho en el documento y elige Reiniciar. Algunas impresoras tienen, además, un botón que puedes pulsar para continuar con la impresión.

✔ Si estás con el portátil en una cafetería, también puedes enviar documentos a la impresora. Cuando conectes el portátil a la impresora, la cola de impresión se dará cuenta y empezará a enviar los archivos. Pero ten cuidado: una vez que los documentos están en la cola de impresión, su formato corresponde al modelo concreto de la impresora elegida. Si acabas conectando el portátil a otro modelo de impresora, los documentos que estén a la espera en la cola de impresión no se imprimirán correctamente.

Imprimir una página web

Aunque encuentres alguna página web repleta de datos que te interesan y sientas una gran tentación de imprimirla, ten en cuenta que suele ser bastante frustrante, porque el aspecto original pocas veces permanece sobre el papel. A menudo, cuando se envían a la impresora, las páginas web sobresalen por el borde derecho de la página, consumen muchas, muchísimas páginas adicionales o se quedan con un tamaño de letra demasiado pequeño para ser legible.

Y, lo que es aún peor, todos esos anuncios multicolores dejan secos los cartuchos de color de la impresora. Solo hay cuatro maneras de imprimir páginas web y que queden bien. Te las explico por orden a continuación, según sus probabilidades de éxito:

✔ **Utilizar la opción de Imprimir integrada en la propia página.** Algunos sitios web —no todos— incluyen una pequeña opción en el menú llamada Imprimir esta página, Versión en texto, Versión para imprimir o algo así. Con esa opción, le estás diciendo al sitio web: "Deshazte de todo lo que sobre y adapta el formato de la página para que quede perfecta en una hoja de papel". Esta opción es la más fiable para imprimir una página web.

✔ **Elegir Vista previa de impresión en el menú Archivo o Imprimir del explorador.** Tras quince años sin darse cuenta, algunos diseñadores de páginas web pensaron que, tal vez, alguien querría imprimir las páginas. Entonces, cambiaron la configuración para que las páginas adaptaran su formato automáticamente al imprimirse. Si tienes suerte, al echarle un ojo a la ventana Vista previa de impresión, verás que te has topado con uno de esos sitios adaptados para imprimirse.

✔ **Copiar la parte que te interesa a un procesador de textos.** Prueba a seleccionar en la propia página el texto que quieres imprimir y copiarlo a un procesador de textos. Elimina todo lo que te sobre, ajusta los márgenes e imprime la parte que quieras. (En el capítulo 6 explico cómo seleccionar, copiar y pegar).

✔ **Copiar la página entera y pegarla en un procesador de textos.** Lleva mucho trabajo, pero no deja de ser una opción. Haz clic con el botón derecho en un hueco de la página web y elige Seleccionar todo. Vuelve a hacer clic con el botón derecho y elige Copiar. Después, abre Microsoft Word (u otro procesador de textos que te ofrezca suficientes opciones) y pega la página web en un documento nuevo. A veces, si eliminas todas las partes sobrantes, puedes obtener algo digno de imprimirse.

Estos trucos también te vendrán que ni pintados cuando tengas que trasladar una página web de la pantalla al papel:

✔ El nuevo explorador web de Windows 10, Microsoft Edge, está diseñado para ser rápido y no es muy sofisticado, pero permite imprimir.

Si quieres imprimir lo que estás viendo en Edge, haz clic en el icono Más del explorador (los tres puntos de la esquina superior derecha) y elige Imprimir en el menú desplegable.

✔ Si no consigues imprimir bien desde Microsoft Edge, prueba con Internet Explorer, que sigue estando ahí. Puedes encontrarlo escribiendo su nombre en el cuadro de búsqueda del menú Inicio.

✔ Si encuentras la opción de enviar la página por correo electrónico, pero no la de Imprimir, prueba a enviarte la página. Depende del programa de correo electrónico que uses, pero puede que te funcione mejor imprimir la página en forma de correo electrónico.

✔ Para imprimir solo unos párrafos de una página web, selecciona con el *mouse* la parte que quieras imprimir. (Hablo de cómo seleccionar en el capítulo 6). Elige Imprimir en el menú Herramientas de Internet Explorer (se muestra en el margen) para abrir el cuadro de diálogo Imprimir, que habrás visto ya en la imagen 8-3. Después, en el cuadro Intervalo de páginas, elige la opción Selección.

✔ Si una tabla o una foto de una página web insiste en salirse por el borde derecho del papel, prueba a imprimir la página en modo Horizontal en lugar de Vertical. Para ver más detalles sobre el modo Horizontal, consulta el apartado anterior "Ajustar el documento respecto de la página", en este mismo capítulo.

Solucionar problemas con la impresora

Cuando no puedas imprimir algo, empieza por lo más básico: ¿seguro que la impresora está encendida y enchufada, tiene papel y está bien conectada a la computadora por medio de un cable?

Si es así, prueba a conectar la impresora a otro enchufe, encenderla y ver si se ilumina la luz de encendido. Si no se ilumina, seguramente es que el adaptador de corriente de la impresora está fundido.

Casi siempre es más barato cambiar de impresora que repararla: los fabricantes de impresoras suelen ganar dinero con los cartuchos de tinta y, para ello, venden las impresoras por debajo de su precio real.

Si la luz de encendido se ilumina, comprueba lo siguiente antes de rendirte:

✔ Asegúrate de que no se haya atascado ninguna hoja en la impresora. Para sacar el papel atascado, suele bastar con tirar de él poco a poco. A veces, con abrir la tapa de la impresora y volver a cerrarla, el mecanismo se pone en marcha solo.

✔ ¿La impresora es de inyección de tinta y sigue habiendo tinta en los cartuchos? ¿La impresora es láser y tiene un tóner? Prueba a imprimir una página de prueba: en el escritorio, haz clic con el botón derecho en el botón Inicio y elige Panel de control. En la categoría Hardware y sonido, elige Ver dispositivos e impresoras. Haz clic con el botón derecho en el icono de tu impresora, elige Propiedades de impresora y haz clic en el botón Imprimir página de prueba para ver si hay comunicación entre la computadora y la impresora.

✔ Prueba a actualizar el controlador de la impresora, el pequeño programa que le permite comunicarse con Windows. Visita el sitio web del fabricante de la impresora, descarga el controlador más reciente de ese modelo de impresora e inicia el programa de instalación. Explicaré el tema de los controladores en el capítulo 13.

Por último, te daré un par de consejos para proteger la impresora y los cartuchos:

✔ Apaga la impresora cuando no vayas a usarla, sobre todo si es una impresora de inyección de tinta un poco vieja, porque el calor hace que los cartuchos se sequen y te duren menos.

Elegir el papel adecuado para la impresora

Seguro que, en alguna tienda de materiales de oficina, has visto que la variedad de tipos de papel es apabullante. A veces, el paquete indica para qué sirve: por ejemplo, "papel para inyección de tinta premium", para imprimir circulares con todo el lujo. Aquí dejo una lista de las diferentes clases de trabajos de impresión y el tipo de papel que precisan. Antes de imprimir, no te olvides de hacer clic en el apartado Preferencias de impresora para seleccionar el tipo de papel que utilizarás en ese trabajo:

✔ **Cosas sin mucho valor:** ten siempre cerca papel barato o de borrador para probar la impresora, imprimir bocetos rápidamente, dejar notas en el escritorio o imprimir otros trabajos poco importantes que vayan surgiendo. Para esto vienen muy bien las impresiones fallidas: dale la vuelta a un papel que no te sirva y utilízalo por la otra cara.

✔ **Calidad de carta:** suelen llevar las palabras "Premium" o "Blanco brillante", y son apropiados para imprimir cartas, informes, comunicados y cualquier otra cosa que haya que enseñar a otras personas.

✔ **Fotos:** puedes imprimir fotos en cualquier tipo de papel, pero solo parecerán fotos de verdad si utilizas papel de calidad fotográfica (vamos, el caro). Introduce el papel con cuidado en la bandeja de la impresora para que la foto se imprima en la parte brillante y lustrosa. Con algunos papeles fotográficos, es necesario colocar una lámina de cartulina justo debajo para que el papel se deslice suavemente por la impresora.

Continúa

Continuación

✔ **Etiquetas:** aunque no me envíen siquiera camisetas por recomendarlos, siempre diré que con el programa de asistencia de Avery (www.avery.es) es muy fácil imprimir las etiquetas y las tarjetas de Avery. El asistente complementa a Microsoft Word y coincide a la perfección con las etiquetas postales, tarjetas de felicitación, tarjetas de visita, etiquetas de CD, etc. de formato predeterminado que ofrece Avery.

✔ **Transparencias:** para tus presentaciones de PowerPoint, puedes comprar láminas especiales de plástico transparente diseñadas para tu tipo de impresora. Asegúrate de que la impresora, ya sea de inyección de tinta o láser, sea compatible con este tipo de transparencias.

Para no tirar el dinero, comprueba que el papel está diseñado especialmente para el tipo de impresora que tienes. Las impresoras láser generan calor al imprimir y lo transmiten al papel de impresión, y algunas láminas y transparencias no se llevan bien con el calor.

✔ Nunca desenchufes una impresora de inyección de tinta para apagarla: utiliza el interruptor de encendido y apagado. Con ese interruptor, los cartuchos regresan a la posición inicial, de manera que no se secan ni se atascan.

Digitalizar desde el menú Inicio

Si has intentado usar el programa que venía con el escáner y te has cansado de trastear con él, déjalo y prueba con la aplicación para digitalizar que ofrece Windows 10, bastante sencilla. Se llama Escáner, así, a secas, y desgraciadamente no funciona con los escáneres más antiguos. Pero si el tuyo es más o menos nuevo, esta aplicación será un soplo de aire fresco si te has acostumbrado a los intrincados menús de los escáneres.

La aplicación Escáner con la que te obsequiaban Windows 8 y 8.1 no viene instalada en Windows 10, pero puedes descargarla gratis en la aplicación Tienda, donde lleva el nombre de "Escáner de Windows".

Nota: ¿Vas a instalar un escáner nuevo por primera vez? Pues no te olvides de desbloquearlo deslizando una palanquita o girando un mando del escáner a la posición de desbloqueo. Este sistema protege al escáner durante el transporte, pero para usar el aparato tienes que desactivar el bloqueo.

Si quieres digitalizar algo para pasarlo a la computadora, sigue estos pasos:

1. En el menú Inicio, haz clic en la aplicación Escáner.

Si no la encuentras en este menú, haz clic en Todas las aplicaciones, en la esquina inferior izquierda del menú Inicio. Aparecerán todas las aplicaciones por orden alfabético. *Nota:* Si no encuentras la aplicación Escáner en la computadora, puedes descargarla gratis en la aplicación Tienda.

Haz clic en la aplicación Escáner, en el margen, y se abrirá ocupando toda la pantalla. Si se queja de que no tienes el escáner conectado, comprueba que has conectado el cable USB a la computadora y al escáner y que este está encendido.

Si el escáner está conectado y enchufado, la aplicación mostrará el nombre del escáner (como en la imagen 8-6) y el tipo de archivo que se usa para guardar los archivos. La mayoría de los programas aceptan el tipo de archivo PNG.

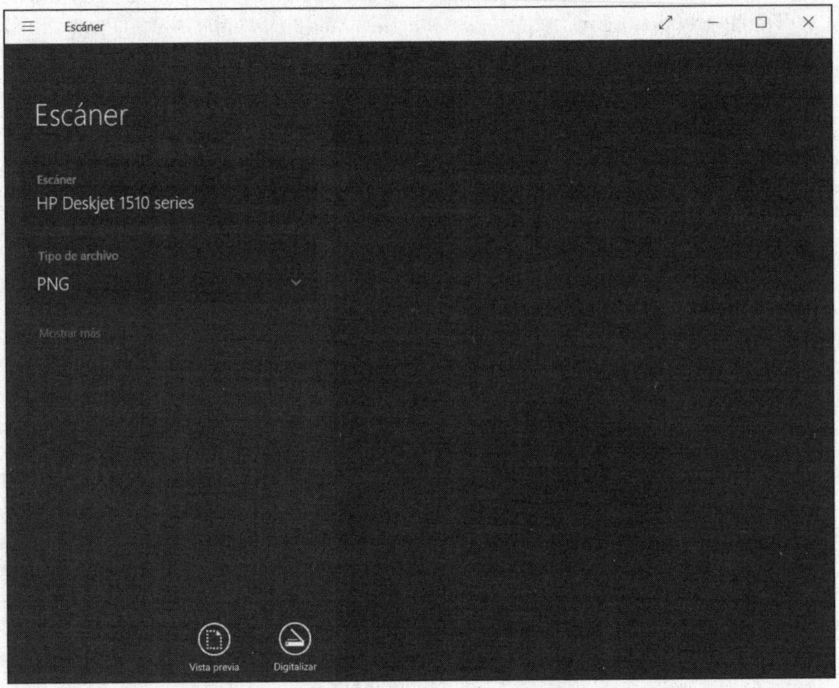

Imagen 8-6: Haz clic en el enlace Mostrar más para que aparezcan otras opciones, y en Vista previa para probar a digitalizar

Si la aplicación no reconoce tu escáner, significa que es demasiado viejo. Tendrás que usar el programa que venía con él, si funciona. Si no, lo siento mucho, pero tendrás que comprar otro escáner.

2. **(Opcional) Para cambiar la configuración, haz clic en el enlace Mostrar más.**

La configuración predeterminada de la aplicación sirve para casi todo, pero el enlace Mostrar más ofrece estas opciones por si quieres digitalizar cosas más concretas:

- **Modo de color:** elige Color para los elementos a color, como fotos y páginas de revistas de papel con brillo; elige Escala de grises para casi todo lo demás, y elige Blanco y negro solamente para digitalizar dibujos de líneas o imágenes simples en blanco y negro.

- **Resolución (PPP):** la resolución predeterminada de 200 PPP sirve en casi todos los casos. Si digitalizas con más resolución (una cifra mayor), la imagen quedará más detallada, pero el archivo ocupará más, por lo que, por ejemplo, será difícil enviarlo por correo electrónico. Si digitalizas con menos resolución, verás menos detalles, pero tendrás la ventaja de que los archivos son más pequeños. Puedes probar hasta que des con la configuración que más te convenga.

- **Guardar archivo en:** la aplicación Escáner crea una carpeta, llamada Digitalizaciones, en la carpeta de imágenes de la computadora. En ella, almacena las imágenes que has digitalizado. Si quieres, puedes cambiar el nombre de la carpeta Digitalizaciones o, incluso, crear una carpeta distinta cada vez que uses el escáner.

3. **Haz clic en el botón Vista previa para comprobar que la imagen digitalizada es correcta.**

Haz clic en el icono Vista previa, en el margen, y la aplicación Escáner dará el primer paso: te ofrecerá una vista previa de una digitalización realizada con la configuración que has elegido.

Si la vista previa no es correcta, comprueba que has escogido el modo de color apropiado, como hemos explicado en el paso anterior. Si, al usar la vista previa, aparece una página en blanco, asegúrate de que has desbloqueado el escáner como se describe en las instrucciones que acompañan al escáner.

Si lo que quieres digitalizar no ocupa toda la superficie del escáner, fíjate en las marcas circulares que hay en cada esquina de la vista previa y arrastra cada círculo hacia el interior hasta delimitar la zona que quieras copiar.

4. **Haz clic en el botón Digitalizar. Cuando termine el escáner, haz clic en el botón Ver para comprobar lo que se ha digitalizado.**

La aplicación Escáner digitaliza la imagen con la configuración que hayas elegido en los pasos anteriores y, luego, guarda la imagen en la carpeta Digitalizaciones, dentro de la carpeta Imágenes.

La aplicación Escáner resulta práctica para digitalizar fácil y rápidamente, pero al venir con Windows, es muy simple y no te permite usar los botones integrados en el escáner.

Si quieres usar esos botones o controlar lo que digitalizas con mayor detalle, en vez de usar la aplicación Escáner, ve al escritorio e instala el programa que viene con el escáner. Con algunos modelos de escáner, Windows Update instala automáticamente el programa del escáner en cuanto los conectas.

Por último, si necesitas digitalizar algo con urgencia y no te preocupa la calidad, puedes hacer una foto del documento en cuestión con la cámara de tu teléfono o tableta. No funciona bien para digitalizar fotos, pero es una buena forma de guardar recibos y facturas.

Parte III

Conseguir tus objetivos en internet

En esta parte...

✔ Encontrar un proveedor de servicios de internet y conectarse a internet

✔ Interactuar con las aplicaciones de correo, contactos y calendario

✔ Navegar con seguridad en internet

Capítulo 9

Navegar por la red

- -

- -

*W*indows trata de acceder a internet desde el primer momento, ávido de encontrar cualquier atisbo de conexión: no espera siquiera a terminar de instalarse. Una vez conectado, se toma la molestia de descargarte las actualizaciones para que la computadora funcione mejor. Pero no todos sus motivos son tan altruistas: también se conecta a Microsoft para comprobar que no estás instalando una copia pirateada.

Windows 10 depende tanto de la web que incluye un nuevo explorador muy hábil, llamado Microsoft Edge. Rápido y pulido, este programa te ayuda a aprovechar todas las posibilidades que ofrece el mundo de hoy, tan dependiente de internet.

De hecho, Microsoft Edge es lo que se denomina "una aplicación universal": es decir, que tiene el mismo aspecto y funciona igual en un teléfono con Windows 10, una tableta, una computadora y hasta una consola de videojuegos Xbox.

En este capítulo, explico cómo encontrar y usar Microsoft Edge y cómo conectarse a internet, visitar sitios web y buscar lo que quieras en la red.

Y si quieres protegerte de las artimañas que pueden perjudicarte mientras navegas, no olvides consultar el capítulo 11. Es un manual básico sobre cómo usar la informática de manera segura y en él se explica la forma de evitar las malas compañías de la red, que pueden albergar virus, programas espía, ladrones y otros parásitos de internet.

¿Qué es un ISP y por qué lo necesito?

Hay tres cosas que todos necesitamos para conectarnos a internet y visitar sitios web: una computadora, el programa explorador web (o navegador) y un proveedor de servicios de internet (ISP).

La computadora ya la tienes; no importa si es una tableta, un portátil o un PC de escritorio. Como programa, te sirve el nuevo explorador de Windows 10, Microsoft Edge.

De modo que lo único que tiene que buscar la mayoría de la gente es un proveedor ISP. Hay personas que se conectan a internet mediante la conexión sin cables de una cafetería. Pero si quieres acceder desde casa, tendrás que pagar a un ISP a cambio del privilegio que supone navegar por la red. En cuanto tu computadora se conecte a las computadoras del ISP, Windows detectará internet y ya podrás navegar.

Elegir un ISP es relativamente sencillo: muchas veces, solo hay una compañía que ofrezca servicios de internet en tu zona. Pregunta a tus amigos y vecinos qué empresa usan y si te recomiendan ese proveedor. Si hay varias compañías que presten servicios en tu barrio, llama a más de una y compara tarifas. Los servicios de internet suelen pagarse mes a mes y, si no firmas ningún compromiso de permanencia, siempre puedes cambiar de proveedor.

✔ Los ISP cobran por el acceso a internet, pero hay maneras de conectarse sin tener que pagar: algunos lugares ofrecen gratis su conexión a internet, por lo general, inalámbrica. Si tu teléfono, portátil o tableta es compatible con las conexiones inalámbricas —la mayoría lo son—, podrás navegar por internet siempre que te llegue una señal inalámbrica gratuita (en el siguiente apartado, explico las conexiones inalámbricas).

✔ Hay proveedores que cobran por minuto de conexión, pero la mayor parte ofrece una tarifa plana de entre $300 y $600 mensuales por un uso ilimitado. Algunos, además, proporcionan conexiones de más velocidad si aceptas una tarifa más alta. Asegúrate de informarte sobre la tarifa que has elegido antes de subirte al barco, o puede que te lleves una desagradable sorpresa a final de mes.

✔ Los ISP te permiten conectarte a internet de varias formas: los más lentos requieren un módem de acceso telefónico y una línea de teléfono normal y corriente. Hay conexiones más rápidas, llamadas "de banda ancha": en este grupo están las líneas ADSL o RDSI que proporcionan algunas compañías telefónicas. Y la opción más rápida es la de los módems por cable, que suelen ofrecer las mismas empresas que suministran televisión por cable. Los ISP de banda ancha que tienes a tu disposición suelen depender de tu ubicación geográfica.

✔ Solo tienes que pagar a tu proveedor por una conexión a internet: esa conexión se puede compartir con todas las computadoras, teléfonos móviles, televisores y aparatos diversos con internet que tengas en casa o en la oficina. En el capítulo 15, explico cómo compartir una conexión a internet creando tu propia red con o sin cables.

¿Dónde está Internet Explorer?

Tras veinte años de servicio, Internet Explorer ha decidido jubilarse con Windows 10: llevaba funcionando desde 1995 y ya acumulaba una gran carga a sus espaldas. Por ejemplo, para mostrar sitios web creados con tecnologías más antiguas, requería códigos especializados. Toda esa cantidad de código hacía que Internet Explorer fuera muy lento al mostrar sitios web modernos, y también lo hacía más vulnerable a virus y otras vulnerabilidades.

De modo que Microsoft ha empezado de cero con Microsoft Edge, un nuevo explorador más rápido. Pero si prefieres seguir con Internet Explorer, que sepas que continúa instalado.

Si Internet Explorer no aparece en el menú Inicio, tendrás que entrar en la sección Programas y características del Panel de control e instalarlo desde el área Activar o desactivar las características de Windows.

Para instalar Internet Explorer, sigue estos pasos:

1. **Haz clic con el botón derecho en el botón Inicio, elige Panel de control en el menú emergente y haz clic en el icono Programas del Panel de control.**

2. **En la categoría Programas y características, elige Activar o desactivar las características de Windows.**

3. **Marca la casilla situada junto a Internet Explorer 11 y haz clic en el botón Aceptar.**

Cuando la computadora te pida que la reinicies, haz clic en el botón Reiniciar ahora. Después de reiniciarse, Internet Explorer se mostrará en el área Accesorios de Windows del menú Inicio. Internet Explorer no tiene ese aire moderno y atractivo de Microsoft Edge, pero hay quien lo encuentra cómodo, como quien conserva un sillón mullido aunque esté ya para tirar. Microsoft seguirá ofreciendo parches de seguridad para Internet Explorer a través de Windows Update, pero no esperes ver nuevas prestaciones en este viejo explorador.

Conectarse a internet de forma inalámbrica

Windows busca constantemente una conexión a internet que funcione, tanto en sus conexiones por cable como detectando las ondas de una conexión Wi-Fi (inalámbrica). Si la computadora encuentra alguna conexión Wi-Fi a la que te hayas conectado anteriormente, no tendrás que hacer nada más: Windows informará a Microsoft Edge y podrás navegar por la red.

Sin embargo, cuando viajas, la mayoría de las redes inalámbricas que encuentras son nuevas, así que tendrás que buscar estas nuevas conexiones y autorizarlas.

Si quieres conectarte a una red inalámbrica de los alrededores por primera vez —da igual si es la de tu casa o la de un lugar público—, haz esto:

1. **Haz clic en el botón Inicio y, en el menú Inicio, haz clic en Configuración.**

   Aparecerá la aplicación Configuración.

2. **En la aplicación Configuración, haz clic en el icono Red e Internet, que se abrirá para mostrarte las redes inalámbricas disponibles.**

   Si tu computadora se puede conectar de forma inalámbrica, Windows te enseñará una lista de todas las redes inalámbricas a tu alcance, como puedes ver en la imagen 9-1. No te extrañes si aparecen varias redes: si estás en casa, es probable que los vecinos también vean tu red (y este es uno de los motivos por los que es importante poner contraseña a las redes inalámbricas).

   Las redes están ordenadas según la intensidad de la señal; las más rápidas y las que llegan con más intensidad aparecen arriba.

3. **Para indicar que quieres conectarte a una red, haz clic en su nombre y, luego, en el botón Conectar.**

   Si te estás conectando a una red no segura (una red que no precisa contraseña), no tendrás que hacer nada más. Windows te avisará de que vas a conectarte a una red no segura, pero puedes pulsar el botón Conectar para conectarte de todas formas. Mientras uses una conexión no segura, no compres nada ni realices ninguna operación bancaria.

   En cualquier caso, para usar una conexión más segura, evita este tipo de redes y, si estás en un hotel, una cafetería o un aeropuerto, pregunta al personal si te puede dar la contraseña de la red segura. Cuando hayas terminado con esto, consulta el siguiente paso.

   Si marcas la casilla Conectarse automáticamente que hay junto a la red antes de hacer clic en el botón Conectar, Windows reconocerá

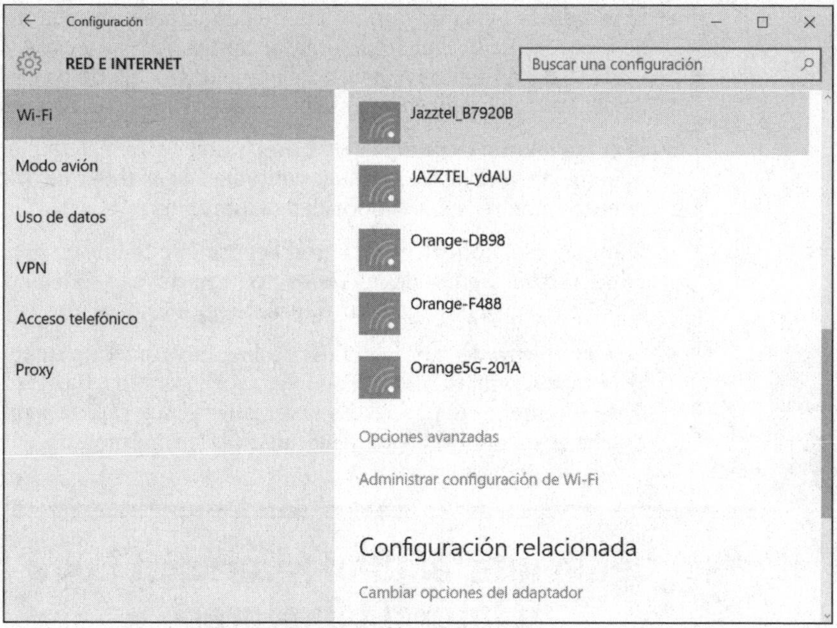

Imagen 9-1:
Windows
muestra
todas las
redes ina-
lámbricas
que están
a tu al-
cance

esa red la próxima vez que estés dentro de su alcance, y te librarás de conectarte a mano cada vez.

4. Si es necesario, escribe la contraseña.

Si tratas de conectarte a una red inalámbrica segura, Windows te pedirá que introduzcas la clave de seguridad de red, es decir, la contraseña. Si estás en casa, tendrás que escribir la misma contraseña que se indicó en el *router* al configurar la red inalámbrica.

Si quieres conectarte a la red inalámbrica de otra persona y está protegida por una contraseña, pídesela al dueño de la red. En algunos hoteles y cafeterías, es posible que te cobren por acceder.

5. Indica si quieres compartir tus archivos con otras personas de la red.

Si vas a conectarte a la red de tu casa o de tu oficina, elige la opción "Sí, activar el uso compartido y conectarme a los dispositivos". Así podrás compartir archivos con otros usuarios y utilizar dispositivos compartidos como, por ejemplo, impresoras.

En cambio, si te estás conectando a una red pública, elige la opción "No, no activar el uso compartido ni conectarme a los dispositivos" y te mantendrás a salvo de miradas indiscretas.

Si tienes problemas para conectarte, prueba con esto:

✔ Si Windows avisa de que no puede conectarse a tu red inalámbrica, se ofrecerá a abrir el Solucionador de problemas de red. Este asistente le dará vueltas al asunto y comentará algo de que la señal es débil. Lo que quiere decir es que te acerques más al *router*.

✔ Si estás en una habitación de hotel, puede que te llegue una señal más fuerte si te acercas a una ventana. Es posible que, incluso, encuentre más redes inalámbricas disponibles.

✔ Si no puedes conectarte a la red segura que te interesa, prueba a conectarte a alguna de las redes no seguras. Las redes no seguras son útiles para navegar por internet esporádicamente.

✔ Si, en la barra de tareas del escritorio, hay un icono de una red inalámbrica (como el que puedes ver en el margen), haz clic en él para ir directamente al paso 3. Es una manera muy rápida y práctica de conectarte cuando llegas a un lugar por primera vez.

¿Cómo interactúan Microsoft Edge e Internet Explorer?

Aunque Microsoft predique las virtudes de su nuevo explorador web (Microsoft Edge), no es el único explorador que viene con Windows 10: Internet Explorer sobrevive y puedes encontrarlo en la sección Accesorios de Windows, en el menú Inicio.

Microsoft Edge e Internet Explorer pertenecen a dos mundos independientes. Si añades una página web como favorita a Microsoft Edge, no aparecerá en Internet Explorer, y viceversa.

Es un gran cambio respecto de los dos exploradores que teníamos en Windows 8 y 8.1. Entonces, Windows contenía dos versiones de Internet Explorer conectadas entre sí: una aplicación más simplificada y la versión estándar para escritorio. Ambas versiones compartían tu historial de exploración, las cookies, las contraseñas guardadas y los archivos temporales. Si eliminabas alguno de estos en uno de los exploradores, se eliminaba también en el otro.

Navegar por la red con Microsoft Edge

Microsoft Edge se ha diseñado para navegar con rapidez por los sitios web actuales, de modo que se carga rápidamente y muestra las páginas web tan pronto como lo permite la conexión. No obstante, parte de su rapidez y su aspecto pulido se debe a sus limitaciones. Este explorador oculta los menús para presentar todo el contenido de los sitios web y, al hacerlo, dificulta la navegación.

Para abrir Microsoft Edge, haz clic en el icono correspondiente (representado en el margen) de la barra de tareas que ocupa la parte inferior de la pantalla. El explorador se abrirá, como se muestra en la imagen 9-2, y ocupará toda la pantalla con el último sitio que hayas visitado o con una pantalla de inicio que recopila las principales noticias, el tiempo y enlaces a sitios web que suelen gustar.

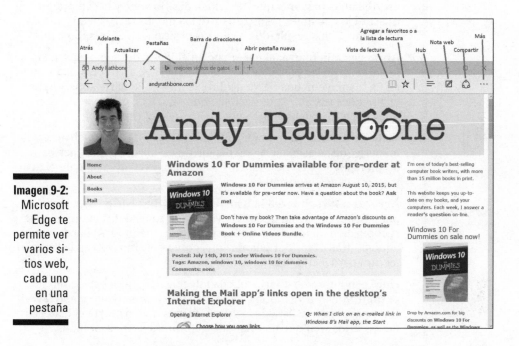

Imagen 9-2:
Microsoft
Edge te
permite ver
varios si-
tios web,
cada uno
en una
pestaña

Este explorador esconde la mayoría de los menús tras misteriosos iconos, que explicamos en la imagen 9-2 y a continuación:

✔ **Atrás:** este icono, con una flecha hacia atrás y situado en la esquina superior izquierda, te permite regresar a la página que acabas de ver.

✔ **Adelante:** si haces clic en este icono, volverás a la página de la que acabas de regresar.

✔ **Actualizar:** este icono resulta muy práctico para consultar sitios web de noticias que se actualizan constantemente, ya que vuelve a cargar la página que estás viendo y te muestra el contenido más reciente.

✔ **Pestañas:** cada sitio web que tienes abierto se muestra en una pestaña, dispuesta a lo largo del borde superior de la ventana; puedes visitar los otros sitios web abiertos haciendo clic en las pestañas correspondientes. También puedes cerrarlos haciendo clic en la X ubicada en la esquina superior derecha de la pestaña.

✔ **Barra de direcciones:** para que aparezca la barra de direcciones, haz clic en el nombre del sitio que estás viendo (suele estar en el borde superior del sitio web). Esta barra te permite escribir la dirección del sitio web que quieres visitar. Si no conoces la dirección, escribe unas palabras que describan el sitio web, y el explorador buscará los posibles resultados y te los mostrará. Haciendo clic en cada uno de los resultados, visitarás el sitio web correspondiente.

✔ **Abrir pestaña nueva:** al hacer clic en el icono del signo más, justo a la derecha de las pestañas que tienes abiertas, aparecerá una ventana en blanco con una barra de direcciones en la parte superior. En ella puedes escribir la dirección de un sitio web que te interese o unas cuantas palabras para que las busque el explorador.

✔ **Vista de lectura:** sirve para cambiar el diseño del sitio web actual de manera que se asemeje a una página de un libro. Lo que hace es limpiar el sitio web de anuncios y formato, y dejar solamente el texto y las imágenes relevantes.

✔ **Agregar a favoritos o a la lista de lectura:** haz clic en este icono para incluir la página que estás viendo en tu lista de Favoritos, una recopilación de los sitios web que visitas a menudo. Al hacer clic aquí, podrás optar por guardar una copia del sitio web en la lista de lectura para leerlo más adelante.

✔ **Hub:** el nombre no aporta mucha información, pero este icono te permite volver a visitar los sitios web que has marcado como favoritos o añadido a tu lista de lectura, además de mostrarte el historial de los sitios web que has visitado y los archivos descargados.

✔ **Nota web:** te servirá, básicamente, si usas una tableta y un lápiz. Al hacer clic en él, puedes realizar anotaciones sobre una página web y guardarla como si fuera una imagen. Resulta muy útil para resaltar pasajes y garabatear sitios web antes de enviárselos a un amigo (por ejemplo, puedes escribir "Lee esta parte"). Ten en cuenta que, al enviar la página comentada como imagen, los enlaces que haya en ella no funcionarán.

✔ **Compartir:** haz clic aquí para enviar la página que estés viendo a otro programa (por lo general, OneNote).

✔ **Más:** al hacer clic en el icono de los tres puntos, se despliega una lista con las opciones de abrir una ventana nueva, cambiar el tamaño de texto del sitio web actual, buscar una palabra en la página actual, imprimir la página, anclar la página al menú Inicio y ver otras opciones de configuración.

Si estás fuera de casa y necesitas buscar información rápidamente, puede que te baste y te sobre con Microsoft Edge, rápido y con menús muy sencillos.

Si has pulsado el botón que no es y aún no has levantado el dedo, ¡quieto ahí! Los botones de comando no actúan hasta que separas el dedo de la pantalla o el *mouse*. Así que, si te equivocas, desliza el dedo o el puntero del *mouse* hasta que quede fuera del botón incorrecto y entonces, solo entonces, levanta el dedo.

Moverse de una página web a otra

Las páginas web tienen su propia dirección, igual que las casas. Todos los exploradores web te permiten moverte entre esas direcciones. Puedes usar Microsoft Edge, Internet Explorer o, incluso, un navegador de la competencia como Firefox (`www.getfirefox.com`) o Chrome (`www.google.com/chrome`).

Utilices el explorador que utilices, podrás pasar de una página a otra de estas tres maneras:

- ✔ Haciendo clic en un botón o un enlace que te transporten automáticamente a otra página
- ✔ Escribiendo a mano una compleja serie de palabras clave (es decir, la dirección web) en la barra de direcciones del explorador web y pulsando Intro
- ✔ Haciendo clic en los botones de navegación que hay en la barra de herramientas del explorador, generalmente en la parte superior de la pantalla

Hacer clic en enlaces

El primer método es, de lejos, el más sencillo. Fíjate en los enlaces (palabras o imágenes resaltadas de una página) y haz clic en ellos.

Por ejemplo, ¿ves que el puntero del *mouse* se ha transformado en una mano (como la del margen) al situarse sobre la palabra "Books" en la imagen 9-3? Esa mano indica que se puede hacer clic en el elemento al que estás apuntando, que puede ser una palabra, un botón o una imagen. En este caso, puedo hacer clic en la palabra "Books" para acceder a una página web que contiene más información sobre ese tema. El puntero del *mouse* se transformará en una mano cada vez que se encuentre sobre un enlace. Al hacer clic en una palabra enlazada, accederás a una página que trata de dicha palabra.

Imagen 9-3:
Cuando el puntero del *mouse* se convierta en una mano, haz clic en la palabra o imagen si quieres ir a un sitio web con más información sobre ese tema

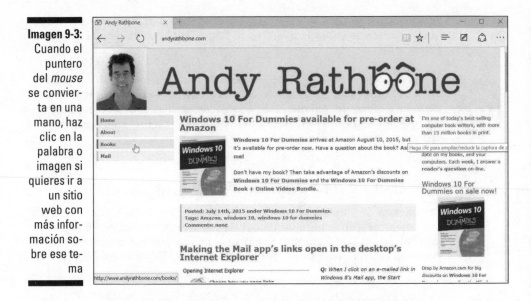

Escribir direcciones web en la barra de direcciones

El segundo método de navegar por internet es más difícil. Si, alguna vez, un amigo te apunta la dirección de un sitio web interesante en una servilleta, lo que tendrás que hacer será escribir esa dirección en la barra de direcciones del explorador, es decir, la barra que ocupa la parte superior y contiene texto. Todo irá bien siempre que no cometas ningún error al escribir la dirección.

¿Ves la dirección de mi sitio web en la parte superior de la imagen 9-3? Lo que he hecho para llegar a mi sitio web es escribir **andyrathbone.com** en la barra de direcciones y, al pulsar Intro, Microsoft Edge me ha llevado. Con la mayoría de las direcciones, no es necesario escribir `http://www`. ¡Menos mal!

Usar los iconos de Microsoft Edge

Por último, también puedes moverte por internet haciendo clic en los botones de los menús básicos que ofrece Microsoft Edge, como he descrito en el apartado anterior y en la imagen 9-2. Por ejemplo, puedes hacer clic en el botón de la flecha hacia atrás del explorador para volver a la página que acabas de visitar.

Si no tienes claro para qué sirve algún botón —este truco sirve en cualquier programa—, mantén el puntero del *mouse* sobre el botón y, seguramente, aparecerán unas palabras que expliquen su razón de ser.

Hacer que Microsoft Edge muestre tu sitio favorito al abrirse

Cuando el explorador web se abre, tiene que mostrarte algo. Ese algo puede ser cualquier sitio web que te interese. En términos informáticos, al algo se le llama *página de inicio*, y puedes pedirle a Microsoft Edge que sea cualquier sitio web, el que más te guste.

Por supuesto, Microsoft prefiere que Microsoft Edge se abra con un sitio web de Microsoft. Si quieres que se abra con una página elegida por ti, tendrás que tocar un par de opciones:

1. **Entra en tu sitio web preferido.**

   Elige cualquier página web que te guste. Si optas por una página de noticias, como Google Noticias (`http://news.google.com`), por ejemplo, Microsoft Edge se abrirá siempre con los titulares más recientes.

2. **Haz clic en el icono Más de Microsoft Edge y, en el menú emergente, elige Configuración.**

   Aparecerá el panel Configuración con una lista de opciones.

3. **En el apartado Abrir con del panel Configuración, elige Página o páginas específicas y pulsa el botón de guardar . En la lista emergente, elige Personalizado y, debajo, escribe la dirección del sitio web que visitaste en el paso 1.**

   Si quieres tener varias páginas de inicio, cada una en una pestaña, haz clic en el signo más situado junto a la primera dirección web que has introducido. Aparecerá un nuevo recuadro para que escribas otra dirección. Puedes repetir este proceso hasta que hayas añadido a Microsoft Edge todas las pestañas que quieras que cargue automáticamente cada vez que abras este navegador.

Los cambios se aplicarán de inmediato. Para cerrar el panel Configuración, solo tienes que hacer clic en cualquier punto de la pantalla que esté fuera del panel. Entonces, se cerrará y te encontrarás de nuevo en el sitio web.

Cuando abras Microsoft Edge y se muestren las páginas de inicio que has elegido, podrás seguir navegando por internet y buscando información: simplemente, escribe en la barra de direcciones o haz clic en algún enlace.

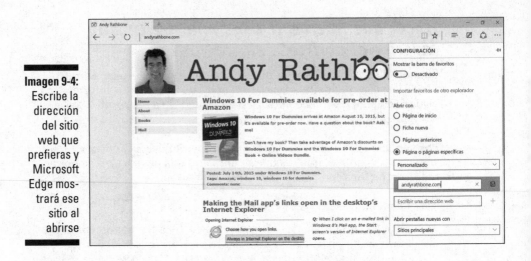

Imagen 9-4:
Escribe la
dirección
del sitio
web que
prefieras y
Microsoft
Edge mos-
trará ese
sitio al
abrirse

Del mismo modo que la página de inicio del explorador es el sitio que aparece cuando lo abres, la página de inicio de un sitio web es su portada, similar a la de una revista. Al navegar por un sitio web, lo normal es que empieces por su página de inicio y navegues desde ahí.

Volver a ver tus sitios favoritos

Tarde o temprano, darás con alguna página web que te impresione. Si quieres asegurarte de no perderla de vista, añádela a tu lista de páginas favoritas. Para agregar la página que estás viendo a la lista de favoritas, sigue estos pasos:

1. **Haz clic en el icono Favoritos (el de la estrellita), en la zona superior derecha de Microsoft Edge. Luego, elige uno de los dos iconos de arriba: Favoritos o Lista de lectura.**

   El menú ofrece dos lugares donde puedes guardar esa página web que te interesa:

   • **Favoritos:** haz clic en Favoritos para agregar el sitio web a tu lista de sitios favoritos y poder volver a él rápidamente. Los enlaces que añadas a esta lista siempre te llevarán a la versión más reciente de la página web.

   • **Lista de lectura:** elige esta opción si se trata de páginas web más largas y con mucha información que deseas leer más adelante. A diferencia de lo que ocurre con la opción Favoritos, las páginas web que añadas a esta lista se guardarán en la Lista de

lectura de Microsoft Edge, un espacio de almacenamiento donde las encontrarás a partir de entonces para leerlas cuando te
apetezca.

2. **Haz clic en el botón Agregar.**

   Con ambas opciones —Favoritos y Lista de lectura—, verás un recuadro con el nombre del sitio web. Si quieres, puedes modificarlo
   para que sea más descriptivo.

   Haz clic en el botón Agregar y el nombre se añadirá a lo que hayas
   elegido: la lista de Favoritos o la Lista de lectura.

Para volver a una de tus páginas favoritas, haz clic en el icono Hub de
Microsoft Edge (representado en el margen). Cuando se despliegue el
menú, haz clic en el icono Favoritos (el de la estrella), situado al principio
del menú, o en el icono Lista de lectura. Aparecerá tu lista de sitios web, a
los que puedes acceder haciendo clic en sus nombres.

Para quitar un elemento que no te convenza de la lista de Favoritos o la
Lista de lectura, haz clic en el botón Hub. Cuando aparezca el menú Hub,
haz clic en el icono correspondiente para ver tus Favoritos o la Lista de
lectura. Por último, haz clic con el botón derecho en el elemento que quieres quitar y elige Quitar en el menú emergente.

Buscar información en internet

Al buscar un libro en una biblioteca, lo normal es que acudas directamente a la computadora para consultar el catálogo. Internet funciona igual, ya
que para encontrar la información que buscas, necesitas un catálogo o un
índice.

Para ayudarte, Microsoft Edge te permite consultar un motor de búsqueda, es decir, un servicio que contiene un inmenso índice de sitios de internet. Para buscar algo, usa la barra de direcciones, el espacio donde sueles
escribir la dirección del sitio web que quieres visitar.

En este caso, escribe las palabras que quieres buscar —por ejemplo, "orquídeas exóticas"— directamente en la barra de direcciones y pulsa Intro.

Microsoft Edge llevará a cabo la búsqueda en Bing, el motor de búsqueda
de Microsoft, y te devolverá los sitios web que traten de orquídeas exóticas. Haz clic en el nombre de un sitio web para echarle un vistazo.

Si no te gusta que Bing se encargue de tus búsquedas, puedes cambiar el
motor de búsqueda por Google (`www.google.com`) o cualquier otro que
prefieras.

El historial secreto de tus visitas a webs que guarda Microsoft Edge

Microsoft Edge mantiene un registro de todos los sitios web que visitas. La lista Historial de Microsoft Edge ofrece un registro muy práctico de lo que vas haciendo con la computadora pero, por otra parte, es el paraíso de los espías.

Si quieres estar al tanto de lo que registra Microsoft Edge, haz clic en el botón Hub y, luego, en el icono Historial (el que tiene forma de reloj), en la parte superior del menú desplegable. Microsoft Edge te mostrará una lista de todos los sitios web que has visitado en las últimas semanas, ordenados por fecha y empezando por las visitas más recientes. Al presentarte los sitios en el orden en que los viste,

Microsoft Edge te lo pone fácil para que puedas volver directamente a cualquier sitio que te haya gustado, no importa si fue esta mañana o la semana pasada.

Si quieres eliminar una entrada del historial, haz clic en ella con el botón derecho y elige la opción Eliminar en el menú emergente. Ese menú te permite, también, eliminar todas las visitas a ese sitio, para que no tengas que buscarlas y eliminarlas una por una.

Si quieres eliminar la lista completa, haz clic en la opción Borrar todo el historial, encima de la lista.

Sigue estos pasos para adaptar a tu gusto las búsquedas de Microsoft Edge:

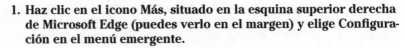

1. **Haz clic en el icono Más, situado en la esquina superior derecha de Microsoft Edge (puedes verlo en el margen) y elige Configuración en el menú emergente.**

   Aparecerá el panel Configuración.

2. **Haz clic en el botón Ver configuración avanzada y, en el menú emergente Buscar en la barra de direcciones con, haz clic en la flecha de la derecha y elige o añade el motor de búsqueda que más te guste.**

   Si no ves el motor de búsqueda que quieres usar, haz clic en Agregar nuevo para añadir uno nuevo. Los cambios se aplicarán de inmediato. Para cerrar el panel Configuración, haz clic en cualquier lugar de la página.

Microsoft Edge sustituirá Bing por el proveedor de búsquedas que acabas de elegir. Al cambiar el motor de búsqueda de Microsoft Edge, no se modificará el de Internet Explorer: ambos navegadores son independientes.

Buscar más información con Cortana

Si haces clic en los enlaces de un sitio web, accederás fácilmente a otros lugares de internet. Pero ¿qué puedes hacer si quieres informarte sobre algo que no es un enlace en el que puedas hacer clic? Imagínate que ves por ahí la dirección de una tienda de dulces vegetarianos y te interesa verla en un mapa. O que encuentras un término que no entiendes y, simplemente, quieres buscar más información sobre él.

Para eso está Preguntar a Cortana; Cortana, la asistente personal de Windows 10, trabaja desde dentro de Microsoft Edge para ayudarte a encontrar más información sobre lo que vas viendo por internet.

Funciona así:

1. **Cuando estés visitando una página web en Microsoft Edge, resalta las palabras que quieras investigar.**

   Para resaltar una palabra, puedes hacer doble clic en ella, por ejemplo. También puedes hacer clic al principio de una serie de palabras, mantener pulsado el botón del *mouse* y, sin soltarlo, arrastrar el puntero hasta el final de la serie. Luego, suéltalo y habrás resaltado todo el conjunto de palabras.

   En el capítulo 6 explico con más detalle cómo seleccionar elementos.

2. **Haz clic con el botón derecho en la información resaltada y elige Preguntar a Cortana en el menú emergente.**

   Cortana aparecerá en el borde derecho de la pantalla. Este pequeño robot buscará en internet la información oportuna durante unos segundos y, a continuación, la mostrará como en la imagen 9-5.

Cortana puede mostrarte información de Wikipedia, así como datos e imágenes de Bing, el motor de búsqueda de Microsoft.

Si no te ofrece los detalles que buscabas, baja hasta el final del panel de información de Cortana. Ahí encontrarás un enlace para buscar las palabras en Bing, que te permite controlar mejor la búsqueda.

Guardar información procedente de internet

Internet es una biblioteca completísima de la que puedes disfrutar desde casa, y sin tener que hacer cola. Además, igual que en todas las bibliotecas encuentras una fotocopiadora, Microsoft Edge ofrece varias formas de guardar los pedazos de información interesantes para uso personal.

Imagen 9-5:
Cortana
colabora
con Micro-
soft Edge
para bus-
car infor-
mación so-
bre las
palabras
que en-
cuentras
por inter-
net

En este apartado, explico cómo copiar fragmentos de internet a la computadora, ya sea una página web completa, una sola imagen, un sonido, una película o un programa.

En el capítulo 8, explico cómo imprimir una página web (o parte de la información que contiene).

Guardar una página web

¿Te gustaría tener una tabla de conversión de grados Celsius a Fahrenheit y viceversa? ¿Quieres cenar y necesitas una tabla explicativa de los tipos de *sushi*? ¿Te interesa guardar el itinerario que seguirás en tu viaje a Noruega el mes que viene? A veces, cuando encuentras una página web con información indispensable, sientes la necesidad de guardar una copia en la computadora para verla, examinarla o imprimirla más adelante.

Con Microsoft Edge, puedes guardar páginas web añadiéndolas a tu Lista de lectura, como hemos explicado en el apartado "Volver a ver tus sitios favoritos" de este mismo capítulo.

Guardar texto

Si quieres guardar un extracto del texto de una página web, selecciónalo, haz clic en él con el botón derecho y elige la opción Copiar. En el capítulo 6, explico cómo seleccionar, copiar y pegar texto. Abre el procesador de textos, copia el texto en un documento nuevo y guárdalo en la carpeta Documentos con un nombre que sea descriptivo.

Guardar una imagen

Mientras navegas por diferentes páginas web, quizás te encuentres con una imagen que no quieras perder de vista; para conservarla, puedes guardarla en la computadora. Haz clic con el botón derecho en la imagen y elige Guardar imagen, como se muestra en la imagen 9-6.

Aparecerá la ventana Guardar como, donde puedes escribir un nuevo nombre de archivo para la imagen, si quieres. Haz clic en Guardar para almacenar la imagen robada en la carpeta Imágenes.

El menú emergente de la imagen 9-6, repleto de opciones, te permite hacer otras cosas, como compartir la imagen (enviarla por correo electrónico) o copiarla al Portapapeles de Windows para después pegarla en otro programa.

¿Te acuerdas de esa pequeña imagen que aparece junto a tu nombre en el menú Inicio de Windows? Puedes sustituirla por cualquier imagen que encuentres en internet. Para ello, haz clic con el botón derecho en la nueva imagen y guárdala en la carpeta Imágenes. Luego, ve a la aplicación Configuración (consulta el capítulo 2) para convertirla en la nueva imagen de tu cuenta de usuario.

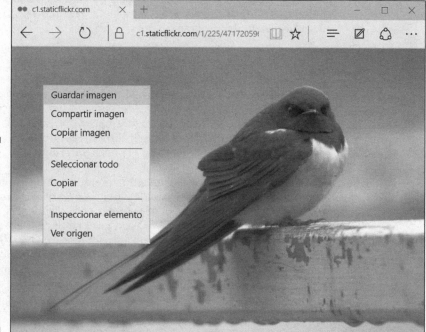

Imagen 9-6:
Haz clic con el botón derecho en la imagen que te gusta y elige Guardar imagen en el menú emergente

Descargar un programa, una canción o un archivo de otro tipo

Microsoft Edge facilita un poco la descarga de archivos desde internet y ahora es más fácil que nunca encontrar los archivos una vez descargados.

Para descargar algún elemento de un sitio web, haz clic en el enlace que lleva a él o en el botón de Descargar situado a su lado (si lo hay). Microsoft Edge descargará el elemento y, automáticamente, lo colocará en tu carpeta Descargas para que te resulte fácil encontrarlo. Los archivos suelen tardar unos segundos en llegar.

Cuando vayas a hacer clic en un botón de Descargar, detente un momento y asegúrate de que se trata del botón correcto. Muchos sitios web tratan de confundirte deliberadamente para que te descargues otra cosa: programas espía, virus o cualquier otro elemento que aporte ingresos al dueño del sitio web.

El elemento descargado se puede localizar de dos maneras:

✔ **Carpeta Descargas:** los elementos descargados van a parar a la carpeta Descargas. Para encontrarlos, abre el Explorador de archivos (se muestra en el margen) desde la barra de tareas. Cuando se abra el Explorador de archivos, verás la carpeta Descargas en la lista del panel izquierdo del programa.

✔ **Cola de descargas de Microsoft Edge:** haz clic en el icono Hub (se muestra en el margen) en Microsoft Edge. Cuando aparezca el menú Hub, haz clic en el icono Descargas (es el que está situado más a la derecha, en lo alto del menú Hub). Microsoft Edge te presentará una lista de todos los archivos que has descargado y podrás acceder a ellos con un solo clic. También puedes hacer clic en el enlace Abrir carpeta que hay en ese menú para ir directamente a la carpeta Descargas que hemos mencionado en el punto anterior.

Muchos archivos descargados vienen empaquetados en una bonita carpeta con una cremallera; a estos se les llama *archivos ZIP* o *archivos comprimidos*. Windows los trata como carpetas convencionales, de modo que basta con hacer doble clic en ellos para ver lo que contienen. De hecho, por si te interesa la parte ingenieril, los archivos que hay dentro de esa carpeta están comprimidos para que el paquete tarde menos tiempo en descargarse. Si quieres extraer una copia de los archivos comprimidos, haz clic con el botón derecho en el archivo comprimido y elige Extraer todo.

Capítulo 10

Socializar: Correo, Contactos y Calendario

*I*nternet tiene memoria de elefante y, gracias a ella, tus amigos y conocidos nunca desaparecen. Están todos ahí, esperándote en la red: desde los antiguos compañeros de la universidad hasta la gente que has conocido en el trabajo, incluidos los abusones de tu colegio. Si añadimos a la mezcla unos cuantos desconocidos con los que has conversado en algún sitio web, obtenemos la inmensa red social a la que ha dado lugar internet.

Windows te ayuda a mantener el contacto con quienes te parecen agradables y evitar a los que no. Para ello, incluye un conjunto nuevo y mejorado de aplicaciones conectadas entre sí con las que puedes gestionar tu vida social en línea: Correo, Calendario y Contactos. Seguro que ya te imaginas qué hace cada una.

Si ya has usado estas aplicaciones en las versiones anteriores de Windows, prepárate, que llega el cambio: la nueva aplicación Contactos de Windows 10 ya no incorpora las cuentas de tus redes sociales. Cuando veas la cuenta de un amigo, solo se mostrará la información de contacto básica, sin ninguna actualización de Facebook ni Twitter.

En cualquier caso, las tres aplicaciones colaboran entre sí, y con ellas te resultará mucho más fácil seguirles la pista a tus contactos y no faltar a tus citas. En este capítulo, se describe el conjunto de aplicaciones de Windows y se explica cómo configurarlo.

Añadir tus cuentas a Windows

Llevarás años oyendo que nunca debes revelar tu nombre de usuario y tu contraseña, pero ahora Windows quiere que te saltes esa norma.

Es posible que la primera vez que abras las aplicaciones Contactos, Correo o Calendario, Windows te pida que introduzcas los nombres de las cuentas y las contraseñas de tus servicios de correo electrónico, además de otros servicios como, por ejemplo, Google.

Pero no te asustes, que no es tan grave: Microsoft y el resto de las redes se han puesto de acuerdo en que solo compartirán tus datos entre ellos si les das permiso. Una vez que introduzcas los nombres de cuentas y las contraseñas, habrás dado autorización a Windows para conectarse a dichas cuentas e importar información sobre tus contactos, correo electrónico y calendario.

Sinceramente, permitir este intercambio de información te ahorrará muchísimo tiempo. Cuando vincules las cuentas a Windows, la computadora iniciará sesión automáticamente en cada uno de los servicios, importará la información de contacto de tus amigos y rellenará las aplicaciones con los contenidos que obtenga.

Para introducir en Windows los datos de tu vida de internet, haz esto:

1. **Haz clic en el botón Inicio. Cuando aparezca el menú Inicio, abre la aplicación Correo.**

   Haz clic en el mosaico Correo, situado junto al borde derecho del menú Inicio, y se abrirá la aplicación. Si aparece el botón Introducción, haz clic en él para ir a la aplicación Correo.

2. **Introduce tus cuentas en la aplicación Correo.**

   Cuando abras la aplicación Correo por primera vez, te pedirá que agregues tu cuenta o tus cuentas de correo electrónico, como en la imagen 10-1. Si te registraste con una cuenta de Microsoft que sirve también como dirección de correo electrónico de Microsoft (por ejemplo, si la segunda parte de tu dirección es Live, Hotmail o Outlook), la dirección de correo electrónico aparecerá y se configurará sola.

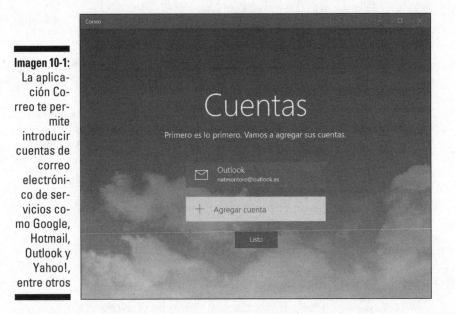

Para añadir otras cuentas, haz clic en el botón Agregar cuenta. Entonces, Correo te mostrará una lista de los tipos de cuenta que puedes agregar: Exchange, que utilizan principalmente las empresas o los usuarios de programas en línea de Office 365; Google; iCloud, para Apple; Otra cuenta, que incluye las cuentas que usan POP o IMAP para acceder, y Configuración avanzada, que te permite configurar Exchange ActiveSync o un correo electrónico web.

Por ejemplo, para añadir una cuenta de Google, haz clic en la palabra "Google". Windows te llevará a una zona segura del sitio web de Google en la que podrás autorizar la transacción de datos con solo introducir tu dirección de correo electrónico de Gmail y la contraseña y, después, hacer clic en Aceptar o Conectar.

Para agregar cuentas de correo nuevas cuando ya estás en la aplicación Correo, haz clic en el icono Configuración (el del engranaje) y, en el panel Configuración, elige Cuentas.

Repite estos pasos con las demás cuentas que tengas y autorízalas una por una, si es necesario, para compartir los datos con tu cuenta de Windows.

Una vez introducidas las cuentas, Windows obtendrá automáticamente tus correos electrónicos mediante la aplicación Correo, rellenará la aplicación Contactos con los datos de contacto de tus amigos y añadirá todas tus citas a la aplicación Calendario.

Aunque te asuste la idea de proporcionar tus nombres de usuario y contraseñas a Windows, si lo haces, Windows mejorará en muchos aspectos:

✔ En vez de tener que escribir a mano los datos de tus contactos, los tendrás ahí automáticamente, sean de tus cuentas de Google, Hotmail, Outlook o Windows Live.

✔ Las aplicaciones de Windows serán compatibles con aplicaciones y programas de otras empresas. Por ejemplo, los cumpleaños de tus amigos que tengas en un calendario de Google aparecerán en la aplicación Calendario sin que haga falta introducirlos.

✔ Si no te gustan estas aplicaciones de Windows tan modernas, no les hagas caso. Puedes ir al escritorio de Windows y, desde ahí, visitar Facebook y el resto de tus cuentas con el explorador web, como siempre.

Fundamentos de la aplicación Correo

A diferencia de Windows 7, Windows 10 viene con una aplicación incorporada para enviar y recibir correo electrónico. Es lo que Microsoft llama una aplicación *activa*, es decir, que el mosaico de la aplicación Correo en el menú Inicio se actualiza automáticamente. Con solo echar un vistazo al mosaico Correo del menú Inicio, verás el asunto de tus mensajes de correo más recientes y quién te los envía.

Por fin, la aplicación Correo que viene con Windows 10 es compatible con las cuentas IMAP y POP (no como la de Windows 8 y 8.1). Con estos tecnicismos quiero decir que la aplicación Correo funciona con una variedad mayor de cuentas de correo electrónico, entre las que se incluyen las que ofrecen muchos proveedores de servicios de internet.

En los siguientes apartados, explico cómo aclararse con los menús de la aplicación Correo y cómo redactar, enviar y leer mensajes de correo electrónico. Si aún no has importado tus cuentas de correo electrónico, retrocede hasta el primer apartado de este capítulo.

Moverse por las vistas, los menús y las cuentas de la aplicación Correo

Para usar la aplicación Correo de Windows, abre el menú Inicio (con un clic en el botón Inicio de la esquina inferior izquierda de la pantalla) y, a continuación, haz clic en el mosaico de la aplicación Correo (que se muestra en el margen).

Aparecerá la aplicación Correo, que puedes ver en la imagen 10-2, con los mensajes de correo electrónico que hayas recibido en tu cuenta principal (la primera que introdujiste al configurar la aplicación).

Imagen 10-2:
Las cuentas de correo electrónico y las carpetas aparecen a la izquierda; los correos electrónicos, en la parte central, y el contenido de cada correo, a la derecha

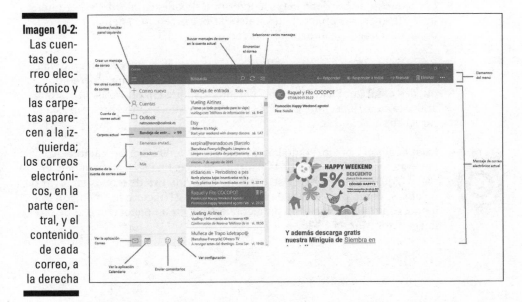

Por ejemplo, en la imagen 10-3, la cuenta de Outlook que se está consultando aparece en la parte superior del panel. Si quieres ver el correo de otra cuenta, haz clic en la palabra Cuentas situada sobre el nombre de la cuenta. Aparecerán tus otras cuentas en un panel para que elijas la que deseas ver.

Debajo del nombre de la cuenta de correo electrónico que estás viendo, la aplicación Correo muestra las carpetas que contiene esa cuenta:

✔ **Bandeja de entrada:** esta carpeta, que aparece al abrir la aplicación Correo, muestra los mensajes de correo electrónico que te están esperando, empezando por el más reciente. La aplicación Correo comprueba automáticamente si hay mensajes nuevos cada pocos minutos, pero si te cansas de esperar, puedes hacer clic en el botón Sincronizar (que se muestra en el margen) situado junto al cuadro de búsqueda. Al hacerlo, recibirás todos los mensajes que estén a la espera.

✔ **Elementos enviados:** haz clic en esta carpeta para ver los mensajes que has enviado a otros usuarios, en lugar de los que has recibido.

✔ **Borradores:** si escribes un mensaje, pero, por lo que sea, no lo envías, se quedará en esta carpeta por si quieres hacerle caso más tarde.

✔ **Más:** si has creado un montón de carpetas para organizar el correo, haz clic en Más para verlas. Al hacer clic en una de ellas, su contenido se mostrará a la derecha.

Los iconos que bordean la parte inferior del panel izquierdo te permiten moverte entre las aplicaciones Calendario, Correo y Comentarios y la configuración de la aplicación Correo.

Por ejemplo, si haces clic en el icono Configuración, aparecerá un panel en la parte derecha con todas las opciones de la aplicación Correo que puedes cambiar. La aplicación Comentarios, que encontrarás en distintas aplicaciones, te permite criticar y asesorar a Microsoft sobre cómo mejorar sus aplicaciones.

La aplicación Correo, como la mayoría de las aplicaciones, cambia de anchura según el tamaño de la pantalla. Si usas una tableta pequeña, el panel izquierdo encogerá y se convertirá en una tira de iconos en lugar de palabras, como puedes ver en la imagen 10-3. Al hacer clic en cualquier icono, esa tira se expandirá para convertirse en un panel como el de la imagen anterior, la 10-2.

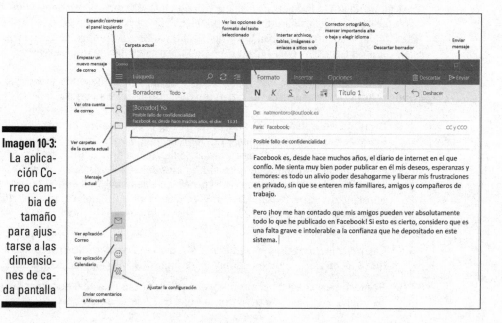

Imagen 10-3: La aplicación Correo cambia de tamaño para ajustarse a las dimensiones de cada pantalla

Cambiar la configuración de la aplicación Correo

Haz clic en el icono del pequeño engranaje que hay en la esquina inferior izquierda de la aplicación Correo, y saldrá a escena el panel Configuración, deslizándose por el borde derecho de la aplicación. En él, la aplicación Correo te permite ajustar su forma de actuar de las siguientes maneras:

✔ **Cuentas**: aquí puedes modificar la configuración de las cuentas de correo electrónico que has introducido y agregar otras cuentas. De todas formas, si la configuración de una cuenta de correo electrónico funciona, lo normal es que no haga falta cambiar nada.

✔ **Opciones:** aquí puedes cambiar cómo reacciona la aplicación a los movimientos de los dedos en una pantalla táctil. También puedes modificar tu firma, es decir, el texto que aparece al final de cada correo electrónico que envías.

✔ **Centro de confianza**: este apartado misterioso y de nombre extraño te permite con-

trolar si Microsoft podrá usar el contenido de tu correo electrónico para decidir qué información te envía. Es de suponer que esta opción autorice a los robots de Microsoft para que te envíen anuncios relevantes, y permita que Cortana lea tu correo.

✔ **Comentarios:** esta opción es un remanente del período en el que Microsoft dejó que los usuarios probaran Windows 10 antes de su lanzamiento. Con ella, puedes enviar a Microsoft tus comentarios sobre qué tal funciona la aplicación. Seguramente, en Microsoft todavía habrá alguien que los lea.

✔ **Acerca de:** esta sección indica el número de versión de la aplicación y resulta útil, sobre todo, cuando necesitas resolver algún problema.

Puede que nunca tengas que entrar en la zona de configuración, pero si algo va mal, este suele ser el primer lugar al que hay que ir para solucionar problemas.

Redactar y enviar un correo electrónico

Cuando quieras enviar un correo electrónico, sigue estos pasos para redactar el texto y depositarlo en el buzón electrónico desde donde se enviará, a través de la galaxia virtual, a la computadora del destinatario:

1. **En el menú Inicio, pulsa en el mosaico de la aplicación Correo (puedes verlo en el margen) y haz clic en el icono Correo nuevo (el signo más), en la esquina superior derecha de la aplicación.**

   Un espacio en blanco invadirá el lado derecho de la aplicación, a la espera de que empieces a escribir.

   Si has añadido más de una cuenta de correo electrónico a la aplicación Correo, elige primero la dirección a la que deseas que te respondan. Para esto, en el panel izquierdo de la aplicación Correo, haz clic en Cuentas (o en el icono de una persona) y luego, haz clic en el nombre de la cuenta que quieras elegir. Después, haz clic en el icono Correo nuevo, en la esquina superior izquierda del programa.

2. **Escribe la dirección de correo electrónico de tu amigo en el recuadro Para.**

   Cuando empieces a escribir, la aplicación Correo rastreará los nombres y las direcciones de correo de tus contactos y te mostrará los que coincidan debajo del recuadro Para. Si ves en la lista al contacto que te interesa, haz clic en él y la aplicación Correo escribirá el resto de la dirección.

3. **Haz clic en la línea Tema y escribe el asunto del correo.**

   Haz clic en la línea Tema e indica muy brevemente de qué trata el correo. Por ejemplo, en la imagen 10-3, he añadido el asunto "Posible fallo de confidencialidad". Técnicamente, no es obligatorio escribir el asunto, pero si lo haces, tus contactos lo tendrán más fácil para organizar el correo electrónico.

4. **Escribe el mensaje en el recuadro grande que hay debajo de la línea del asunto.**

   No hay límite de palabras. A medida que escribas, la aplicación Correo corregirá de forma automática los errores que detecte.

5. **Si quieres, añade formato, tablas, archivos o fotos al correo electrónico.**

   En el menú que hay justo encima del correo electrónico que has escrito, encontrarás tres pestañas con diferentes opciones:

   - **Formato:** con esta opción puedes cambiar el formato del correo electrónico. Selecciona fragmentos del mensaje y haz clic en los iconos de negrita, cursiva o subrayado que hay junto al borde superior de la ventana, como puedes ver en la imagen 10-3. Para cambiar el tamaño de fuente, haz clic en la minúscula flecha hacia abajo que hay junto al icono de la *S* subrayada. Se desplegará un menú donde podrás cambiar la fuente y el tamaño de fuente, o bien quitarle el formato al elemento que hayas seleccionado.

   - **Insertar:** haz clic aquí para adjuntar archivos, como describo en un apartado posterior de este capítulo: "Enviar y recibir archivos por correo electrónico". Desde esta pestaña, también puedes insertar tablas e imágenes y añadir hipervínculos.

   - **Opciones:** haz clic aquí cuando hayas terminado de redactar el correo electrónico para someterlo a una revisión ortográfica.

   Los proveedores de servicios de internet no suelen permitir el envío de archivos adjuntos que ocupen más de 25 megabytes en total. Esto significa que puedes enviar una o dos canciones, unas cuantas fotos digitales y la mayoría de los documentos. Sin embargo, no es suficiente para mandar vídeos, a menos que sean muy muy pequeños.

6. **Si quieres, deja que la aplicación revise la ortografía.**

   La aplicación Correo corrige bastante bien la ortografía a medida que escribes. Pero para realizar una revisión más exhaustiva antes de enviar el correo, puedes hacer clic en el botón Opciones que hay junto al borde superior de la aplicación. A continuación, elige Ortografía.

   La aplicación Correo detectará los errores e irá pasando por ellos de uno en uno. Con cada fallo que detecte, resaltará la palabra correspondiente y mostrará un menú emergente para que elijas una de las posibles alternativas.

   Si el revisor ortográfico marca constantemente una palabra que está bien escrita y cree que es incorrecta, elige Agregar al diccionario en el menú emergente. Con este truco, añadirás la palabra al diccionario del revisor ortográfico y este dejará de señalarla.

7. **Haz clic en el botón Enviar de la esquina superior derecha.**

   ▷ Enviar

   Y ¡zas!, la aplicación Correo llevará el mensaje por internet a toda mecha hasta llegar al buzón de tu amigo. Dependiendo de la velocidad de la conexión a internet, el correo llegará entre 5 segundos y varias horas después, aunque la media es de unos pocos minutos.

   🗑 Descartar

   Si al final decides que no quieres mandar el mensaje, basta con que lo elimines haciendo clic en el botón Descartar, en la esquina superior derecha.

Leer un correo electrónico que has recibido

Siempre que la computadora esté conectada a internet, el menú Inicio de Windows te avisará en cuanto te llegue un correo electrónico nuevo. El mosaico de la aplicación Correo se actualiza de forma automática para indicar el remitente y el asunto de los correos sin leer más recientes.

Puedes ver más detalles, o responder al mensaje, como te explico a continuación:

1. **Haz clic en el mosaico Correo del menú Inicio.**

   La aplicación Correo se abrirá y mostrará los mensajes de tu Bandeja de entrada, como vimos en la imagen 10-2. Aparecerá una lista de cada uno de los mensajes con su remitente y su asunto, empezando por el mensaje más reciente.

   Para encontrar enseguida un mensaje concreto, haz clic en el icono de la lupa que hay en la parte superior de la columna del correo electrónico. Se resaltará el cuadro de búsqueda situado junto al icono, donde puedes escribir el nombre del remitente o una palabra que quieras buscar. Pulsa la tecla Intro y verás todos los mensajes que coincidan con los datos introducidos.

2. **Haz clic en el asunto de cualquier mensaje que quieras leer.**

   La aplicación Correo desplegará el contenido de ese mensaje en el panel del lado derecho de la ventana.

3. **A partir de aquí, tienes varias opciones, que puedes configurar con los botones que hay junto al borde superior del mensaje:**

   • **No hacer nada:** ¿no te decides? No hagas nada y el mensaje, simplemente, se alojará en la carpeta Bandeja de entrada.

   • **Responder:** haz clic en el botón Responder y aparecerá una nueva ventana, preparada para que escribas la respuesta. Esa ventana es igual que la que ves cuando escribes un mensaje, pero con una diferencia que te resultará práctica: en este caso, viene ya con el nombre del destinatario y el asunto. Además, lo normal es que el mensaje original aparezca debajo de la respuesta, para que lo tengas como referencia.

   • **Responder a todos:** hay gente que envía correos a varios destinatarios al mismo tiempo. Si ves que hay varias direcciones de correo en la línea Para de un mensaje, puedes hacer clic en Responder a todos y tu respuesta se enviará a todos ellos.

   • **Reenviar:** si te ha llegado algo que le va a encantar a un amigo tuyo, haz clic en Reenviar para despachar una copia del mensaje a la Bandeja de entrada de tu amigo.

   • **Eliminar:** haz clic en el botón Eliminar para mandar el mensaje a la carpeta Papelera o Elementos eliminados (cada cuenta de correo electrónico llama de una forma a esa carpeta).

   • **Establecimiento de marca:** si haces clic en el icono de la bandera, se colocará un icono de una banderita junto al correo electrónico para recordarte que tienes que hacer algo relacionado con ese mensaje más adelante.

   • **Más:** al hacer clic en esta opción, aparece un menú desplegable con todos los elementos del menú que no cabían en tu pantalla. Como mínimo, verás la opción Mover, que te permite sacar el elemento de tu Bandeja de entrada y llevarlo a otra carpeta para que quede a buen recaudo.

La aplicación Correo es útil para organizar el correo electrónico sin complicarse, pero si se te queda corta (por ejemplo, si quieres imprimir un mensaje), puedes buscar otro programa de correo electrónico más completo que funcione desde el escritorio de Windows. También puedes abrir el explorador web y administrar el correo electrónico desde el sitio web de tu correo como, por ejemplo, Outlook (www.outlook.com), Google (www.google.com/gmail) o la página de tu proveedor de servicios de internet.

Si alguna vez recibes inesperadamente un correo electrónico de un banco o de cualquier otro sitio web relacionado con dinero, no hagas clic en ningún enlace web de ese mensaje. Hay un tipo de delito, denominado *suplantación de identidad* o *phishing*, que consiste en enviar mensajes de correo electrónico para intentar que el destinatario pique e introduzca su nombre y su contraseña en un sitio web falsificado. Con este método, tu información más preciada puede acabar en manos de un vil ladrón, que procederá de inmediato a robarte el dinero. En el capítulo 11, explicaré el *phishing* con más detalles.

Si no te gusta que el mosaico de la aplicación Correo que hay en el menú Inicio muestre el remitente y el asunto de tus correos electrónicos, haz clic con el botón derecho en ese mosaico y elige Desactivar el icono dinámico en el menú emergente.

Enviar y recibir archivos por correo electrónico

A veces, escribimos una carta de agradecimiento y le añadimos un sobre con algún detalle, como, por ejemplo, un par de entradas de cine. Los datos adjuntos son algo parecido: son archivos que viajan pegados a un mensaje de correo electrónico. Puedes enviar o recibir cualquier tipo de archivo en forma de datos adjuntos.

En los siguientes apartados, explico cómo enviar y recibir un archivo con la aplicación Correo.

Guardar un archivo adjunto que has recibido

Cuando te llegue un archivo adjunto en un correo, lo reconocerás porque tendrá un icono de un clip junto al asunto del mensaje. Además, cuando abras el correo electrónico, verás el símbolo genérico de una imagen o el texto "Descargar mensaje e imágenes".

Para guardar los archivos adjuntos, solo tienes que hacer esto:

1. **Descarga el archivo adjunto.**

   La aplicación Correo no descarga los archivos hasta que se lo ordenas expresamente; hasta entonces, se limita a presentar unos símbolos genéricos —que representan a las carpetas adjuntas— a lo largo del borde superior del mensaje.

   Hay dos maneras de guardar el archivo:

- Hacer clic en el símbolo genérico del archivo adjunto. Si ves un símbolo que representa al archivo adjunto, haz clic en él con el botón derecho y selecciona Guardar.

- Hacer clic con el botón derecho en el archivo adjunto y elegir Guardar en el menú emergente. Al terminar de descargar los archivos, los símbolos genéricos se rellenarán de imágenes o iconos que representen a los archivos recién descargados.

2. **Elige la zona de almacenamiento donde quieras guardar el archivo que has recibido.**

Aparecerá la ventana Guardar como del Explorador de archivos (imagen 10-4), preparada para que guardes el archivo en la carpeta Documentos. Si quieres guardarlo en otro sitio, elige cualquiera de las carpetas que aparecen junto al borde izquierdo de la ventana Guardar como. Otra opción es hacer clic en Este equipo (también junto al borde izquierdo de la ventana) y navegar hasta la carpeta donde quieres colocar el archivo.

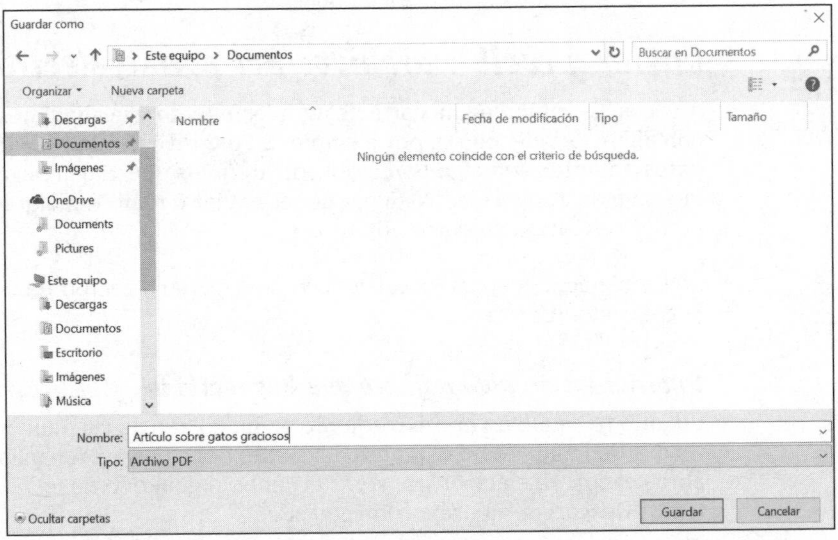

Imagen 10-4: Para guardar un archivo adjunto, haz clic en él con el botón derecho, elige Guardar o Descargar en el menú emergente, escoge el lugar donde quieres guardarlo y haz clic en el botón Guardar.

![Ventana Guardar como del Explorador de archivos]

Para que los archivos no se traspapelen, lo mejor es guardarlos en una de las cuatro carpetas principales: Documentos, Imágenes, Música o Vídeos (describo los archivos y las carpetas en el capítulo 5). Al elegir una carpeta, verás una lista de las carpetas que contiene; puedes dejar el archivo en cualquiera de ellas.

Si quieres crear otra carpeta dentro de la que estás viendo, haz clic en el botón Nueva carpeta en el menú que ocupa la parte superior y, cuando aparezca la nueva carpeta, escribe el nombre que desees asignarle.

3. **Haz clic en el botón Guardar, en la esquina inferior derecha de la ventana Guardar como.**

La aplicación Correo guardará el archivo en la carpeta que tú elijas.

Una vez guardado, el archivo adjunto seguirá estando en el correo electrónico. La explicación a esto es que siempre que guardas datos adjuntos, lo que se almacena es una copia del archivo enviado. Si eliminas sin querer el archivo que has guardado o te equivocas al editarlo, siempre puedes regresar al mensaje que recibiste y guardar una vez más el archivo adjunto.

Windows Defender, el detector de virus integrado en Windows, analiza automáticamente el correo electrónico que te llega para averiguar si hay algún archivo que venga con malas intenciones. En el capítulo 11 explico más detalles de Windows Defender.

Enviar un archivo como dato adjunto

El proceso de enviar un archivo con la aplicación Correo es muy similar al de guardar un archivo, solo que en sentido contrario: en vez de llevar un archivo del correo electrónico a una carpeta, hay que guardarlo de una carpeta a un correo electrónico.

Si quieres enviar un archivo como adjunto con la aplicación Correo, sigue estos pasos:

1. **Abre la aplicación Correo y crea un mensaje de correo electrónico.**

He descrito cómo crear un mensaje de correo electrónico en el apartado "Redactar y enviar un correo electrónico", en este mismo capítulo.

2. **Haz clic en la pestaña Insertar, en el menú superior de la aplicación Correo, y elige Adjuntar en el menú.**

Cuando elijas Adjuntar en el menú, aparecerá la ventana Abrir del Explorador de archivos, con el contenido de tu carpeta Documentos.

Si el archivo que quieres enviar está en la carpeta Documentos, ve directamente al paso 4. Si quieres enviar algo que está en otra carpeta, continúa con el paso 3.

3. **Navega hasta la zona de almacenamiento y el archivo que quieras enviar.**

Haz clic en Este equipo, junto al borde izquierdo de la ventana Abrir, y se mostrará un menú con todas las zonas de almacenamiento. La mayoría de los archivos estarán guardados en las carpetas Documentos, Imágenes, Música y Vídeos.

Haz clic en el nombre de una carpeta para ver los archivos que contiene. Si no es la carpeta que estás buscando, haz clic en el icono de la flecha hacia arriba (se muestra en el margen) para salir de la carpeta e inténtalo otra vez.

4. Haz clic en el archivo que quieras enviar y, luego, en el botón Abrir.

Haz clic en un archivo para seleccionarlo. Si quieres seleccionar varios, mantén pulsada la tecla Ctrl mientras los seleccionas. Y si has seleccionado demasiados archivos, puedes volver a hacer clic en sus nombres para anular la selección de los que no te interesen. Cuando hagas clic en el botón Abrir, la aplicación Correo agregará al correo electrónico el archivo o los archivos que hayas seleccionado.

5. Haz clic en el botón Enviar.

La aplicación Correo llevará el mensaje y los datos adjuntos al destinatario inmediatamente.

Cuando envías un archivo adjunto, lo que se manda no es más que una copia: el archivo original permanece bien seguro en tu computadora.

Gestionar contactos en la aplicación Contactos

Si introduces tus direcciones de correo electrónico en la aplicación Correo, Windows buscará a todos tus contactos en línea y recopilará los que encuentre. Por eso, es probable que tu aplicación Contactos ya tenga los datos de internet de tus amigos.

La aplicación Contactos de Windows 10 no se parece mucho a la que venía con Windows 8 y 8.1. Ahora, en lugar de centralizar tus redes sociales, no es más que una libreta de direcciones básica con una lista de tus contactos y sus datos.

Para abrir la aplicación Contactos, haz clic en el mosaico Contactos del menú Inicio. Aparecerá la aplicación Contactos con una lista de todos tus amigos en línea por orden alfabético, como puedes ver en la imagen 10-5.

La aplicación Contactos no requiere mucho mantenimiento, ya que añade los contactos en cuanto empiezas a intercambiar mensajes con ellos.

Aun así, de vez en cuando tendrás que agregar o editar a mano algunas entradas de Contactos. En los siguientes apartados, se explica cómo realizar una limpieza esporádica para mantener actualizada la lista de contactos, que estará siempre cambiando.

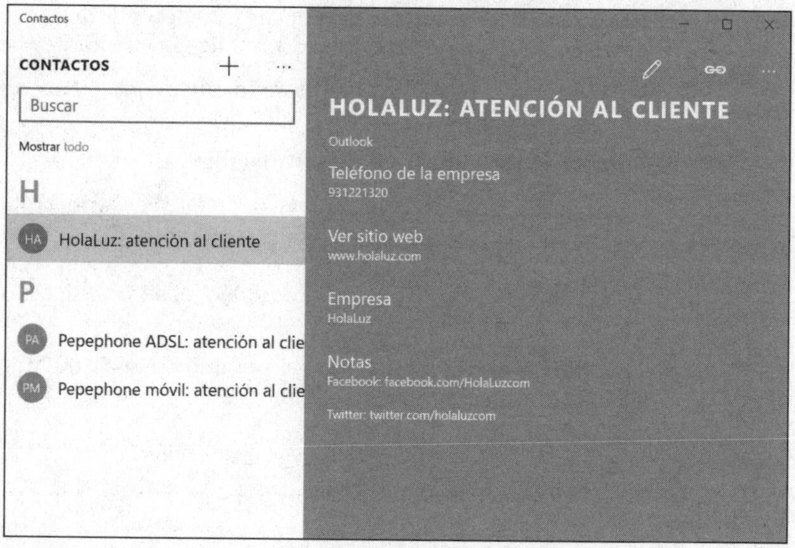

Imagen 10-5: La aplicación Contactos se rellena automáticamente con los contactos de tus cuentas de correo electrónico

CONTACTOS + ...

Buscar

Mostrar todo

H

HA HolaLuz: atención al cliente

P

PA Pepephone ADSL: atención al clie

PM Pepephone móvil: atención al clie

HOLALUZ: ATENCIÓN AL CLIENTE

Outlook

Teléfono de la empresa
931221320

Ver sitio web
www.holaluz.com

Empresa
HolaLuz

Notas
Facebook: facebook.com/HolaLuzcom

Twitter: twitter.com/holaluzcom

Agregar contactos

A la aplicación Contactos le encanta añadir contactos automáticamente, pero también puedes agregarlos sin dificultad de la manera tradicional, introduciéndolos con el teclado.

Si quieres agregar a alguien a Contactos —con lo que aparecerá en las aplicaciones Correo y Calendario—, sigue estos pasos:

1. **Haz clic en el mosaico Contactos del menú Inicio.**

   Aparecerá en pantalla la aplicación Contactos.

2. **Haz clic en el icono Agregar contacto (se muestra en el margen).**

3. **Si te preguntan qué cuenta quieres usar para guardar los nuevos contactos, elige una.**

   Si has introducido varias cuentas de correo electrónico en Correo, la aplicación Contactos te preguntará en qué cuenta quieres añadir al nuevo contacto.

   La respuesta depende, más que nada, de qué tipo de teléfono uses: si es Android, elige tu cuenta de Google para que el contacto que acabas de agregar aparezca entre tus contactos de Gmail. Al hacer esto, saldrá también en la lista de contactos de tu móvil Android.

   Si tienes un teléfono Windows Phone o si quieres que tus contactos se trasladen automáticamente a cada computadora donde inicies sesión con una cuenta de Microsoft, elige la cuenta de Microsoft.

La aplicación Contactos recordará lo que decidas y no volverá a preguntarte.

4. **Rellena el formulario Nuevo contacto.**

   Como puedes ver en la imagen 10-6, no es necesario explicar para qué sirven la mayoría de los campos, como Nombre, Teléfono, Correo electrónico, Dirección y Otro. Bueno, en el campo Otro, puedes añadir datos como el puesto de trabajo, el sitio web, el nombre de su pareja o unas notas.

5. **Haz clic en el icono Guardar (el pequeño disco que hay en la esquina superior derecha).**

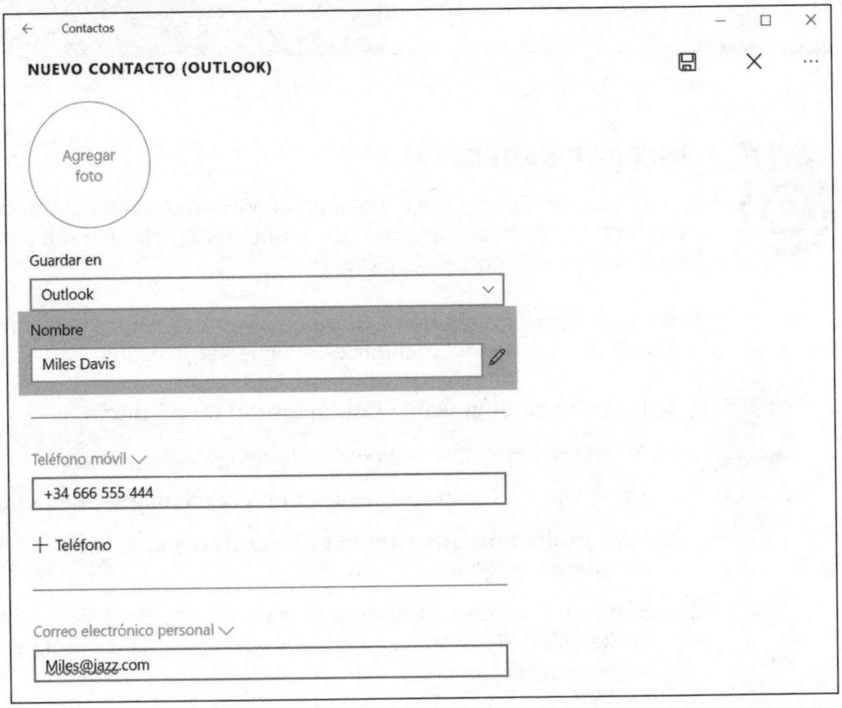

Imagen 10-6:
Rellena los datos de contacto y haz clic en el icono Guardar

La aplicación Contactos, obedientemente, guardará el nuevo contacto. Pero si detectas algún error, tal vez tengas que volver y modificar la información; explico cómo hacerlo en el siguiente apartado.

Eliminar o editar contactos

Si alguien ya no te cae bien o, simplemente, uno de tus amigos cambia de número de teléfono, te será fácil eliminar o editar manualmente un contacto siguiendo estos pasos:

1. **Haz clic en el mosaico Contactos del menú Inicio.**

   Aparecerá la aplicación Contactos, como hemos visto en la imagen 10-5.

2. **Para eliminar un contacto, haz clic con el botón derecho en su nombre y elige Eliminar en el menú emergente.**

   La persona en cuestión desaparecerá tanto de la aplicación Contactos como de la cuenta de correo electrónico donde estaba guardado su contacto.

3. **Para editar un contacto, haz clic en el icono Editar (se muestra en el margen).**

   Aparecerán los datos de contacto de esa persona (imagen 10-6) y podrás cambiarlos.

4. **Haz clic en el icono Guardar.**

   La aplicación Contactos actualiza tus listas de contactos, tanto la de la aplicación en sí como la de la cuenta de internet donde está almacenado el contacto. Por ejemplo, si editas un contacto de Gmail en la aplicación Contactos, los cambios se reflejarán también en Gmail.

Gestionar citas en la aplicación Calendario

Cuando hayas introducido tus cuentas de internet (como Gmail, Outlook, Live.com, etc.) como se describe en el primer apartado de este capítulo, la aplicación Calendario se rellenará con las citas que tengas guardadas.

Para ver tus citas, haz clic en el mosaico Calendario del menú Inicio (se muestra en el margen). O bien, si estás usando la aplicación Correo, haz clic en el icono Calendario situado en la esquina inferior izquierda de la aplicación Correo.

La aplicación Calendario te pedirá que añadas tus cuentas de correo electrónico la primera vez que la abras. Si ya las has introducido en la aplicación Correo, aparecerán directamente en Calendario.

Cuando se abra la aplicación Calendario, se mostrarán todas las citas asociadas a tus cuentas de correo electrónico, como Google o Outlook.com.

Si quieres ver más o menos días, haz clic en los botones Día, Semana laboral, Semana o Mes que hay en la parte superior. Por ejemplo, si haces clic en Semana, la aplicación Calendario tendrá un aspecto similar al de la imagen 10-7.

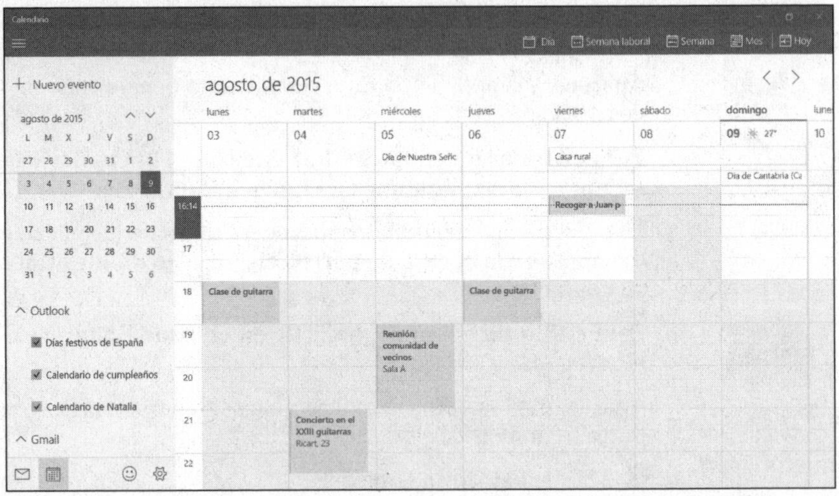

Imagen 10-7:
La aplicación Calendario muestra las citas que hayas agregado manualmente o desde tus calendarios en línea

Si no tienes todas tus citas registradas en línea, te tocará editar algunas entradas, agregar otras o eliminar aquellas a las que no puedas asistir. En este apartado, explico cómo mantener tus citas actualizadas.

En cualquiera de las vistas de la aplicación Calendario, las flechitas que hay cerca de la esquina superior derecha de la pantalla te servirán para moverte entre las citas. Si haces clic en la flecha derecha, avanzarás en el calendario y, si haces clic en la izquierda, retrocederás de fecha.

Para añadir una cita a la aplicación Calendario, haz esto:

1. **Haz clic en el mosaico Calendario del menú Inicio.**

   Aparecerá la aplicación Calendario, como hemos visto en la imagen 10-7.

   Si estás en la aplicación Correo, también puedes hacer clic en el icono de la aplicación Calendario situado en la esquina inferior izquierda de la aplicación Correo (se muestra en el margen).

2. **Haz clic en Nuevo evento, en la esquina superior izquierda de la aplicación Calendario.**

   Se mostrará una plantilla de evento en blanco para que la rellenes con la hora y el lugar; también puedes invitar a otras personas.

3. **Rellena el formulario Detalles.**

   Como puedes ver en la imagen 10-8, la mayoría de los campos no requieren explicación.

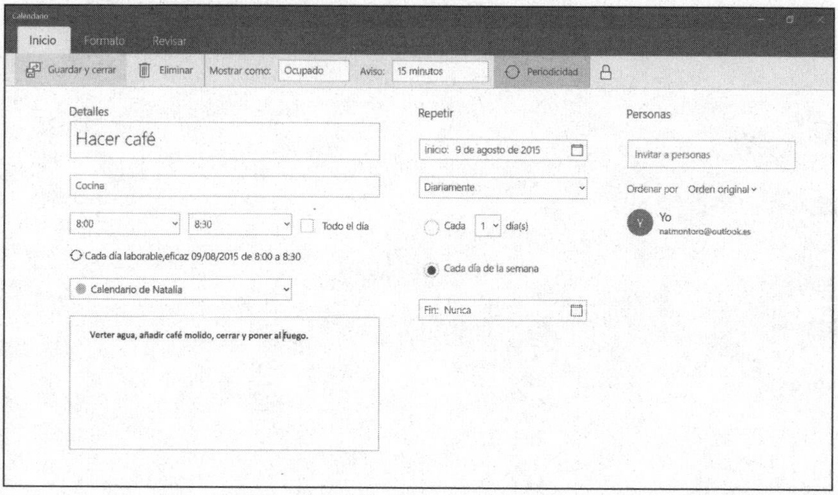

Imagen 10-8:
Añade la fecha, la hora de inicio, la duración y otros detalles de la cita

Lo más complicado es rellenar el campo Calendario. Esta opción solamente estará disponible si has introducido varias cuentas de correo electrónico en la aplicación Correo. ¿En qué cuenta de correo electrónico se debe guardar esta nueva cita del calendario?

Como en el caso anterior, la respuesta depende del teléfono que tengas. Si tienes un móvil Android, elige Gmail para que las citas se envíen al calendario de Gmail y, de ahí, a tu teléfono.

La otra opción es elegir tu cuenta de Microsoft. En este caso, puedes descargar e instalar la aplicación Outlook, disponible tanto para Android como para iPhone. La aplicación Outlook puede sincronizar las citas de la aplicación Calendario de Windows 10 con tu teléfono.

4. **Haz clic en el botón Guardar y cerrar.**

   La aplicación Calendario agregará la nueva cita al Calendario de Windows y a la cuenta que hayas elegido en el paso 3.

Para editar o eliminar una cita, ábrela desde el calendario. Haz clic en el botón Eliminar (se muestra en el margen) en el menú de la parte superior. Si quieres editarla, ábrela en el calendario, realiza los cambios que desees y guarda las modificaciones haciendo clic en el botón Guardar y cerrar.

Capítulo 11

Seguridad informática

. . . .

En este capítulo

▶ Qué hay que hacer con los avisos de seguridad

▶ Navegar de forma segura en internet

▶ Evitar la suplantación de identidad (*phishing*)

▶ Configurar los controles infantiles

. . . .

*U*sar Windows es como conducir: estarás más o menos a salvo siempre que evites las malas compañías, obedezcas las señales de tráfico y no saques la cabeza por la ventanilla mientras conduces.

El problema es que, tanto en Windows como en internet, no es tan fácil reconocer a las malas compañías, localizar las señales de tráfico y saber qué es lo que parece y qué no. Lo más divertido, inofensivo o importante —como un correo de un amigo, un programa que has descargado o un mensaje del banco— puede ser un virus que te infecte la computadora.

En este capítulo, te ayudaré a reconocer los malos barrios de la red y te explicaré lo que debes hacer para protegerte y mitigar los posibles daños.

¿Qué son esos molestos mensajes de seguridad?

Mira que Windows lleva ya veinte años desarrollándose, pero nada, sigue siendo bastante inocente. A veces, cuando abres un programa o intentas cambiar la configuración de la computadora, Windows no sabe si eres tú quien está al mando o es un virus tratando de actuar a tus espaldas.

La forma correcta es "Y ¿qué hace entonces?" Cuando Windows nota que alguien (o algo) quiere cambiar alguna cosa que podría perjudicar a Windows o a la computadora, oscurece la pantalla y muestra un mensaje de seguridad en el que solicita permiso, como en la imagen 11-1.

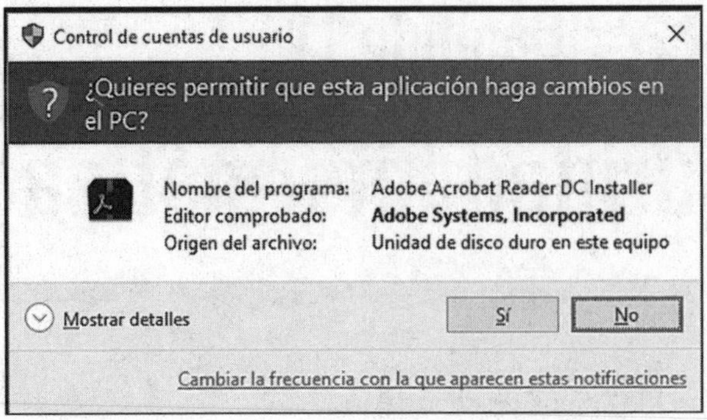

Imagen 11-1:
Si aparece
de la nada
un mensa-
je como
este, haz
clic en No
o en No
instalar

Control de cuentas de usuario   ✕

¿Quieres permitir que esta aplicación haga cambios en el PC?

Nombre del programa: Adobe Acrobat Reader DC Installer
Editor comprobado: **Adobe Systems, Incorporated**
Origen del archivo: Unidad de disco duro en este equipo

⌄ Mostrar detalles   Sí   No

Cambiar la frecuencia con la que aparecen estas notificaciones

Si se muestra uno de estos mensajes de seguridad y no te lo esperabas, puede que Windows se esté fastidiando con un programa canalla que intenta colarse. En ese caso, haz clic en No o en No instalar para denegarle el permiso. Pero si eres tú quien está tratando de instalar en la computadora un programa en el que confías y Windows salta a la defensiva, haz clic en Sí o en Instalar. Windows se tranquilizará y te dejará trabajar.

De todas formas, si no tienes cuenta de administrador, no te será tan fácil autorizarlo: tendrás que buscar a alguien que tenga una cuenta de administrador y pedirle que introduzca la contraseña.

Como ves, el robot que protege la entrada de Windows no es muy listo, pero se lo pone un poco más difícil a los que crean los virus.

Evitar virus con Windows Defender

Todo, absolutamente todo, puede tener un virus. Los virus no solo se transmiten por mensajes de correo electrónico, programas, archivos, redes y dispositivos USB: también pueden encontrarse en salvapantallas, temas, barras de herramientas y otros complementos de Windows.

Para luchar contra esto, Windows 10 incluye Windows Defender, un programa antivirus y de seguridad gratuito.

Este programa analiza todo lo que entra en la computadora a través de descargas, correo electrónico, redes, programas de mensajería, memorias USB y discos. Además, vigila tus archivos de OneDrive, excepto si le dices que no lo haga.

Cuando Windows Defender se da cuenta de que hay algún ente malvado tratando de entrar en la computadora, te avisa con un mensaje, como en la imagen 11-2. Y antes de que el virus tenga oportunidad de infectar la computadora, este programa la pone en cuarentena.

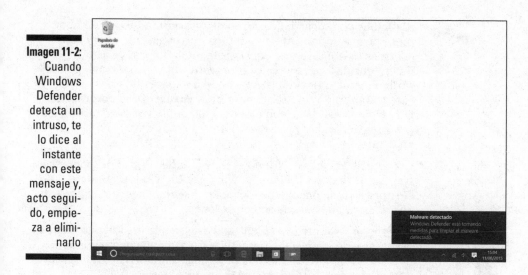

Imagen 11-2:
Cuando
Windows
Defender
detecta un
intruso, te
lo dice al
instante
con este
mensaje y,
acto segui-
do, empie-
za a elimi-
narlo

Windows Defender se actualiza automáticamente, con el fin de reconocer a los virus nuevos, y está siempre analizando la computadora para saber si esconde alguna amenaza. Aun así, si ves que la computadora hace algo raro, sigue estos pasos para pedirle a Windows Defender que analice la computadora de inmediato:

1. **Haz clic en el icono Windows Defender (se muestra en el margen) de la barra de tareas, junto al reloj.**

   Aparecerá Windows Defender.

2. **Haz clic en el botón Examinar ahora.**

   Windows Defender se pondrá manos a la obra y realizará un análisis rápido de la computadora.

Aunque Windows Defender te guarde las espaldas, sigue estas reglas para reducir el riesgo de infección:

✔ Abre un archivo adjunto solamente si lo estabas esperando. Si recibes de un amigo algo que no esperabas, no lo abras: manda un correo electrónico a esa persona o llámala para preguntarle si te ha enviado algo.

✔ Sospecha de todo lo que te llegue por correo electrónico y te pida que hagas clic. Por ejemplo, si recibes un mensaje que dice que alguien quiere ser tu amigo en Facebook, no hagas clic: ve a Facebook en el navegador y mira si esa persona aparece en la lista de usuarios que te han solicitado amistad. Cuantos más enlaces evites al consultar el correo electrónico, más te protegerás.

✔ Si recibes un mensaje de correo de una entidad financiera con pinta de ser importante, y te indica que hagas clic en un enlace y escribas tu nombre y tu contraseña, no lo hagas: ve al sitio web de esa entidad con el explorador web e inicia sesión ahí. Es muy probable que a tu cuenta no le ocurra nada y que ese mensaje esté tratando de robarte el nombre de usuario y la contraseña. Este tipo de estafa se suele denominar *suplantación de identidad* (*phishing*, en inglés) y lo describiré con más detalle en el siguiente apartado.

✔ Las actualizaciones de Windows Defender llegan automáticamente a través de Windows Update. En Windows 10, Windows Update está siempre en funcionamiento, de modo que no debes preocuparte de abrirlo para que busque actualizaciones.

✔ Si prefieres usar otro programa antivirus, adelante. Cuando el programa se esté instalando, desactivará automáticamente Windows Defender. Pero no instales dos programas antivirus aparte de Windows Defender, porque no suelen llevarse bien.

¿Windows Defender es lo bastante bueno?

Todas las últimas versiones de Windows, incluido Windows 10, vienen con el programa antivirus Windows Defender, que funciona con rapidez, se actualiza automáticamente y atrapa el *malware* (los archivos peligrosos) antes de que invada la computadora.

Pero ¿es mejor que otros programas antivirus, incluidos los que cobran por suscripción? La respuesta depende de varios factores.

Por ejemplo, los demás programas antivirus suelen detectar más virus que Windows Defender, pero lo hacen a costa de ralentizar la computadora. Por otra parte, algunos muy sofisticados emiten falsas alarmas, de modo que te corresponde a ti saber cómo actuar.

Windows Defender resulta más útil para las personas capaces de distinguir un posible virus cuando llega al correo electrónico y que no hacen clic en los datos adjuntos del correo que parecen sospechosos. Los programas de pago son adecuados para quienes se sienten más cómodos con una red de seguridad más protectora. Como ves, no hay una respuesta válida para todos.

Deberás tomar la decisión más conveniente para ti: si encuentras un programa antivirus a un precio razonable y que no ralentice demasiado la computadora, úsalo; y si, en general, te resulta fácil distinguir los posibles ataques antes de hacer clic en ellos, tal vez te baste con Windows Defender.

Evitar la suplantación de identidad (phishing)

Tarde o temprano, te llegará algún correo electrónico de tu banco, eBay, PayPal o una empresa similar para informarte de un problema relacionado con tu cuenta. Los correos de este tipo siempre contienen un enlace para que hagas clic y donde te dicen que debes introducir tu nombre de usuario y tu contraseña.

Es importante que no lo hagas, por muy veraces que parezcan el correo electrónico y el sitio web. Lo que estás viendo es una fea estafa denominada *phishing* (en inglés) o *suplantación de identidad*: esos timadores mandan millones de mensajes a todo el mundo con el fin de convencer a un par de almas asustadizas para que escriban el nombre y la contraseña de sus valiosas cuentas.

Distinguir si estos mensajes de correo son verdaderos o falsos es muy fácil: son todos falsos. Los sitios web de las entidades financieras pueden enviarte extractos de tu cuenta, recibos o avisos de confirmación, pero jamás de los jamases te mandarán un correo electrónico con un enlace para que hagas clic en él y escribas tu contraseña.

Si no acabas de tenerlo claro, ve al sitio web real de la entidad escribiendo a mano la dirección web en la barra de direcciones del explorador web. Es muy probable que, en el sitio web de verdad, no aparezca ningún aviso de que ocurre algo raro con la cuenta.

Tanto Internet Explorer como el nuevo navegador Microsoft Edge emplean la tecnología de filtrado SmartScreen de Microsoft, que compara la dirección de cada sitio web con una lista de sitios de *phishing* conocidos. Si alguno coincide, el filtro SmartScreen impedirá que entres, como se muestra en la imagen 11-3. Si llegas a ver esa pantalla, cierra la página web haciendo clic en el mensaje Cierra esta pestaña que aparece en la advertencia.

Pero ¿por qué no detienen a los responsables y ya está? Porque es muy complicado seguir la pista a estos ladrones que rondan por internet y procesarlos. La magnitud de la red les permite operar desde cualquier lugar del mundo y ocultarse tras una gran cantidad de redes aglomeradas.

✔ Si ya has introducido tu nombre y tu contraseña en un sitio web de *phishing*, actúa cuanto antes: ve al sitio web verdadero y cambia la contraseña. A continuación, ponte en contacto con la empresa y solicita ayuda. Tal vez ellos puedan detener a los ladrones antes de que sus zarpas virtuales se posen sobre tu cuenta.

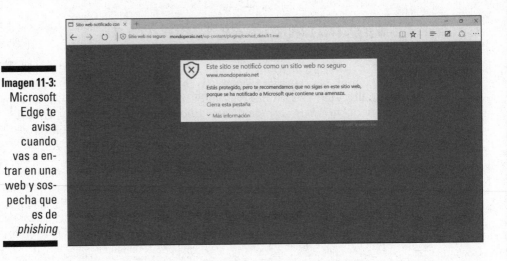

✔ Si has facilitado los datos de tu tarjeta de crédito, llama inmediatamente al emisor de la tarjeta. Casi siempre, en el reverso de la tarjeta hay
un número gratuito al que puedes llamar a cualquier hora del día.

Configurar los controles infantiles

Hay una prestación que los padres adoran y los hijos detestan: los controles de la sección Familia de Microsoft (anteriormente, Protección infantil).
Los controles de Familia ofrecen varias formas de supervisar el acceso de
los niños a la computadora y a internet.

Ahora, los controles de Familia de Microsoft no se encuentran en un programa de la computadora, sino en internet, en un sitio web de Microsoft. Puedes vigilar el comportamiento de tus hijos en la red a través de su cuenta de
Microsoft; esto te permitirá supervisar lo que hagan en línea estén donde estén, siempre que inicien sesión en un PC o un *smartphone* con Windows 10.
Los registros, protegidos por contraseña, estarán siempre en internet y
podrás consultarlos desde tu computadora, tableta o *smartphone*.

Los controles de Familia de Microsoft solamente funcionan si tanto tú
como tus hijos tienen cuentas de Microsoft.

Para configurar la sección Familia de Microsoft, sigue estos pasos:

1. **Agrega a tus hijos y a todos los adultos que deseen supervisar a
los niños como miembros de la familia al crear sus cuentas de
usuario.**

En el capítulo 14, explico cómo agregar miembros de la familia al crear cuentas de usuario. Aunque los otros miembros de tu familia tengan una computadora propia, debes agregar sus cuentas de Microsoft como miembros de la familia desde tu computadora. Así, todo el mundo quedará vinculado formando una familia y los adultos podrán supervisar a los niños.

Cuando agregas a miembros de la familia a la lista de cuentas de usuario de tu computadora, cada miembro recibe un correo electrónico con una invitación para unirse a la red familiar. A medida que acepten la invitación, sus cuentas aparecerán de forma automática en tu computadora.

2. **Ve al sitio web Familia de Microsoft y haz clic en el nombre del niño que quieras supervisar.**

   Abre cualquier explorador y ve al sitio web `https://familysafety.microsoft.com`. El sitio web se abrirá con una lista de los miembros de la familia que han aceptado la invitación. Haz clic en el nombre de un miembro de la familia, y el sitio web, como puedes ver en la imagen 11-4, te permitirá establecer los límites de comportamiento de la computadora de ese hijo, así como supervisar lo que hace.

3. **Activa las categorías que quieras aplicar y define los límites.**

   El área Familia de Microsoft contiene diversas categorías que te permiten supervisar o controlar diferentes ámbitos de su comportamiento. Al ir a cada una de las categorías que describo a continuación, se abrirá una página nueva con un control para activarla o desactivarla en la parte superior. Usa ese control y define las demás opciones, más específicas. (También puedes desactivar las

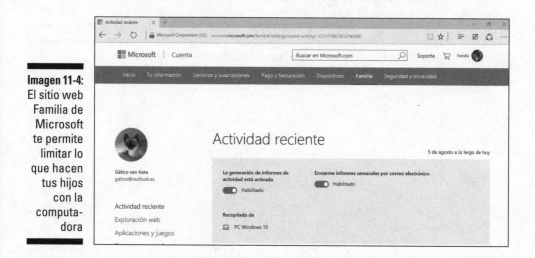

Imagen 11-4:
El sitio web Familia de Microsoft te permite limitar lo que hacen tus hijos con la computadora

categorías para interrumpir temporalmente la supervisión de esos ámbitos).

El sitio web Familia de Microsoft ofrece estas categorías, que se aplican cada vez que tu hijo inicia sesión en una computadora, un teléfono o una tableta con Windows 10:

- **Actividad reciente:** es un remanso de paz para padres escasos de tiempo, donde se resume brevemente lo que ha hecho su hijo con la computadora.

- **Exploración web:** en esta sección, verás un interruptor que te permite bloquear los contenidos para adultos, impedir que tu hijo navegue en modo privado y activar la Búsqueda segura de Bing, que protege contra los virus. También puedes agregar sitios web a una lista de sitios bloqueados o permitidos y determinar si permites las descargas.

- **Aplicaciones y juegos:** en esta parte, encontrarás un interruptor para bloquear las aplicaciones y los juegos inapropiados dirigidos a diversas edades entre 3 y 20 años.

- **Tiempo en pantalla:** aquí aparece una cuadrícula donde puedes elegir las horas a las que tu hijo tiene permiso para usar la computadora.

4. **Cuando hayas terminado, cierra la ventana Familia de Microsoft.**

   Los cambios se aplicarán de inmediato. Cuando acabes, solo tienes que cerrar el explorador web.

Los controles de Familia de Microsoft funcionan bien, pero ten en cuenta que en informática hay pocas cosas infalibles. Si te preocupa la forma en la que tus hijos usan la computadora, échales un ojo de vez en cuando. Además, estos controles solamente vigilan al niño cuando inicia sesión con su cuenta de Microsoft: si ves en la computadora alguna cuenta nueva que no te suene, es hora de tener una charla con tu hijo.

Parte IV

Personalizar y actualizar Windows 10

En esta parte...

✔ Personalizar Windows con la aplicación Configuración

✔ Hacer que Windows funcione sin problemas

✔ Compartir una computadora entre varias personas

✔ Conectar computadoras en red

Capítulo 12

Personalizar Windows con los paneles de control

....

En este capítulo

▶ Los dos paneles de control de Windows

▶ Cambiar la apariencia de Windows

▶ Cambiar los modos de vídeo

▶ Instalar o quitar aplicaciones y programas

▶ Ajustar el *mouse*

▶ Configurar automáticamente la fecha y la hora de la computadora

....

En la mayoría de las películas de ciencia ficción aparece, en algún momento, un panel de mando humeante y en llamas a punto de estallar. Si usaran Windows necesitarían un extintor más, porque Windows no tiene uno, sino dos paneles de control a reventar de opciones:

✔ **Aplicación Configuración:** la aplicación Configuración, a la que es muy fácil acceder, contiene un montón de botones demasiado grandes. En Windows 10, esta aplicación ha crecido bastante respecto de la que encontrábamos en Windows 8 y 8.1, y ahora tiene tantísimos botones que tal vez no necesites salir de ella jamás.

✔ **Panel de control:** el Panel de control que había en la versión anterior de Windows sigue estando en Windows 10, pero los controles que se usan más a menudo se encuentran ahora en la aplicación Configuración. Las opciones que quedan en el Panel de control son, básicamente, para entendidos.

De todos modos, aunque estos dos conjuntos de interruptores estén separados, de vez en cuando unen fuerzas: a veces, al hacer clic dentro de la aplicación Configuración, regresas al viejo Panel de control para darle al último interruptor. Y viceversa: algunas opciones del Panel de control te devuelven a la aplicación Configuración para terminar.

Sea cual sea el grupo de opciones que tengas delante, en ambos casos podrás personalizar el aspecto, el comportamiento y el estilo de Windows. En este capítulo, te explicaré qué mandos y botones debes controlar y de cuáles debes mantenerte lejos para que no haya incendios.

Una advertencia: hay opciones que solo puede cambiar una persona que disponga de la todopoderosa cuenta de administrador. Normalmente, quien tiene este tipo de cuenta es el dueño de la computadora. Si Windows se niega a cambiar un ajuste, pídele al propietario de la computadora que te ayude.

Localizar la opción adecuada

Windows 10 ha añadido más controles que nunca a la aplicación Configuración, pero el antiguo Panel de control sigue a las riendas de unas cuantas opciones. Esto hace que aún resulte difícil encontrar el interruptor que debes tocar en cada caso.

Cuando estás manejando dos paneles de control repletos de menús, unos dentro de otros, lo raro es que des con la opción que necesitas gracias a la casualidad. Por eso, en lugar de hacer clic al tuntún por los menús, pídele a Windows que busque la opción por ti.

Sigue estos pasos para encontrar las opciones de configuración que necesitas:

1. **Haz clic en el botón Inicio, pulsa en el cuadro de búsqueda que hay junto a él y teclea una palabra que describa la opción que buscas.**

   Al escribir la primera letra, aparecerán todas las opciones con esa letra en la lista situada sobre el cuadro de búsqueda. Si no sabes cómo se llama la opción exactamente, empieza a escribir una palabra clave: "pantalla", "*mouse*", "usuario", "privacidad" u otro término que refleje lo que necesitas.

   Si no encuentras la opción, pulsa la tecla Retroceso para borrar las letras que acabas de escribir y vuelve a intentarlo con otra palabra.

   El cuadro de búsqueda, que explico en el capítulo 7, muestra también otros resultados relacionados con lo que escribes: archivos de la computadora, aplicaciones de la Tienda Windows y hasta elementos de sitios web.

2. **Haz clic en la opción que quieras de la lista.**

   Windows te llevará directamente a esa opción del panel de control que corresponda.

Cuando busques una opción de configuración, empieza siempre por probar con el cuadro de búsqueda. Aunque tengas que invertir unos minutos en ello, obtendrás mejores resultados que si te dedicas a rebuscar entre los cientos de opciones que contienen los dos paneles de control de Windows.

Empezar a usar la aplicación Configuración

La aplicación Configuración de Windows 10 se ha mejorado e incluye muchas más opciones que antes. Ahora, esta aplicación contiene la mayor parte de la configuración, de modo que te ahorrará el viaje al Panel de control que había que usar en las versiones anteriores de Windows.

Para abrir la aplicación Configuración, haz clic en el botón Inicio y, luego, en el panel izquierdo del menú Inicio, cerca del borde inferior, haz clic en Configuración.

Aparecerá la aplicación Configuración, similar a la de la imagen 12-1. Esta aplicación es casi idéntica la uses donde la uses, desde una computadora, una tableta, un teléfono o incluso un televisor, siempre que tenga Windows 10.

Imagen 12-1:
La aplicación Configuración te permite cambiar la manera en la que actúa la computadora

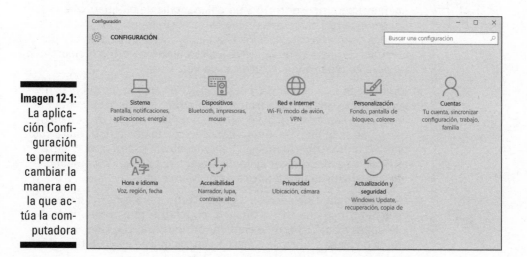

Las opciones de la aplicación Configuración están divididas en las categorías que enumero a continuación. Explicaré cada una de ellas más adelante en este mismo capítulo.

✔ **Sistema:** este inmenso cajón de sastre recopila todas las opciones que no acaban de encajar en ninguna de las otras categorías. Encontrarás, por ejemplo, diferentes maneras de ajustar la resolución del monitor, es decir, la cantidad de información que es capaz de mostrar en la pantalla sin que el texto quede minúsculo e ilegible. También verás en esta categoría las opciones para definir cómo debe actuar la aplicación Mapas cuando no hay conexión a internet.

✔ **Dispositivos:** en los dominios de Windows, los dispositivos son objetos físicos como el *mouse*, el teclado, la impresora o el escáner. Por lo tanto, en esta categoría puedes ajustar desde la rueda de desplazamiento del *mouse* hasta la reacción de la computadora cuando introduces una tarjeta de memoria. Vamos, que las opciones forman tal revoltijo que lo más fácil para encontrar alguna será usar el cuadro de búsqueda del menú Inicio, como he explicado en el apartado anterior de este capítulo.

✔ **Red e Internet:** si quieres acceder a la configuración de Wi-Fi de esta categoría, hay formas más fáciles de hacerlo (haz clic en el icono de Wi-Fi de la barra de tareas, como he explicado en el capítulo 9). En esta zona solo siguen entrando los entendidillos: los frikis pueden definir aquí su VPN (red privada virtual), y los más tradicionales pueden crear conexiones telefónicas a internet. La mayoría de los parámetros de esta categoría no hacen más que enviarte a un viejo rincón del Panel de control del escritorio.

✔ **Personalización:** acude a esta categoría si quieres elegir una fotografía nueva para tu escritorio o para la pantalla de bloqueo, que es la imagen que te saluda cuando enciendes la computadora. También puedes definir en esta sección algunas partes del menú Inicio: por ejemplo, si quieres que muestre los elementos abiertos recientemente, para no tener que buscarlos cada vez.

✔ **Cuentas:** en esta categoría, puedes crear o cambiar las cuentas de las personas que vayan a usar tu computadora (describo cómo hacerlo en el capítulo 14), así como eliminar las cuentas de aquellos que ya no sean bien recibidos. Esta sección también te permite cambiar tu contraseña y la imagen de tu cuenta. Si usas varias computadoras, ve a Sincronizar la configuración para elegir las opciones que se deben vincular a tu cuenta de Microsoft.

 ✔ **Hora e idioma:** esta sección es, sobre todo, para viajeros frecuentes; en general, con que entres una vez, no tendrás que preocuparte de ella nunca más. Te permite cambiar de zona horaria, ajustar los formatos de fecha y hora de acuerdo con los que se usan en tu región, y modificar otros parámetros relacionados con el idioma y la ubicación geográfica.

✔ **Accesibilidad:** estas opciones hacen que Windows sea más fácil de usar para las personas con dificultades visuales y auditivas.

✔ **Privacidad:** en nuestros días, la privacidad en internet es bastante escasa. Aun así, en esta sección puedes ver los controles que ofrece Windows para limitar la cantidad de información que pueden recopilar sobre ti las aplicaciones y los sitios web. Por ejemplo, puedes decidir las aplicaciones que tendrán acceso a tu ubicación y podrán controlar tu cámara, y las aplicaciones que podrán ver tu lista de contactos de la aplicación Contactos.

✔ **Actualización y seguridad:** pásate por esta categoría al menos una vez para configurar la copia de seguridad con el Historial de archivos, un proceso que explico en el capítulo 18. Esta sección ofrece herramientas avanzadas para solucionar problemas, que describo también en el capítulo 18.

Sacamos la artillería pesada: el Panel de control del escritorio

Aunque, en Windows 10, la aplicación Configuración se haya puesto bastante en forma, a veces es necesario usar armas mayores. Si empiezas a abrir iconos y trastear con las opciones que ofrece el Panel de control del escritorio para ajustar cada detalle de Windows, puedes perder fácilmente toda una semana de trabajo en el proceso. Una parte de su gran poder se debe a la magnitud del Panel de control: alberga casi cincuenta iconos, y algunos de ellos abren menús con decenas de opciones y tareas. Por otro lado, también resulta familiar, dado que muchas de las opciones no han cambiado demasiado desde hace veinte años.

Para abrir el Panel de control del escritorio, haz clic con el botón derecho en el botón Inicio y elige Panel de control en el menú emergente.

Para que no tengas que ir buscando la opción adecuada, el Panel de control agrupa los elementos similares en la vista Categoría, como puede verse en la imagen 12-2. Al igual que la aplicación Configuración, el Panel de control viene con un cuadro de búsqueda en la esquina superior derecha que puedes utilizar para encontrar las opciones relacionadas con un tema en concreto. Si mantienes el puntero del *mouse* sobre una de las categorías principales, el Panel de control describirá las opciones que ofrece.

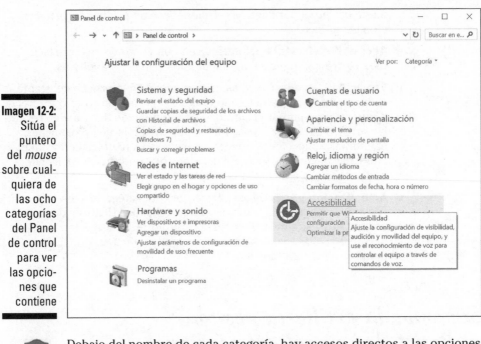

Imagen 12-2:
Sitúa el
puntero
del *mouse*
sobre cual-
quiera de
las ocho
categorías
del Panel
de control
para ver
las opcio-
nes que
contiene

Debajo del nombre de cada categoría, hay accesos directos a las opciones más habituales. Por ejemplo, el icono de la categoría Sistema y seguridad de la imagen 12-2 precede a los accesos directos que te permiten revisar el estado de mantenimiento y seguridad de la computadora, activar la copia de seguridad con el Historial de archivos y acceder a las herramientas de solución de problemas.

Algunos controles no encajan exactamente en ninguna categoría, de modo que no aparecen en las listas. Para ver todos los iconos que ofrece el Panel de control, en la lista desplegable Ver por, elige Iconos grandes o Iconos pequeños, como se muestra en la esquina superior derecha de la imagen 12-2. Enseguida, la ventana mostrará los tropecientos iconos del Panel de control (imagen 12-3). Para volver a la vista Categoría de la imagen 12-2, selecciona Categoría en la lista desplegable Ver por.

Si ves que tu Panel de control es diferente del de la imagen 12-3, no pienses que hay ningún problema: los diversos programas, accesorios y modelos de computadora, a menudo, añaden sus propios iconos al Panel de control. Las distintas versiones de Windows, que describo en el capítulo 1, también pueden variar un poco en cuestión de iconos.

Sitúa el puntero del *mouse* sobre cualquier icono o categoría del Panel de control que no entiendas, y Windows te explicará amablemente su

Imagen 12-3:
Con la vista Iconos grandes, se muestra un icono por cada ámbito de configuración del Panel de control

objetivo. Por cierto, este es uno de los motivos por los que quienes usen una pantalla táctil echarán de menos el *mouse* al utilizar el escritorio de Windows.

El Panel de control del escritorio reúne una barbaridad de opciones de Windows en un solo panel muy bien surtido, pero no es, para nada, la única forma de modificar la configuración. En casi todos los casos, puedes acceder a las mismas opciones haciendo clic con el botón derecho en el elemento que quieres modificar —ya sea el escritorio, un icono o una carpeta— y eligiendo Propiedades en el menú emergente.

En el resto de este capítulo, se abordan las categorías del Panel de control que se ven en la imagen 12-2, los motivos por los que alguna vez tendrás que acudir a ellas y los accesos directos a la opción que necesitas. También se explican las situaciones en las que las opciones del Panel de control te dirigen a la aplicación Configuración para que realices los últimos cambios.

Sistema y seguridad

Igual que con los coches viejos y las nuevas amistades, Windows necesita que dediques tiempo a cuidarlo. De hecho, con solo una pizca de mantenimiento, el funcionamiento de Windows mejora tanto que el capítulo 13 de este libro está dedicado, principalmente, a ese tema. En él, aprenderemos a hacer que Windows vaya más rápido, liberar espacio en el disco duro, hacer una copia de seguridad de los datos y crear una red de seguridad llamada *punto de restauración*.

La sección de seguridad de esta categoría contiene todo un batallón de soldados y, en el capítulo 11, he incluido los manuales de tácticas que deben seguir. El programa de copias de seguridad de Windows, Historial de archivos, también se lleva su parte en el capítulo 13.

Quienes usen Windows 7 se encontrarán con una sorpresa agradable en esta sección del Panel de control: Windows 10 ha traído de vuelta el programa Copias de seguridad y restauración de Windows 7 (que no estaba en Windows 8 ni 8.1).

Cuentas de usuario

En esta sección del Panel de control no necesitarás entrar muy a menudo: Windows 10 ha trasladado casi todas sus opciones a la aplicación Configuración. En el capítulo 14 explicaré cómo crear una cuenta aparte para cada persona que use la computadora. De ese modo, todos podrán usarlo, pero se limitará la magnitud de los daños que puedan causar a Windows y a tus archivos.

Si quieres crear una cuenta de usuario para alguien que está de visita, te resumo aquí los pasos para que no tengas que ir hasta el capítulo 14: haz clic en el botón Inicio y, en el menú Inicio, elige Configuración. Cuando aparezca la aplicación Configuración, haz clic en la categoría Cuentas y, en el panel izquierdo, haz clic en Familia y otros usuarios.

Redes e Internet

Si conectas el PC a internet, Windows empezará a absorber rápidamente información de la red. Si conectas el PC a otro PC, Windows tratará de conectarlos entre sí con un Grupo Hogar u otro tipo de red (en el capítulo 14 explico los Grupos Hogar).

Pero si Windows mete la pata, la categoría Redes e Internet del Panel de control dispone de varias herramientas para solucionar problemas.

El capítulo 15 está dedicado por completo a las redes, y de internet me ocupo en el capítulo 9.

Cambiar el aspecto de Windows (Apariencia y personalización)

Apariencia y personalización es una de las categorías más utilizadas, y te permite cambiar de mil y una formas el aspecto y el comportamiento de Windows. Dentro de esta categoría, te esperan los seis iconos siguientes:

✔ **Personalización:** esta sección, que antaño era una mina de oro para los aficionados a la decoración de interiores, ahora contiene numerosos accesos directos que te llevan a la aplicación Configuración para que puedas cambiar la manera en la que Windows se presenta sobre la pantalla. De todos modos, aquí seguirás encontrando unas cuantas opciones útiles, como la que te permite crear un *tema* (es el nombre que se da una colección de opciones de personalización) para guardar la forma en la que has decorado las ventanas. Además, en esta sección puedes cambiar de salvapantallas (también llamado *protector de pantalla*). En Windows 10, la mayor parte de las opciones de personalización se encuentran en la aplicación Configuración. Si quieres acceder directamente a las opciones de personalización que hay dentro de esa aplicación, haz clic con el botón derecho en un hueco del escritorio y elige Personalizar.

✔ **Pantalla:** mientras que la sección de personalización te permite enredar con los colores, en el área Pantalla puedes ajustar la pantalla de la computadora. Por ejemplo, puedes aumentar el tamaño del texto para descansar la vista, definir la resolución de pantalla o configurar la conexión de la computadora a una pantalla adicional. También en este caso, al hacer clic te dirigirás a los nuevos controles de la aplicación Configuración.

✔ **Barra de tareas y navegación:** dirígete a esta sección para añadir accesos directos de programas a la barra de tareas, que es la franja que recorre el borde inferior del escritorio. Explico este tema en el capítulo 3, pero si quieres acceder rápidamente a la ventana Configuración de la barra de tareas, haz clic con el botón derecho en la barra de tareas y elige Propiedades. La ventana que aparece te deja modificar también la configuración del menú Inicio.

✔ **Centro de accesibilidad:** este acceso directo contiene las opciones que permiten que Windows sea más fácil de usar para personas privadas de vista, de oído o de alguna proporción de su capacidad física. En este capítulo, hay un apartado dedicado exclusivamente a la accesibilidad, de modo que esta sección se explica en ese apartado.

✔ **Opciones del Explorador de archivos:** en general, aquí solo entran los entendidos; esta zona te permite modificar el aspecto y el comportamiento de las carpetas. Si quieres ir rápidamente a las opciones del Explorador de archivos, también puedes abrir cualquier carpeta, hacer clic en la pestaña Vista y, luego, hacer clic en el icono Opciones situado a la derecha del todo.

✔ **Fuentes:** aquí encontrarás una vista previa de cada una de las fuentes que engalanan lo que imprimes, y podrás examinarlas y eliminarlas.

Al hacer clic en algunos de los elementos anteriores, se abrirá un área de configuración del Panel de control. Con otros, al hacer clic, irás al control correspondiente de la aplicación Configuración. En los siguientes apartados, explicaré las tareas que realizarás más a menudo en Apariencia y personalización, y cómo cambiar las opciones que contiene esta categoría.

Cambiar el fondo de escritorio

El fondo de escritorio o fondo de pantalla no es más que la imagen que cubre el escritorio. Para cambiarlo, sigue estos pasos:

1. **Haz clic con el botón derecho en el escritorio y elige Personalizar.**

   Windows te propulsará hasta la sección Personalización de la aplicación Configuración, abierta cómodamente por la subsección Fondo, como puedes ver en la imagen 12-4.

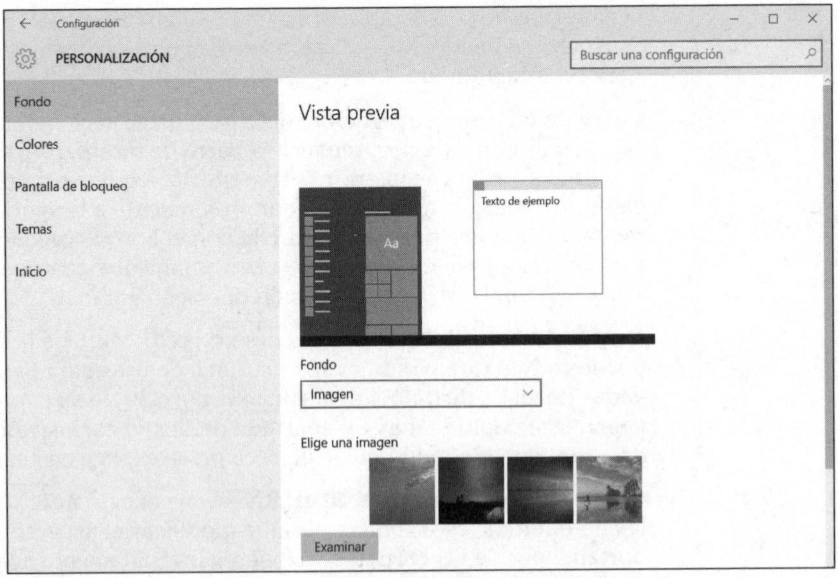

Imagen 12-4:
Haz clic en la lista desplegable para decidir si quieres cubrir el fondo de escritorio con imágenes o colores

Si estás usando el modo Tableta, no podrás hacer clic con el botón derecho en el escritorio. En ese caso, pulsa el botón Inicio, pulsa en Configuración y, después, pulsa en el icono Personalización.

2. **En la lista desplegable Fondo, selecciona Imagen.**

El menú de la sección Fondo te permite crear un fondo a partir de una imagen, un color o una presentación, es decir, una combinación de fotos que cambian automáticamente a intervalos predefinidos.

3. **Haz clic en una nueva imagen que quieras usar como fondo.**

Si no te gustan las que ofrece Microsoft, haz clic en el botón Examinar (imagen 12-4) para buscar posibles fondos en tu carpeta Imágenes.

Los archivos de fondo pueden estar guardados en los formatos BMP, GIF, JPG, JPEG, DIB o PNG. Eso significa que puedes utilizar casi cualquier foto o dibujo que encuentres en internet, que saques con una cámara digital o que digitalices con un escáner.

Cuando elijas una nueva imagen, Windows la colocará en el escritorio y te mostrará una vista previa en la parte superior de la ventana Personalización. Si te gusta cómo ha quedado, ve directamente al paso 5.

4. **Decide si quieres rellenar el fondo con la imagen, ajustarla, expandirla, repetirla formando un mosaico o colocarla en el centro.**

Windows tratará de escoger el ajuste que quede mejor, pero no todas las imágenes se adaptan perfectamente al escritorio. Por ejemplo, si se usa una imagen pequeña, habrá que expandirla para que ocupe todo el espacio disponible o repetirla por toda la pantalla formando filas como si fuera un mosaico sobre el suelo. Si la imagen queda rara o distorsionada con estas dos opciones, prueba con Rellenar o Ajustar para mantener la perspectiva. También puedes centrar la imagen y, así, dejar un espacio en blanco alrededor del borde.

5. **Cierra la ventana para guardar el nuevo fondo de escritorio.**

Windows guardará el nuevo fondo que decora la pantalla.

Si te llama la atención alguna imagen mientras navegas por internet con Microsoft Edge, haz clic con el botón derecho en esa imagen del sitio web y elige Guardar imagen para conservarla en la carpeta Imágenes. A continuación, podrás seguir los pasos que acabamos de explicar para usar la imagen como fondo de escritorio.

Elegir un protector de pantalla

En la prehistoria de las computadoras, cuando una imagen fija permanecía mucho tiempo en la pantalla, la imagen se grababa en el monitor y este quedaba dañado para siempre. Para evitarlo, la gente instalaba protectores de pantalla que daban paso a una pantalla en blanco o con líneas en movimiento. Los monitores actuales ya no tienen estos problemas, pero la gente sigue utilizando protectores de pantalla. ¿Por qué? Porque gustan.

Windows viene con varios ya integrados; para probarlos, sigue estos pasos:

1. **Haz clic en el cuadro de búsqueda situado junto al menú Inicio, escribe "Protector de pantalla" y pulsa Intro.**

   Aparecerá la ventana Configuración del protector de pantalla.

2. **Haz clic en la flecha hacia abajo del cuadro Protector de pantalla y selecciona uno.**

   Después de seleccionar uno, haz clic en el botón Vista previa para ver un simulacro. Puedes ver todos los que quieras antes de decidirte.

   No olvides hacer clic en el botón Configuración: algunos protectores de pantalla ofrecen diversas opciones y te permiten, por ejemplo, especificar la velocidad de las presentaciones fotográficas.

3. **Si quieres que la computadora esté más protegida, activa la casilla Mostrar la pantalla de inicio de sesión al reanudar.**

   Esta protección impide que, cuando te vayas a tomar un café, alguien aproveche para husmear en tu computadora: con ella, cuando Windows se despierta del modo de salvapantallas, pide la contraseña (veremos las contraseñas en el capítulo 14).

4. **Cuando termines de configurar el protector de pantalla, haz clic en Aceptar.**

   Windows guardará los cambios.

Si realmente quieres que la pantalla te dure más (y, de paso, ahorrar electricidad), no te molestes en usar protectores de pantalla: es mejor que pongas la computadora en suspensión cada vez que vayas a dejar de usarlo. Para ello, haz clic con el botón derecho en el botón Inicio, haz clic en Apagar o cerrar sesión y, en el menú emergente, elige Suspender. Si más tarde quieres que la computadora se despierte, pulsa cualquier tecla del teclado.

Cambiar el tema de la computadora

Los temas son, simplemente, colecciones de opciones de configuración que decoran la computadora: por ejemplo, puedes crear un tema para guardar, juntos, el protector de pantalla y el fondo de escritorio que más te gusten. A partir de entonces, podrás pasar de un tema a otro para cambiar la vestimenta del PC más rápidamente.

Para probar uno de los temas que vienen integrados en Windows, haz clic en el botón Inicio, escribe "Cambiar el tema" en el cuadro de búsqueda y pulsa Intro.

Se abrirá el Panel de control con los temas incluidos en Windows 10, como se ve en la imagen 12-5. Haz clic en cualquier tema y Windows se lo pondrá al momento.

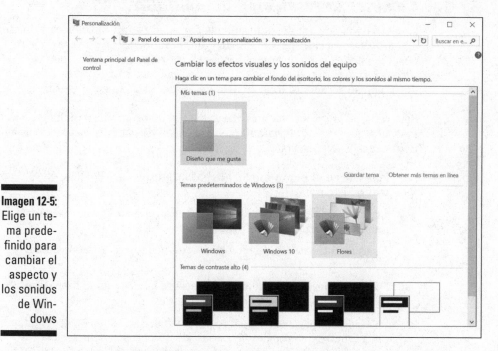

Imagen 12-5:
Elige un tema predefinido para cambiar el aspecto y los sonidos de Windows

En la ventana encontrarás los siguientes temas, con varias opciones debajo:

✔ **Mis temas:** aquí aparecen los temas que has creado tú personalmente. Si tienes una cuenta de Microsoft, verás uno llamado "Tema sincronizado", que es el que aparece en cada computadora donde inicias sesión con tu cuenta.

✔ **Temas predeterminados de Windows:** esta categoría incluye los temas que vienen con Windows, incluido el original, que se llama simplemente Windows.

✔ **Temas básicos y de contraste alto:** incluye los temas de alto contraste para las personas con visión limitada.

No es obligatorio que elijas uno de los temas predefinidos: puedes crear uno por tu cuenta haciendo clic en Guardar tema (imagen 12-5) para guardar el fondo de escritorio, el color de ventana, los sonidos y el protector de pantalla que tengas asignados en ese momento. Escribe el nombre que quieras ponerle al tema y aparecerá como una de las opciones de esta sección.

Cambiar la resolución de pantalla

La resolución de pantalla determina la cantidad de información que puede apiñar Windows en la pantalla de tu computadora. Es una de esas opciones que puedes configurar una sola vez y luego olvidar. Al cambiar la resolución, o bien todo encogerá para que quepan más cosas en la pantalla, o bien se agrandará todo a costa de perder espacio en el escritorio.

Para dar con la resolución más cómoda (o si un programa o un juego masculla que tienes que cambiar la resolución de pantalla o el modo de vídeo), sigue estos pasos:

1. **Haz clic en el botón Inicio, elige Configuración y haz clic en el icono Sistema.**

2. **Cuando aparezca la página Sistema, haz clic en Configuración de pantalla avanzada, en la parte inferior derecha.**

   Aparecerá la ventana Configuración de pantalla avanzada, similar a la de la imagen 12-6.

3. **Para cambiar la resolución de pantalla, haz clic en la lista desplegable Resolución y selecciona la que desees.**

   En el menú desplegable aparecen diversas resoluciones, ordenadas por número. Cuanto mayores sean los números, mayor será la resolución y más información podrá mostrar Windows en la pantalla de la computadora. Lo malo es que si se muestra más información en la pantalla, el texto y las imágenes encogen.

   Salvo que tengas un buen motivo para no hacer caso a esta recomendación, elige la resolución que tenga a su lado la palabra "Recomendada", ya que será la máxima resolución que admita tu computadora.

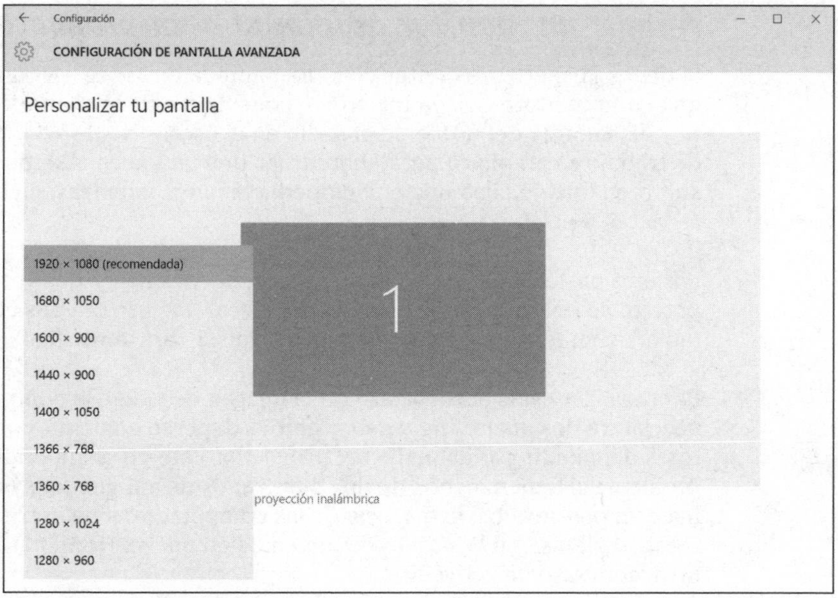

Configuración — □ ×

⚙ CONFIGURACIÓN DE PANTALLA AVANZADA

Personalizar tu pantalla

Imagen 12-6:
Cuanto mayor sea la resolución de pantalla, más información podrá apretujar Windows en la pantalla de la computadora

1920 × 1080 (recomendada)
1680 × 1050
1600 × 900
1440 × 900
1400 × 1050
1366 × 768
1360 × 768
1280 × 1024
1280 × 960

1

proyección inalámbrica

Si eliges la opción que te recomienda Windows, el texto y las imágenes se verán con la máxima nitidez.

4. **Para observar los cambios en la pantalla, haz clic en el botón Aplicar. Luego, haz clic en el botón Conservar cambios para autorizar el cambio.**

Cuando Windows aplica algún cambio drástico a la pantalla, te concede 15 segundos para que apruebes la modificación haciendo clic en el botón Conservar cambios. Si el cambio desencadena algún problema técnico con el que la pantalla se vuelva ilegible, no verás ese botón ni podrás hacer clic en él. Pasados unos segundos, Windows verá que no has aprobado el cambio y restablecerá la configuración anterior de la pantalla, que sí funcionaba.

5. **Cuando termines de configurar la pantalla, cierra la ventana.**

Una vez que hayas cambiado la resolución de pantalla, probablemente no te hará falta volver a esta sección nunca más, salvo que te compres otro monitor o cambies las piezas que muestran la imagen de la computadora por otras mejores. También puede que necesites regresar a esta ventana si conectas una pantalla de computadora adicional a tu PC. En el siguiente apartado, te explico cómo hacerlo.

Añadir un monitor adicional o un proyector

Si tienes la suerte de contar con una pantalla de sobra —¿tal vez la de una computadora que ya murió?—, conéctala a tu computadora o tableta y disfrutarás del doble de espacio en el escritorio de Windows: el área de trabajo se ampliará para abarcar las dos pantallas. Así, podrás consultar en una de ellas una enciclopedia en línea mientras, en la otra, redactas un trabajo.

Por otra parte, si conectas un proyector, puedes hacer que la pantalla del portátil se refleje en la imagen del proyector. Incluso puedes conectar una tableta a un televisor de pantalla panorámica para ver películas.

Para realizar estas acrobacias con la imagen de vídeo, la computadora necesitará dos _puertos de vídeo_, y ambos deberán coincidir con los conectores del monitor adicional o del proyector. Esto no te supondrá ningún problema si tienen menos de dos o tres años de antigüedad, ya que, desde hace un par de años, la mayoría de las computadoras de escritorio, portátiles y tabletas con Windows disponen de un puerto HDMI para conectar otro monitor o un proyector.

Es posible que tengas que comprar un adaptador o un cable especial que sea adecuado para los puertos de la computadora y de la pantalla adicional.

Una vez que hayas conectado el segundo monitor o el proyector a la computadora, sigue estos pasos en el PC:

1. **Haz clic en el botón Inicio, elige Configuración y haz clic en el icono Sistema.**

2. **Cuando aparezca la ventana Sistema, haz clic en Configuración de pantalla avanzada, en la parte inferior derecha de la pantalla.**

   Aparecerá la ventana Configuración de pantalla avanzada, similar a la que hemos visto en la imagen 12-6. Sin embargo, esta vez verás dos monitores en la ventana, uno al lado de otro, como en la imagen 12-7. Si el segundo monitor no aparece en la pantalla, haz clic en Detectar; puede que tengas que apagar ese monitor, esperar 30 segundos y volver a encenderlo.

3. **Arrastra los monitores de computadora que ves en la pantalla hacia la derecha o hacia la izquierda hasta que coincidan con la ubicación física de las pantallas que tienes sobre la mesa. Luego, elige cuál será la pantalla principal.**

   En la ventana, aparecen los dos monitores como dos pequeños recuadros (imagen 12-7). Si no tienes claro qué recuadro representa a

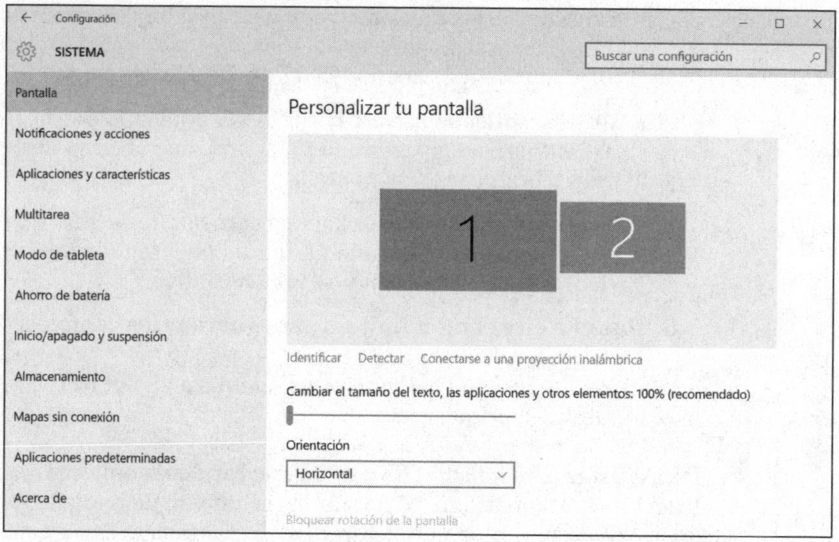

⚙ SISTEMA

Buscar una configuración 🔍

Pantalla

Notificaciones y acciones

Imagen 12-7:
Mueve los
monitores
de la pan-
talla hasta
que coinci-
dan con la
colocación
de los mo-
nitores en
el mundo
real

Aplicaciones y características

Multitarea

Modo de tableta

Ahorro de batería

Inicio/apagado y suspensión

Almacenamiento

Mapas sin conexión

Aplicaciones predeterminadas

Acerca de

Personalizar tu pantalla

1   2

Identificar   Detectar   Conectarse a una proyección inalámbrica

Cambiar el tamaño del texto, las aplicaciones y otros elementos: 100% (recomendado)

Orientación
Horizontal ∨

Bloquear rotación de la pantalla

cada monitor, haz clic en el botón Identificar. Windows hará que aparezca un número en cada uno de los monitores de la pantalla y, también, en los monitores reales, para que averigües cuál es cuál.

A continuación, arrastra los monitores de la pantalla hasta que coincidan con la posición de los monitores en el mundo real.

Por último, en la pantalla, haz clic en el monitor donde quieras que aparezca el botón Inicio y activa la casilla Convertir esta pantalla en la principal.

4. **Si es necesario, ajusta las opciones Orientación y Varias pantallas.**

La lista desplegable Orientación, que sirve principalmente para los monitores pivotantes y las tabletas apoyadas en una base, permite que le digas a Windows el sentido en el que debe mostrarse la imagen de los monitores. En principio, quédate con el modo predeterminado, Horizontal. Solo debes elegir el modo Vertical si has girado alguna tableta o algún monitor (por ejemplo, para visualizar con más comodidad los contenidos que quieras leer).

La lista Varias pantallas le indica a Windows cómo debe aparecer el escritorio en el segundo monitor. Ofrece estas opciones, y cada una de ellas resulta útil para una situación:

• **Duplicar estas pantallas:** con esta opción, el escritorio se duplica en ambas pantallas. Es práctico si quieres proyectar la imagen del escritorio sobre una pared o en una pantalla para realizar presentaciones.

- **Extender estas pantallas:** con esta opción, Windows se estira para ajustarse a ambas pantallas, de modo que te queda un escritorio mucho más ancho que el que tenías antes.

- **Mostrar únicamente en 1:** elige esta opción mientras te estés preparando para empezar una presentación y, cuando esté todo listo, pasa a Duplicar estas pantallas.

- **Mostrar únicamente en 2:** elige esta opción si solo quieres ver la segunda pantalla. Resulta útil para conectar una tableta a un televisor y ver películas en una sala a oscuras.

5. **Haz clic en el botón Aplicar para guardar los cambios.**

Si cambias de posición los monitores, empieza de nuevo todo el procedimiento, desde el primer paso.

Para ajustar la resolución de pantalla de los dos monitores, sigue las instrucciones del apartado, "Cambiar la resolución de pantalla". Sin embargo, esta vez, la ventana Configuración de pantalla avanzada mostrará los dos monitores. Haz clic en el que desees cambiar, y se desplegará la lista emergente Resolución de ese monitor.

Hardware y sonido

En la categoría Hardware y sonido del Panel de control (imagen 12-8), encontrarás varios rostros conocidos. Por ejemplo, el icono Pantalla aparece también en la categoría Apariencia y personalización, que he descrito en el apartado de este capítulo "Cambiar el aspecto de Windows (Apariencia y personalización)".

La categoría Hardware y sonido controla las partes de la computadora que puedes tocar o conectar. Permite ajustar la configuración de la pantalla, así como el *mouse*, los altavoces, el teclado, la impresora, el teléfono, el escáner, la cámara digital, los dispositivos de juego y, por si me está leyendo algún artista gráfico, los lápices digitales.

De todos modos, no pasarás mucho tiempo por estos lares, especialmente si has llegado a través del Panel de control. Las opciones se encuentran en su mayoría en otros sitios, donde puedes hacer clic y acceder directamente a la configuración que necesitas.

Tanto si llegas a estas pantallas desde el Panel de control como si entras mediante un acceso directo, en los siguientes apartados se explican los motivos más habituales para entrar en esta sección.

Imagen 12-8:
En la categoría Hardware y sonido, puedes controlar los aspectos físicos de la computadora, como la pantalla, el sonido y los aparatos conectados

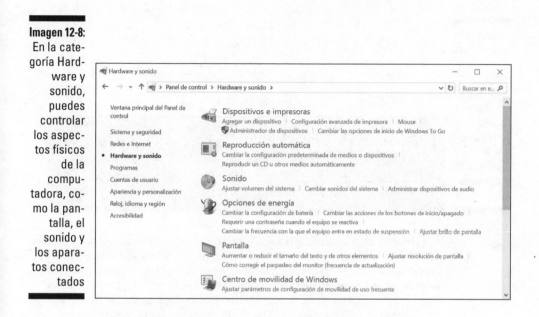

Ajustar el volumen y los sonidos

En el área Sonido, puedes ajustar el volumen de la computadora, algo a lo que puedes echar mano fácilmente cuando quieras jugar a una partidita en tu tableta con Windows durante una reunión aburrida.

La mayoría de las tabletas con Windows, en el borde derecho o en el izquierdo, disponen de controles para activar o desactivar el sonido. De los dos botones habituales, el de arriba sirve para subir el volumen y el de abajo, para bajarlo. Pruébalos antes de ponerte a jugar al Angry Birds en la sala de reuniones.

Para bajar el volumen de la computadora desde el escritorio, como en la imagen 12-9, haz clic en el pequeño altavoz que está al lado del reloj y desliza hacia abajo el control del volumen. ¿Que no hay un altavoz en la barra de tareas? Para volver a colocarlo ahí, haz clic con el botón derecho en el reloj digital de la barra de tareas, elige Propiedades y haz clic en Activar o desactivar iconos del sistema. Luego, pon el control Volumen en posición Activado.

Para silenciar la computadora, haz clic en el icono del altavoz situado a la izquierda del control deslizante, como se ve en la imagen 12-9. Si vuelves a hacer clic en ese icono, retumbará de nuevo la música de la computadora.

Imagen 12-9:
Haz clic en el icono del altavoz y mueve el control deslizante para ajustar el volumen de la computadora

Altavoces (Tecnología Intel® Smart Sound)

48

Haz clic con el botón derecho en el icono del altavoz de la barra de tareas y elige Abrir mezclador de volumen en el menú emergente si quieres configurar un volumen distinto para cada programa del escritorio. Así, podrás detonar explosivos en silencio dentro de tu juego preferido mientras el programa de correo electrónico del escritorio sigue anunciando a toda voz la llegada de mensajes nuevos. *Nota:* Por desgracia, los niveles de volumen individuales solamente controlan los programas del escritorio y no las aplicaciones.

Instalar o configurar altavoces

La mayoría de las computadoras traen solo dos altavoces. Algunos vienen con cuatro, y otros —esos PC potentísimos para jugar a los últimos videojuegos, o los que podrían servir para cine en casa— tienen hasta ocho. Para adaptarse a las diferentes situaciones, Windows ofrece un área de configuración de altavoces que incluye una prueba de altavoces.

Si vas a instalar unos altavoces nuevos o quieres comprobar si los viejos funcionan, sigue estos pasos para presentárselos a Windows correctamente:

1. **En el escritorio, haz clic con el botón derecho en el icono del altavoz de la barra de tareas y elige Dispositivos de reproducción.**

   Aparecerá la ventana Sonido.

2. **Haz clic (no doble clic) en el icono de tu altavoz y, luego, haz clic en el botón Configurar.**

   Haz clic en el icono del altavoz que tiene una marca de verificación verde: es el dispositivo que usa la computadora para emitir sonidos. Aparecerá el cuadro de diálogo Instalación de altavoces.

3. **Haz clic en el botón Probar (como se ve en la imagen 12-10), ajusta la configuración del altavoz y haz clic en Siguiente.**

   Windows te guiará para que selecciones el número de altavoces y su ubicación y, después, reproducirá un sonido en cada uno de ellos para que compruebes si están en el lugar adecuado.

4. **Haz clic en las pestañas de todos los demás dispositivos de sonido que quieras configurar y, cuando hayas terminado con los ajustes, haz clic en Aceptar.**

Ya que estás por aquí, comprueba el volumen del micrófono con un clic en la pestaña Grabar, y en las pestañas de los demás aparatos de sonido que hayas podido permitirte.

Si los altavoces y el micrófono no aparecen como dispositivos, significa que Windows no sabe que están conectados a la computadora, por lo que tendrás que instalar un controlador nuevo, un proceso de lo más aburrido que abordaré en el capítulo 13.

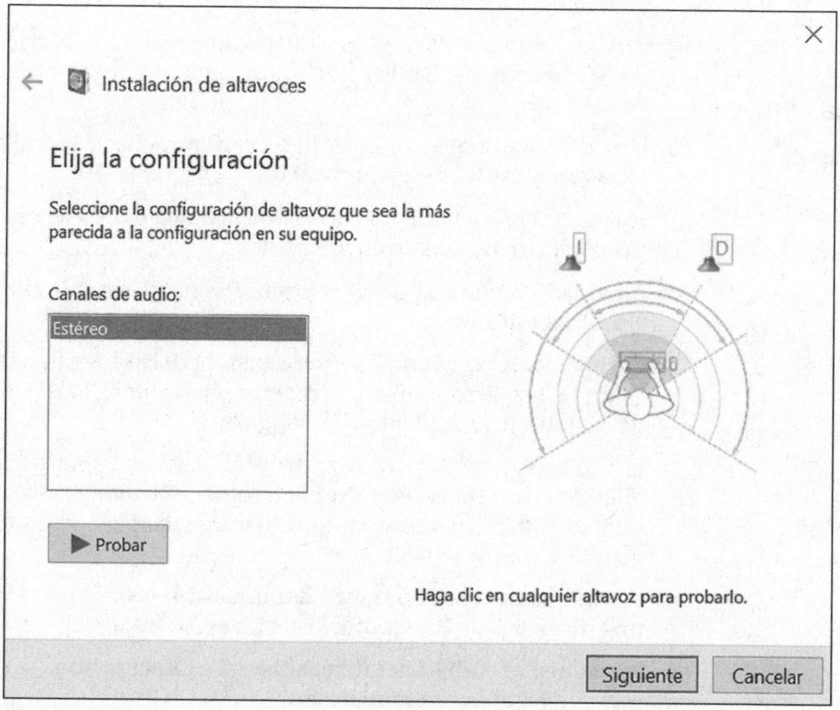

Imagen 12-10:
Haz clic en el botón Probar para escuchar el sonido de los altavoces uno por uno

×

← Instalación de altavoces

Elija la configuración

Seleccione la configuración de altavoz que sea la más parecida a la configuración en su equipo.

Canales de audio:

Estéreo

▶ Probar

Haga clic en cualquier altavoz para probarlo.

Siguiente   Cancelar

Añadir un aparato Bluetooth

Con la tecnología Bluetooth, puedes conectar dispositivos a la computadora de forma inalámbrica y, así, mantener el escritorio despejado de cables. Si usas una tableta, Bluetooth te permite añadir un *mouse* y un teclado sin que acaparen ninguno de tus preciados puertos USB.

También puedes usarlo para conectar una computadora de escritorio, una portátil o una tableta a algunos teléfonos móviles para acceder a internet de manera inalámbrica, siempre y cuando lo permita el operador.

Para añadir un aparato con Bluetooth a una computadora de escritorio, un portátil o una tableta, sigue estos pasos:

1. **Asegúrate de que el dispositivo tenga la funcionalidad Bluetooth activada y esté listo para emparejarse.**

   Lo normal es que los dispositivos Bluetooth dispongan de un sencillo interruptor para activar o desactivar esta función. Sin embargo, decirle al aparato que empiece a emparejarse es un poco más complicado. A veces basta con cambiar un ajuste, pero otros dispositivos te obligan a mantener pulsado un botón hasta que la lucecita empieza a parpadear.

   Cuando veas que parpadea, el dispositivo estará listo para emparejarse con otro dispositivo Bluetooth, incluido tu computadora (esperemos).

2. **Haz clic en el botón Inicio, elige Configuración y haz clic en el icono Dispositivos de la aplicación Configuración.**

   Aparecerá la página Dispositivos de la aplicación, con una lista de los dispositivos que estén instalados.

3. **En el lado izquierdo de la ventana Dispositivos, haz clic en la opción Bluetooth.**

   Enseguida, la computadora empezará a buscar los dispositivos Bluetooth de los alrededores que quieran conectarse, lo que en la jerga de Bluetooth se denomina *emparejarse*.

   Si tu dispositivo no aparece, vuelve al paso 1 y comprueba que el aparato sigue encendido, con Bluetooth activado y listo para emparejarse. (Mucha gente se rinde y lo apaga después de esperar 30 segundos a que se conecte).

4. **Cuando aparezca el nombre del dispositivo en la sección Administrar dispositivos Bluetooth, haz clic en su nombre.**

5. **Introduce el código del dispositivo si es necesario y, si te lo piden, haz clic en el botón Emparejar.**

Y ahora es cuando las cosas se complican: por razones de seguridad, tendrás que demostrar que estás delante de tu computadora, no del de la otra persona, y que no eres un intruso que está intentando colarse. Lo malo es que cada dispositivo emplea tácticas algo diferentes para que pruebes tu inocencia.

A veces hay que introducir una misma serie secreta de números, llamada *código de acceso*, tanto en el dispositivo como en la computadora (el código secreto suele estar escondido en algún rincón del manual del dispositivo). Pero tendrás que escribir el código con rapidez, antes de que el otro aparato se canse de esperar.

Con otros aparatos, especialmente los *mouse* con Bluetooth, en este paso tienes que mantener pulsado un pequeño botón situado en la tripa del *mouse*.

Los teléfonos móviles pueden pedirte que hagas clic en el botón Emparejar después de introducir el mismo código de acceso en la computadora y en el móvil.

Si no tienes claro cuál es el código de acceso, escribe "0000" en el teclado: cuando la gente se frustra intentando conectar un aparato por Bluetooth, es el que suele funcionar.

Una vez que el aparato esté emparejado correctamente con la computadora, su nombre y su icono aparecerán en el apartado Bluetooth, en la categoría Dispositivos de la pantalla Configuración.

Para añadir un dispositivo Bluetooth desde el escritorio de Windows, haz clic en el icono de Bluetooth de la barra de tareas (se muestra en el margen), elige Agregar un dispositivo Bluetooth y continúa directamente desde el paso 3 del proceso que acabamos de explicar. Si no ves el icono de Bluetooth de la barra de tareas, haz clic en la flecha hacia arriba que hay unos cuantos iconos a la izquierda del reloj de la barra de tareas. En el menú emergente, aparecerá el icono de Bluetooth y podrás hacer clic en él.

Añadir una impresora

Los fabricantes de impresoras no son capaces de ponerse de acuerdo en la forma de instalarlas, de modo que hay dos maneras de hacerlo:

✔ Algunos fabricantes de impresoras te dicen que, simplemente, conectes la impresora introduciendo un conector en un pequeño puerto USB (una entrada con forma rectangular) de la computadora. Windows se dará cuenta automáticamente de que hay una nueva impresora, la reconocerá y le dará la bienvenida. Basta con suministrar a la impresora los cartuchos de tinta o el tóner y el papel que necesite, y estará todo listo.

✔ Otros fabricantes siguen un método algo más engorroso: te piden que instales su software antes de conectar la impresora. Si no lo haces así, es posible que la impresora no funcione correctamente.

Por desgracia, la única forma de saber cómo hay que instalar cada impresora es consultar el manual; a veces, este tipo de información aparece en una hoja a todo color, con un nombre como "Instalación rápida", que suele venir en la caja de la impresora.

Si tu impresora no trae ningún programa de instalación, introduce los cartuchos, coloca el papel en la bandeja y sigue estas instrucciones para ponerla en marcha:

1. **Con Windows en funcionamiento, conecta la impresora a la computadora y enciéndela.**

   Puede que Windows muestre un mensaje en el que indica que la impresora se ha instalado correctamente, pero sigue con el paso 2 para comprobarlo.

2. **Abre el Panel de control.**

   Haz clic con el botón derecho en el botón Inicio y elige Panel de control en el menú emergente.

3. **En la categoría Hardware y sonido, haz clic en el enlace Ver dispositivos e impresoras.**

   En el Panel de control aparecerán las categorías de dispositivos, incluida tu impresora, si has tenido suerte. Si ves que la impresora que has conectado por USB aparece junto con su modelo o marca, haz clic con el botón derecho en el icono de esa impresora, elige Propiedades y haz clic en el botón Imprimir página de prueba. Si se imprime correctamente, has terminado: enhorabuena.

   Si la página de prueba no se imprime bien, comprueba que le has quitado todos los sellos a la impresora y que los cartuchos de tinta están en su sitio. Si sigue sin imprimir, probablemente tiene algún defecto. Ponte en contacto con la tienda y pregúntales con quién puedes hablar para que te ayude.

Para imprimir los documentos en un archivo que puedas enviar por correo electrónico a prácticamente cualquier persona, elige Imprimir como PDF. El archivo quedará registrado con el mismo aspecto que si se imprimiera, pero en lugar de imprimirse en papel, se guardará en un archivo PDF, un formato al que se puede acceder con casi cualquier tipo de computadora, *smartphone* y tableta. (Si alguien no consigue abrirlo, dile que descargue Adobe Reader desde la página `https://get.adobe.com/reader/`).

Y ya está. En la mayoría de los casos, la impresora funcionará a las mil maravillas, pero si no es así, en el capítulo 8 hay toda una serie de consejos y trucos de impresión.

Si tienes dos o más impresoras conectadas a la computadora, haz clic con el botón derecho en el icono de la que uses más a menudo y elige Establecer como impresora predeterminada en el menú emergente. Entonces, Windows utilizará esa impresora siempre que imprimas, excepto si le dices que use otra.

✔ Para quitar una impresora que has dejado de utilizar, en el paso 3, haz clic con el botón derecho en su nombre y elige Quitar dispositivo en el menú emergente. Cuando vayas a imprimir desde un programa, esa impresora ya no aparecerá entre las opciones. Si Windows te pregunta si quieres desinstalar los controladores y el programa de la impresora, haz clic en Sí, salvo que tengas pensado volver a instalarla en otro momento.

✔ Muchos programas te permiten cambiar las opciones de la impresora. Elige Archivo en la barra de menús de un programa (para ver la barra de menús, puede que tengas que pulsar la tecla Alt) y elige Configurar página o Imprimir. Aparecerá una ventana donde podrás cambiar, por ejemplo, el tamaño de papel, las fuentes y los tipos de gráficos.

✔ Para compartir una impresora a través de una red en un instante, crea un Grupo Hogar (lo explico en el capítulo 14). La impresora aparecerá inmediatamente como una opción para instalar en todas las computadoras de la red.

✔ Si no entiendes el programa de la impresora, prueba a hacer clic en los botones de ayuda dentro de los cuadros de diálogo. Muchas veces, estos botones corresponden exactamente a tu modelo de impresora y ofrecen consejos que no se encuentran en Windows.

Hora e idioma

Microsoft diseñó la sección Hora e idioma de la aplicación Configuración, principalmente, para quienes viajan a otros lugares con distintas zonas horarias. Si tienes una computadora de escritorio, seguramente verás esta información una sola vez, al configurar la computadora. A partir de entonces, Windows recordará la fecha y la hora aunque se apague el PC.

Si tienes una computadora portátil, te interesará entrar por aquí cuando viajes a un lugar con otra zona horaria. Y, si eres bilingüe, agradecerás también las opciones que te permiten usar caracteres de varios idiomas.

Para abrir esta sección, haz clic en el botón Inicio, elige Configuración en el menú y, luego, haz clic en la categoría Hora e idioma de la aplicación Configuración. Aparecerán tres secciones:

✔ **Fecha y hora:** no hace falta explicar mucho. Para llegar a esta parte, también puedes hacer clic en el reloj de la barra de tareas y elegir Ajustar fecha y hora.

✔ **Región e idioma:** si usas dos o más idiomas, entra en esta sección cuando elabores documentos en los que tengas que usar caracteres de distintas lenguas.

✔ **Voz:** si Windows no reconoce bien tu voz, entra aquí para ajustar la configuración del reconocimiento de voz.

Añadir o quitar aplicaciones o programas

Quitar una aplicación del menú Inicio no requiere mucho esfuerzo: en el menú Inicio, haces clic con el botón derecho en el mosaico de la aplicación y eliges Desanclar de Inicio en el menú emergente.

Pero, si haces eso, la aplicación no se borrará, ya que seguirá estando en la lista alfabética del menú Inicio. Si quieres quitar para siempre una aplicación o un programa de la computadora, sigue estos pasos:

1. **Haz clic en el botón Inicio y elige Configuración en el menú Inicio.**

   Aparecerá la aplicación Configuración.

2. **Haz clic en el icono Sistema y, cuando aparezca la ventana Sistema, en el panel izquierdo, haz clic en Aplicaciones y características.**

   Aparecerá la ventana Aplicaciones y características, como en la imagen 12-11, con una lista de las aplicaciones y los programas que están instalados, ordenados por tamaño.

   Para que los programas se ordenen según su fecha de instalación, haz clic en el cuadro Ordenar por tamaño y elige Ordenar por fecha de instalación en el menú emergente. También puedes ver los programas que están instalados en determinadas unidades; esta función es muy útil para las tabletas con poco espacio: si usas una, es mejor que almacenes los programas en una tarjeta de memoria y no en la memoria principal.

3. **Haz clic en el programa que ya no te guste y, después, haz clic en el botón Desinstalar o Mover.**

   Haz clic en uno de los programas de la lista y aparecerán dos botones debajo del programa:

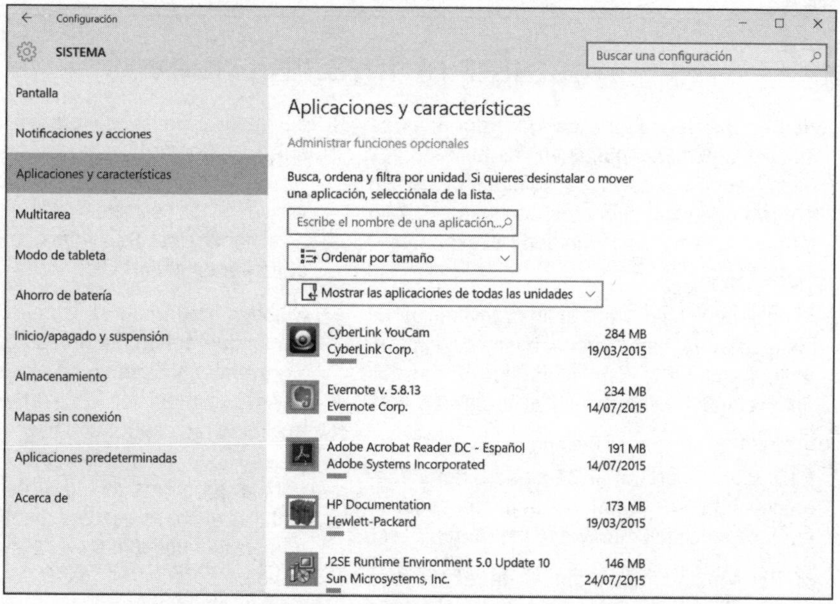

Imagen 12-11: Haz clic en una aplicación o un programa que quieras quitar y elige Desinstalar en el menú emergente

- **Mover:** si te queda poco espacio de almacenamiento, elige esta opción. Sirve para mover una aplicación o un programa a la tarjeta de memoria de la tableta y liberar espacio para que quepan más archivos.

- **Desinstalar:** haz clic en este botón (y en el botón de confirmación que aparecerá justo después) para quitar por completo la aplicación o el programa de la computadora.

  Según el botón en el que hayas hecho clic, Windows echará a ese programa de la computadora o lo trasladará a otra unidad de disco o tarjeta de memoria.

Si desinstalas un programa, se irá para siempre, a menos que guardes el CD de instalación. A diferencia de lo que ocurre con otros elementos, los programas eliminados no se quedan en la Papelera de reciclaje. Las aplicaciones, sin embargo, casi siempre pueden encontrarse de nuevo en la Tienda Windows e instalarse si se han eliminado por error.

Para desinstalar los programas que ya no te interesen, utiliza siempre la aplicación Configuración. Si te limitas a eliminar sus archivos o carpetas, no será suficiente. De hecho, si haces eso, es posible que la computadora se enrede y aparezcan molestos mensajes de error.

Instalar programas nuevos

Hoy en día, la mayoría de los programas se instalan automáticamente en cuanto los eliges en la Tienda Windows, haces doble clic en un archivo de instalación que has descargado o introduces el disco en la unidad correspondiente del PC.

Si no sabes con certeza si un programa se ha instalado, ve al menú Inicio y busca su nombre. Si aparece en la lista alfabética Todas las aplicaciones, significa que el programa está instalado.

Pero si un programa no se muda automáticamente a tu computadora, aquí tienes unos cuantos consejos que pueden servirte:

✔ Para instalar programas, necesitas una cuenta de administrador. Lo normal es que el dueño de la computadora tenga una automáticamente. De este modo, se impide que los niños —con sus cuentas estándar o infantiles— instalen programas que puedan estropear el PC. En el capítulo 14 explico los detalles de las cuentas de usuario.

✔ ¿Has descargado un programa? Windows guarda los archivos descargados en tu carpeta Descargas. Para encontrarla, abre cualquier carpeta y, en la parte de arriba del panel izquierdo, fíjate en el área Acceso rápido. Ahí está la carpeta Descargas. Una vez que estés en esa carpeta, haz doble clic en el nombre del programa que has descargado para instalarlo.

✔ Muchos programas se instalan con tantas ganas que ponen un acceso directo en el escritorio, un mosaico en el menú Inicio y un acceso directo en la barra de herramientas Inicio rápido. Cuando te pregunten si te parece bien, di que sí a todo. Así, podrás abrir el programa desde el escritorio y te evitarás el paseo hasta el menú Inicio. Y, si cambias de opinión, puedes hacer clic con el botón derecho en los accesos directos que ya no te gusten y elegir Eliminar o Desanclar para quitarlos.

✔ Nunca viene mal crear un punto de restauración antes de instalar un programa nuevo (explico cómo crear puntos de restauración en el capítulo 13). Si el programa que acabas de instalar se vuelve loco, utiliza Restaurar sistema para que la computadora regrese al estado de paz y tranquilidad que tenía antes de instalarlo.

Modificar Windows para las personas con discapacidades físicas

Casi todo el mundo considera que Windows es algo complicado de manejar, pero algunas personas sufren, además, dificultades físicas. Para ayudarlos, el área Accesibilidad del Panel de control ofrece un conjunto de opciones muy de agradecer.

Si tu vista ya no es lo que era, puede que te ayuden las opciones para aumentar el tamaño del texto en la pantalla de la computadora.

Para modificar esta configuración de Windows, sigue estos pasos:

1. **Abre la aplicación Configuración de Windows.**

   Hay varias formas de abrir la aplicación Configuración:

   - **Con el** *mouse*: haz clic en el botón Inicio y, en el menú Inicio, haz clic en Configuración.
   - **Con el teclado:** en el escritorio, pulsa 🪟 + I.
   - **Pantalla táctil:** desliza el dedo desde el borde derecho de la pantalla hacia el centro y, después, pulsa el icono Todas las configuraciones.

2. **Cuando aparezca la aplicación Configuración, elige el icono Accesibilidad.**

   Aparecerá la ventana Accesibilidad, similar a la de la imagen 12-12.

3. **Cambia la configuración según lo que necesites.**

   La ventana Accesibilidad ofrece varias categorías que hacen más fácil controlar la computadora. Para activar o desactivar una característica, haz clic en el interruptor correspondiente dentro de las siguientes categorías:

   - **Narrador:** la horrible narradora de Windows lee en voz alta el texto que aparece en la pantalla para las personas que no lo ven con claridad. También indica qué botón se ha pulsado. Prepárate para escuchar montones de explicaciones cada vez que pongas el dedo en la tableta o muevas el *mouse*.
   - **Lupa:** esta opción, diseñada para las personas con dificultades visuales, amplía la ubicación exacta del puntero del *mouse*.
   - **Contraste alto:** esta opción elimina la mayoría de los colores de la pantalla para que los usuarios con problemas de visión tengan menos dificultades a la hora de ver la pantalla y el cursor.
   - **Subtítulos:** esta opción, diseñada para las personas con problemas de audición, ayuda a que aparezcan subtítulos en las películas compatibles con la tecnología de subtitulado.
   - **Teclado:** esta opción coloca un teclado a lo largo de toda la parte inferior de la pantalla y te permite escribir haciendo clic con el *mouse*. Ofrece, además, otras formas de manejar el teclado que ayudan a las personas con dificultades para escribir.
   - **Mouse:** en esta sección, puedes agrandar el puntero del *mouse* para que se vea más fácilmente.
   - **Otras opciones:** esta sección ofrece diversas opciones para las personas con problemas de visión, desde la de aumentar el grosor del cursor hasta la de elegir si Windows debe reproducir animaciones al abrir y cerrar ventanas.

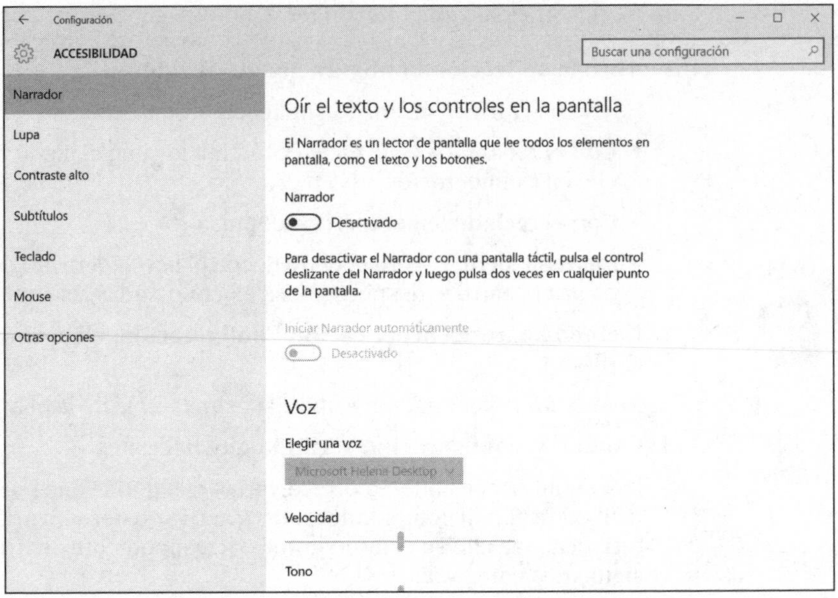

Imagen 12-12:
La ventana
Accesibili-
dad dispo-
ne de toda
una serie
de opcio-
nes para
ayudar a
los usua-
rios con li-
mitaciones
físicas

Elige la opción que quieras para activarla al instante. Si la opción empeora las cosas, vuelve a elegirla y se desactivará.

Y si el resultado no te convence, continúa con el paso 4.

4. Ve al Centro de accesibilidad del Panel de control.

Windows 10 sigue ofreciendo el Centro de accesibilidad del Panel de control del escritorio, que desde hace años es uno de los pilares de Windows.

Para acceder a él, haz clic con el botón derecho en el botón Inicio, elige Panel de control, elige Accesibilidad y, luego, haz clic en el icono Centro de accesibilidad.

Algunos centros de asistencia para personas con discapacidades físicas ofrecen programas o ayuda para realizar estos cambios.

Capítulo 13

Evitar que Windows
se atasque

*S*i ves que Windows se estropea y no funciona ni a la de tres, ve al capítulo 18, donde encontrarás muchísimos trucos para arreglarlo. Pero si tu computadora funciona razonablemente bien, no te muevas de aquí. En este capítulo, se explica cómo hacer que siga funcionando así de bien el mayor tiempo posible.

Este capítulo es una especie de lista de comprobación, y en cada sección se describe una tarea necesaria y bastante sencilla para mantener a Windows en su máximo esplendor. Por ejemplo, descubrirás cómo activar el programa de copias de seguridad automáticas de Windows, que es el Historial de archivos.

Si alguien te comenta que uno de los controladores de tu computadora es mejorable, no está hablando de aviones: un controlador (o *driver*) es un programa que ayuda a Windows a comunicarse con las diversas piezas de la computadora. En este capítulo, se explica cómo despedir a los malos controladores y colocar al mando a un controlador actualizado.

Crear un punto de restauración

Windows está dejando atrás los puntos de restauración y reemplazándolos por un sistema más moderno de actualización, que explicaré en el capítulo 18. De todas formas, los incondicionales del antiguo Restaurar sistema pueden seguir creando y utilizando puntos de restauración de Windows —muy fiables— para que su computadora regrese a otras épocas en las que se encontraba mejor. Los puntos de restauración funcionan, un poco, como una cápsula del tiempo: guardan la configuración que tiene el PC en un momento concreto. Si una configuración de un momento posterior se daña, a veces puede resolverse el problema si se vuelve a una configuración anterior, que actuará como punto de restauración.

Para crear un punto de restauración, sigue estos pasos:

1. **Haz clic en el botón Inicio, escribe Restaurar sistema en el cuadro de búsqueda y, de los resultados de la búsqueda, haz clic en el enlace Crear un punto de restauración.**

   Aparecerá la ventana Propiedades del sistema, abierta por la pestaña Protección del sistema, con una lista de las opciones de Restaurar sistema. Fíjate en los botones Configurar y Crear, situados cerca del borde inferior de la ventana.

2. **En el recuadro que hay sobre esos dos botones, en la columna Unidades disponibles, haz clic en Disco local (C:) (Sistema). Luego,**

haz clic en el botón Configurar y, cuando aparezca la ventana Protección del sistema para Disco local (C:), haz clic en el botón Activar protección del sistema y, luego, haz clic en Aceptar.

Al hacer esto, se activará Protección del sistema en la unidad C:, un requisito para poder usar Restaurar sistema. Cuando hagas clic en Aceptar, se cerrará esa ventana y regresarás a la ventana Propiedades del sistema.

3. **Haz clic en el botón Crear para abrir la ventana Protección del sistema, escribe el nombre del nuevo punto de restauración y, por último, haz clic en el botón Crear para guardar el punto de restauración.**

Elige un nombre que describa el estado de la computadora como, por ejemplo, "Creado justo antes de instalar la aplicación Egg Timer", para acordarte mejor. Windows creará un punto de restauración con el nombre que le hayas puesto y te dejará con unas cuantas ventanas abiertas que tendrás que cerrar.

Si creas tus propios puntos de restauración en los días buenos, sabrás cuáles debes usar cuando lleguen los días malos. En el cuadro informativo sobre Restaurar sistema del capítulo 18, describo cómo reanimar a la computadora a partir de un punto de restauración.

Poner Windows a punto con las herramientas de mantenimiento integradas

Windows dispone de infinidad de herramientas para que todo funcione como la seda. Algunas se ejecutan automáticamente, por lo que solo tendrás que comprobar si están activadas. Otras preparan el terreno en previsión de desastres y hacen copias de seguridad de los archivos.

Para conocer las herramientas de supervivencia de la computadora, haz clic con el botón derecho en el botón Inicio, elige Panel de control y haz clic en la categoría Sistema y seguridad del Panel de control. Aparecerán las herramientas de solución de problemas del Panel de control, como en la imagen 13-1.

Las herramientas más utilizadas son:

✔ **Historial de archivos:** este nuevo tipo de programa de copias de seguridad, que se introdujo en Windows 8, coloca una red de seguridad bajo todos los archivos de las principales carpetas, para que puedas recuperar sus copias de seguridad si algo se tuerce. El programa Historial de archivos es gratuito, de modo que no tienes ninguna excusa para no activarlo. Antes o después, todos los discos duros acaban muriendo, y en el tuyo habrás guardado innumerables recuerdos. Además, si realizas las copias de seguridad con el Historial de archivos, te será más fácil trasladarte de una computadora antigua a una nueva.

Imagen 13-1:
Estas herramientas del Panel de control son útiles, sobre todo, para solucionar problemas

✔ **Sistema:** los del servicio técnico están a sus anchas por estos parajes. El área Sistema indica la versión de Windows, la velocidad del procesador, el estado de las redes y la cantidad de memoria de la computadora.

✔ **Windows Update:** esta es la herramienta de Microsoft para introducir revisiones de seguridad automáticas en tu PC a través de internet; esto, en general, es bueno. En la edición Home de Windows 10, Windows Update se ejecuta constantemente y no es posible desactivarlo. Por eso, quienes tengan Windows 10 Home no lo encontrarán aquí, en su lugar habitual del Panel de control.

✔ **Opciones de energía:** ¿no tienes muy claro si la computadora está en suspensión, hibernando o simplemente apagada? En el capítulo 3 se explican las diferencias, y esta sección te permite definir el grado de letargo que quieres que adopte el PC al pulsar el botón de apagado (o si tienes un portátil, qué pasa al cerrar la tapa).

✔ **Herramientas administrativas:** en este complicado revoltijo de herramientas informáticas se esconde una joya: el programa Liberar espacio elimina los desechos de tu PC para que disfrutes de más espacio de almacenamiento.

En los siguientes apartados, describo con más detalles las tareas anteriores.

Hacer una copia de seguridad de la computadora con el Historial de archivos

Tarde o temprano, tu disco duro pasará a mejor vida y se llevará todo con él: años y años de fotos, música, correos, registros de contabilidad, recuerdos escaneados y todo lo que hayas creado o almacenado en la computadora.

Por eso, es importante que hagas una copia de seguridad de los archivos periódicamente. Así, cuando tu disco duro abandone el escenario, el espectáculo seguirá adelante gracias a la copia de seguridad.

Con Windows 8, se introdujo una solución de copias de seguridad llamada *Historial de archivos*, que pervive en Windows 10. Una vez activada, esta solución se encarga automáticamente de hacer, cada hora, una copia de seguridad de todos los archivos que haya en tus carpetas principales. El programa es fácil de activar y sencillo de manejar, se ejecuta de forma automática y hace copias de seguridad de todo lo que necesitas.

Antes de poner al Historial de archivos manos a la obra, necesitarás estas dos cosas:

✔ **Un disco duro externo:** para que las copias de seguridad se realicen de manera automática y sean fiables, necesitarás una unidad de disco duro portátil, que no es más que un disco duro relativamente barato dentro de una carcasa. Esa carcasa se conecta mediante un cable a uno de los puertos USB de la computadora y Windows reconoce la unidad de inmediato. Si dejas el disco duro conectado a la computadora, las copias de seguridad se realizarán de forma totalmente automática.

Es complicado dejar el disco duro conectado en todo momento a un portátil o una tableta que llevas contigo de un lado para otro. Si siempre te olvidas de conectar la unidad al volver a casa, tienes otra opción: introduce una memoria USB en el puerto USB del portátil o una tarjeta de memoria en tu tableta y utilízalas para las copias de seguridad del Historial de archivos. Eso sí, ten cuidado: si te roban el aparato, perderás las copias de seguridad.

✔ **Darle al botón de activar:** el programa Historial de archivos se incluye con Windows gratuitamente, pero no podrá hacer nada si no le dices que empiece a funcionar.

Sigue estos pasos para indicarle a la computadora que debe comenzar a hacer copias de seguridad automáticamente cada hora:

1. **Conecta la unidad o su cable a un puerto USB (o introduce una tarjeta de memoria en la ranura correspondiente de la tableta).**

   Hay que introducir el conector rectangular situado en el extremo de la unidad o de su cable en el puerto USB (también rectangular) de la computadora. Si el conector no encaja a la primera, dale la vuelta.

   Si las copias de seguridad se van a guardar en una tarjeta de memoria, consulta el manual de la tableta para ver los tamaños y tipos de tarjetas de memoria compatibles.

2. **Abre el Panel de control.**

   Haz clic con el botón derecho en el botón Inicio y elige Panel de control en el menú emergente.

   Con el dedo, mantén pulsado el botón Inicio. Cuando aparezca un cuadrado, levanta el dedo y se mostrará el menú que suele verse al pulsar con el botón derecho del *mouse*. En las pantallas táctiles, mantener el dedo pulsado de esta manera equivale casi siempre a pulsar con el botón derecho del *mouse*.

3. **Elige la categoría Sistema y seguridad y haz clic en Historial de archivos.**

Al hacerlo, verás el programa Historial de archivos, como en la imagen 13-2. Este programa tratará de adivinar qué unidad quieres empezar a llenar de copias de seguridad y mostrará en la pantalla el nombre de esa unidad. Si ha acertado, ve al paso 5. Si no, continúa con el paso 4.

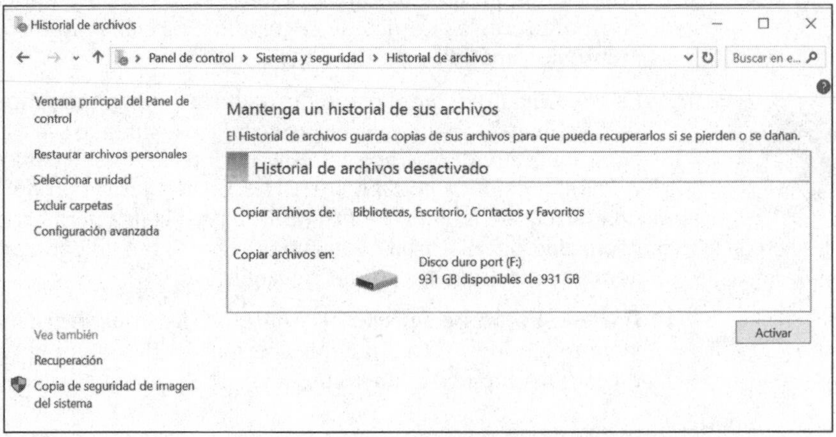

Imagen 13-2:
Historial de archivos trata de adivinar en qué unidad deseas almacenar las copias de seguridad

Historial de archivos	— □ ×
← → ∨ ↑ 👒 › Panel de control › Sistema y seguridad › Historial de archivos	∨ Ↄ Buscar en e... 🔎

Ventana principal del Panel de control

Restaurar archivos personales

Seleccionar unidad

Excluir carpetas

Configuración avanzada

Mantenga un historial de sus archivos

El Historial de archivos guarda copias de sus archivos para que pueda recuperarlos si se pierden o se dañan.

Historial de archivos desactivado

Copiar archivos de: Bibliotecas, Escritorio, Contactos y Favoritos

Copiar archivos en: Disco duro port (F:)
                        931 GB disponibles de 931 GB

Vea también

Recuperación

Copia de seguridad de imagen del sistema

Activar

4. **Si hay que indicarle al programa que use otra unidad, haz clic en el enlace Seleccionar unidad, en el lado izquierdo de la ventana, y elige la que deseas.**

Aparecerá la ventana Seleccionar unidad con una lista de todos los espacios de almacenamiento disponibles. Haz clic en el que quieras utilizar y, luego, otro clic en Aceptar. Si no aparece la unidad que te interesa, significa que Windows no la reconoce. Prueba a desconectarla, reiniciar la computadora y volver a conectarla a otro puerto USB.

La ventana Seleccionar unidad también ofrece la opción Agregar ubicación de red, que permite guardar las copias en un espacio de almacenamiento en red (explicaré las redes en el capítulo 15).

5. **Haz clic en el botón Activar.**

Haz clic en el botón Activar (imagen 13-2) para empezar el proceso de copia de seguridad. Puede que el Historial de archivos te pregunte si debe recomendar tu nueva unidad del Historial de archivos a los miembros de tu Grupo Hogar:

• Haz clic en Sí solamente si vas a realizar una copia de seguridad en una unidad con mucho espacio que no vaya a estar trasladándose de un lado para otro: por ejemplo, un disco duro inalámbrico o una unidad grande compartida en red.

- Haz clic en No si vas a almacenar las copias del Historial de archivos en una tarjeta de memoria de una tableta o en un disco duro portátil que pienses llevarte contigo allá adonde vayas.

El Historial de archivos funciona de maravilla y hace todo automático y fácil de usar, pero también tiene letra pequeña:

✔ Si tratas de guardar los archivos en una unidad conectada a la red o situada en otro PC, Windows te pedirá que introduzcas el nombre de usuario y la contraseña de una cuenta de administrador del otro PC.

✔ El Historial de archivos hace una copia de todo lo que hay en tus carpetas principales: Documentos, Imágenes, Música, Vídeos, Escritorio, Favoritos y las carpetas de Público. Si deseas excluir alguna (por ejemplo, la carpeta Vídeos si ya guardas una copia de los vídeos en otro lugar), haz clic en el enlace Excluir carpetas que hay junto al borde izquierdo de la ventana (imagen 13-2).

✔ Windows suele hacer automáticamente, cada hora, una copia de seguridad de los archivos que hayan cambiado en ese tiempo. Si quieres modificar ese intervalo, haz clic en el enlace Configuración avanzada situado en el borde izquierdo de la ventana (imagen 13-2). A continuación, selecciona la frecuencia de las copias de seguridad; puedes elegir varios intervalos (desde una vez cada diez minutos hasta una vez al día).

✔ Al activar el Historial de archivos, Windows inicia en ese mismo instante una copia de seguridad, aunque no la hayas programado aún: Windows, siempre alerta, quiere asegurarse de guardar todo desde ya, antes de que algo se estropee. Hará una primera copia de seguridad que incluya absolutamente todo y, a partir de entonces, solo copiará los archivos que hayan cambiado cada hora. Mantendrá también los archivos originales, de modo que si llegas a necesitar una copia de seguridad, tendrás unas cuantas para elegir.

✔ El Historial de archivos también ofrece una forma muy práctica de trasladar archivos desde una computadora vieja a una nueva, una tediosa tarea que describo en el capítulo 20.

✔ Explicaré cómo restaurar archivos de las copias de seguridad del Historial de archivos en el capítulo 18, pero merece la pena que consultes ese apartado ahora: el Historial de archivos no solo sirve para emergencias, sino que te permite también comparar los archivos actuales con otras versiones que creaste hace unas horas o unos días atrás. Con él, puedes resucitar las mejores versiones de esos archivos que no deberías haber cambiado.

✔ Windows guarda la copia de seguridad en una carpeta llamada FileHistory, dentro de la unidad que elijas. No muevas ni elimines esa carpeta: si lo haces, quizás Windows no la encuentre cuando quieras restaurarla.

Crear una copia de seguridad de una imagen del sistema

Con Windows 7 se introdujo una forma muy práctica de hacer copias de seguridad de una computadora. Este método, en lugar de copiar los archivos, copia *todo* el contenido del disco duro en un archivo y lo guarda en otro disco duro. El archivo se denomina "imagen del sistema" y es útil por dos motivos, principalmente:

✔ **Eficiencia:** cuando le llegue la hora al disco duro de tu computadora, podrás sustituirlo por otro disco duro y restaurar la copia de seguridad de la imagen del sistema, con lo que dispondrás de nuevo de todos tus archivos y programas. Es una manera muy rápida de restablecerlo todo.

✔ **Integridad:** el Historial de archivos solamente hace una copia de seguridad de tus carpetas principales, y la Tienda Windows solo registra tus aplicaciones y configuraciones. La imagen del sistema, sin embargo, hace una copia de seguridad de todo esto y, además, de los programas del escritorio de Windows y su información. Por ejemplo, el Historial de archivos no incluye en las copias de seguridad el correo electrónico de la versión de escritorio de Microsoft Office. La imagen del sistema sí lo incluye, porque hace una copia de seguridad de absolutamente todo.

Puedes almacenar una imagen del sistema en el mismo disco duro portátil que usas para el Historial de archivos, pero asegúrate de que el disco duro portátil sea mayor que la unidad C: de la computadora.

Para crear una imagen del sistema, haz clic con el botón derecho en el botón Inicio y elige Panel de control. Luego, en la sección Sistema y seguridad, elige Copias de seguridad y restauración (Windows 7). Cuando aparezca la ventana Haz una copia de seguridad o restaura tus archivos, haz clic en Crear una imagen de sistema en el panel izquierdo. Sigue los pasos para decirle a Windows que cree una copia de seguridad de la imagen del sistema de la computadora.

Es recomendable que hagas esto todos los días, si es posible; si no, cada semana o cada mes. Entonces, si alguna vez tienes que llevar la computadora a reparar, coge también el disco duro portátil y dile al informático que tienes una "copia de seguridad de la imagen del sistema". Él, que entiende del tema, podrá usar la copia de seguridad para rescatar todos los archivos y los programas que había en tu computadora en la fecha de la última copia de seguridad de la imagen del sistema.

Buscar información técnica sobre tu computadora

Si alguna vez tienes que abrir a Windows en canal para mirarle las tripas —esperemos que no—, dirígete al Panel de control del escritorio: haz clic con el botón derecho en el botón Inicio y elige Panel de control en el menú emergente.

Cuando aparezca el Panel de control, elige la categoría Sistema y seguridad y, después, Sistema (se muestra en el margen). Como puede verse en la imagen 13-3, la ventana Sistema ofrece un resumen accesible de las vísceras de tu PC:

✔ **Edición de Windows:** hay diferentes versiones de Windows (describimos cada una de ellas en el capítulo 1). En esta sección, Windows indica la versión que se está usando en esta computadora.

✔ **Sistema:** esta área indica el tipo de procesador (el cerebro, como quien dice) y cuánta memoria tiene. Si quieres ampliar la memoria, es fácil hacerlo en una computadora (de escritorio o portátil), pero no en una tableta.

✔ **Configuración de nombre, dominio y grupo de trabajo del equipo:** esta sección refleja el nombre de la computadora y su *grupo de trabajo*, un tecnicismo que solo necesitan conocer los ingenieros de redes que reciben un buen sueldo por conectar las computadoras a redes empresariales. Explicaré las redes en el capítulo 15, pero Win-

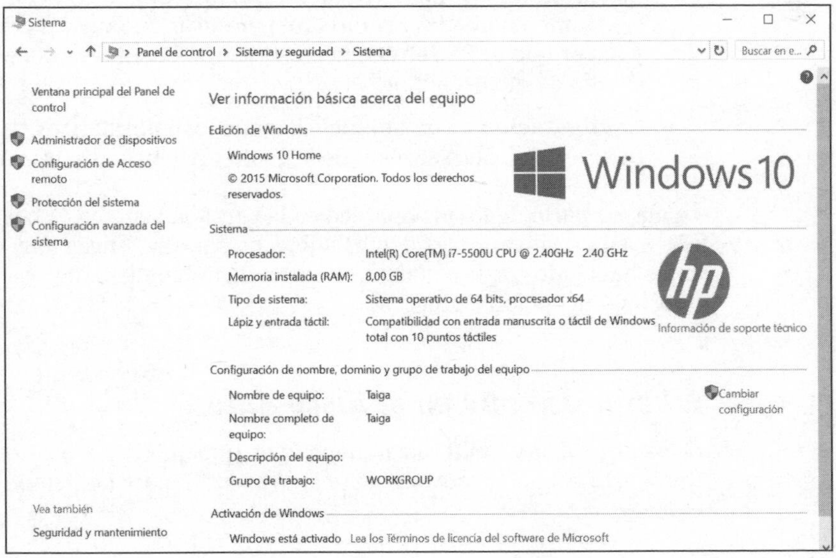

Imagen 13-3: Al hacer clic en el icono Sistema, aparece la información técnica del PC

Sistema	— □ ✕
← → ∨ ↑ 🖳 › Panel de control › Sistema y seguridad › Sistema	∨ ⟳ Buscar en e... 🔎

Ventana principal del Panel de control

Administrador de dispositivos

Configuración de Acceso remoto

Protección del sistema

Configuración avanzada del sistema

Ver información básica acerca del equipo

Edición de Windows

Windows 10 Home

© 2015 Microsoft Corporation. Todos los derechos reservados.

■■ Windows 10

Sistema

Procesador:	Intel(R) Core(TM) i7-5500U CPU @ 2.40GHz 2.40 GHz
Memoria instalada (RAM):	8,00 GB
Tipo de sistema:	Sistema operativo de 64 bits, procesador x64
Lápiz y entrada táctil:	Compatibilidad con entrada manuscrita o táctil de Windows total con 10 puntos táctiles

hp

Información de soporte técnico

Configuración de nombre, dominio y grupo de trabajo del equipo

Nombre de equipo:	Taiga
Nombre completo de equipo:	Taiga
Descripción del equipo:	
Grupo de trabajo:	WORKGROUP

🔧Cambiar configuración

Vea también

Seguridad y mantenimiento

Activación de Windows

Windows está activado Lea los Términos de licencia del software de Microsoft

dows 10 se encarga automáticamente de todo lo relacionado con el nombre del grupo de trabajo en las redes domésticas.

✔ **Activación de Windows:** para evitar que la gente compre Windows una vez y lo instale en varias computadoras, Microsoft obliga a activar Windows, es decir, vincularlo a un solo PC.

En el panel de la izquierda, encontrarás varias opciones más avanzadas que pueden resultarte útiles si la computadora empieza a funcionar como no debe y te asalta el pánico. Veamos cuáles son:

✔ **Administrador de dispositivos:** con esta opción puedes ver una lista de todas las piezas que hay dentro de tu computadora, pero no es fácil entenderla. Si alguna pieza tiene un signo de exclamación, es que se está quejando. Haz doble clic en ella para ver la explicación de por qué no funciona correctamente. A veces aparece junto a la explicación el botón Solucionar problemas; haz clic en él para recibir un diagnóstico.

✔ **Configuración de Acceso remoto:** esta parte de la configuración no se usa muy a menudo. Sirve para permitir que otras personas manejen tu PC a través de internet y, si hay suerte, arreglen algún problema. Si te topas con alguna de esas amables personas, deja que te indiquen el procedimiento, pero no te fíes de nadie que te llame inesperadamente y te diga que necesita usar el Acceso remoto para arreglar tu computadora: es una estafa.

✔ **Protección del sistema:** esta opción te permite crear puntos de restauración (los hemos explicado en el primer apartado de este capítulo). También puedes acudir aquí para usar un punto de restauración y hacer que tu PC retroceda en el tiempo hasta otro día en el que estaba de mejor humor.

✔ **Configuración avanzada del sistema:** los informáticos pasan mucho tiempo aquí, pero al resto de la gente no le provoca gran interés.

La mayor parte de lo que aparece en la ventana Sistema es bastante complejo, así que no enredes demasiado, a no ser que tengas muy claro lo que estás haciendo o que alguien que entienda del tema te diga que cambies aquí alguna opción concreta.

Liberar espacio en el disco duro

Si los programas empiezan a quejarse de que queda poco sitio en el disco duro, esta solución provisional te aporta un margen de tiempo para solucionarlo:

1. **Haz clic con el botón derecho en el botón Inicio y elige Panel de control.**

2. **Haz clic en la categoría Sistema y seguridad del Panel de control. Cuando aparezca una larga lista de categorías, fíjate en la sección Herramientas administrativas y haz clic en Liberar espacio en disco.**

   Si el PC tiene varias unidades de disco, Windows te preguntará en cuál quieres liberar espacio. Selecciona la unidad C:.

3. **Selecciona la unidad (C:), si es necesario, y haz clic en Aceptar.**

   El programa Liberador de espacio calculará cuánto espacio del disco puedes liberar y abrirá el cuadro de diálogo Liberador de espacio en disco, como en la imagen 13-4. La cantidad de espacio en disco que puedes liberar aparece en la parte superior del cuadro de diálogo.

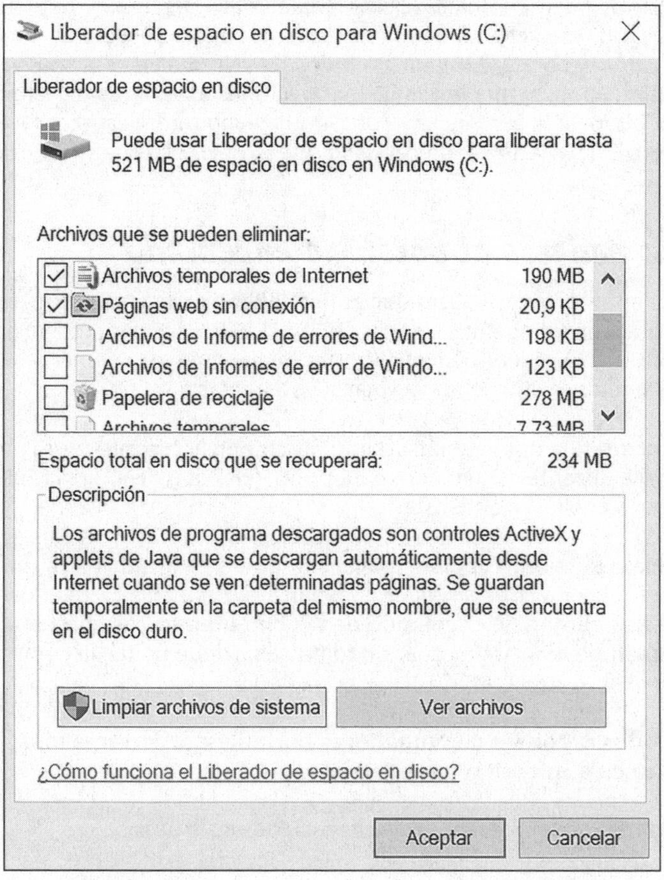

Imagen 13-4: Asegúrate de que todas las casillas queden activadas

Si el espacio que te queda es muy pequeño, haz clic en el botón Limpiar archivos de sistema que hay en la ventana. Windows volverá a examinar el disco, esta vez con más calma, y lo habitual es que añada unas cuantas casillas más para que elimines más archivos.

4. **Activa las casillas de todos los elementos y haz clic en Aceptar.**

   Cada vez que actives una casilla, en el área Descripción verás una explicación de lo que se eliminará. Al hacer clic en el botón Aceptar, Windows te preguntará si quieres eliminar los archivos.

5. **Haz clic en el botón Eliminar archivos para borrar los que no necesitas.**

   Windows procederá a vaciar la papelera de reciclaje, destruir las sobras de viejos sitios web y retirar otros residuos del disco duro.

Si has actualizado la computadora a Windows 10, la versión anterior de Windows suele permanecer en el disco duro, en una carpeta llamada Windows.old. Esa carpeta ocupa mucho, muchísimo espacio, y se puede eliminar: pulsa el botón Limpiar archivos de sistema en el paso 3 y, a continuación, activa la casilla Instalaciones anteriores de Windows. Aunque, claro, si la eliminas, la computadora no podrá regresar a esa versión anterior de Windows, un proceso que explico en el capítulo 18.

Dar poderes al botón de encendido

Para apagar Windows, no debes usar el botón de encendido de la computadora, sino el que hay dentro del propio Windows, como se explica en el capítulo 2. Al hacer clic en el botón Iniciar/Apagar del menú Inicio, tienes tres opciones: Suspender, Apagar y Reiniciar.

Suspender, la opción más común, mantiene la computadora en un duermevela durante el cual consume poco y del que despierta rápidamente cuando vuelves a activarla.

Lo malo del botón Iniciar/Apagar integrado en Windows es que tienes que hacer clic en varios sitios para llegar a él. Para ahorrarte el paso, puedes decirle al botón de encendido de la computadora, ese botón mecánico, cómo debe reaccionar cuando lo pulses: ¿debe poner la computadora en suspensión o apagarla?

Y lo mismo con las computadoras portátiles: al cerrar la tapa, ¿deben entrar en suspensión o apagarse?

Para responder a estas preguntas, sigue estos pasos:

1. **Haz clic con el botón derecho en el botón Inicio, elige Panel de control en el menú emergente y, después, elige la categoría Sistema y seguridad.**

2. **Haz clic en el icono Opciones de energía.**

   Aparecerá la ventana Opciones de energía, configurada con la opción habitual de Windows: Equilibrado (recomendado).

3. **En el panel izquierdo, haz clic en el enlace Elegir el comportamiento del botón de inicio/apagado.**

   Aparecerá una ventana como la de la imagen 13-5 con un menú. El menú varía en función de si lo ves desde una PC de escritorio, una portátil con batería o una tableta.

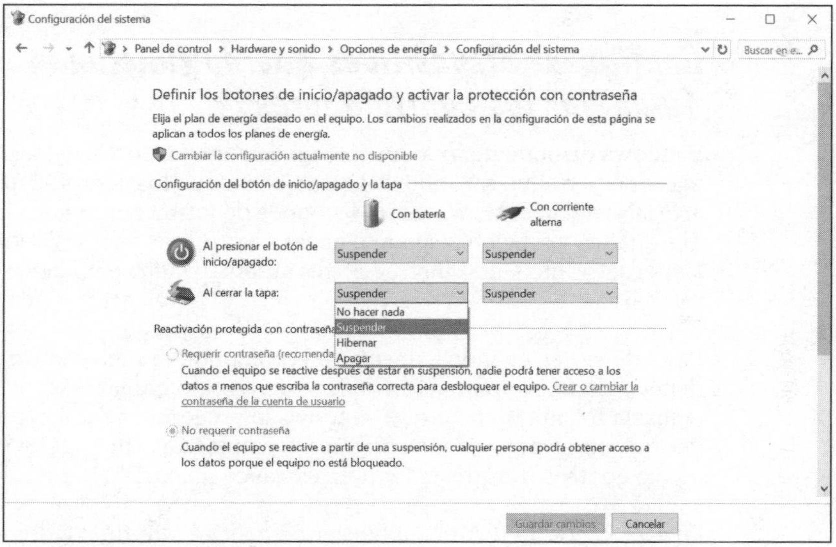

Imagen 13-5: Decide qué debe hacer la computadora cuando se pulsa el botón de encendido

4. **Haz los cambios que quieras.**

   En el menú, puedes indicarle al botón de encendido de la computadora lo que debe hacer: No hacer nada, Suspender, Hibernar o Apagar (si dudas, elige Suspender).

   Los portátiles y las tabletas disponen de más opciones en esta ventana, que les permiten aplicar unos ajustes u otros según si están enchufados o funcionando con la batería. Puedes hacer, por ejemplo, que se mantengan encendidos y no ahorren energía cuando estén enchufados, pero entren en suspensión para ahorrar batería cuando no lo estén.

Si tu computadora es portátil, verás también un menú que te permite elegir lo que debe hacer la portátil cuando cierras la tapa o pulsas el botón de suspensión.

Para ver todas las opciones, es posible que tengas que hacer clic en Cambiar la configuración actualmente no disponible.

Para proteger más la computadora, activa la opción Requerir contraseña (recomendado) de modo que, si alguien despierta a la computadora, deba usar una contraseña para ver la información que hay en él.

5. **Haz clic en el botón Guardar cambios.**

Windows guardará los cambios hasta que decidas volver a esta sección y modificarla.

Configurar dispositivos que no funcionan (manejar los controladores)

Windows dispone de todo un arsenal de controladores, es decir, programas que permiten a Windows comunicarse con los aparatos que conectas al PC. Normalmente, Windows reconoce de forma automática las piezas que añades y funcionan sin que hagas nada. Otras veces, Windows acude a internet y encuentra instrucciones automatizadas para llevar a cabo esta tarea.

Pero, de vez en cuando, conectas a la computadora un aparato y o bien es demasiado nuevo para que Windows haya oído hablar de él, o bien es demasiado antiguo para que Windows lo recuerde. También puede suceder que un aparato conectado a tu PC empiece a refunfuñar y reclame un nuevo controlador presentándote extraños mensajes.

En esos casos, te tocará a ti buscar un controlador de Windows para esa pieza e instalarlo. Los mejores controladores vienen con un programa de instalación que coloca automáticamente el software en el lugar correcto y corrige así el problema, pero los peores te dejan a ti todo el marrón.

Si Windows no reconoce e instala automáticamente el dispositivo que acabas de conectar, ni siquiera después de que hayas reiniciado el PC, sigue estos pasos para buscar un nuevo controlador e instalarlo.

1. **Ve al sitio web del fabricante de esa pieza o ese dispositivo y descarga el controlador para Windows más reciente.**

La dirección del sitio web del fabricante suele estar en alguna parte de la caja. Si no la encuentras, busca el nombre del fabricante en Google (www.google.com) para localizar su sitio web.

Dentro del sitio web, busca en las secciones que tengan nombres como "Asistencia", "Soporte técnico", "Descargas" o, en inglés, "Support". Lo normal es que tengas que escribir el nombre de la pieza o el dispositivo, el número de modelo y el sistema operativo de la computadora (Windows 10) para que el sitio web suelte el controlador.

Si no hay ningún controlador para Windows 10, prueba a descargar uno para Windows 8.1, 8 o 7, ya que a veces funcionan igual de bien.

2. **Ejecuta el programa de instalación del controlador.**

A veces, al hacer clic en el archivo que acabas de descargar, el programa de instalación se pone manos a la obra e instala directamente el controlador. Si es eso lo que sucede, no tendrás que hacer nada más, pero si no, continúa con el paso 3.

Si el archivo que has descargado tiene una cremallera en el icono, haz clic en él con el botón derecho y elige Extraer todo para así descomprimir el contenido; este aparecerá en una nueva carpeta, que contendrá los archivos comprimidos. Windows pondrá el nombre del archivo que has descomprimido a la nueva carpeta, para que no te cueste encontrarla.

3. **Haz clic con el botón derecho en el botón Inicio y elige Administrador de dispositivos en el menú emergente.**

Aparecerá el Administrador de dispositivos, con un inventario de cada una de las piezas que forman la computadora o están conectadas a ella. Verás un icono de un triángulo amarillo con un signo de exclamación junto a la pieza que está dando guerra.

4. **En la ventana Administrador de dispositivos, haz clic en el dispositivo problemático. A continuación, haz clic en Acción, en la barra de menús de la misma ventana, y elige Agregar hardware heredado en el menú desplegable.**

El Asistente para agregar hardware te guiará paso por paso mientras instalas el nuevo hardware y, si es necesario, también el nuevo controlador. Eso sí, ten cuidado: este es el último recurso para resucitar las piezas que dan problemas, y puede ser frustrante hasta para los frikis más experimentados.

Por suerte, solo tendrás que instalar controladores en uno de estos dos casos:

✔ Si acabas de comprar una nueva pieza de hardware, la has instalado y no funciona correctamente. Los controladores que vienen con los aparatos que compras no suelen ser muy recientes. Acude al sitio web del fabricante, descarga el último controlador e instálalo. Lo más probable es que el nuevo controlador solucione los problemas que tenías con el primero.

✔ Si has conectado un nuevo aparato que Windows no reconoce. Este problema se suele resolver buscando e instalando el controlador más reciente.

Pero si una pieza de hardware no te da ningún problema, no te molestes en actualizar el controlador, aunque encuentres uno nuevo en internet. Seguramente, el nuevo controlador solo sirve para que sean compatibles los últimos modelos del aparato que tienes y es posible que, al cambiar el controlador, se rompa algo que antes funcionaba bien.

Por último, tampoco pierdas tiempo en registrarte en ningún servicio que se ofrezca a mantener tu computadora actualizada con los últimos controladores: puede que haga más mal que bien.

Si, al instalar el controlador, es peor el remedio que la enfermedad, puedes solucionarlo así: vuelve al Administrador de dispositivos, haz doble clic en el nombre de la pieza que tiene algún problema y, luego, haz clic en la pestaña Controlador de la ventana Propiedades. Respira con normalidad y, a continuación, haz clic en el botón Revertir al controlador anterior. Windows despachará al controlador recién instalado y volverá a usar el anterior.

Capítulo 14

Compartir la computadora con varias personas

*W*indows permite que varias personas compartan una computadora de escritorio, portátil o tableta sin que nadie pueda husmear en los archivos de los demás.

¿Cómo lo hace? Ofreciendo a cada persona una cuenta de usuario, que protege cuidadosamente los archivos de esa persona. Cuando alguien introduce el nombre de su cuenta de usuario y su contraseña, la computadora parece hecha a su medida: aparecen el fondo de escritorio, las opciones del menú, los programas y los archivos que decida ese usuario, y se impide que vea los de los demás usuarios.

En este capítulo, explicaré cómo configurar una cuenta de usuario para cada una de las personas que viven en la misma casa, incluidos el dueño de la computadora, sus familiares y sus compañeros de piso.

También explicaré cómo crear cuentas para niños, de modo que puedas supervisar lo que tus hijos hacen con la computadora y restringir lo que creas necesario.

Las cuentas de usuario

Windows quiere que cada persona que utilice la computadora tenga su cuenta de usuario. La cuenta de usuario funciona, un poco, como una tarjetita de las que se colocan en la solapa en algunas reuniones para que todo el mundo sepa cómo te llamas: en este caso, ayudan a que Windows reconozca a quien está delante del teclado. Windows ofrece dos tipos de cuentas de usuario: administrador y estándar (además de una cuenta estándar especial para los niños).

Para empezar a usar la computadora, cada persona hace clic en el nombre de su cuenta cuando aparece por primera vez la pantalla de inicio de sesión de Windows, como se ve en la imagen 14-1.

Parece algo sin importancia, pero, gracias a este sistema, Windows puede conceder a cada tipo de cuenta diferentes permisos para usar la computadora. Si la computadora fuera un hotel, la cuenta de administrador sería la del recepcionista y cada cuenta estándar, la de un huésped. En la jerga informática, las diferentes cuentas quedarían así:

✔ **Administrador:** el administrador controla toda la computadora y decide quién tiene permiso para utilizarla y lo que puede hacer en ella cada uno de los usuarios. En la computadora con Windows, quien suele estar al mando de la todopoderosa cuenta de administrador es el dueño. Él es quien configura las cuentas de cada una de las personas de esa casa y decide qué pueden hacer con la computadora y qué no.

Imagen 14-1:
En Windows, cada usuario puede iniciar sesión con su propia cuenta

✔ **Estándar:** quienes tienen una cuenta estándar pueden acceder a la mayor parte de la computadora, pero no tienen permiso para realizar en él grandes cambios. Por ejemplo, no pueden instalar ni ejecutar programas nuevos, pero pueden usar los programas ya instalados.

✔ **Infantil:** la cuenta infantil es, en realidad, una cuenta estándar con la configuración de Familia de Microsoft activada de forma automática. En el capítulo 11, explico los controles de Familia de Microsoft.

✔ **Invitado:** con Windows 10, se han dejado de ofrecer las cuentas de invitado. Hoy en día, cuando alguien te visita suele traer su propio *smartphone* o tableta (o las dos cosas).

Estas son algunas de las maneras en las que se suelen asignar las cuentas cuando se comparte una computadora bajo el mismo techo:

✔ En una familia, los padres suelen tener cuentas de administrador y los niños utilizan cuentas estándar.

✔ En una residencia de estudiantes o un piso compartido, el propietario de la computadora es quien tiene la cuenta de administrador y los demás residentes usan cuentas estándar, aunque todo depende del grado de confianza que tengan (y, tal vez, de lo limpia que hayan dejado la cocina esa semana).

Para evitar que los demás inicien sesión con tu cuenta de usuario, debes protegerla con una contraseña. En el apartado "Configurar las contrase-

Crear una cuenta estándar para ti

Si has iniciado sesión como administrador, cada vez que un programa dañino se cuele en la computadora, tendrá tantos permisos en la computadora como tú. Es un peligro, porque las cuentas de administrador pueden eliminar prácticamente todo. Por eso, Microsoft propone que te crees dos cuentas: una de administrador y una estándar. Para usar la computadora diariamente, inicia sesión con la cuenta estándar.

Así, Windows te tratará igual que a los demás usuarios estándar: cuando la computadora vaya a hacer algo arriesgado, Windows te pedirá que introduzcas la contraseña de una cuenta de administrador. Escribe la contraseña de tu cuenta de administrador y Windows te dejará seguir. Pero si Windows te pide permiso para hacer algo sin que te lo esperes, sabrás que está pasando algo raro.

Tener dos cuentas es algo incómodo, claro está, pero también lo es buscar las llaves cada vez que entras en casa. Ese obstáculo adicional es el precio que tienes que pagar por mejorar la seguridad.

ñas y la seguridad", más adelante en este mismo capítulo, explico cómo elegir una contraseña para la cuenta.

A veces, un usuario ha iniciado sesión en su cuenta, pero lleva un rato sin tocar el teclado y la computadora entra en suspensión. Cuando la computadora recobra el conocimiento, solo aparecen en la pantalla la cuenta de usuario y la foto de esa persona. Aun así, Windows 10 muestra los nombres de las otras personas que tienen una cuenta en esa computadora: fíjate en la esquina inferior izquierda de la pantalla. Para iniciar sesión con alguna de esas cuentas, haz clic en el nombre correspondiente.

Cambiar o añadir cuentas de usuario

Ahora, Windows 10 ofrece dos formas algo diferentes entre sí de añadir cuentas de usuario, una para cada tipo de persona que, seguramente, agregarás a la computadora:

✔ **Miembros de la familia:** esta opción te permite configurar automáticamente el control sobre las cuentas de tus hijos. Todos los adultos que añadas con esta opción podrán, de forma automática, supervisar la manera en la que los menores usan la computadora. Para esto, cada miembro de la familia debe tener una cuenta de Microsoft; si alguien no la tiene, el proceso ayuda a crear una.

✔ **Otros miembros:** este tipo de cuenta es más adecuado para los compañeros de piso u otras personas que se queden en casa durante mucho tiempo y vayan a usar la computadora, pero no necesiten ni supervisión ni permiso para vigilar a los niños.

En los dos apartados siguientes, explico cómo crear estos dos tipos de cuentas y cómo cambiar las cuentas que ya hay.

Solo se pueden agregar usuarios nuevos a una computadora si se dispone de una cuenta de administrador. Si no tienes cuenta de administrador, pídele al dueño de la computadora que suba tu cuenta de categoría.

Añadir una cuenta para un miembro de la familia o un amigo

Si agregas una cuenta para un miembro de la familia, esa cuenta tendrá una característica especial que es importante recordar: si se trata de un niño, se restringirá lo que puede hacer de acuerdo con los límites que establezcas, y si añades una cuenta para un adulto, esa persona podrá supervisar lo que hagan todos los niños que agregues.

Si quieres crear una cuenta que no intervenga en este tipo de asuntos familiares, deberás elegir la otra opción, Agregar una cuenta para otra persona. Así, podrás crear una cuenta para un compañero de piso o cualquier persona que vaya a quedarse un tiempo en tu casa.

Si tienes una cuenta de administrador, puedes crear ambos tipos de cuentas de la siguiente manera:

1. **Haz clic en el botón Inicio y, luego, haz clic en el botón Configuración.**

2. **Cuando aparezca la aplicación Configuración, elige el icono Cuentas.**

   Aparecerá la pantalla Cuentas, como en la imagen 14-2, con diferentes opciones para cambiar la tuya y añadir más para otras personas.

   Mientras estás en esta sección, puedes modificar tu cuenta haciendo clic en Tu cuenta, en el panel izquierdo. Puedes cambiar la contraseña de una cuenta local, por ejemplo, y hasta convertir una cuenta de Microsoft en una cuenta local (explicaré ambos tipos de cuentas más adelante en este mismo capítulo).

3. **Haz clic en Familia y otros usuarios, en el panel izquierdo. Si vas a añadir a alguien que no es familiar tuyo, ve directamente al paso 5.**

   El panel derecho de la pantalla Familia y otros usuarios, que se muestra en la imagen 14-3, te permite crear dos tipos de cuentas:

Imagen 14-2:
Haz clic en Familia y otros usuarios para crear una cuenta de usuario

para un familiar o para otra persona. Si quieres crear una cuenta para un miembro de la familia, continúa con el paso 4, y si quieres crear una para otra persona, ve directamente al paso 5.

4. **Elige Agregar familiar y sigue los pasos para enviar una invitación a esa persona.**

Aparecerá una ventana, como la de la imagen 14-4, para preguntarte si deseas añadir a un menor o a un adulto. Haz clic en la casilla que corresponda y, a continuación, indica la dirección de correo electrónico que se debe usar para esa persona. Tienes varias opciones:

- Si ya sabes cuál es la dirección de correo electrónico de esa persona, escríbela en el cuadro Especifica su dirección de correo y haz clic en el botón Siguiente. Si esa dirección aún no es una cuenta de Microsoft, se convertirá en una.

- Si no conoces la dirección de correo electrónico de esa persona, haz clic en La persona que quiero agregar no tiene dirección de correo. Esta opción te llevará a una página para que el futuro usuario de la computadora se registre y obtenga una cuenta de correo electrónico que, además, funcione como cuenta de Microsoft.

Elijas la opción que elijas, el familiar a quien hayas invitado (da igual si es un niño o un adulto) recibirá un correo electrónico en el que se le invita a tener una cuenta familiar en tu computadora. Cuando la acepte, su cuenta aparecerá automáticamente en esa computadora.

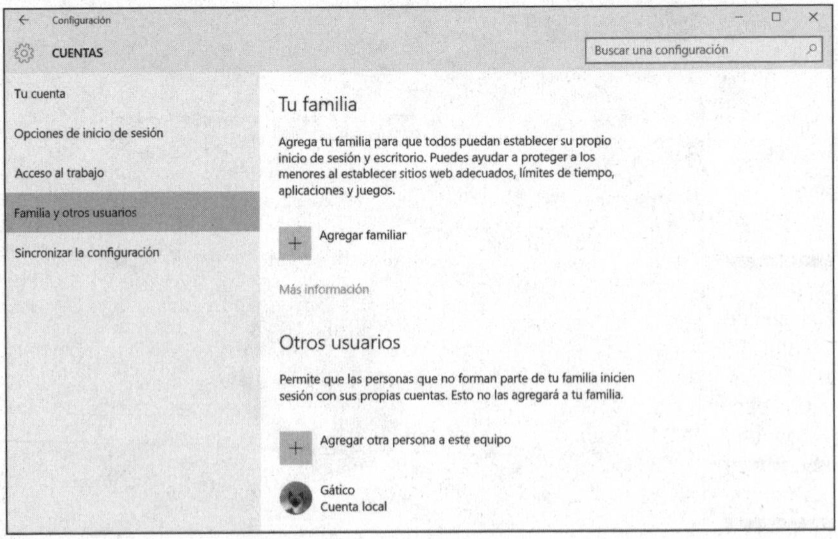

Imagen 14-3:
Añade a
familiares,
incluidos
niños, ha-
ciendo clic
en Agregar
familiar

← Configuración	— ☐ ✕
⚙ CUENTAS	Buscar una configuración 🔍

Tu cuenta

Opciones de inicio de sesión

Acceso al trabajo

Familia y otros usuarios

Sincronizar la configuración

Tu familia

Agrega tu familia para que todos puedan establecer su propio inicio de sesión y escritorio. Puedes ayudar a proteger a los menores al establecer sitios web adecuados, límites de tiempo, aplicaciones y juegos.

➕ Agregar familiar

Más información

Otros usuarios

Permite que las personas que no forman parte de tu familia inicien sesión con sus propias cuentas. Esto no las agregará a tu familia.

➕ Agregar otra persona a este equipo

Gático
Cuenta local

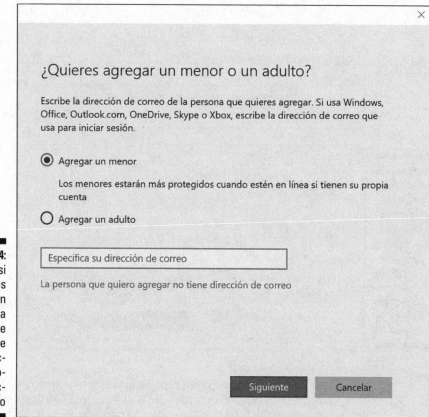

¿Quieres agregar un menor o un adulto?

Escribe la dirección de correo de la persona que quieres agregar. Si usa Windows, Office, Outlook.com, OneDrive, Skype o Xbox, escribe la dirección de correo que usa para iniciar sesión.

◉ Agregar un menor

    Los menores estarán más protegidos cuando estén en línea si tienen su propia cuenta

○ Agregar un adulto

Especifica su dirección de correo

La persona que quiero agregar no tiene dirección de correo

Siguiente   Cancelar

Imagen 14-4: Indica si quieres añadir a un menor o a un adulto e introduce su dirección de correo electrónico

Si no hace caso a la invitación o no responde en dos semanas, dejará de ser válida. Y si, pasadas esas dos semanas, quiere tener una cuenta en tu computadora, deberás enviarle otra invitación.

Con esto, habrás terminado de añadir a ese miembro de la familia. Si quieres agregar a alguien que no sea un familiar, ve al paso 5.

5. **Elige Agregar otra persona a este equipo.**

Microsoft complicará las cosas enseguida, como ves en la ventana ¿Cómo iniciará sesión esta persona?, en la imagen 14-5. En ella, te pide la dirección de correo electrónico del dueño de esa nueva cuenta.

En este punto, puedes elegir entre dos tipos de cuentas para el nuevo usuario:

• **Cuenta de Microsoft:** la cuenta de Microsoft se necesita para disfrutar de muchas características de Windows 10. Esta cuenta, que

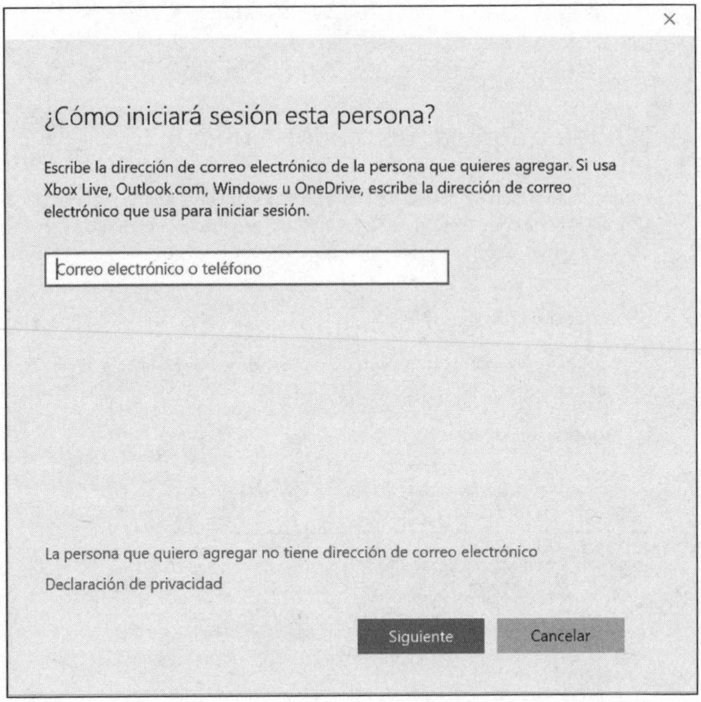

¿Cómo iniciará sesión esta persona?

Escribe la dirección de correo electrónico de la persona que quieres agregar. Si usa Xbox Live, Outlook.com, Windows u OneDrive, escribe la dirección de correo electrónico que usa para iniciar sesión.

Correo electrónico o teléfono

La persona que quiero agregar no tiene dirección de correo electrónico

Declaración de privacidad

Siguiente   Cancelar

Imagen 14-5: Introduce una dirección de correo electrónico para realizar el registro y crear una cuenta de Microsoft

se describe en el capítulo 2, no es más que una dirección de correo electrónico vinculada a Microsoft, sus computadoras y su departamento de facturación. Solo si tienes una cuenta de Microsoft puedes descargar aplicaciones de la aplicación de la Tienda Windows, guardar archivos en un espacio de almacenamiento de internet llamado OneDrive y acceder a otros servicios para cuentas de Microsoft. Si quieres crear una cuenta de Microsoft, ve al paso 6.

- **Cuenta local:** esta opción te servirá si quien va a usar la cuenta no tiene interés en las cuentas de Microsoft ni en los privilegios que ofrecen. Ese usuario podrá utilizar tu computadora con una cuenta que solo estará en ese equipo. Para crear una cuenta local, haz clic en La persona que quiero agregar no tiene dirección de correo electrónico y continúa con el paso 7.

Si no tienes claro qué tipo de cuenta debes crear, la cuenta local es una apuesta segura: si tienes una cuenta local, puedes convertirla en una cuenta de Microsoft en cualquier momento en el que quieras o necesites disfrutar de las ventajas que ofrece.

6. **Introduce la dirección de correo electrónico de la cuenta de Microsoft del nuevo usuario en el cuadro de texto Correo electrónico o teléfono, haz clic en Siguiente y, luego, haz clic en Finalizar.**

   La cuenta quedará a la espera en la pantalla de inicio de sesión que te mostré en la imagen 14-1.

   Cuando esa persona quiera utilizar la computadora, deberá elegir la cuenta correspondiente a su dirección de correo electrónico y escribir la contraseña de su cuenta de Microsoft. Windows accederá a internet y, si la dirección y la contraseña concuerdan, la cuenta estará lista para usar. No habrá que hacer nada más.

7. **Después de hacer clic en La persona que quiero agregar no tiene dirección de correo electrónico (en la parte inferior de la imagen 14-5), elige Agregar un usuario sin cuenta Microsoft.**

   Windows te pedirá los pocos datos que necesita para configurar esa nueva cuenta: el nombre de usuario, la contraseña y una sugerencia para recordarla.

8. **Introduce un nombre de usuario, una contraseña y una sugerencia para acordarte y, luego, haz clic en Siguiente.**

   Como nombre de usuario puedes utilizar el nombre de esa persona o su apodo. A continuación, elige una contraseña y una sugerencia sencillas; el usuario podrá cambiarlas cuando inicie sesión.

   Dile a esa persona el nombre de usuario y la contraseña que has elegido. Su nombre de usuario aparecerá en la esquina inferior izquierda de la pantalla de inicio de sesión para que pueda empezar a usar la computadora.

Windows suele crear cuentas estándar para todos los usuarios nuevos, tanto si inician sesión con una cuenta de Microsoft como si utilizan una cuenta local. Más adelante, esas cuentas se pueden subir de categoría, a cuentas de administrador. Explico cómo hacerlo en el siguiente apartado.

Cambiar cuentas ya creadas

La aplicación Configuración de Windows 10 te permite crear una cuenta para un amigo o un familiar, como he explicado en el apartado anterior. También puedes cambiar tu cuenta: por ejemplo, modificar tu contraseña o pasar de una cuenta de Microsoft a una local y viceversa.

Los administradores pueden, incluso, modificar otras cuentas para cambiarlas de estándar a administrador, y a la inversa.

Pero si quieres tener más control aún (para modificar el nombre o la contraseña de una cuenta), necesitarás el Panel de control del escritorio.

Este procedimiento no te permite cambiar las cuentas de Microsoft, ya que para ello hace falta que cada usuario se conecte a su cuenta, pero sí modificar una cuenta local.

Para cambiar la cuenta local de un usuario ya creado, sigue estos pasos:

1. **Haz clic con el botón derecho en la esquina inferior izquierda de la pantalla y elige Panel de control en el menú emergente.**

   Si usas una pantalla táctil, mantén pulsado el botón Inicio y, en el menú emergente, pulsa en Panel de control.

2. **Haz clic en la categoría Cuentas de usuario del Panel de control para abrirla.**

3. **Haz clic en el enlace Cuentas de usuario y, después, en Administrar otra cuenta.**

   Aparecerá la ventana Administrar cuentas, como en la imagen 14-6, con todas las cuentas que hay en la computadora.

4. **Haz clic en la cuenta que quieras modificar.**

   Windows mostrará una página con la foto de la cuenta y te dejará hacer lo siguiente:

   • **Cambiar el nombre de cuenta:** aquí puedes corregir el nombre de una cuenta si está mal escrito. O, si te apetece, dale algo de vida a la cuenta y cambia *López* por *Superlópez*.

Imagen 14-6:
La ventana Administrar cuentas te permite cambiar la configuración de otras cuentas de la computadora

- **Crear o cambiar una contraseña:** todas las cuentas deben tener contraseña para que los demás usuarios no las utilicen. Aquí puedes añadirla o cambiar la que ya hay.

- **Configurar Familia de Microsoft:** Familia de Microsoft es un regalo para los padres. Permite elegir las horas en las que el usuario de esa cuenta tiene permiso para usar la computadora y limitar los programas y los juegos que puede utilizar. En el capítulo 11 explico Familia de Microsoft, que en las versiones anteriores de Windows se denominaba *Control parental*.

- **Cambiar el tipo de cuenta:** esta opción te permite ascender a un usuario estándar y otorgarle una cuenta de administrador, o bien rebajar a estándar a un administrador si ha hecho algo mal.

- **Eliminar la cuenta:** no te precipites con esta opción; si eliminas la cuenta de alguien, estarás eliminando también todos sus archivos. En cualquier caso, si la utilizas, elige después la opción de conservar los archivos. Así, los archivos de esa persona irán a parar a una carpeta de tu escritorio y no se perderán.

- **Administrar otra cuenta:** con esta opción, se guardarán los cambios que hayas hecho y podrás ponerte a modificar la cuenta de otra persona.

5. **Cuando hayas terminado, cierra la ventana haciendo clic en la X roja de la esquina superior derecha.**

   Los cambios que hayas hecho en las cuentas de usuario se aplicarán de inmediato.

Pasar rápidamente de un usuario a otro

Con Windows, todos los miembros de una familia, los compañeros de piso o los empleados de una oficina pequeña pueden compartir una misma computadora o una tableta. Mientras los usuarios utilizan la computadora, esta lleva la cuenta de qué programas está usando cada uno. Por ejemplo, tu madre puede estar jugando al ajedrez y, en un momento dado, dejar que tu hermano inicie sesión para consultar el correo electrónico. Cuando ella vuelva a iniciar su sesión unos minutos más tarde, la partida estará justo donde la había dejado, en plena cavilación sobre si sacrificar a una torre.

Esta función se denomina *Cambio rápido de usuario* y permite pasar de un usuario a otro fácil y rápidamente. Si alguien quiere iniciar sesión en su cuenta un momento (por ejemplo, para consultar el correo), sigue estos pasos:

1. **Abre el menú Inicio.**

   Para abrir el menú Inicio, haz clic en el botón Inicio (o púlsalo con el dedo), o bien presiona la tecla Windows ().

2. **Haz clic en la foto de tu cuenta de usuario, en la esquina superior izquierda.**

   Se desplegará un menú como el de la imagen 14-7.

3. **Elige el nombre de la cuenta de usuario con la que esa persona quiera iniciar sesión.**

   Windows mantendrá abierta tu sesión, pero, inmediatamente, mostrará la cuenta de la otra persona y le dejará introducir la contraseña.

Una vez que esa persona termine de utilizar la computadora, podrá cerrar su sesión como lo hiciste tú en el paso 2, haciendo clic en la foto de su cuenta de usuario, en la esquina superior izquierda del menú Inicio. Sin embargo, esta vez deberá elegir la opción Cerrar sesión. Windows dejará

Imagen 14-7:
El menú muestra los nombres de todas las cuentas de usuario que tienen autorización para usar la computadora

su sesión bien cerrada y podrás volver a iniciar sesión con tu contraseña. Y cuando Windows aparezca una vez más, estará justo como lo dejaste.

Recuerda los siguientes consejos al manejar las cuentas de varias personas en una computadora:

✔ Con tanto cambio de usuario, quizás se te olvide qué cuenta estás utilizando. Para saberlo, abre el menú Inicio. En la esquina superior izquierda del menú, verás el nombre y la imagen de la cuenta actual.

✔ Para ver las demás cuentas que tienen la sesión iniciada, abre el menú Inicio y haz clic en el nombre de la cuenta actual. Verás un menú desplegable con una lista de las otras cuentas de usuario, y el mensaje "Conectado" debajo del nombre de cada cuenta que tiene la sesión iniciada.

✔ No reinicies la computadora si alguien sigue conectado: si lo haces, esa persona perderá todo lo que no haya guardado. Windows te avisa antes de reiniciar y, así, puedes pedirle a esa persona que inicie sesión y guarde lo que quiera conservar.

✔ Si un usuario con cuenta estándar trata de cambiar algún parámetro importante o instalar un programa, aparecerá una ventana para solicitar el permiso del administrador. Si quieres permitir esa acción, escribe tu contraseña en la ventana de aprobación y habrás autorizado ese cambio igual que si hubieras iniciado sesión con tu cuenta.

Cambiar la imagen de una cuenta de usuario

Bueno, vamos a lo importante: cómo cambiar esa imagen que asigna Windows automáticamente a tu cuenta de usuario y que no te dice nada. Windows elige una silueta genérica para cada cuenta de usuario que se crea, pero tienes toda la libertad del mundo para cambiarla por otra que refleje mejor tu verdadera personalidad. Puedes hacerte una foto con la webcam de la computadora o elegir cualquier foto de la carpeta Imágenes.

Para cambiar la imagen de tu cuenta de usuario, ve al menú Inicio y haz clic en tu imagen, en la esquina superior izquierda de la pantalla. Cuando aparezca el menú desplegable, elige Cambiar la configuración de la cuenta. Windows mostrará la pantalla de la imagen 14-8.

En la página Cuentas, hay dos maneras de cambiar la imagen:

✔ **Examinar:** para asignar una imagen que ya está en la computadora, haz clic en el botón Examinar. Aparecerá otra ventana donde verás las fotos de la carpeta Imágenes. Haz clic en la imagen que más te

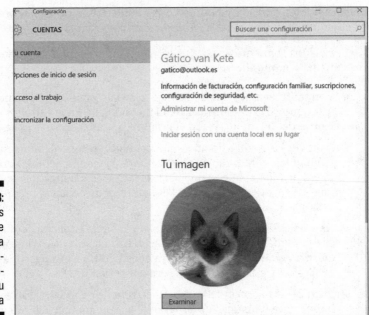

Imagen 14-8:
Windows
permite
que cada
usuario eli-
ja la ima-
gen de su
cuenta

guste y, luego, en el botón Elegir imagen. Windows no tardará nada en poner esa imagen en la parte superior del menú Inicio.

✔ **Cámara:** con esta opción, que solo puedes ver si tienes una cámara conectada a la computadora, puedes hacerte un *selfie* rápido para tu cuenta.

✔ **Otras cuentas que usas:** elige esta opción si quieres aprovechar la foto de una de las cuentas de redes sociales que hayas compartido con Windows 10.

Aquí tienes unos cuantos consejos más para elegir la foto de tu cuenta (una de esas grandes decisiones):

✔ Cuando hayas elegido una foto de cuenta, se asociará a tu cuenta de Microsoft y a todos los lugares donde inicies sesión con ella: por ejemplo, tu teléfono de Microsoft, los sitios web y programas de Microsoft y todas las computadoras con Windows en los que inicies sesión con tu cuenta de Microsoft.

✔ Puedes coger cualquier imagen de internet y guardarla en la carpeta Imágenes. Luego, haz clic en el botón Examinar, del que hemos hablado en este apartado, para localizar la imagen y elegirla como foto de cuenta. Haz clic con el botón derecho en la imagen de internet y elige Guardar imagen o una opción similar (el nombre de la opción depende del navegador que uses).

✔ No hace falta que te preocupes por si la imagen que vas a elegir es demasiado grande o demasiado pequeña: Windows la reducirá o la expandirá automáticamente para que encaje en el espacio disponible, tamaño credencial. Lo que sí debes tener en cuenta es que la imagen tiene que ser cuadrada.

¿Qué sabe de mí mi cuenta de Microsoft?

Microsoft, como haría casi cualquier empresa, recopila información sobre ti. No es ninguna excepción: Google, Facebook y la mayoría de los sitios web también recogen tus datos. El banco, el proveedor de servicios de internet, las empresas emisoras de tarjetas de crédito y las aseguradoras son otros ejemplos de esta práctica.

Para que te defiendas de esta invasión de tu privacidad, Microsoft te permite consultar qué información ha guardado sobre ti y eliminar los fragmentos que no te guste ver en la lista.

Para ello, acude al Centro de privacidad de Microsoft, https://account.microsoft.com/about, e inicia sesión con tu cuenta de Microsoft. En él puedes informarte sobre tu facturación y tus pagos; suscribirte a servicios de Microsoft como OneDrive o Xbox Live, renovar la suscripción o cancelarla; buscar en un mapa un dispositivo que hayas perdido; borrar tu historial de búsqueda de Bing, y cambiar las preferencias de marketing. Además, puedes consultar lo que han estado haciendo tus hijos con la computadora, si les has configurado una cuenta de Microsoft.

Los controles de Familia de Microsoft que ofrece Windows —los explico en este capítulo— también se encuentran en esta sección, para que hagas un seguimiento de la forma en la que tus hijos utilizan la computadora. Merece la pena echar un vistazo a esta página, aunque solo sea para ver qué tipo de información almacena Microsoft y no recibir ninguna sorpresa.

Configurar las contraseñas y la seguridad

No sirve de mucho disponer de una cuenta de usuario si no se tiene contraseña. Sin ella, cuando el compañero del despacho de al lado vea tu cuenta en la pantalla de inicio de sesión, podrá hacer clic en ella y campar a sus anchas por tus archivos.

Los administradores, especialmente, deben tener una contraseña; si no la tienen, estarán dando permiso a cualquier persona para que cause estragos en la computadora: cuando aparezca una pantalla de autorización, los usuarios podrán pulsar Intro donde debería ir la contraseña y eso les bastará para acceder.

Si tienes una cuenta de Microsoft, puedes cambiar la contraseña en internet, entrando en www.live.com. En cambio, si usas una cuenta local, puedes crear o cambiar la contraseña de la siguiente manera:

1. **Haz clic en el botón Inicio y, en el menú Inicio, elige Configuración.**

2. **Cuando aparezca la aplicación Configuración, haz clic en el icono Cuentas.**

   Aparecerá la ventana Cuentas que hemos visto en la imagen 14-2, con opciones para que cambies tu cuenta y la foto asociada a ella.

3. **En la parte izquierda de la ventana Cuentas, elige el enlace Opciones de inicio de sesión.**

   Aparecerá la pantalla Opciones de inicio de sesión.

4. **En la sección Contraseña del lado derecho de la ventana, haz clic en el botón Cambiar.**

Crear un disco para restablecer la contraseña

El disco para restablecer la contraseña funciona como una llave que te permite volver a entrar en la computadora si has olvidado la contraseña de tu cuenta local. (Si tienes una cuenta de Microsoft, no podrás crear un disco para restablecer la contraseña). Es muy sencillo crear este tipo de disco:

1. **Haz clic en el cuadro de búsqueda situado junto al menú Inicio, escribe "disco para restablecer contraseña" y pulsa Intro.**

2. **Haz clic en la opción Crear un disco para restablecer contraseña que aparece junto al cuadro de búsqueda.**

Se abrirá el Asistente para contraseña olvidada, que te guiará por el proceso de creación de un disco para restablecer la contraseña en una tarjeta de memoria o una memoria USB.

Si no recuerdas la contraseña, podrás insertar el disco para restablecerla y te servirá de llave. Windows dejará que elijas una nueva contraseña y podrás reír de oreja a oreja. El disco para restablecer la contraseña permite a cualquier persona acceder a tu cuenta, de modo que debes esconderlo bien.

No importa cuántas veces cambies de contraseña: el disco original para restablecer la contraseña seguirá funcionando y siempre tendrás una llave de repuesto para entrar en tu cuenta.

Si aún no has creado ninguna contraseña, deberás hacer clic en el botón Agregar.

5. **Invéntate una contraseña fácil de recordar y escríbela en el cuadro de texto Nueva contraseña. A continuación, escríbela exactamente igual en el cuadro de texto Vuelve a escribir la contraseña, justo debajo del anterior, y haz clic en Siguiente.**

Al repetir la contraseña, te aseguras de que la has escrito bien.

Si ya tienes una contraseña y quieres cambiarla, aparecerá primero una pantalla con un cuadro de texto para que escribas la contraseña actual. Así, se evita que algún graciosillo entre en esta sección y te cambie la contraseña durante el descanso de la comida.

En el capítulo 2 hay más información sobre las contraseñas.

Capítulo 15

Cómo conectar computadoras en red

· ·

En este capítulo

▶ Qué componentes tiene una red

▶ ¿Red con o sin cables?

▶ Montar una pequeña red

▶ Conectarse sin cables

▶ Crear un Grupo Hogar para compartir archivos

▶ Compartir una conexión a internet, archivos e impresoras en una red

· ·

Si te compras otra computadora, pueden surgir nuevos problemas informáticos: ¿qué hay que hacer para que dos o más equipos compartan la conexión a internet y la impresora? ¿Cómo compartir los archivos entre ambas computadoras?

La solución pasa por crear una red. Al conectar dos o más computadoras, Windows hace que se conozcan y permite que intercambien información automáticamente, que compartan la conexión a internet y que usen la misma impresora.

Hoy en día, la mayoría de las computadoras se pueden conectar sin que nadie ande tropezándose con los cables: gracias a las conexiones Wi-Fi, *wireless* o inalámbricas, los equipos se comunican por ondas de radio, como si fueran emisoras transmitiendo y recibiendo solicitudes.

En este capítulo explico cómo vincular todas las computadoras de la casa para que compartan cosas. Cuando hayas creado una red inalámbrica, podrás compartir la conexión a internet no solo con tus computadoras con Windows, sino también con *smartphones*, tabletas y otros cacharros informáticos. Y si tienes algún invitado y quieres darle la contraseña, también él podrá conectarse a internet.

Ten en cuenta que este capítulo se ocupa de temas bastante avanzados. Aventúrate por estos parajes solamente si tienes una cuenta de administrador y no te importa perder unas cuantas neuronas para pasar de la teoría a la práctica y, de ahí, a que funcione.

Componentes de una red

Una red consiste, sencillamente, en dos o más computadoras conectadas para compartir cosas. Las redes pueden ser todo un alivio o toda una agonía, según su complejidad, pero todas ellas tienen tres componentes en común:

✔ **Un router (o enrutador):** esta cajita funciona como un guardia de tráfico electrónico, controlando el flujo de información que se transmite entre las computadoras, y entre la red e internet. Casi todos los routers modernos son compatibles con las redes cableadas e inalámbricas.

✔ **Un adaptador de red:** cada computadora debe tener su propio adaptador de red para poder comunicarse. Mientras que los adaptadores para redes cableadas permiten conectar la computadora al router por medio de un cable, los adaptadores para redes inalámbricas convierten la información de la computadora en señales de radio y las transmiten al router.

✔ **Cables de red:** por supuesto, las computadoras que se conectan de forma inalámbrica no requieren este tipo de cables, pero los que no disponen de adaptador de red inalámbrica necesitan cables para conectarse al router.

Si tienes un módem y un router independientes, deberás conectarlos entre sí para que el router distribuya la señal de internet a todas las computadoras de la red. Pero, actualmente, es mucho más común que el módem esté integrado en el router y no haga falta conectarlos.

La mayoría de las redes domésticas están dispuestas en forma de araña, como en la imagen 15-1, y los cables de las computadoras se conectan al router situado en el centro. Otras computadoras de escritorio y portátiles, las tabletas y diversos aparatos se conectan de forma inalámbrica al mismo router.

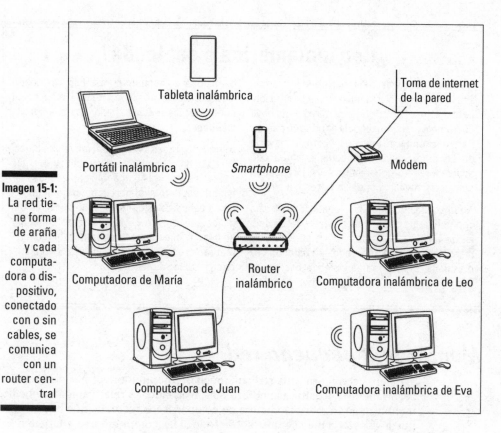

Toma de internet de la pared

Tableta inalámbrica

Smartphone

Módem

Portátil inalámbrica

Imagen 15-1:
La red tiene forma de araña y cada computadora o dispositivo, conectado con o sin cables, se comunica con un router central

Computadora de María

Router inalámbrico

Computadora inalámbrica de Leo

Computadora de Juan

Computadora inalámbrica de Eva

El router presta atención eficientemente a todas las computadoras de la red por igual, para que compartan entre todos una misma conexión a internet.

Además, Windows permite que todas las computadoras utilicen la misma impresora. Si dos personas tratan de imprimir a la vez, Windows retiene los archivos de una de ellas hasta que la impresora se queda libre y, entonces, los envía automáticamente a imprimir.

Los routers inalámbricos envían la señal de internet a todos los aparatos inalámbricos que están conectados, no solo a las computadoras con Windows. Una vez que el router está configurado, envía la señal de internet también a iPads y otras tabletas, computadoras de Apple, *smartphones* e, incluso, a ciertos dispositivos de cine en casa, como reproductores Bluray, videoconsolas, televisores y aparatos de transmisión de vídeo como Chromecast o Roku.

¿Red inalámbrica o cableada?

No cuesta nada tirar cables entre computadoras situadas en una misma mesa o una habitación, pero si hay que unir distancias mayores, la casa puede convertirse enseguida en un lío de cables. Para que todo esté más despejado, la mayoría de las computadoras actuales cuentan con adaptadores de red inalámbrica (Wi-Fi) y pueden conversar mediante ondas a través del aire.

No obstante, igual que las señales de radio se van perdiendo cuando te alejas de la ciudad, las señales inalámbricas llegan peor cuanto más lejos y, con ello, la conexión es cada vez más lenta. Si las señales inalámbricas tienen que atravesar más de dos o tres paredes,

puede que las computadoras no logren comunicarse. Por otra parte, resulta más difícil configurar las redes inalámbricas que las cableadas.

Aunque las redes Wi-Fi estén muy extendidas, las cableadas funcionan más rápido y son más eficientes, seguras y económicas que las inalámbricas. Pero si tu pareja quiere que quites todos esos cables del pasillo, tal vez te venga mejor una red Wi-Fi. Lo mejor es combinar ambas opciones: conecta con cables las computadoras que estén cerca y utiliza la red inalámbrica para los demás equipos.

Montar una pequeña red

Si quieres configurar una red con muchas computadoras (más de diez), seguramente necesitarás un libro más avanzado. Es relativamente sencillo montar una red, pero la manera de compartir los recursos que hay en ella puede asustar a más de uno, sobre todo si las computadoras contienen material confidencial. Pero si solo quieres crear una red en casa o en el despacho con dos o tres computadoras, te bastará con esta información.

No nos alarguemos más: aquí tienes una lista bien depurada que te guiará, paso a paso, en la configuración de una red pequeña y barata. En los siguientes apartados, explico cómo comprar los tres componentes de la red, instalarlos y hacer que Windows convierta tu gran obra en una red.

Comprar los componentes de la red

Entra en una tienda de informática —física o en internet—, compra lo que te indico y, solo con eso, habremos avanzado bastante en la configuración de la red.

✔ **Adaptadores de red (opcionales):** la mayoría de las computadoras modernas, tanto de escritorio como portátiles, incluyen adaptadores de red cableada e inalámbrica, de modo que lo más probable es que puedas tachar este elemento de la lista directamente. Pero si te hace falta un adaptador, elige uno para redes cableadas o inalámbricas que no sea caro y que se conecte al puerto USB de la computadora. Todos los dispositivos que no son fijos, como portátiles, tabletas y *smartphones*, tienen ya integrado un adaptador de red inalámbrica.

✔ **Cable de red (opcional):** si tu red no va a ser inalámbrica, compra cables Ethernet, similares a los cables del teléfono pero con un conector algo más grueso. Necesitarás un cable para cada computadora que quieras conectar y cada uno debe tener la longitud adecuada para llegar de esa computadora al router (el componente que explico a continuación).

✔ **Router:** es la cajita que hace magia. La mayoría de los routers actuales son ya inalámbricos, y muchos traen además un módem de banda ancha para acceder a internet. Los routers de red inalámbrica suelen disponer de cuatro entradas para conectar por cable hasta cuatro computadoras cercanos.

Muchos proveedores de servicios de internet (ISP) te proporcionan un módem/router inalámbrico, y hasta mandan a tu casa a un técnico para que configure la red. Nunca está de más preguntar.

Configurar un router inalámbrico

Si tienes móvil, sabrás lo cómodo que es estar conectado sin necesidad de cables. Sin embargo, en el caso de las computadoras, las conexiones inalámbricas también acarrean ciertas complicaciones. Lo que estás haciendo, básicamente, es instalar un radiotransmisor que se comunica con pequeñas radios situadas dentro de cada computadora. Tendrás que preocuparte por la potencia de la señal, por encontrar la señal correcta y por asignar una contraseña para que nadie pueda entrar a fisgar.

Por desgracia, cada marca de router de red inalámbrica tiene su propio programa de configuración, por lo que no puedo detallar las instrucciones para configurar el tuyo.

En cualquier caso, en todos los routers hay que configurar los tres parámetros siguientes como mínimo:

✔ **Nombre de red (SSID):** escribe un nombre breve y fácil de recordar que identifique tu red inalámbrica. Después, cuando vayas a conectarte a la red inalámbrica con tu computadora, *smartphone* o tableta, tendrás que seleccionar ese mismo nombre para no conectarte sin querer a la red del vecino.

✔ **Infraestructura:** de las dos opciones, elige Infraestructura en lugar de Ad hoc, que no se utiliza casi nunca.

✔ **Seguridad:** esta opción te defiende de las miradas indiscretas con una contraseña para cifrar los datos que se transmiten a través del aire. La mayoría de los routers ofrecen al menos tres tipos de contraseñas: WEP es poco mejor que no usar contraseña; WPA es más segura, y WPA2, aún más. De las opciones disponibles, elige la más segura y crea una contraseña breve, fácil de recordar y que incluya distintos tipos de caracteres, como Uno+uno=¡2!

Algunos routers vienen con un programa de instalación para que te sea más fácil cambiar la configuración, y otros disponen de un programa integrado al que se accede mediante el explorador web de Windows.

Cuando configures cada una de las opciones anteriores, ve apuntándolas en un papel, ya que tendrás que introducir los mismos parámetros al configurar la conexión inalámbrica en cada computadora y cada dispositivo inalámbrico. En el siguiente apartado explico cómo hacerlo. También tendrás que dar esos datos a los invitados cuando quieran usar tu conexión a internet.

Configurar las computadoras con Windows para conectarse a una red

En primer lugar, unas palabras para los partidarios del cable: para conectar la computadora al router por medio de un cable, hay que conectar un extremo del cable al puerto de red de la computadora y el otro extremo a uno de los puertos de red del router. Los puertos suelen estar numerados, pero sirve cualquiera de ellos. Si quieres conectar varias computadoras a un mismo router, conecta cada cable del puerto de red de la computadora a uno de los puertos de red del router que estén libres.

Si tu módem es independiente del router y la proveedora de internet no los ha conectado, conecta un cable del puerto LAN o Ethernet del módem de banda ancha al puerto WAN del router. Pero lo normal es que el router y el módem estén integrados en una misma carcasa y puedas saltarte este paso.

Ahora solo tienes que encender el router: ya ves qué fácil es crear una red cableada. Para poder compartir archivos entre computadoras, no te olvides de configurar un Grupo Hogar (explico cómo hacerlo más adelante en este capítulo).

Las redes inalámbricas son otra historia: después de configurar el router para que emita la señal de red de forma inalámbrica, tienes que decirle a

Windows cómo recibirla. En el capítulo 9, encontrarás el curso completo sobre cómo conectarse a redes inalámbricas, tanto si son tuyas como si las encuentras en lugares públicos. De todas formas, aquí tienes una versión abreviada para que puedas conectarte a tu red:

1. **Haz clic en el botón Inicio y, en el menú Inicio, elige Configuración.**

2. **Cuando aparezca la pantalla Configuración, haz clic en el icono Red e Internet.**

    Windows empezará a rastrear las ondas de radio y te mostrará una lista de las redes inalámbricas que llegan a tu computadora, entre ellas, la tuya (si todo va bien). Tu red es la que tiene el nombre (o SSID) que elegiste al configurar el router, como se explica en el apartado anterior.

    La página de configuración Red e Internet, que puedes ver en la imagen 15-2, presenta al principio de la lista las redes inalámbricas que llegan con más intensidad.

3. **Elige la red inalámbrica que quieras haciendo clic en su nombre y, luego, haz clic en el botón Conectar.**

    Si activas la casilla Conectar automáticamente antes de hacer clic en el botón Conectar, Windows se conectará automáticamente a esa red la próxima vez que estés dentro de su radio de alcance, para que no tengas que repetir todos estos pasos.

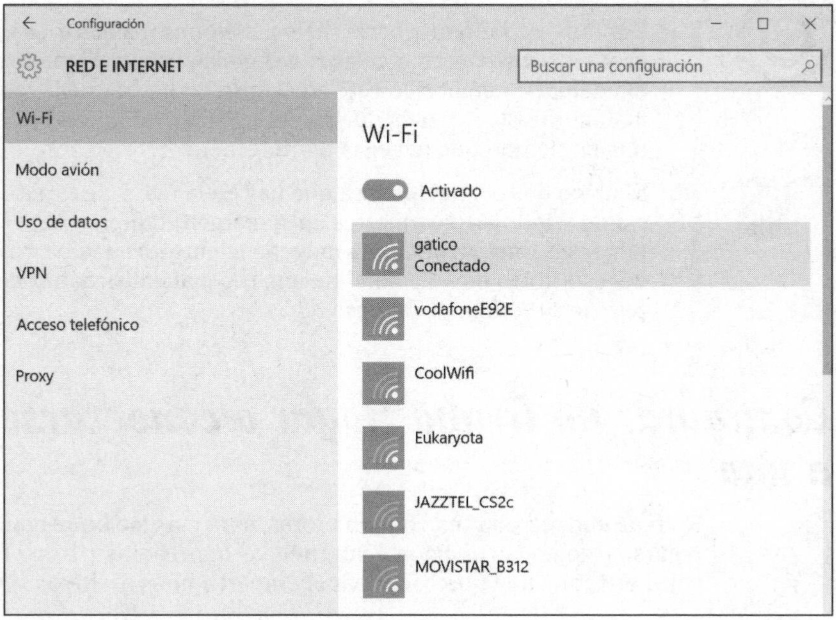

Imagen 15-2: Windows suele mostrar las redes inalámbricas disponibles empezando por la que llega con más intensidad

← Configuración	– □ ✕
⚙ **RED E INTERNET**	Buscar una configuración 🔍

	Wi-Fi
Wi-Fi	
Modo avión	⬤ Activado
Uso de datos	📶 gatico — Conectado
VPN	📶 vodafoneE92E
Acceso telefónico	📶 CoolWifi
Proxy	📶 Eukaryota
	📶 JAZZTEL_CS2c
	📶 MOVISTAR_B312

4. **Introduce la contraseña y haz clic en Siguiente.**

   Tendrás que introducir la contraseña que escribiste en el router al configurar la red inalámbrica. Para ponerlo todo más difícil, Windows 10 llama a esa contraseña "clave de seguridad de red".

Si el router tiene un botoncito llamado WPS (siglas de Configuración protegida de Wi-Fi), puedes pulsarlo ahora y la contraseña se enviará a la computadora mediante las ondas de radio, para que no tengas que escribirla.

En este paso, Windows 10 te ofrece compartir la contraseña de la red inalámbrica con todos tus contactos. Si te parece bien, puedes hacer clic en la casilla de al lado, Compartir la red con mis contactos. Esta opción resulta útil si te estás conectando a una red pública y te fías de tus amigos. Pero si entre tus contactos hay alguien en quien no acabas de confiar, no marques esta casilla al conectarte a la red de tu casa.

Hasta este momento, Windows 10 considera la red inalámbrica a la que acabas de conectarte una red pública, como las que encuentras en una cafetería o un aeropuerto. No verás las demás computadoras de la red ni podrás acceder a ellos hasta que crees un Grupo Hogar, un tema que explico en el siguiente apartado.

Si tienes problemas para conectarte, prueba con esto:

✔ Por muy extraño que parezca, los teléfonos inalámbricos y los microondas interfieren con las redes inalámbricas. Si puedes, evita que el teléfono inalámbrico esté en el mismo cuarto que la computadora inalámbrica y, si tienes que calentar un bocadillo, no lo hagas al mismo tiempo que navegas por internet.

✔ El icono de red inalámbrica que hay en la barra de tareas del escritorio de Windows (se muestra en el margen) también te permite conectarte de forma inalámbrica muy fácilmente. Si en la barra de tareas del escritorio hay un icono de una red inalámbrica, haz clic en él para ir directamente al paso 3.

Configurar un Grupo Hogar o conectarse a uno

Si creas una red con tus computadoras, será más fácil que compartan recursos, como la conexión a internet, las impresoras y hasta los archivos. Pero ¿qué hay que hacer para compartir unos archivos sí y otros no?

La solución que ofrece Microsoft se llama *Grupo Hogar*. Hace que sea más sencillo utilizar las redes y permite que cada computadora con Windows que haya en la casa comparta aquello que solemos querer compartir: música, fotos, películas y la impresora de casa. Si creas un Grupo Hogar, Windows empezará a compartir todo eso automáticamente. El Grupo Hogar excluye la carpeta que, por lo general, no queremos compartir: la carpeta Documentos.

El Grupo Hogar es compatible con todas las computadoras de la red que tienen Windows 7, 8, 8.1 y 10, pero no con los que siguen usando Windows Vista o Windows XP.

Dependiendo de la red, es posible que recibas una invitación para unirte a un Grupo Hogar en cuanto a la computadora se conecte al router, pero si no es así, continúa con el paso 2.

A continuación veremos cómo se configura un nuevo Grupo Hogar en una computadora con Windows, y cómo permitir que Windows se una a uno que ya hayas configurado con otras computadoras de la red.

1. **Haz clic con el botón derecho en el botón Inicio y elige Panel de control en el menú emergente.**

 2. **Cuando aparezca la pantalla Panel de control, haz clic en el icono Redes e Internet. Luego, en el panel derecho de la página Redes e Internet, haz clic en Grupo Hogar.**

   Si no encuentras la opción Grupo Hogar, escribe "grupo hogar" en el cuadro de búsqueda de la ventana Configuración, situado en la esquina superior derecha de la ventana. Cuando aparezca Grupo Hogar en los resultados de la búsqueda, haz clic en él para abrir la ventana Grupo Hogar.

3. **En la ventana Grupo Hogar, haz clic en el enlace Cambiar la ubicación de red y, en el panel que aparecerá por la derecha, haz clic en el botón Sí.**

   Cuando te conectas por primera vez a una red inalámbrica, Windows presupone que es una red pública, como la de una cafetería. Además, Windows presupone que no quieres que nadie cotillee en tu computadora y, por eso, deja el equipo como *no detectable*. Significa que nadie lo verá en la red y que tú no podrás ver la computadora de los demás.

   Si eliges Sí, como se muestra en la imagen 15-3, le estarás diciendo a Windows que te encuentras en una red privada en la que quieres compartir cosas como archivos e impresoras.

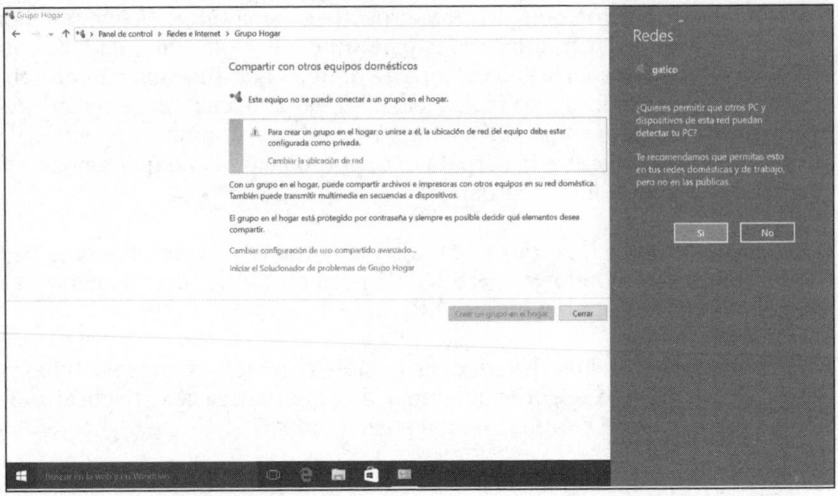

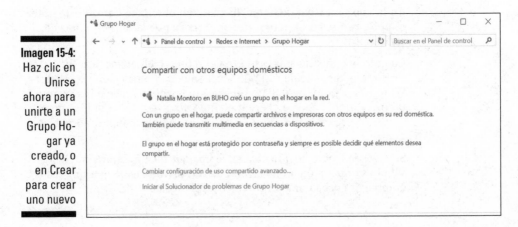

Imagen 15-3:
Haz clic en Sí para que la red inalámbrica sea privada y poder compartir cosas

4. **Haz clic en el botón Crear un grupo en el hogar o en Unirse ahora.**

   Si ves el botón Crear un grupo en el hogar, haz clic en él para crear un Grupo Hogar.

   Si ves el botón Unirse ahora (como en la imagen 15-4), significa que alguien ya ha creado un Grupo Hogar en tu red. Si quieres unirte a él, haz clic en el botón Unirse ahora.

   Elijas la opción que elijas, Windows te preguntará qué cosas quieres compartir.

   Si te pide que cambies la configuración de privacidad de red en tu computadora, asegúrate de elegir Privada en lugar de Pública.

Imagen 15-4:
Haz clic en Unirse ahora para unirte a un Grupo Hogar ya creado, o en Crear para crear uno nuevo

5. **Elige lo que quieras compartir, haz clic en Siguiente, y si vas a unirte a un Grupo Hogar que ya existe, escribe la contraseña del Grupo Hogar de esa red.**

Como puedes ver en la imagen 15-5, la ventana te permite elegir las carpetas que quieres compartir con tus compañeros del Grupo Hogar. Para compartir un elemento, elige Compartido en el menú desplegable situado junto a él. Si quieres que algo siga siendo privado, elige No compartido.

En general, la gente quiere compartir sus carpetas Música, Imágenes y Vídeos, las impresoras y los dispositivos multimedia. Como el material de la carpeta Documentos suele ser más bien privado, lo habitual es dejarlo sin compartir.

Si compartes una carpeta, los demás usuarios podrán acceder a los archivos que contiene para ver fotos o vídeos, por ejemplo, pero no podrán hacer nada más: ni cambiar y eliminar esos archivos, ni crear y colocar otros archivos en tu carpeta.

Por último, si quieres unirte a un Grupo Hogar ya creado, escribe la contraseña actual de ese Grupo Hogar. Si no sabes cuál es, desde una computadora con Windows 7, 8, 8.1 o 10 que esté conectado al Grupo Hogar, abre cualquier carpeta, haz clic con el botón derecho en Grupo

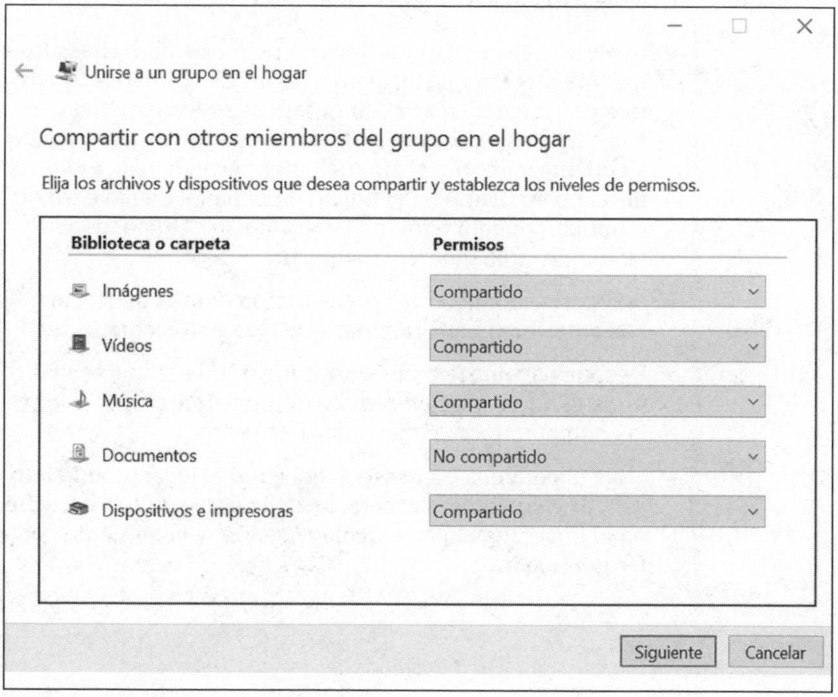

Imagen 15-5: En general, la gente comparte sus carpetas Música, Imágenes y Vídeos, las impresoras y los dispositivos multimedia

← Unirse a un grupo en el hogar

Compartir con otros miembros del grupo en el hogar

Elija los archivos y dispositivos que desea compartir y establezca los niveles de permisos.

Biblioteca o carpeta	Permisos
Imágenes	Compartido
Vídeos	Compartido
Música	Compartido
Documentos	No compartido
Dispositivos e impresoras	Compartido

Siguiente   Cancelar

en el hogar, en el panel izquierdo de la carpeta, y elige Ver la contraseña de Grupo Hogar. Al introducir la contraseña, es importante que
respetes las mayúsculas y minúsculas, ya que no son equivalentes.

Si lo que quieres es unirte a un Grupo Hogar ya creado, no tendrás
que hacer nada más.

6. **Si hiciste clic en el botón Crear un grupo en el hogar, apunta la
contraseña que aparece en la última pantalla.**

Después tendrás que introducir esa misma contraseña en todas las
computadoras que quieras incluir en el Grupo Hogar. Deja la computadora encendida y sigue estos pasos en las demás computadoras
para unirlas al Grupo Hogar que acabas de crear.

Cuando termines, habrás creado un Grupo Hogar o te habrás unido a uno.
Puedes acceder a este tipo de grupo desde cualquier computadora con
Windows 7, 8, 8.1 o 10 que esté conectada a la red. También habrás configurado el equipo de manera que se compartan las carpetas Música, Imágenes y Vídeos (lo explico en el siguiente apartado).

El Grupo Hogar es una característica exclusiva de Windows, por lo que no
podrás usarlo para compartir nada con un iPad o un *smartphone*. Si quieres compartir archivos entre esos dispositivos, descarga la aplicación
OneDrive; explico los detalles en el capítulo 5.

✔ Cuando creas un Grupo Hogar o te unes a uno, eliges las carpetas
que quieres compartir, pero solo las de tu cuenta. Si hay otros usuarios con cuenta en esa computadora que también quieran compartir
sus carpetas, tendrán que hacerlo cuando hayan iniciado sesión con
su cuenta: deberán abrir cualquier carpeta, hacer clic con el botón
derecho en Grupo en el hogar, en el panel de navegación, y elegir
Cambiar configuración de Grupo Hogar. Ahí pueden seleccionar los
elementos que quieren compartir.

✔ Si quieres modificar la configuración del Grupo Hogar, sigue los pasos anteriores para cambiar qué elementos compartes.

✔ Después de unirte a un Grupo Hogar, puede que tengas que esperar
unos minutos para empezar a compartir archivos o impresoras con
las computadoras conectadas a la red.

✔ ¿Has olvidado la contraseña del Grupo Hogar, con lo importante que
es? Abre cualquier carpeta, haz clic con el botón derecho en Grupo
en el hogar, en el panel de navegación, y elige Ver la contraseña de
Grupo Hogar.

Acceder a lo que han compartido los demás

Para ver las carpetas que han compartido los demás usuarios de la computadora y de la red, haz clic en el icono Explorador de archivos (se muestra en el margen), situado en la barra de tareas que hay siempre en la parte inferior de la pantalla.

Cuando aparezca, haz clic en Grupo en el hogar, en el panel de navegación que hay en la parte izquierda del Explorador de archivos. En la parte derecha de la ventana, como puedes ver en la imagen 15-6, aparecerán enseguida los nombres y los iconos de todas las cuentas de tu computadora que hayan decidido compartir archivos.

Es posible que también veas los nombres de las cuentas que hay en las computadoras con Windows conectadas a la red; es decir, las computadoras conectadas a la tuya (con o sin cables) que han optado por compartir archivos.

Para consultar los archivos compartidos por otras personas del Grupo Hogar, en la ventana Grupo en el hogar, haz doble clic en el nombre de cada persona. Al momento, la ventana mostrará las carpetas compartidas de esa persona, como en la imagen 15-7, listas para que navegues por ellas como si fueran tuyas.

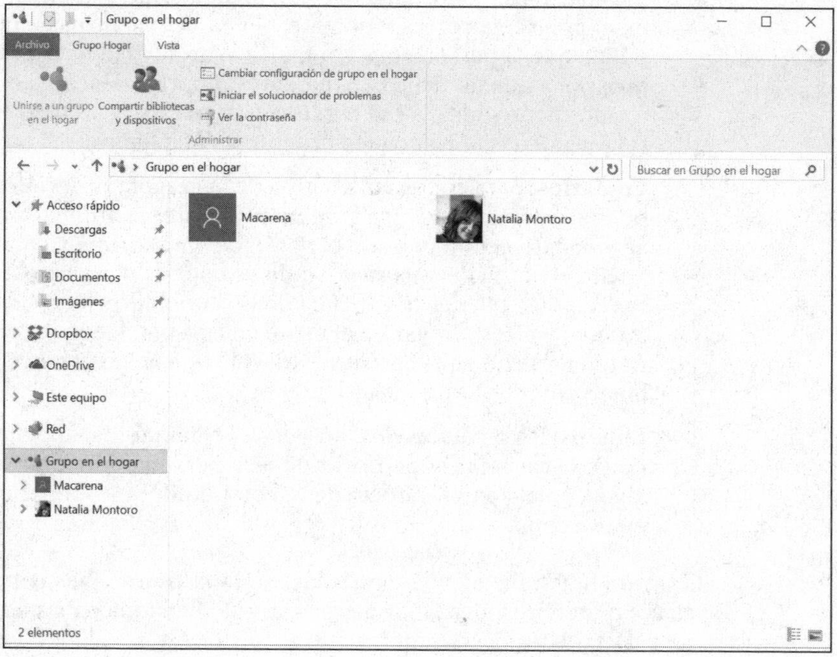

Imagen 15-6: Haz clic en Grupo en el hogar para ver todas las cuentas que han compartido carpetas

Además de navegar por esos archivos, puedes hacer lo que te explico a continuación:

✔ **Abrirlos:** para abrir un archivo de una carpeta compartida, haz doble clic en su icono, igual que con cualquier otro archivo. Se abrirá en el programa correspondiente. Si aparece un mensaje de error, puede que la persona que comparte el archivo lo haya creado con un programa que no tienes. ¿Solución? Compra o descarga el programa en internet o pídele a esa persona que guarde el archivo en un formato que puedas abrir con los programas que tienes.

✔ **Copiarlos:** para copiar un archivo de la carpeta Grupo Hogar de otra persona, arrástralo a una carpeta tuya. Elige el archivo que te interese y, manteniendo pulsado el botón del *mouse*, muévelo a tu carpeta. Suelta el botón del *mouse* y Windows copiará el archivo a esa carpeta. También puedes hacer clic con el botón derecho en el icono del archivo y elegir Copiar en el menú emergente; luego, haz clic con el botón derecho en la carpeta de destino y elige Pegar en el menú emergente.

✔ **Eliminarlos o cambiarlos:** no puedes eliminar ni cambiar el contenido de la carpeta Grupo Hogar de otra persona. Si necesitas cambiar algo, cópialo a una carpeta de tu computadora y realiza los cambios en esa copia.

El Grupo Hogar hace que sea más fácil compartir archivos entre diferentes computadoras, pero, por desgracia, solo funciona en las computadoras y las tabletas con Windows 7, 8, 8.1 y 10.

Compartir una impresora en red

Si has creado un Grupo Hogar, como he explicado en este capítulo, y quieres compartir una impresora, Windows te lo pone extraordinariamente fácil: solo tienes que conectar una impresora por USB (el tipo de conector que ves en el margen) a una de las computadoras con Windows. En cuanto enciendas la impresora conectada, Windows la reconocerá.

Además, informará de inmediato a todas las computadoras del Grupo Hogar. En cuestión de minutos, el nombre de esa impresora y su icono aparecerán en el resto de las computadoras y en los menús de impresión de todos sus programas.

Para ver la impresora en las demás computadoras con Windows conectados a la red, haz esto:

- ✔ **Windows 10:** haz clic en el botón Inicio y, luego, haz clic en el botón Configuración. Cuando aparezca la aplicación Configuración, haz clic en el icono Dispositivos (se muestra en el margen). Se mostrará la página Dispositivos. Haz clic en Impresoras y escáneres, junto al borde izquierdo, para ver todas las impresoras que puede usar la computadora. Entre ellas estará la impresora compartida.

- ✔ **Windows 8 u 8.1:** haz clic con el botón derecho en la esquina inferior izquierda de la pantalla y elige Panel de control en el menú emergente. En la categoría Hardware y sonido del Panel de control, elige Ver dispositivos e impresoras. La impresora conectada en red aparecerá en la sección Impresoras.

- ✔ **Windows 7:** haz clic en el botón Inicio y elige Dispositivos e impresoras. La impresora conectada en red estará en la sección Impresoras y faxes.

Dependiendo del modelo de impresora, es posible que esto funcione también en las computadoras con Windows Vista y Windows XP conectadas a la red. Para saber si la impresora está disponible en estos casos, haz lo siguiente:

- ✔ **Windows Vista:** haz clic en el botón Inicio, elige Panel de control y abre la categoría Hardware y sonido. Haz clic en Impresoras para ver el icono de la impresora.

- ✔ **Windows XP:** haz clic en el botón Inicio, elige Panel de control y abre la categoría Impresoras y hardware. Haz clic en Impresoras y faxes para ver el icono de la nueva impresora.

Parte V

Música, fotos y películas

En esta parte...

✔ Enseñar fotos a tus amigos

✔ Copiar fotos de tu cámara a la computadora

✔ Ver películas digitales en tu computadora o tableta

✔ Organizar un álbum de fotos digital con las fotos de tu cámara

Capítulo 16

Cómo reproducir y copiar música

En este capítulo

▶ Reproducir música, vídeos y CD

▶ Crear, guardar y editar listas de reproducción

▶ Copiar un CD al disco duro o a otro disco

*L*a aplicación Música de Groove de Windows 10 está diseñada para gente minimalista y se ciñe a lo esencial. Con unos pocos clics, reproduce música almacenada tanto en la computadora como en OneDrive. Si pagas una cuota mensual por el Groove Music Pass de Microsoft, podrás escuchar las emisoras de radio por internet con tus artistas favoritos.

Por desgracia, eso es todo. La aplicación Música de Groove está atrapada en un mundo de archivos digitales y no puede copiar un CD de música a la computadora ni crear un CD a partir de tus archivos de música. Ni siquiera reproduce un CD de música que introduzcas en la unidad de disco de la computadora.

Esto no es un problema para muchos portátiles y para las tabletas de Windows porque no tienen unidades de disco. La mayoría de usuarios de tabletas solo quieren escuchar algunas canciones o sus álbumes favoritos.

Sin embargo, en una computadora de escritorio probablemente prefieras seguir usando el programa de antaño, el Reproductor de Windows Media, que funciona casi igual que en las versiones anteriores de Windows, pero con una gran excepción: ya no reproduce DVD.

En este capítulo, explico cómo y cuándo dar el salto entre la aplicación Música de Groove y el Reproductor de Windows Media. También explico cuándo puede que quieras abandonar el barco y descargarte una aplicación más completa para tus necesidades musicales.

Reproducir música con la aplicación Música

Para estar en consonancia con la música de los jóvenes de hoy, la aplicación Música de Groove de Windows solo reconoce archivos de música almacenados en la computadora, en OneDrive o, cuando se le indica, en una unidad flash colocada en el puerto USB de la computadora. La aplicación Música de Groove arruga la nariz si se quieren reproducir esos CD o DVD ahora pasados de moda, así que ni lo intentes.

Pero si solo quieres reproducir o comprar música digital, la aplicación Música de Groove es bastante simple y fácil de usar. Cuando se abre el programa por primera vez, como puede verse en la imagen 16-1, este muestra la música almacenada tanto en tu computadora como en la carpeta de música de tu cuenta OneDrive (si tienes una cuenta de Microsoft).

Para iniciar la aplicación Música de Groove y reproducir música, sigue estos pasos:

1. **Haz clic en el mosaico Música del menú Inicio.**

   Haz clic en el botón Inicio en la esquina inferior izquierda de la pantalla para acceder al menú Inicio. Cuando este aparezca, haz clic en el mosaico de la aplicación Música de Groove que ves en el margen.

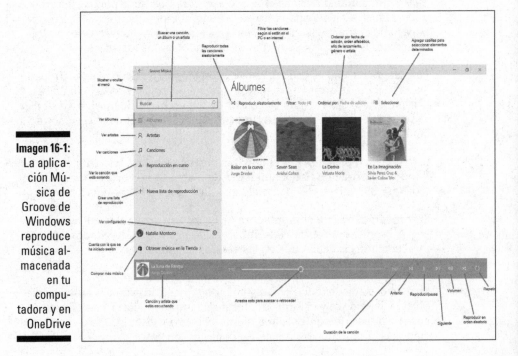

Imagen 16-1:
La aplicación Música de Groove de Windows reproduce música almacenada en tu computadora y en OneDrive

Si no ves el mosaico de la aplicación Música de Groove, haz clic en el botón Todas las aplicaciones del menú Inicio y escoge Música de la lista emergente de aplicaciones, que están ordenadas alfabéticamente.

Como verás en la imagen 16-1 anterior, la aplicación Música de Groove llena la pantalla de mosaicos que se muestran automáticamente y que representan tus álbumes, artistas o canciones (cuando se abre por primera vez la aplicación, puede que tengas que hacer clic en algunas pantallas de bienvenida).

2. **Para reproducir un álbum o una canción, haz clic en el mosaico y, a continuación, en Reproducir.**

Haz clic en el mosaico para ver un álbum o una canción, y la aplicación Música de Groove mostrará tu canción (o el contenido del álbum). Haz clic en el botón Reproducir y se reproducirá lo que hayas elegido.

3. **Ajustar la música mientras está sonando.**

La barra de la aplicación, como puede verse en la parte inferior de la imagen 16-1, dispone de varios iconos para controlar la música: Aleatorio, Repetir, Anterior (volver a la canción anterior), Reproducir/Pausar y Siguiente (pasar a la canción siguiente).

Para ajustar el volumen, haz clic en el pequeño altavoz de la barra de la aplicación, en la esquina inferior de la pantalla. O, desde el escritorio, haz clic en el pequeño icono de altavoz que hay junto al reloj de la barra de tareas, esa tira que hay a lo largo del borde inferior del escritorio.

La mayoría de las tabletas táctiles disponen de un control de volumen integrado en uno de sus bordes.

La aplicación Música de Groove seguirá reproduciendo el archivo aunque cambies a otra aplicación o al escritorio. Para pausar o cambiar de canción, tienes que volver a la aplicación Música de Groove.

Devolver las tareas de reproducción de música al Reproductor Windows Media

Microsoft confía en que la aplicación Música de Groove y su vínculo de fácil acceso al mercado musical de la Tienda de aplicaciones sean una máquina de hacer dinero. Por eso intentan colártela a la mínima. Por ejemplo, si estás en el escritorio y abres un archivo de la carpeta Música, la aplicación Música de Groove del menú Inicio irrumpe para reproducir el archivo.

Exprimir más funciones de la aplicación Música de Groove

La aplicación Música de Groove no hace mucho más que reproducir canciones, pero puedes estirarla hasta sus límites minimalistas siguiendo estos consejos:

✔ **Crear listas de reproducción:** mientras reproduces algunas de tus canciones favoritas, busca un icono con el signo más que se encuentra junto a una canción o sobre una lista de canciones. Haz clic en este icono con el signo más y aparecerá una lista emergente de listas de reproducción; elige con un clic la que quieras y la aplicación Música de Groove copiará esa canción o canciones a la lista. Si no has creado ninguna lista de reproducción, en un cuadro aparecen las palabras Nueva lista de reproducción; cambia esas palabras por un término que describa la lista de canciones y ya tienes la primera lista de reproducción.

✔ **Acceso a OneDrive:** la aplicación Música de Groove puede reproducir hasta 50 000 canciones almacenadas en la carpeta de música de OneDrive, aunque no puede acceder a ellas sin conexión a internet. Para descargar desde OneDrive a la computadora un álbum que quieras reproducir más adelante, haz clic en la carátula del álbum y después en Descargar en el menú emergente.

✔ **Anclar al menú Inicio:** mientras estás en el botón del menú emergente que se describe en la sugerencia anterior, también puedes elegir Anclar a Inicio para agregar un álbum al menú Inicio como mosaico de fácil acceso.

✔ **Cómo comprar música:** para comprar música, haz clic en el icono Comprar en la parte inferior del panel izquierdo. Eso te dirige a la aplicación Windows Store, donde verás la música que se ofrece en su sección de Música.

✔ **Probar otra aplicación:** si te gustan las aplicaciones simples, pero quieres un poco más de potencia, echa un vistazo a cualquiera de estas dos: MediaMonkey o VLC para Windows. Pero aguas: ambas tienen algunos problemillas que sus programadores todavía están intentando arreglar.

La aplicación Música de Groove funciona bien en tabletas de pantalla táctil gracias a sus botones grandes, aunque en una computadora de escritorio es posible que prefieras usar un programa de música más completo. Por suerte, Windows 10 sigue incluyendo el Reproductor de Windows Media, que ha sido un elemento fundamental del escritorio de Windows durante una década.

Puedes volver a asignarle las tareas de reproducir música de tu computadora al fiable reproductor Windows Media, pero no es fácil. Windows 10 oculta el nombre del programa en el menú Inicio.

Sigue los pasos de este apartado para devolver las tareas de reproducir música al Reproductor Windows Media y para hacer que el programa sea más fácil de encontrar.

1. **Haz clic en el botón Inicio y selecciona Todas las aplicaciones en la esquina inferior izquierda del menú.**

   El menú Inicio muestra una lista ordenada alfabéticamente de todas las aplicaciones y programas instalados.

2. **Desplázate hacia abajo por la lista de aplicaciones del menú Inicio y haz clic en la entrada de Accesorios de Windows. Cuando el menú se despliegue, haz clic con el botón derecho en el mosaico Reproductor de Windows Media que se muestra en el margen y selecciona Anclar a Inicio en el menú que aparece en la parte inferior.**

   Esto hace que el icono del Reproductor de Windows Media aparezca como mosaico en el menú Inicio y facilita su acceso. (Puedes elegir Anclar a la Barra de tareas en el mismo menú para colocar un segundo enlace en tu barra de tareas, la cinta que aparece a lo largo de la parte inferior de la pantalla).

   Con una pantalla táctil, mantén presionado el dedo un momento en la entrada del Reproductor de Windows Media del menú Inicio y luego levántalo. Cuando aparezca el menú emergente, elige Anclar a la Barra de tareas.

3. **Haz clic en la flecha hacia atrás, que puede verse en el margen, debajo de la lista Todas las aplicaciones para volver al menú Inicio principal. A continuación, haz clic en el enlace de Configuración del menú Inicio para buscar esta aplicación.**

4. **Cuando aparezca la aplicación Configuración, haz clic en el icono de Sistema y después en el icono Aplicaciones predeterminadas.**

   El panel derecho muestra las aplicaciones y programas asignados para abrir correos electrónicos, música, vídeos y otros elementos.

5. **En el panel derecho del apartado Reproductor de música, haz clic en la aplicación Música de Groove. Cuando aparezca el menú emergente, haz clic en Reproductor de Windows Media, como se muestra en la imagen 16-2.**

   Esta operación le indica al Reproductor de Windows Media que reproduzca la música en lugar de que lo haga la aplicación Música de Groove del menú Inicio.

Si has seguido estos pasos, el Reproductor de Windows Media se pondrá en marcha cuando hagas doble clic en cualquier archivo de audio del escritorio. También puedes iniciar el programa si haces clic en su icono (como el que hay en el margen) en la barra de tareas.

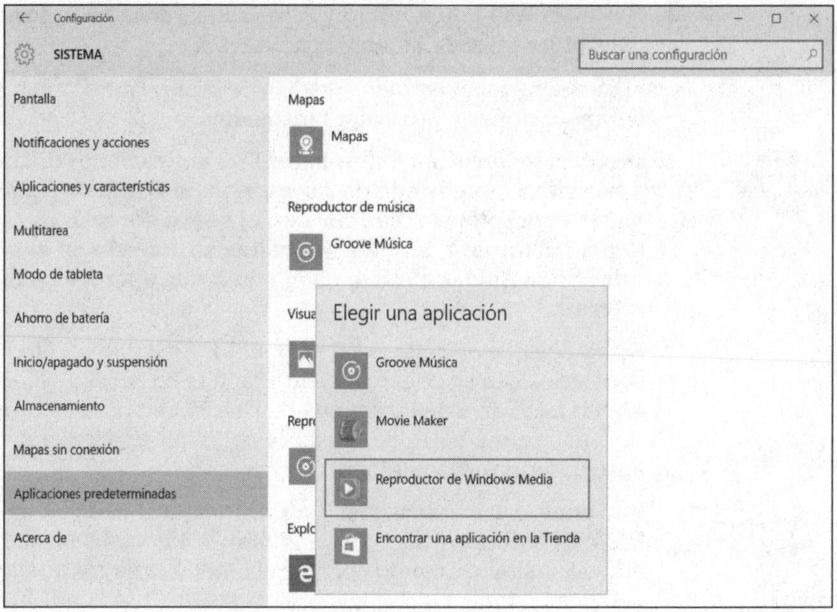

Imagen 16-2:
Selecciona
el Repro-
ductor de
Windows
Media pa-
ra que este
abra los
archivos
de música
en lugar de
que lo ha-
ga la apli-
cación
Música de
Groove

Estas operaciones no desinstalan ni deshabilitan de forma permanente la aplicación Música de Groove del menú Inicio; esta sigue funcionando de la forma habitual. Para abrirla, solo tienes que hacer clic en su mosaico del menú Inicio. Cuando aparezca la aplicación, seguirá mostrando y reproduciendo toda la música.

Sin embargo, al hacer clic en una canción del programa Explorador de archivos del escritorio, en lugar de ponerse en marcha la aplicación Música de Groove, aparece el Reproductor de Windows Media y comienza a reproducir la canción.

Almacenamiento de la Biblioteca del Reproductor de Windows Media

Puedes abrir el Reproductor de Windows Media haciendo doble clic en su icono del menú Inicio o de la barra de tareas, la barra que está en la parte inferior del escritorio. ¿No está el icono? En el apartado anterior explico cómo ponerlo ahí.

Cuando ejecutas el Reproductor de Windows Media, el programa clasifica automáticamente la música, las fotos y los vídeos digitales de tu computadora, y cataloga todo lo que encuentra.

Ejecutar el Reproductor de Windows Media por primera vez

La primera vez que abres el Reproductor de Windows Media del escritorio, una pantalla de bienvenida te pregunta qué hacer con la configuración de privacidad, almacenamiento y compra de música. Hay dos opciones:

✔ **Configuración recomendada:** creada para los impacientes, esta opción carga la configuración escogida por Microsoft para el Reproductor de Windows Media, que se configura como reproductor predeterminado para la mayoría de archivos de audio y vídeo, pero no de los archivos MP3 (la aplicación Música de Groove sigue teniendo preferencia para el más común de los formatos de audio). El Reproductor de Windows Media hará un barrido por internet para actualizar el título de tus canciones e informará a Microsoft de lo que escuchas y ves. Si vas con prisa selecciona Instalación rápida; siempre puedes personalizar la configuración más adelante.

✔ **Configuración personalizada:** destinada para los meticulosos y para aquellos que se preocupan por su privacidad, esta opción permite gestionar al detalle el comportamiento del Reproductor de Windows Media. Pasarás una serie de pantallas en las que tendrás que elegir el tipo de archivos de audio y vídeo que podrá reproducir el reproductor y la cantidad de información que se le envía a Microsoft sobre tus costumbres musicales. Elige esta opción solo si tienes ganas de pasarte un buen rato leyendo aburridas pantallas de opciones.

Si más adelante quieres personalizar alguna de las opciones, ya sean las que seleccionaste en la instalación rápida o las de la personalizada, haz clic en el botón Organizar del Reproductor de Windows Media en la esquina superior izquierda y selecciona Opciones.

Si ves que faltan archivos en la Biblioteca de elementos multimedia de la computadora, puedes indicarle al reproductor dónde están siguiendo estos pasos:

Aviso: a diferencia de la aplicación Música de Groove, el Reproductor de Windows Media solo puede reproducir archivos de OneDrive si están sincronizados en tu computadora, no si únicamente están disponibles en OneDrive a través de internet.

1. **Haz clic en el botón Organizar del Reproductor de Windows Media y selecciona Administrar bibliotecas en el menú emergente, que, a su vez, despliega otro menú.**

   Aparecen los cuatro tipos de archivos multimedia que el Reproductor de Windows Media puede reproducir: Música, Vídeos, Imágenes y TV grabada.

2. **En el menú emergente, selecciona el nombre del tipo de archivos que no encuentras.**

Aparece una ventana como la de la imagen 16-3 que muestra las carpetas examinadas. Por ejemplo, el reproductor suele examinar el contenido de tu carpeta Música, así que todo lo que añades a esta aparece también automáticamente en la Biblioteca del Reproductor de elementos multimedia.

Pero si almacenas los archivos en otro sitio, como un disco duro portátil, una unidad flash USB, una ubicación de red o tu carpeta Pública, ahora podrás indicar al reproductor la ubicación de esos archivos.

3. **Haz clic en el botón Agregar, selecciona la carpeta o unidad de disco que contenga los archivos, haz clic en el botón Incluir carpeta y después en Aceptar.**

Al hacer clic en el botón Agregar se abre la ventana Incluir carpeta. Ve hasta la carpeta que quieres añadir, la del disco duro externo, por ejemplo, y haz clic en el botón Incluir carpeta. El Reproductor de Windows Media empezará a examinar esa carpeta al instante y añadirá a su biblioteca los archivos de audio que haya en ella.

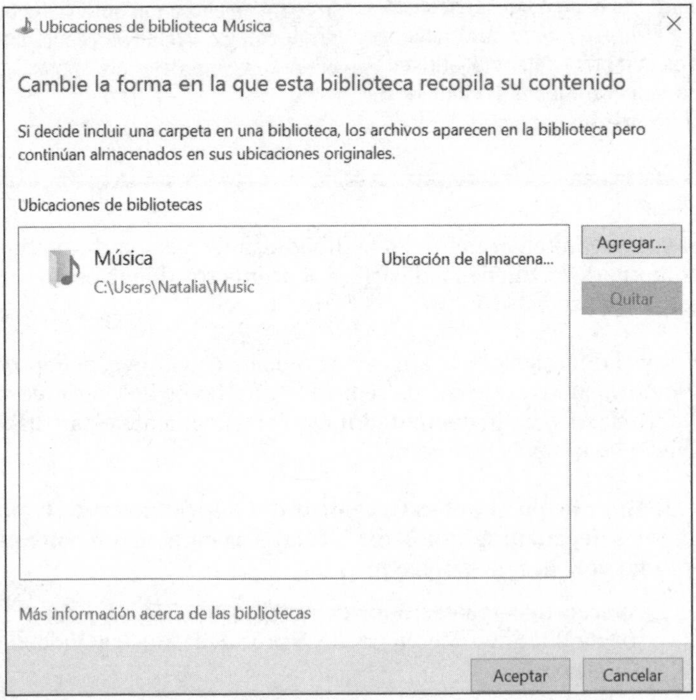

Imagen 16-3: Haz clic en el botón Agregar para seleccionar la carpeta en la que buscará el Reproductor de Windows Media

Para añadir música de más carpetas o unidades de disco, como, por ejemplo, una carpeta de una computadora conectada en red o de una unidad flash USB, repite estos pasos hasta que hayas añadido todas las ubicaciones en las que el Reproductor de Windows Media debe buscar archivos multimedia.

Para indicarle al reproductor que deje de buscar en una carpeta, sigue estos mismos pasos, pero en el número 3 haz clic en la carpeta que quieres dejar de examinar y haz clic en el botón Quitar, que se ve en la imagen 16-3.

Cuando ejecutas el Reproductor de Windows Media, el programa muestra todos los archivos multimedia que ha recopilado (como aparece en la imagen 16-4) y sigue alimentando su biblioteca de las siguientes formas:

✔ **Examina tus carpetas:** el Reproductor de Windows Media examina constantemente tus carpetas de Música, Fotos y Vídeos, así como de cualquier otra ubicación que hayas añadido. Actualiza su biblioteca cada vez que añades o quitas archivos de tus carpetas (puedes cambiar lo que el Reproductor de Windows Media examina siguiendo los tres pasos explicados antes).

✔ **Agrega los elementos reproducidos:** cuando reproduces un archivo de audio de tu computadora o de internet, el Reproductor de Windows Media añade la canción o su dirección de internet a su biblio-

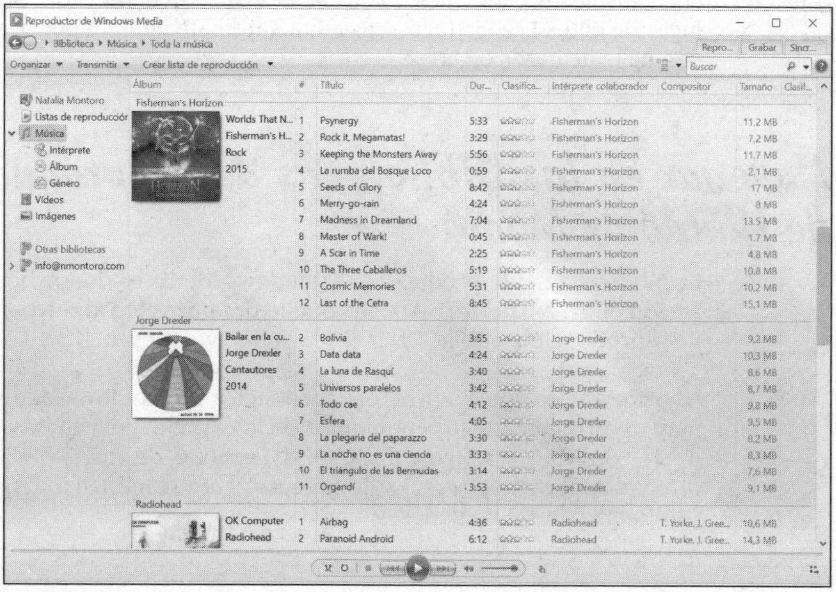

Imagen 16-4:
Haz clic en un elemento de la izquierda para ver su contenido a la derecha

teca para darte la posibilidad de buscarla y volver a escucharla. A menos que le digas lo contrario, el Reproductor Windows Media no añade los archivos reproducidos recientemente en las computadoras, unidades flash USB o tarjetas de memoria de los demás (no puede reproducir música de OneDrive a menos que hayas elegido mantener esa música en sincronización con tu computadora; esto lo trato en el capítulo 5).

✔ **Música extraída de CD:** al insertar un CD de música en el lector de CD, Windows ofrece la posibilidad de *extraer* su contenido. Es jerga informática que significa copiar la música del CD a la computadora, una tarea que se describe en el apartado "Extraer (copiar) un CD en la computadora" que veremos más adelante. Cualquier archivo de audio que se extraiga aparecerá automáticamente en la biblioteca del Reproductor de Windows Media (por desgracia, el Reproductor de Windows Media no copia películas en DVD a la biblioteca ni tampoco las reproduce).

✔ **Música descargada de tiendas en línea:** cuando compras una canción y la colocas en tu carpeta Música, el Reproductor de Windows Media almacena automáticamente en su biblioteca tu última compra.

Repite cuantas veces sean necesarios estos pasos para buscar los archivos deseados. El Reproductor de Windows Media ignora los que ya tiene catalogados y añade todos los nuevos.

El Reproductor de Windows Media no permite la edición avanzada de las *etiquetas* de las canciones, lo que se describe en el recuadro siguiente. En lugar de ello, el reproductor las edita automáticamente por ti, a partir de una base de datos en línea.

Navegar en las Bibliotecas del Reproductor de Windows Media

La biblioteca del Reproductor de Windows Media es donde tiene lugar la acción entre bastidores. Aquí es donde organizas los archivos, creas listas de reproducción, copias CD o eliges lo que vas a escuchar.

La primera vez que lo abres, el Reproductor de Windows Media muestra muy oportunamente los contenidos de la carpeta Música. Pero el Reproductor de Windows Media dispone, en realidad, de varias bibliotecas diseñadas para mostrar no solo tu música, sino también fotos, vídeos y programas de TV grabados.

¿Qué son las etiquetas de una canción?

Dentro de cada archivo de audio vive un diminuto ser llamado *etiqueta,* que informa sobre el título de la canción, artista, álbum y demás datos relacionados. Para organizar, mostrar y catalogar las canciones, el Reproductor de Windows Media lee esas etiquetas y no el nombre del archivo. Prácticamente todos los reproductores multimedia, incluidos los iPods, se basan en esas etiquetas.

Son tan importantes que, de hecho, el Reproductor de Windows Media se conecta a internet para recoger información de las canciones y, cuando añade archivos a su biblioteca, completa automáticamente las etiquetas.

A mucha gente este tipo de cosas le dan igual, pero también hay personas muy meticulosas al respecto. Si tus etiquetas ya tienen la información que quieres, indícale al Reproductor de Windows Media que deje de enredar: haz clic en el botón Organizar, selecciona Opciones, haz clic en la pestaña Biblioteca y desmarca la casilla de verificación Recuperar información adicional de internet. Si tus etiquetas están hechas un lío, deja marcada esa casilla; de esa forma, el reproductor las limpiará por ti.

Si el Reproductor de Windows Media mete la pata, arregla tú mismo las etiquetas: haz clic con el botón derecho en la canción (o, si es un álbum, en las canciones seleccionadas) y selecciona Buscar información del álbum. Cuando aparezca una ventana con la canción o el álbum que el reproductor cree que es, haz clic en el enlace Editar. Aparecerá otra ventana en la que podrás completar el álbum, artista, género, pistas, título, artista colaborador y compositor. Haz clic en Listo cuando hayas terminado de ordenar la información.

Imagen 16-5: Haz clic en el tipo de contenido multimedia que quieras explorar en el Panel de navegación situado a la izquierda

Todos los archivos reproducibles están en el Panel de navegación, en la parte izquierda de la ventana, como se ve en la imagen 16-5. La mitad superior del panel muestra tu colección multimedia, con tu nombre en la parte superior.

En la mitad inferior, llamada Otras bibliotecas, encontrarás las colecciones del resto de usuarios de la computadora, así como la música compartida por Grupos Hogar o por varias computadoras vinculadas mediante una red especial. (Describo los Grupos Hogar en el capítulo 15).

El Reproductor de Windows Media organiza los contenidos en las categorías siguientes:

- ✔ **Listas de reproducción:** ¿te gusta escuchar los álbumes o las canciones en un orden determinado? Haz clic en el botón Guardar lista que está encima de las canciones para guardarlas como lista de reproducción y que aparezca en esta categoría (las listas de reproducción las veremos en el apartado de este capítulo "Crear, guardar y editar listas de reproducción").

- ✔ **Música:** toda tu música digital está aquí. El Reproductor de Windows Media reconoce la mayoría de formatos de audio, incluidos el MP3, WMA, WAV e incluso archivos 3GP utilizados en algunos teléfonos móviles (también reconoce los archivos AAC protegidos contra copia y que se venden en iTunes). Y Windows 10 por fin añade soporte para los FLAC sin pérdida, un formato que comprime la música sin perder ni una pizca de calidad de sonido.

- ✔ **Vídeos:** aquí están los vídeos que has guardado de una videocámara o cámara digital o los que te has bajado de internet. El Reproductor de Windows Media reconoce los archivos AVI, MPG, WMV, ASF, DivX, algunos MOV y algunos formatos más. Windows 10 también añade soporte para archivos MKV, un formato de vídeo muy popular últimamente.

- ✔ **Imágenes:** el Reproductor de Windows Media puede mostrar fotos de manera individual o como presentación, pero la carpeta Imágenes, descrita en el capítulo 17, gestiona mejor las fotos (el Reproductor de Windows Media no puede corregir las fotos del revés, por ejemplo, algo fácil de realizar con la carpeta Imágenes).

- ✔ **Otras bibliotecas:** aquí están los elementos multimedia de otras computadoras del Grupo Hogar (un tipo de red descrito en el capítulo 15).

Tras hacer clic en una de las categorías, el Panel de navegación del Reproductor de Windows Media permite ver los archivos de varias formas. Por ejemplo, haz clic en Artista en el Panel de navegación y este mostrará la música ordenada alfabéticamente por el nombre del artista.

Lo mismo ocurre al hacer clic en Género de la categoría Música, que separa canciones y álbumes por estilo musical, como en la imagen 16-5. En lugar de poner simplemente un nombre para que hagas clic en él (Electró-

Sí, Windows te espía

Al igual que con tu tarjeta de crédito o la tarjeta del supermercado, la aplicación Música de Groove de Windows 10 y el Reproductor de Windows Media te espían. Las 5000 palabras de la Declaración de privacidad en línea de Microsoft se pueden resumir así: ambos reproductores informan a Microsoft de cada canción, archivo o película que reproduzcas. Hay gente a la que esto le da *miedo*, pero si Microsoft no sabe lo que reproduces, Windows no puede buscar en internet el material gráfico y la información de perfil del artista.

Si no te importa que Microsoft fisgue en tu música, no hace falta que sigas leyendo. De lo contrario, selecciona el nivel de privacidad que desees en el Reproductor de Windows Media: haz clic en el botón Organizar, en la esquina superior izquierda, selecciona Opciones y después haz clic en la pestaña Privacidad. Aquí está la lista con las opciones de privacidad:

✔ **Mostrar información multimedia de internet:** al seleccionar esta opción, el Reproductor de Windows Media informará a Microsoft sobre el CD que acabas de poner y mostrará toda una serie de elementos en pantalla: la portada del CD, títulos de las canciones, nombre del artista y demás información en esta línea.

✔ **Actualizar archivos de música con información multimedia de internet:** Microsoft examina tus archivos, y si reconoce alguno, completa las etiquetas de la canción con la información correcta (para más información sobre las etiquetas, consulta el recuadro "¿Qué son las etiquetas de una canción?").

✔ **Enviar el Id. único del reproductor a proveedores de contenido:** conocido en el sector como minería de datos (*data mining*), esta opción permite a otras empresas saber cómo utilizas el Reproductor de Windows Media cuando reproduces música protegida contra copia.

✔ **Cookies:** como muchos otros programas y sitios web, el Reproductor de Windows Media sigue de cerca tu actividad con unos pequeños archivos llamados cookies. Estas no siempre son malas, porque ayudan al reproductor a conocer tus preferencias.

✔ **Mejora de la experiencia del usuario:** cuando está activada, esta función proporciona a Microsoft tus *datos de uso del reproductor*", una expresión genérica que podría significar cualquier cosa. Yo la tengo desactivada.

✔ **Historial:** el Reproductor de Windows Media muestra los últimos archivos reproducidos, para te resulte cómodo volver a ellos (y para que tus compañeros de trabajo o familiares se despiporren). Si no quieres que se vean los últimos archivos reproducidos, desmarca todas las casillas de esta sección y haz clic en los botones Borrar historial y Borrar caché.

Para más información sobre tu configuración de privacidad, visita el centro de privacidad en línea de Microsoft en `http://www.microsoft.com/privacy`. Inicia sesión con tu cuenta de Microsoft.

nica, por ejemplo), el reproductor agrupa la música por portadas, como si hubieras colocado tus vinilos o los CD en el suelo del salón.

Para reproducir algo en el Reproductor de Windows Media, haz clic con el botón derecho en el elemento y selecciona Reproducir. O si quieres reproducir todas las canciones de un artista o de un género, haz clic con el botón derecho en el montón y selecciona Reproducir todo.

Reproducir archivos de audio de una Lista de reproducción

El Reproductor de Windows Media reproduce diversos tipos de archivos de audio digitales, pero todos tienen una cosa en común: cuando le indicas al Reproductor de Windows Media que reproduzca una canción o un álbum, inmediatamente lo coloca en la lista Reproducción en curso, una lista de elementos puestos a la cola para escucharlos unos detrás de otros.

Puedes reproducir archivos de audio con el Reproductor de Windows Media de diferentes maneras, incluso si el programa no está abierto en ese momento:

✔ Haz clic en el icono del Explorador de archivos (situado en el margen) de la barra de herramientas; haz clic con el botón derecho en un álbum o en un archivo de audio y selecciona Reproducir con el Reproductor de Windows Media. Este salta a escena y te permite escuchar la canción que acabas de elegir.

✔ Si estás en tu carpeta Música, haz clic con el botón derecho en el archivo y selecciona Agregar a la lista del Reproductor de Windows Media. El archivo se pone a la cola en el Reproductor, listo para ser reproducido en cuanto acabe la canción que está sonando ahora.

✔ Coloca un CD de música en la bandeja de la unidad de CD de la computadora e inserta la bandeja en el equipo. Cuando aparezca el mensaje emergente "Reproducir CD de audio", haz clic para escuchar la música.

✔ Haz doble clic en un archivo de audio, independientemente de si está en el escritorio o en cualquier otra carpeta. El Reproductor de Windows Media lo reproduce inmediatamente.

Para reproducir las canciones de la biblioteca del Reproductor de Windows Media, haz clic con el botón derecho en el nombre de la canción y selecciona Reproducir. La canción empieza a sonar inmediatamente y aparece en la lista Reproducción en curso.

Estas son otras formas de reproducir archivos de audio con el Reproductor de Windows Media:

✔ Para reproducir un álbum entero en la biblioteca del Reproductor de Windows Media, haz clic con el botón derecho en el álbum cuando estés en la categoría Álbum de la biblioteca y selecciona Reproducir.

✔ ¿Quieres escuchar varios archivos o álbumes consecutivamente? Haz clic con el botón derecho en el primero y selecciona Reproducir. Haz clic con el botón derecho en el siguiente y selecciona Agregar a lista Reproducción en curso. Repite hasta que termines. El Reproductor de Windows Media los pone a lo cola en la lista Reproducción en curso.

✔ Para volver a un elemento reproducido recientemente, haz clic con el botón derecho en el icono del Reproductor de Windows Media de la barra de tareas y después haz otro clic en el nombre del elemento que aparece en la lista.

✔ ¿No hay canciones potables en tu carpeta de música? En ese caso copia tus CD favoritos a la computadora, lo que se conoce como extracción, que explicaré más adelante en el apartado "Extraer (copiar) un CD en la computadora".

Controlar los elementos de la lista Reproducción en curso

Puedes reproducir un archivo de audio directamente desde la biblioteca del Reproductor de Windows Media: haz clic con el botón derecho en el archivo, álbum o género y selecciona Reproducir. El Reproductor de Windows Media comienza a reproducir la música, pero el programa se queda donde está, y a menudo llena la pantalla.

Para abrir un reproductor más pequeño y manejable, haz clic en el botón de alternancia Biblioteca/Reproductor, que ves en el margen, y se abrirá la ventana Reproducción en curso, como la de la imagen 16-6. El botón Biblioteca/Reproductor está en la esquina inferior derecha de la biblioteca.

La minimalista ventana Reproducción en curso muestra lo que se está reproduciendo en ese momento, que puede ser un vídeo o material gráfico del álbum. Los controles en pantalla permiten ajustar el volumen, saltar de canción o de vídeo, o detener la acción.

El Reproductor de Windows Media dispone de la misma serie de controles básicos cuando se está reproduciendo cualquier archivo, ya sea una can-

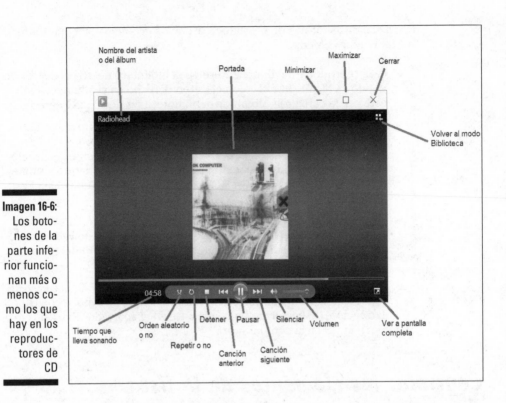

Imagen 16-6: Los botones de la parte inferior funcionan más o menos como los que hay en los reproductores de CD

ción, un vídeo, un CD o una presentación de fotos. La imagen 16-6 muestra el Reproductor de Windows Media abierto con la ventana Reproducción en curso y con el álbum que se está reproduciendo en ese momento. Las etiquetas de la imagen explican la función de cada botón. También puedes colocar el puntero del *mouse* encima de un botón misterioso y aparecerá una ventana emergente con la explicación correspondiente.

Los botones de la parte inferior funcionan más o menos como los que hay en los reproductores de CD: reproducir, parar, retroceder, avanzar o silenciar la canción o la película. Si quieres disponer de más controles, haz clic con el botón derecho en cualquier lugar de la ventana Reproducción en curso. Aparecerá un menú con las siguientes opciones:

✔ **Mostrar lista:** muestra la lista de reproducción en el lado derecho, lo que aporta una cierta comodidad si se quiere pasar a otra canción.

✔ **Pantalla completa:** aumenta la pantalla hasta ocuparla por completo.

✔ **Orden aleatorio:** reproduce las canciones aleatoriamente.

✔ **Repetir:** repite la misma canción una y otra vez.

✔ **Visualizaciones:** selecciona entre ver la portada del álbum o líneas onduladas, espirales molonas, ondas bailarinas y toda clase de efectos visuales estrambóticos.

✔ **Mejoras:** abre un ecualizador, ajustes, velocidad de reproducción, volumen y otras opciones de sonido.

✔ **Letras, títulos y subtítulos:** muestra estos elementos si están disponibles, algo muy práctico para las noches de karaoke.

✔ **Comprar más música:** en el lugar de vender música, esta opción coloca en el Reproductor de Windows Media el sitio web `http://music.xbox.com`. En él, se te insta a subir música a tu carpeta de música de OneDrive o a comprar el servicio de música en *streaming* de Microsoft.

✔ **Mostrar siempre la Reproducción en curso en la parte superior:** mantiene la ventana por encima del resto de ventanas del escritorio.

✔ **Ver más opciones:** aparece la página Opciones, en la que puedes configurar el comportamiento del Reproductor de Windows Media a la hora de extraer música de un CD, llenar su Biblioteca y otras muchas cosas.

✔ **Ayuda para reproducción:** abre el programa de Ayuda para buscar soluciones a los quebraderos de cabeza.

Los controles de la ventana Reproducción en curso desaparecen cuando dejas de mover el *mouse* durante un rato. Cuando desees volver a verlos, coloca el puntero del *mouse* encima de la ventana Reproducción en curso.

Para volver a la Biblioteca del reproductor de Windows Media, haz clic en el icono de alternancia Biblioteca/Reproductor en la esquina superior derecha de la ventana.

Al minimizar el Reproductor de Windows Media a la barra de tareas, cuando pases el puntero del *mouse* por encima del icono, aparecerá una ventanita con la que podrás detener una canción o pasar a otra.

Reproducir un CD

Siempre y cuando introduzcas correctamente el CD en la unidad de CD, es decir, con la etiqueta hacia arriba, por lo general, reproducir un CD es una de las tareas más simples para el Reproductor de Windows Media. Presiona el botón Expulsar, que está marcado de forma rara y que se encuentra en la unidad de disco o al lado en la parte delantera del equipo.

Cuando la bandeja salga de la unidad, coloca el CD en ella y empújala hacia dentro. El reproductor de Windows Media salta a la pantalla para que escuches el CD y normalmente, además, te ofrecerá datos de identificación y los intérpretes. Muchas veces incluso pone una imagen de la portada en pantalla.

Los controles de la parte inferior, como vimos en la imagen 16-6, permiten pasar de una canción a otra, ajustar el volumen y poner a punto la experiencia musical.

Si por alguna extraña razón, el Reproductor de Windows Media no reproduce el CD automáticamente, ve al elemento de Biblioteca del Panel de navegación del Reproductor de Windows Media, que está en la parte izquierda de la ventana. Deberías ver el título del CD o las palabras Álbum desconocido. Cuando lo veas, haz clic y después en Reproducir para empezar a escuchar el disco.

Pulsa F7 para silenciar el sonido del Reproductor de Windows Media y responder a esa llamada entrante. Si pulsas Ctrl + P, se alterna entre modo pausa o reproducir.

¿Quieres copiar el CD en tu computadora? Es lo que se denomina extracción, hablaré de ello más adelante en el apartado "Extraer (copiar) un CD en la computadora" de este capítulo.

Reproducir un DVD

Vamos a las malas noticias: el Reproductor de Windows Media no lee los DVD. Esto choca un poco, sobre todo si tenemos en cuenta que el Reproductor de Windows 7 sí que lo hacía. ¿Qué ha pasado?

Según Microsoft, los DVD son tecnología del pasado que ya no se necesita. Las tabletas y las computadoras portátiles ultrafinas de hoy día ni siquiera tienen unidades de DVD. Microsoft afirma que la mayoría de la gente ve películas en *streaming* en sus computadoras conectadas a internet. O que ven los DVD en sus televisores.

Además, Microsoft quería dejar de pagar los derechos de licencia a las empresas propietarias de las patentes necesarias para reproducir los DVD.

Pero, a pesar de que el Reproductor de Windows Media haya dejado de reproducir los DVD, hay varias soluciones para reproducirlos en Windows:

✔ **Utilizar reproductores de DVD de terceros que ofrece el fabricante de tu computadora.** Muchos fabricantes de computadoras de escritorio incluyen una versión sencilla gratuita. Si te gusta, puedes pagar para actualizarla a la versión completa.

✔ **Descargar el reproductor gratuito VLC en** `www.videolan.org.` Creado en Francia por una empresa sin ánimo de lucro, no se rige por las leyes de Estados Unidos.

Reproducir vídeos y programas de televisión

Muchas cámaras digitales y *smartphones* pueden realizar vídeos de corta duración, además de fotos, así que no te sorprendas si el Reproductor de Windows Media coloca varios vídeos en su biblioteca Vídeos.

Un vídeo se reproduce casi igual que una canción digital. Haz clic en Vídeos en el Panel de navegación Vídeos, que está en la parte izquierda del Reproductor de Windows Media, haz doble clic en el vídeo que quieras ver y disfruta la acción, como muestra la imagen 16-7.

Imagen 16-7: Mueve el cursor del *mouse* sobre el vídeo para ver los controles

El Reproductor de Windows Media te permite ver vídeos en diferentes tamaños. Por ejemplo, para que ocupe toda la pantalla, pulsa la tecla Alt y a la vez Entrar (repite esta combinación para volver al tamaño original).

Reproducir emisoras de radio en línea

El Reproductor de Windows Media no cuenta con una manera fácil de reproducir emisoras de radio en línea. Sin embargo, Windows sí que dispone de varias maneras de hacerlo:

✔ Ve a Google www.google.com y busca las *emisoras de radio en línea*, a ver qué resultados obtienes. Si una emisora emite en formato MP3 o Windows Media Audio (WMA), haz clic en el botón donde ponga Escuchar o En directo para cargar el Repro-

ductor de Windows Media y empezar a escuchar la radio.

✔ Me gusta SomaFM (www.somafm.com), que dispone de una docena de emisoras con géneros muy variados y todas ellas pueden escucharse a través del Reproductor de Windows Media.

✔ Instala una aplicación desde un sitio de streaming en línea, como TuneIn Radio (http://tunein.com), que te permite sintonizar miles de emisoras de todo el mundo.

✔ Para hacer que el vídeo se ajuste automáticamente al tamaño de la ventana del Reproductor de Windows Media, haz clic con el botón derecho mientras se reproduce el vídeo, selecciona Vídeo en el menú emergente y después selecciona Ajustar el vídeo al reproductor al cambiar de tamaño.

✔ También puedes pasar al modo pantalla completa si haces clic en Ver la pantalla completa en la esquina inferior derecha, como en la imagen 16-7.

✔ Cuando ves un vídeo en internet, la velocidad de tu conexión marca la calidad. Las conexiones de banda ancha aceptan sin problema los vídeos en alta definición, pero las conexiones y las computadoras más lentas suelen tener problemas. Escoger una calidad de vídeo inadecuada no dañará tu computadora, simplemente hará que el vídeo vaya a trompicones.

✔ La zona de TV grabada del Reproductor de Windows Media solo muestra los programas de televisión grabados con el Media Center, un programa que está disponible en las versiones anteriores de Windows. Si actualizaste tu PC a Windows 10, sigues teniendo los programas de TV grabados (pero por desgracia Media Center no está disponible para Windows 10).

Crear, guardar y editar listas de reproducción

Una lista de reproducción es, simplemente, una lista de canciones (o de vídeos) que se reproducen en un orden determinado. ¿Y qué más? Lo bueno de las listas de reproducción es lo que se puede hacer con ellas. Si, por ejemplo, guardas una lista de reproducción con tus canciones favoritas, podrás recuperarla después y escuchar la lista completa con un solo clic.

Puedes crear listas por temas, para un viaje largo, fiestas, cenas especiales, para hacer ejercicio y para otras muchas ocasiones.

Para crear una lista de reproducción, sigue estos pasos:

1. **Abre el Reproductor de Windows Media y busca la lista de reproducción.**

   ¿No la ves en el lado derecho del reproductor? Haz clic en la pestaña Reproducir que hay cerca de la esquina superior derecha. O cuando el reproductor esté en modo Reproducción en curso, haz clic con el botón derecho en una parte vacía de la ventana del Reproductor de Windows Media y selecciona Mostrar lista en el menú desplegable: la lista con los elementos reproducidos en ese momento aparece en la parte derecha de Media Center.

2. **Haz clic con el botón derecho en el álbum o en las canciones que quieras, elige Agregar a y después Lista de reproducción.**

   Otra forma es arrastrar y soltar el álbum o las canciones en el panel de la Lista de reproducción que está en el lado derecho del Reproductor de Windows Media, como puede verse en la imagen 16-8. En cualquier caso, el Reproductor de Windows Media se pone en marcha en cuanto añades la primera canción. Las canciones elegidas aparecen en el panel derecho en el orden que hayas elegido.

3. **Pon a punto la lista de reproducción para cambiar el orden o quitar canciones.**

   ¿Has añadido algo que no querías? Haz clic con el botón derecho en ese elemento de la lista y selecciona Quitar de la lista. Arrastra y suelta las canciones para ordenarlas a tu gusto.

   En la parte inferior de la lista de reproducción verás cuántos elementos has añadido y su duración total.

4. **Cuando hayas terminado con la lista, haz clic en el botón Guardar lista que está en la parte superior, ponle un nombre en el cuadro subrayado y pulsa Entrar.**

Imagen 16-8:
Selecciona
los ele-
mentos en
el panel
central y a
continua-
ción arras-
tra y suél-
talos en el
panel de
más a la
derecha

El Reproductor de Windows Media coloca la nueva lista de reproducción en la sección Listas de reproducción de su biblioteca, preparada para que la escuches cuando hagas doble clic en ella.

Tras guardar la lista de reproducción, puedes grabarla en un CD con un
simple clic, tal y como se describe en el siguiente consejo.

Puedes crearte un *grandes éxitos* personalizado y grabarlo después en un
CD para escucharlo en el coche o en la minicadena de casa. Una vez creada la lista de reproducción (de menos de 80 minutos), introduce un CD
virgen en la grabadora de CD y haz clic en la pestaña Grabar. Acepta la
sugerencia del reproductor de importar la lista de reproducción actual y,
a continuación, haz clic en el botón Iniciar grabación.

Para editar una lista de reproducción creada anteriormente, haz doble
clic en el nombre de la lista en la Biblioteca de Listas de reproducción.
Reorganiza, quita y pon elementos, y haz clic en el botón Guardar lista.

Extraer (copiar) un CD en la computadora

En el proceso conocido como *extracción*, el Reproductor de Windows
Media puede copiar un CD en la computadora como archivo MP3, el estándar de la industria para la música digital. Pero hasta que no le indiques
que quieres el formato MP3, creará archivos en formato WMA, un formato
que no funciona en los iPads, en los *smartphones* ni en otros muchos reproductores de música.

Para hacer que el Reproductor de Windows Media cree canciones con el formato MP3, que es más versátil, en lugar de WMA, haz clic en el botón Organizar en la esquina superior izquierda, selecciona Opciones y haz clic en la pestaña Copiar música. Selecciona MP3 en lugar de WMA en el menú desplegable Formato y mueve la calidad del audio de 128 a 256 o incluso a 320 para obtener un sonido mejor.

Para copiar un CD al disco duro de la computadora, sigue estos pasos:

1. **Abre el Reproductor de Windows Media, introduce un CD de música y haz clic en el botón Copiar CD.**

   Es posible que tengas que pulsar un botón en el lateral o en la parte frontal de la unidad de disco para expulsar el CD del lector.

   El Reproductor de Windows Media se conecta a internet, identifica el CD y completa el nombre del álbum, el artista y los títulos de las canciones. A continuación, el programa empieza a copiar las canciones del CD a la computadora y las va colocando en la Biblioteca del Reproductor de Windows Media. ¡Listo!

   Si el Reproductor de Windows Media no encuentra el título de las canciones automáticamente, ve directamente al paso número 2.

2. **Haz clic con el botón derecho en la primera pista y selecciona si es preciso Buscar información del álbum.**

   Si el Reproductor de Windows Media aparece con las manos vacías, haz clic con el botón derecho en la primera pista y selecciona Buscar información del álbum.

   Si estás conectado a internet, escribe el nombre del álbum en el cuadro de búsqueda y haz clic en Buscar. Si el cuadro de búsqueda encuentra el álbum, haz clic en el título, selecciona Siguiente y haz clic en Finalizar.

   Si no estás conectado a internet, o si el cuadro de búsqueda no arroja ningún resultado, haz clic con el botón derecho en la primera canción, haz clic en Editar y completa el título de la canción tecleándolo. Repite la operación con el resto de los títulos y con las etiquetas álbum, artista, género y año.

A continuación, encontrarás una serie de consejos para copiar CD a la computadora:

✔ Normalmente, el Reproductor de Windows Media copia todas las canciones del CD. Si no quieres una canción en concreto en tu recopilación de grandes éxitos, desmarca la casilla de esa canción. Si el Reproductor de Windows Media ya la ha copiado en la computadora, no te preocupes y bórrala directamente en el Reproductor de Windows Media. Haz clic en el botón Biblioteca, después haz clic con el botón derecho en la canción que quieres borrar y selecciona Eliminar.

✔ El Reproductor de Windows Media coloca automáticamente los CD copiados en la carpeta Música. En la Biblioteca del Reproductor de Windows encontrarás también la música recién extraída.

Grabar (crear) un CD de música

Si quieres crear un CD con tus canciones favoritas, crea una lista de reproducción con las canciones del CD y ordénalas como quieras; luego graba la lista de reproducción en un CD. Expliqué cómo hacerlo en el apartado "Crear, guardar y editar listas de reproducción" de este capítulo.

¿Pero qué pasa si quieres una copia del CD para tenerla en el coche? Sería una pena rayar el original. O quizás quieres crear copias de los CD de tus hijos antes de que se conviertan en platillos volantes.

Por desgracia, ni el reproductor de Windows Media ni Windows 10 ofrecen la opción de Duplicar CD. Tendrás que hilar fino para crear un CD nuevo con las mismas canciones y la misma fidelidad que el CD original:

1. **Extrae (copia) las canciones al disco duro.**

    Antes de copiarlo, cambia la calidad de grabado a la máxima calidad: haz clic en Organizar, selecciona Opciones, haz clic en la pestaña Copiar música y cambia el cuadro de Formato a WAV (sin pérdida). Haz clic en Aceptar.

2. **Introduce el CD virgen en la grabadora de CD.**

3. **En el Panel de navegación del Reproductor de Windows Media, haz clic en la categoría Música y selecciona Álbum para ver los CD que se han guardado.**

4. **Haz clic con el botón derecho en el álbum recién copiado en tu biblioteca, selecciona Agregar a y después Lista de grabación.**

    Si en Lista de grabación hay otras canciones, haz clic en el botón Borrar lista y, a continuación, añade la música del CD a la Lista de grabación.

5. **Haz clic en el botón Iniciar grabación.**

Y ahora veamos la letra pequeña. A menos que cambies la calidad a WAV (sin pérdida) cuando copies el CD a la computadora, el Reproductor de Windows Media comprime las canciones al guardarlas en la computadora, por lo que se pierde calidad de audio en el camino. Volver a grabarlas en un CD no hará que recuperen esa calidad. Si quieres la mejor calidad del Reproductor de Windows Media, cambia el Formato de grabado a WAV (sin pérdida).

Si cambias el formato a WAV (sin pérdida) para copiar un CD, no te olvides de volver a cambiarlo a MP3 después, o el disco duro se te llenará cuando hayas grabado muchos CD.

Una solución sencilla es comprar un programa de grabación de CD de tu proveedor o tienda de productos informáticos. Al contrario que el Reproductor de Windows Media, la mayoría de esos programas tienen un botón que permite realizar esta operación con un solo clic.

¡Los archivos se abren con el reproductor equivocado!

Nunca oirás a Microsoft admitirlo, pero el Reproductor de Windows Media no es el único programa de Windows para reproducir canciones o ver películas. Mucha gente utiliza iTunes para gestionar sus canciones y películas porque estas pasan de manera conveniente a sus iPads y iPhones y así disfrutan de ellas cuando andan por ahí.

Pero cuando el equipo incluye más de un reproductor de elementos multimedia, estos empiezan a pelearse por cuál se encarga de reproducirlos.

Windows resuelve esta disputa con el área de Programas predeterminados en el área de Configuración. Para seleccionar el reproductor que abrirá cada formato, consulta el apartado de este capítulo "Devolver las tareas de reproducción de música al Reproductor de Windows Media". Ahí podrás decidir qué reproductor se ocupa de cada tipo de archivo multimedia.

Capítulo 17

Cómo arreglártelas con fotos (y vídeos)

* *

En este capítulo

▶ Copiar fotos y vídeos de la cámara a la computadora

▶ Hacer fotos con la cámara de la computadora

▶ Ver fotos en la carpeta imágenes

▶ Guardar fotos en un CD

* *

Las cámaras digitales de hoy en día son como computadoras en miniatura por derecho propio, por lo que es normal que Windows las trate como nuevas amistades. Conecta una cámara a la computadora, enciéndela y Windows dará la bienvenida a la recién llegada. Unos clics después, te ofrecerá copiar las fotos y vídeos de la cámara a la computadora.

Windows trata a los *smartphones* como a una cámara digital normal, así que transferir fotos desde el teléfono es igual de fácil.

Este capítulo describe cómo trasladar las fotos digitales de la cámara digital a la computadora, cómo presumir de imágenes con la familia y los amigos, enviarlas por correo electrónico a parientes lejanos, y guardarlas donde puedas encontrarlas luego fácilmente.

Un último apunte: cuando empieces a crear un álbum familiar digital en la computadora, haz lo que haga falta para crear una copia de seguridad activando Historial de archivos, la característica de copia de seguridad de archivos de Windows que describo en el capítulo 13 (donde también explico cómo copiar fotos a un CD o DVD). Las computadoras van y vienen, pero los recuerdos familiares son insustituibles.

Pasar las fotos de la cámara a la computadora

La mayoría de cámaras digitales se venden con un programa que traslada las fotos de la cámara a la computadora. Sin embargo, no tienes que instalar dicho programa o intentar comprender sus menús, y menos mal.

Los programas integrados con Windows obtienen con facilidad fotos de cámaras digitales de casi cualquier fabricante y modelo, así como de la mayoría de *smartphones*. Incluso te permiten clasificar las sesiones de fotos de la cámara en diferentes carpetas nombradas según el acontecimiento.

Aunque estos pasos funcionan para la mayoría de las cámaras digitales y los *smartphones* de Android, los usuarios de iPhone tienen que pasar por iTunes para copiar las fotos a la computadora.

Si quieres importar las fotos de la cámara o *smartphone* a la computadora, sigue estos pasos:

1. **Conecta el cable de la cámara o del teléfono a la computadora.**

   La mayoría de las cámaras vienen con dos cables: uno que se conecta al televisor para ver las fotos y otro que se conecta a la computadora. Tienes que encontrar el que se conecta a la computadora para poder transferir fotos (con el *smartphone* hazlo con el cable de carga USB).

   Conecta el extremo pequeño del cable de transferencia a la cámara o al *smartphone* y el extremo alargado (como se muestra en el margen) al puerto USB, un hueco rectangular de aproximadamente 1 cm de largo y 0,75 cm de alto. Los puertos USB se encuentran en la parte trasera de las computadoras de escritorio antiguas, en la parte frontal de los más modernos, y en los laterales de portátiles y tabletas.

   Si el conector USB no quiere encajar en el puerto, dale la vuelta y vuelve a intentarlo (solo cabe de una forma).

2. **Enciende la cámara o el teléfono (si no lo está) y espera a que el Explorador de archivos reconozca el dispositivo.**

   Abre el Explorador de archivos (que se muestra al margen) en la barra de tareas que hay en la parte inferior de la pantalla y haz clic en el icono Este equipo en el borde izquierdo del programa. El Explorador de archivos enumera todos los dispositivos de almacenamiento disponibles en la computadora, incluidos la cámara y el *smartphone*.

   Una vez reconocida, la cámara aparece como un icono (que se muestra en el margen) en la sección Este equipo del Explorador de archivos.

Si conectas un teléfono Android, asegúrate de decirle que se conecte en "Modo de cámara" en lugar de en modo "Dispositivo multimedia". El teléfono aparece como un icono de cámara.

Si Windows no reconoce la cámara, asegúrate de que está en *modo presentación* (el modo en el que puedes ver las fotos en el visor de la cámara). Si incluso así tienes problemas, desconecta el cable de la computadora, espera unos segundos y vuelve a conectarlo.

3. **Haz clic con el botón derecho en la cámara o teléfono, selecciona Importar imágenes y vídeos en el menú emergente y escoge cómo importar tus fotos.**

La ventana Importar imágenes y vídeos, según aparece en la imagen 17-1, cuenta con dos opciones para manejar la cámara digital o el *smartphone* que acaban de ser reconocidos:

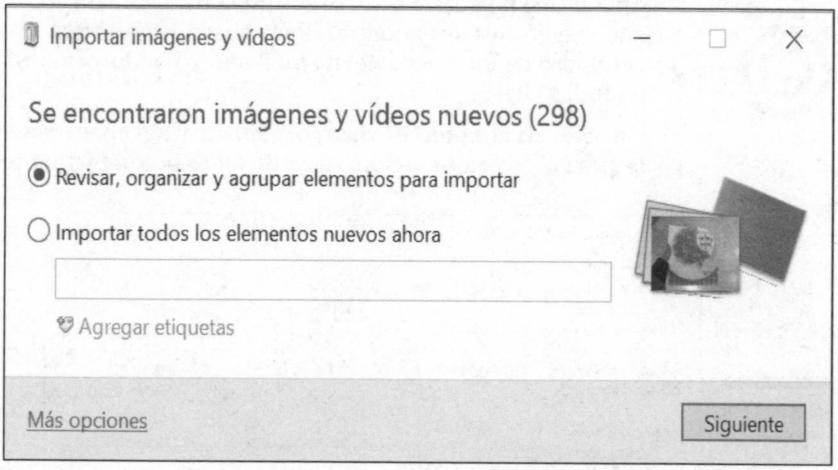

Imagen 17-1: La ventana Importar fotografías y vídeos ofrece copiar los archivos de la cámara a la computadora

Dentro de la imagen:

Importar imágenes y vídeos

Se encontraron imágenes y vídeos nuevos (298)

◉ Revisar, organizar y agrupar elementos para importar

○ Importar todos los elementos nuevos ahora

♡ Agregar etiquetas

Más opciones   Siguiente

- **Revisar, organizar y agrupar elementos para importar:** esta opción, diseñada para cámaras que contienen fotos de varias sesiones diferentes, te permite clasificar las fotos en grupos que se copian en carpetas diferentes. Lleva más tiempo, pero es una forma práctica de separar las fotos de las vacaciones en Baleares en carpetas denominadas según el nombre de cada isla. Si prefieres esta opción, ve al paso 5.

- **Importar todos los elementos nuevos ahora:** este método, diseñado para cámaras que contienen una sola sesión de fotos, es mucho más sencillo, ya que copia todas las fotos en una misma carpeta. Si eliges esta opción, ve al paso 4.

Si haces clic en las palabras Más opciones, en el área inferior izquierda de la imagen 17-1, podrás elegir el lugar en el que Windows coloca las fotos que has importado y borrarlas de la cámara tras importarlas. Merece la pena echarle un vistazo, ya que permite deshacer cualquier opción elegida por error al importar un grupo de fotos anterior.

4. **Selecciona la opción Importar todos los elementos nuevos ahora, añade una descripción breve en el cuadro Agregar etiquetas y haz clic en Importar.**

   Escribe una descripción en el cuadro Añadir etiquetas —"Viaje a Balderas", por ejemplo— y haz clic en Siguiente. Windows copiará todas las fotos en una carpeta nombrada con la fecha y la descripción "Viaje a Balderas". También nombrará cada archivo "Balderas 001", "Balderas 002" y así sucesivamente. ¡Listo! Si quieres ver las fotos, abre la carpeta Imágenes y busca tu carpeta recién nombrada.

   Añadir una palabra o frase descriptiva hace que tus fotos sean mucho más fáciles de encontrar. Para buscarlas, escribe su etiqueta en el Cuadro de búsqueda del menú Inicio y Windows muestra una lista de todas ellas.

5. **Haz clic en el botón Revisar, organizar y agrupar elementos para importar. A continuación, haz clic en el botón Siguiente.**

Imagen 17-2:
Windows propone agrupar las imágenes según el lugar y la fecha en los que se hicieron. Puedes revisar y cambiar los grupos antes de importarlas

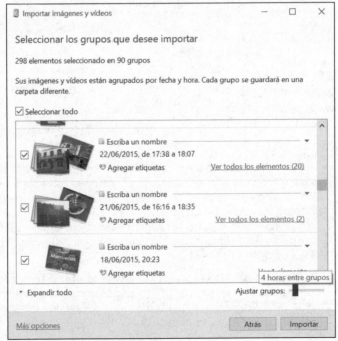

Windows analiza el lugar y la fecha en los que hiciste cada foto. A continuación, el programa separará provisionalmente las fotos en grupos, a la espera de tu aprobación, como puede verse en la imagen 17-2.

6. Ajusta la agrupación de tiempo si es necesario para guardar las fotos relacionadas en el mismo lugar.

¿No te gustan los grupos que ha elegido Windows? Pues cámbialos deslizando la barra Ajustar grupos de izquierda a derecha. Deslízala hacia la izquierda para crear grupos pequeños, clasificados por cada media hora que hiciste una foto. Sigue deslizando hacia la derecha para crear menos grupos y hasta la derecha del todo para que Windows coloque todas las fotos en un mismo grupo, lo que significa que todas irán a una misma carpeta.

¿No recuerdas lo que hay en un grupo de fotos? Haz clic en las palabras Ver todos los elementos a la izquierda de cada grupo. Esto te permite ver las fotos y decidir si son lo suficientemente importantes como para tener su propia carpeta.

7. Aprueba los grupos escogidos, nombra las carpetas de los grupos, añade etiquetas descriptivas y haz clic en el botón Importar.

Nombra cada grupo haciendo clic en las palabras Escriba un nombre y escribiendo un título descriptivo, que se convertirá en el nombre de la nueva carpeta.

En el área Agregar etiquetas de cada grupo, añade palabras que describan la sesión de fotos separando cada una con un punto y coma. Al etiquetar las fotos, las encontrarás más fácilmente con el programa Búsqueda de Windows, descrito en el capítulo 7.

Tras haber nombrado los grupos y añadido etiquetas, haz clic en el botón Importar para terminar la tarea.

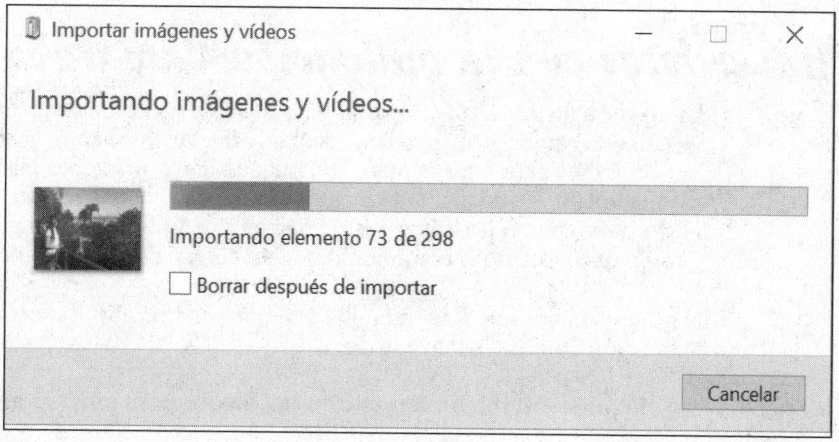

Imagen 17-3:
Si después de importar quieres liberar espacio en la cámara para poder hacer más fotos, marca la casilla Borrar

Importar imágenes y vídeos   —   ☐   ✕

Importando imágenes y vídeos...

Importando elemento 73 de 298

☐ Borrar después de importar

Cancelar

Si no borras las fotos de la cámara después de que Windows las copie en la computadora, llegará un momento en el que no tengas espacio para hacer más fotos. Cuando Windows empieza a extraer las fotos, puedes elegir la casilla Borrar después de importar, como se ve en la imagen 17-3, y así te evita la molestia de tener que borrarlas tú manualmente desde los incómodos menús de la cámara.

Cuando Windows termina de importar las fotos, abre la carpeta que contiene las nuevas imágenes.

Obtener las fotos de la cámara con un lector de tarjetas

Windows obtiene las fotos de la cámara de una forma relativamente fácil. Sin embargo, una tarjeta de memoria no solo acelera el proceso, sino que también es tu única opción si has perdido el cable de transferencia de la cámara. Un lector de tarjetas es una cajita con un cable que se conecta a un puerto USB (el mismo que utiliza la cámara).

Para pasar las fotos de la cámara a la computadora, otra posibilidad es abrir el Explorador de archivos desde el escritorio. Con un doble clic en la letra de la unidad de la tarjeta de memoria, esta se abrirá y verás todas las fotos. Desde ahí puedes elegir las que quieras y

cortarlas y pegarlas en una carpeta dentro de la carpeta Imágenes.

Los lectores de tarjetas de memoria son baratos (menos de 15 euros), fáciles de configurar, rápidos a la hora de copiar fotos y muy prácticos. Además, puedes apagar la cámara mientras descargas las fotos de las vacaciones para que no se gaste la batería. Cuando compres un lector de tarjetas, comprueba que puede leer el tipo de tarjeta de memoria que utiliza la cámara y también otros tipos (así te aseguras de que funcionará con los accesorios informáticos que compres durante las vacaciones).

Hacer fotos con la aplicación Cámara

La mayoría de tabletas, los portátiles y algunas computadoras de escritorio vienen con cámaras integradas, a menudo llamadas *cámaras web o webcams*. Sus pequeñas cámaras no pueden hacer primeros planos en alta resolución de ese pájaro tan raro posado en el árbol del vecino, pero son muy útiles para su principal misión: hacer una foto rápida para usarla como foto de tu cuenta de la computadora, Facebook o de otras páginas web.

Si quieres hacer una foto usando la cámara de la computadora con la aplicación Cámara, sigue estos pasos:

 1. En el menú Inicio, haz clic en la Cámara para abrir la aplicación.

2. **Si la aplicación te pide permiso para utilizar la cámara, el micrófono o la ubicación, decide si hacer clic en Sí o en No.**

Como medida de seguridad, Windows te pedirá permiso para encender la cámara. Así se evita que aplicaciones entrometidas te espíen sin que lo sepas. Si estás usando la aplicación de la cámara, a continuación haz clic en el botón Sí para conceder permiso.

Puede que el programa también te pida permiso para utilizar tu ubicación y añadir esta información a la foto. Es útil tenerla habilitada cuando viajas, pero puede invadir tu privacidad cuando estás en tu casa o en la de un amigo.

Tras conceder ese permiso, la pantalla de la computadora se convierte en un campo de visión gigante que muestra exactamente lo que ve la cámara: tu cara.

Si la computadora o tableta dispone de dos cámaras (una en la parte delantera y una en la trasera), puedes alternar entre ellas haciendo clic en el icono Cambiar la cámara, que se muestra en la imagen 17-4.

3. **Haz clic en el icono de cámara para tomar una foto o en el icono de vídeo para comenzar a grabar una película (haz clic de nuevo en el icono de Vídeo para detener la grabación).**

La aplicación de cámara guarda todas las fotos y vídeos capturados en una carpeta llamada Álbum de cámara, en la carpeta Imágenes. Sin embargo, si decides utilizar OneDrive al configurar tu cuenta de Microsoft, las fotos incorporadas de la cámara también se copian a OneDrive (explico cómo cambiar el comportamiento de OneDrive en el capítulo 5).

Imagen 17-4:
Elige las opciones de la cámara y, a continuación, haz clic en el icono de cámara para tomar una instantánea, o en el icono de vídeo para grabar una película

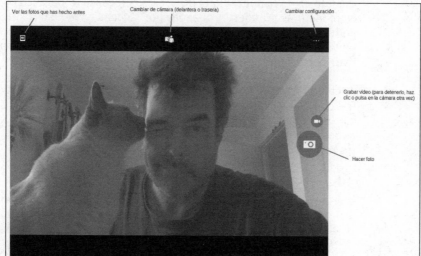

Ver fotos con la aplicación Fotos

Agárrate porque Windows 10 incluye dos formas de ver tus fotos digitales en la computadora: la aplicación Fotos de Windows 10 y el Visualizador de fotos del escritorio, un elemento fundamental de Windows durante casi una década.

Está claro que Microsoft planea que uses la aplicación Fotos de Windows 10, que es una forma rápida de mostrar tus fotos de cualquiera de estas dos maneras:

✔ **Colección:** cuando abres la aplicación Fotos, se muestran todas las fotos ordenadas según cómo las hiciste. Aunque no se olvida de nada, esto es una exageración, a menos que estés dispuesto a eliminar las malas una a una.

✔ **Álbumes:** en este caso, la aplicación Fotos adopta un enfoque más apropiado, pues las divide en sesiones de fotos con el nombre del día en el que se tomaron. Elimina automáticamente los duplicados, por lo que supone un camino corto, aunque sencillo, de mostrar las fotos destacadas.

En los dos apartados siguientes explico cómo utilizar cada método de visualización y cuándo puede ser práctico cada uno de ellos.

Ver tu colección de fotos

Cuando abres la aplicación Fotos, esta coloca las fotografías en la pantalla en miniaturas grandes, ordenadas por la fecha en la cual las hiciste. Así podrás fardar fácilmente de las fotos de las últimas vacaciones en una tableta, en un *smartphone* o incluso en una computadora conectada a un televisor o monitor de gran tamaño.

Además, la aplicación realiza retoques sutiles a las fotos cuando las muestra, como mejorar lo más destacado o alinear los horizontes inclinados.

Para iniciar la aplicación Fotos y empezar a fardar de tus fotos, sigue estos pasos:

1. **En el menú Inicio, haz clic en el mosaico Fotos.**

   Se abrirá la aplicación Fotos, como en la imagen 17-5. La aplicación Fotos busca fotos en la carpeta Imágenes de la computadora, así como en tus carpetas de OneDrive, y las muestra todas en un grupo, siguiendo el orden en el que las hiciste.

La aplicación Fotos también aparece cuando abres una foto en el Administrador de archivos del escritorio (explico cómo examinar tus archivos con el Administrador de archivos en el capítulo 5).

2. **Desplázate hasta la foto que quieras ver o editar.**

La aplicación Fotos muestra las fotos en una secuencia larga, sin carpetas. Esta pantalla de desplazamiento, que se denomina sencillamente *Colección*, dispone las fotos desde las más recientes a las más antiguas: las más nuevas aparecerán las primeras, en la parte superior, y las más antiguas serán las últimas, en la parte inferior.

Desplázate hacia abajo con el *mouse* en la barra de desplazamiento que hay a lo largo del borde derecho de la aplicación. En los dispositivos de pantalla táctil, simplemente desliza el dedo hacia arriba o hacia abajo de la pantalla para ver las fotos más recientes o las más antiguas.

3. **Haz clic en una foto para verla a pantalla completa y, a continuación, elige cualquier opción del menú para ver, navegar, manipular o compartir tus fotos.**

Cuando una foto llena la pantalla, como verás en la imagen 17-6, a veces los menús están ocultos. Puedes hacerlos visibles moviendo el *mouse* o haciendo clic (o pulsando) en la foto. Cuando aparezcan los menús, podrás controlar la aplicación y las fotos de varias maneras:

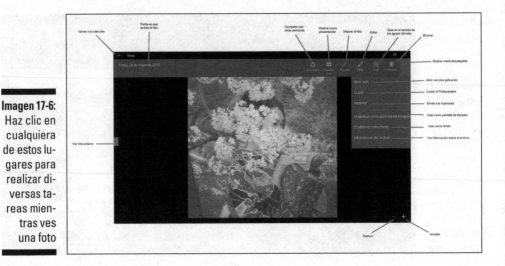

Imagen 17-6: Haz clic en cualquiera de estos lugares para realizar diversas tareas mientras ves una foto

- **Foto siguiente o anterior:** mueve el *mouse* en cualquier lugar de la foto, y aparecerán flechas en los bordes izquierdo y derecho de la foto. Haz clic en la flecha derecha para ver las fotos más recientes o en la flecha izquierda para ver las más antiguas.

- **Volver a la colección:** para volver a la Vista de miniaturas de tus fotos, haz clic en la flecha que apunta a la izquierda en la esquina superior izquierda de la foto (puede que tengas que hacer clic o pulsar la fotografía mostrada actualmente antes de que aparezca).

- **Comparte la foto:** haz clic en el botón Compartir para compartir la foto con aplicaciones compatibles (es muy probable que aparezca la aplicación Correo, preparada para enviar la foto por correo electrónico a su destino).

- **Presentación con diapositivas:** al hacer clic en este botón, se borra la pantalla y la aplicación comienza a mostrar de forma cíclica todas tus fotos, cada una durante unos cinco segundos antes de pasar a la siguiente (para salir de la presentación, haz clic sobre cualquiera de las fotos).

- **Mejorar:** la aplicación Fotos mejora automáticamente tus fotografías para que luzcan lo mejor posible. Haz clic en el botón Mejorar para desactivar la mejora si crees que las dejará peor.

- **Editar:** aparece un nuevo menú para editar la foto que se está viendo actualmente. Haz clic en X, en la esquina superior derecha de la foto, para salir del menú edición.

- **Girar:** tu foto gira 90 grados en el sentido de las agujas del reloj; para girar en la dirección contraria, haz clic tres veces en ella.

- **Borrar:** si detectas una foto borrosa, haz clic en este icono para eliminarla inmediatamente. No tiene sentido guardarla.

- **Menú Más:** al hacer clic sobre estos tres puntos aparece un nuevo menú, que se muestra en la imagen 17-6 anterior. Este menú te permite copiar o imprimir la foto, fijarla como la pantalla de bloqueo de la computadora y ver detalles tales como: el nombre de la foto, el tamaño, la fecha cuando se tomó, la resolución y otra información similar.

- **Zoom:** haz clic en estos pequeños botones en la esquina inferior derecha para acercar o alejar la foto.

4. **Para salir de la aplicación Fotos, haz clic en la X, en la esquina superior derecha.**

   La aplicación desaparece de la pantalla.

Ver álbumes de fotos

A todos nos gusta hacer fotos, pero solo a unos cuantos meticulosos les gusta pasarse unas cuantas horas organizándolas, eliminando las malas y clasificando las demás en carpetas de fácil acceso.

Eso es lo bueno del modo Álbum de la aplicación Fotos, que posa su ojo robótico en todas tus fotos, elimina los duplicados, encuentra una molona para la cubierta y las nombra con la fecha de la sesión de fotos.

Para ver los álbumes de la aplicación Fotos, sigue estos pasos:

1. **En el menú Inicio, haz clic en el mosaico Fotos.**

   La aplicación Fotos aparece, como hemos visto anteriormente en la imagen 17-5, y muestra el modo Colección: una cadena de fotos ordenadas según el orden cronológico inverso en el que las tomaste.

2. **En el menú izquierdo de la aplicación Fotos, selecciona Álbumes.**

   La aplicación Fotos ordena tus fotos en álbumes que representan lo mejor de la sesión.

   Desde aquí puedes hacer varias cosas:

   - **Haz clic en el mosaico Álbum de cámara:** haz clic en la sesión de Álbum de cámara para ver las fotos que hiciste con tu *smartphone* y que se subieron automáticamente a OneDrive. La aplicación no elimina los duplicados, pero es una manera rápida de ver cómo luce tu vida a través del objetivo de la cámara de un *smartphone*.

- **Haz clic en un mosaico con fecha:** la aplicación clasifica cada colección de fotos por fecha. Haz clic en una fecha y la aplicación Fotos te mostrará las mejores fotos de ese día, como en la imagen 17-7.

3. **Haz clic en cualquier foto para verla.**

   La aplicación Fotos llena la pantalla con cada foto; para ir viendo todas, haz clic en las flechas Siguiente o Anterior que encontrarás en los bordes izquierdo y derecho de las fotos.

La aplicación Fotos intenta adivinar qué fotos son las mejores para cada sesión y deja de lado un montón de fotos por piedad hacia tus familiares, sentados en el sofá saturados de ver fotos de tus vacaciones. Esto generalmente es bueno, ya que es tan inteligente como para eliminar duplicados y fotos borrosas.

Si quieres cambiar esta selección de imágenes que ha hecho la aplicación, desplázate a la parte inferior de la lista de fotos, que se muestra en la imagen 17-8. A continuación, haz clic en el botón Agregar o Quitar Fotografías. Allí verás una casilla de verificación junto a cada foto para que marques las que deben incluirse.

Imagen 17-7: Haz clic en Álbumes para ver tus fotos ordenadas por sesión

Ver fotos desde el escritorio con el Visualizador de fotos de Windows

La aplicación Fotos te permite ver tus fotos de forma rápida y sencilla, pero algunas personas prefieren el leal Visualizador de fotos de Windows, un elemento básico de Windows desde 1997. Lamentablemente, Microsoft lo ha escondido: no lo encontrarás en el menú Inicio.

Para ver fotos con el venerable Visualizador de fotos de Windows, sigue estos pasos:

1. **Haz clic en el botón Inicio para abrir el menú Inicio y, a continuación, haz clic en el enlace al Explorador de archivos que se encuentra cerca de la esquina superior izquierda del menú.**

   Aparecerá el programa Explorador de archivos.

2. **Haz un clic o doble clic en las palabras Este equipo en el panel izquierdo del Explorador de archivos hasta que se despliegue su lista de ubicaciones. A continuación, haz clic en la palabra Imágenes.**

   Verás ahora la carpeta Imágenes, que es la que suele albergar todas tus fotos digitales.

3. **Abre la carpeta que contiene las fotos que te gustaría ver. A continuación, haz clic con el botón derecho sobre la foto que quieras ver y selecciona Abrir en el menú emergente y, después, de la lista de programas disponibles, Visualizador de fotos de Windows.**

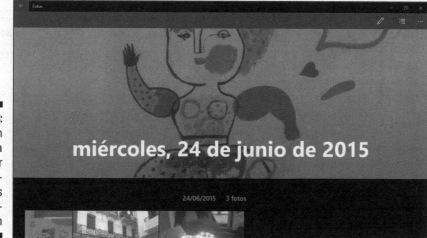

Imagen 17-8: Haz clic en una fecha para ver las mejores fotos de esa sesión

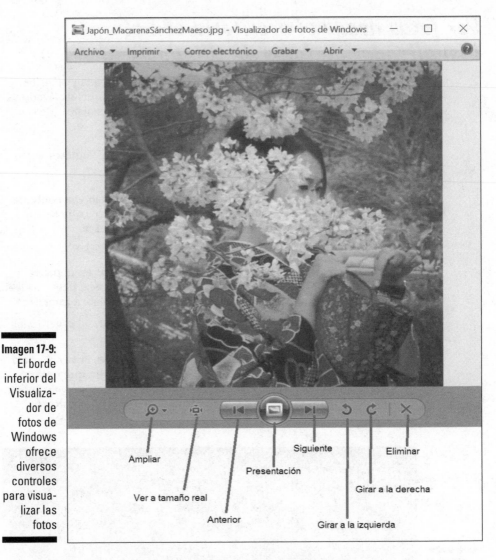

Imagen 17-9:
El borde inferior del Visualizador de fotos de Windows ofrece diversos controles para visualizar las fotos

Aparecerá el Visualizador de fotos de Windows, como en la imagen 17-9, y mostrará la parte frontal y central de la foto.

Ver tus fotos desde la carpeta Imágenes del escritorio

La carpeta Imágenes, que se encuentra en la tira del borde izquierdo de cada carpeta del escritorio, se merece el prestigio de ser el mejor sitio de Windows donde guardar las fotos digitales. Cuando Windows importa las fotos de la cámara digital, las guarda de forma automática con el fin de aprovechar las ventajas de las herramientas visualizadoras incorporadas a esa carpeta.

Elige el programa que abrirá tus fotos

Al hacer doble clic sobre una foto desde el escritorio, la aplicación Fotos del menú Inicio se mete por medio para abrirla. Si prefieres que el programa Visualizador de fotos de Windows se encargue de la tarea, sigue estos pasos:

1. **Haz clic en el botón Inicio y selecciona Configuración.**

2. **Cuando aparezca la aplicación Configuración, haz clic en la categoría Sistema. A continuación, selecciona Aplicaciones predeterminadas en el panel izquierdo de la ventana del sistema.**

   Aparecerá la ventana Elegir aplicaciones predeterminadas.

3. **En el panel derecho, haz clic en la aplicación Fotos debajo de las palabras Visualizador de fotos. Cuando aparezca la lista de visualizadores de fotos disponibles, haz clic en Visualizador de fotos de Windows.**

Tras seguir estos pasos, si haces doble clic sobre una foto digital, se abrirá el Visualizador de fotos de Windows. Seguirás teniendo la posibilidad de iniciar la aplicación Fotos desde el menú Inicio. Pero cuando estés en el Explorador de archivos del escritorio, saltarás el Visualizador de fotos de Windows en cuanto hagas doble clic en una foto.

Si quieres echar una ojeada dentro de cualquier carpeta (incluida Imágenes), haz un doble clic sobre el icono de la carpeta y aparecerán los contenidos de la misma, como en la imagen 17-10.

La pestaña Vista de la Cinta de opciones es la mejor opción cuando ves u organizas fotos. Haz clic en la pestaña y pasa el puntero del *mouse* por encima de cada opción de Iconos muy grandes a Detalles. Según lo vayas pasando, la vista de las fotos cambiará según la opción de la que se trate y así podrás escoger la que prefieras.

La opción Ordenar por de la carpeta Imágenes, que aparece en la imagen 17-10, proporciona montones de formas de ordenar fotos haciendo

La carpeta Imágenes permite clasificar las fotos por carpeta, o de forma cronológica, por etiquetas o por tu puntuación personal

clic en diferentes palabras, fechas y etiquetas en la lista desplegable Ordenar por.

Las opciones de la lista desplegable Ordenar por permiten clasificar las fotos de varias formas, entre ellas:

✔ **Fecha de captura:** esta opción, que clasifica las fotos según el orden en el que las hiciste, es práctica para ver las fotos en una escala de tiempo. Es la mejor forma de ver grandes grupos de fotos en una sola carpeta.

✔ **Etiquetas:** si has añadido etiquetas —palabras descriptivas— a las fotos mientras las importabas desde la cámara, podrás encontrar fotos perdidas de forma más fácil ordenándolas según dichas etiquetas.

✔ **Fecha:** esta opción ordena las fotos por la fecha de haberse guardado en la computadora y es una forma rápida de ordenar las fotos añadidas esta semana.

✔ **Tamaño:** esta opción ordena las fotos por tamaño, lo que permite saber cuáles acaparan el mayor espacio en el disco (es un modo muy útil de encontrar vídeos que grabaste sin querer con la cámara).

Si ordenas las fotos de diferentes maneras, normalmente podrás dar con la captura concreta que buscas. Los siguientes consejos también aumentan las probabilidades de encontrar una foto determinada:

✔ ¿Has encontrado una foto borrosa o fea? Haz un clic con el botón derecho y selecciona Eliminar. Si la tiras a la basura con la tecla Suprimir, encontrarás antes las fotos buenas.

✔ ¿Te acuerdas de las etiquetas que escribiste al importar las fotos desde la cámara? Escribe cualquier etiqueta en el cuadro Buscar de la carpeta Imágenes, situado en la esquina superior derecha, y Windows mostrará rápidamente las fotos con esa etiqueta asignada.

✔ ¿Quieres cubrir todo el escritorio con una foto? Haz un clic con el botón derecho en la imagen y elige Establecer como fondo de escritorio. Windows inundará el escritorio con esa foto al instante.

✔ Pasa el puntero del *mouse* sobre cualquier foto para ver en qué fecha se hizo, la puntuación, el tamaño y las dimensiones.

Ver una presentación

Windows cuenta con una sencilla presentación que muestra las fotos una tras otra. No es muy elegante, pero es la forma integrada y permite enseñar fotos a amigos reunidos en torno a la pantalla de la computadora. Puedes hacer que las fotos empiecen a fluir a lo largo de la pantalla de las siguientes formas:

✔ Cuando estés en la carpeta Imágenes, haz clic en la pestaña Administrar y luego en el icono Presentación (como el del margen) situado en la parte superior de la carpeta.

✔ Mientras estés viendo una foto en la aplicación Fotos, haz clic en el botón Presentación de la fila de seis botones que hay a lo largo del borde superior de la foto.

✔ Mientras estés viendo una sola foto en el Visualizador de fotos de Windows, haz clic en el botón grande y circular Ver presentación (que puede verse en el margen) situado en el centro de la parte inferior de la carpeta.

Corregir imágenes giradas

Antes, la inclinación de la cámara a la hora de hacer la foto daba igual: bastaba con girar la foto impresa para verla. La mayoría de pantallas de computadora de hoy en día no tiene la opción de rotar, por lo que Windows gira la foto por ti (si averiguas cómo pedirle que lo haga).

El truco consiste en hacer clic con el botón derecho en cada foto que está de lado. Elige después Girar a la derecha (en el sentido de las agujas del reloj) o Girar a la izquierda para que los verdes acantilados se conviertan en praderas herbosas.

Windows oscurecerá la pantalla al instante, la llenará con la primera imagen y después avanzará por todas las imágenes de la carpeta.

A continuación encontrarás más consejos para llevar a cabo presentaciones sobre la marcha.

✔ Antes de comenzar la presentación, gira todas las imágenes que estén de lado, si las hay, para que se alineen con la línea del horizonte: haz clic con el botón derecho en la foto que esté de lado y elige la opción Girar a la derecha o Girar a la izquierda.

✔ La presentación solo contiene las fotos de la carpeta actual, no se adentrará en las carpetas que hay dentro de dicha carpeta ni mostrará sus fotos.

✔ Elige solo unas pocas imágenes de la carpeta y haz clic en el botón Presentación para limitarla solo a esas imágenes (mantén pulsada la tecla Ctrl mientras haces clic en las imágenes para elegir más de una).

✔ No tengas inconveniente en añadir música a la presentación reproduciendo una canción en el Reproductor de Windows Media, tal y como se describe en el capítulo 16, antes de empezar la presentación. Si compraste un CD de música tradicional del Caribe durante las vacaciones en esas islas, también puedes introducirlo en el reproductor de CD para incorporar una banda sonora a tu presentación de las vacaciones.

Copiar fotos digitales en un CD o DVD

Tras configurar el programa de copias de seguridad Historial de Archivos de Windows, como se describe en el capítulo 13, se realizará una copia de seguridad de tus fotos. Sin embargo, si solo quieres copiar algunas fotos de un CD a un DVD (quizás para compartirlo con otros), sigue leyendo.

Ve a la tienda de informática o de suministros de oficina y coge una pila de CD o DVD vírgenes. La mayoría de las computadoras más nuevas puede leer cualquier tipo de CD o DVD virgen, salvo los discos Blu-ray.

Para copiar archivos de la biblioteca Imágenes a un CD o DVD virgen, sigue estos pasos:

1. **Abre la carpeta Imágenes desde el escritorio; elige las fotos deseadas; haz clic en la pestaña Compartir de la Cinta de opciones situada en la parte superior; y haz clic sobre el icono Grabar en disco.**

Elige las fotos y las carpetas que quieres copiar manteniendo presionada la tecla Ctrl y haciendo clic en sus iconos. Si quieres elegirlas todas, mantén pulsado Ctrl y pulsa la tecla E. Cuando hagas clic en el icono Grabar en disco, Windows solicitará que introduzcas un disco virgen en la unidad.

2. **Introduce un CD o DVD virgen en la bandeja de la unidad de discos grabables y ciérrala.**

Si estás copiando muchas fotos, introduce un DVD en la grabadora de DVD, ya que puede almacenar cinco veces más información que un CD. Si vas a dar unas cuantas fotos a un amigo, introduce un CD virgen, que es más barato.

3. **Decide cómo quieres usar el disco:**

Windows cuenta con dos opciones de creación de discos:

• **Como una unidad flash USB:** elige esta opción cuando quieras que otras computadoras lean el disco. Windows tratará el disco casi igual que una carpeta, lo que te permitirá copiar más fotos al disco en otro momento. Es una buena opción si estás haciendo una copia de seguridad de unas pocas fotos solamente, ya que el disco queda aprovechable para ir añadiendo fotos más adelante en su espacio disponible.

• **Con un reproductor de CD/DVD:** elige esta opción para crear discos que leerán reproductores de CD y DVD integrados en televisores. Tras grabar un disco, esta vez se queda sellado, por lo que no podrás grabar nada más.

4. **Escribe un breve título para el disco de copia de seguridad y haz clic en Siguiente.**

Escribe algo breve, pero que sea descriptivo. Al hacer clic sobre Siguiente, Windows comenzará a crear una copia de seguridad de las fotos de esas carpetas en un disco.

5. **Haz clic en el botón Grabar o Grabar en un disco, en su caso.**

Si en el paso 3 escogiste un reproductor de CD/DVD, haz clic en Grabar en disco para empezar a copiar fotos a un disco.

Si en el paso 1 no elegiste ninguna foto o carpeta, Windows abrirá una ventana vacía que mostrará los contenidos recién introducidos en el disco: ninguno. Arrastra y suelta en esa ventana las fotos que quieres grabar.

¿No hay suficiente espacio en el CD o DVD para todos tus archivos? Por desgracia, Windows no es lo bastante inteligente como para avisarte de cuándo tienes que insertar el segundo disco. En cambio, se queja de no tener suficiente espacio y no graba. Intenta por tu parte seleccionar de una vez menos archivos para grabar e ir añadiendo en veces hasta que veas que llenas el disco.

Mantener organizadas las fotos digitales

Resulta tentador crear una carpeta llamada Fotos nuevas en la carpeta Imágenes y empezar a guardar imágenes en ella. Sin embargo, cuando días más tarde tengas que encontrar una foto en concreto, comprobarás que el sistema no es eficaz. A las herramientas de importación de Windows se les da muy bien nombrar cada sesión de fotos según la fecha y la etiqueta. Estos consejos también ayudan a mantener las fotos organizadas y a que sean fáciles de recuperar:

✔ Puedes ahorrar un montón de tiempo asignándoles a las fotos estas cuatro etiquetas: "Casa", "Viajes", "Familia" o "Vacaciones".

Si buscas en función de cualquiera de estas etiquetas, te será muy sencillo ver todas las fotos hechas en cada una de esas cuatro ocasiones. Puedes asignar dos de esas etiquetas a una misma foto; por ejemplo, "Casa" y "Familia" a las imágenes de tus cenas con familiares.

✔ Windows asigna la etiqueta que has elegido a cada grupo de fotos que importas. Dedica un poco de tiempo justo después a asignar más etiquetas a cada foto, siguiendo la pauta que acabo de decirte en el párrafo precedente, es decir, separando cada etiqueta por punto y coma.

Parte VI

¡Ayuda!

En esta parte...

✔ Pon a trabajar las herramientas de reparación de Windows

✔ Entender los mensajes de error

✔ Cambiar de una computadora antigua a una nueva

✔ Encontrar ayuda en Windows

Capítulo 18

El caso de la ventana rota

A veces, tienes la ligera sensación de que algo va mal. La computadora muestra una extraña pantalla que nunca has visto antes o Windows empieza a ir más lento que las negociaciones en el Congreso.

Otras veces, es evidente que algo se ha averiado. Los programas se cuelgan, los menús no paran de saltarte a la cara o Windows te agobia con un mensaje de error incomprensible cada vez que enciendes la computadora.

La mayoría de los problemas en apariencia más importantes se arreglan con las soluciones más sencillas. En este capítulo, te indico cuál elegir.

Las soluciones mágicas de Windows

Durante años, la Restauración de sistema era el arreglo indispensable de Windows cuando la computadora empezaba a funcionar con problemas. La Restauración del sistema se mantiene en Windows 10, como explico más adelante en este capítulo en el recuadro "Restaurar desde un punto de restauración". Sin embargo, Windows 10 cuenta con tres nuevas y potentes herramientas que le devuelven la salud a una computadora con problemas.

Los apartados siguientes explican cada nueva herramienta, cuándo emplearla y la mejor forma de que despliegue su magia.

Prueba primero con esto

Alguna vez, una vaga sensación de frustración va creciendo hasta hacerse más fuerte. Tu conexión inalámbrica a internet no va bien. La impresora no se conecta. Un sitio web tarda una eternidad en cargarse. Un programa simplemente no coopera. Decenas de problemas comienzan con molestias como estas.

Curiosamente, a veces la solución más sencilla es reiniciar la computadora:

Haz clic con el botón derecho en el botón Inicio, selecciona Apagar o Cerrar sesión y, a continuación, Reiniciar en el menú emergente.

Los programas empiezan a cerrarse por sí mismos. Si un programa te pregunta si quieres guardar el trabajo, asegúrate de hacerlo. A continuación, la computadora se apaga. Un segundo después, se levanta de entre los muertos y te lleva a la pantalla de bloqueo, listo para otro asalto.

Reiniciar a menudo resuelve el problema y, si no lo hace, al menos te da un tiempo de reflexión muy necesario. Dale una oportunidad antes de malgastar demasiado tiempo en otras soluciones más complicadas.

Restablecer la computadora

Al tratar con una computadora especialmente enferma, a veces reinstalar Windows es la única cura. Reinstalar Windows en el pasado suponía un montón de tiempo y esfuerzo. Si al tiempo empleado en la instalación le sumas el que te pasas copiando los archivos y programas a la computadora, esto podría equivaler a media jornada de trabajo.

Windows 10 se propone solucionar este problema. Con tan solo pulsar unos botones, puedes indicarle a Windows que se reinstale en la computadora y, al mismo tiempo que instale una nueva copia de sí mismo. Windows guarda las cuentas, los archivos personales, las aplicaciones descargadas de la Tienda Windows y algunas de las configuraciones más importantes de todos los usuarios.

Al restablecer, la configuración de las conexiones de redes inalámbricas quedará guardada, así como la de la conexión móvil, en su caso. La herramienta Restablecer también recuerda cualquier configuración de BitLocker y BitLocker-To-Go, las letras asignadas a cada unidad y la configuración personalizada, que incluye el fondo de la pantalla de bloqueo y del escritorio.

Cuando la computadora se despierte, sintiéndose como nuevo con su nueva copia de Windows, solo tendrás que instalar los programas del escritorio (el programa tiene el detalle de dejarte una práctica lista de estos, junto con enlaces a sus sitios web, para que sepas exactamente lo que tienes que volver a instalar).

La herramienta Restablecer puede ir un paso más allá, si lo deseas, y borrar completamente todo lo que haya en tu computadora: cuentas de usuario, datos y archivos personales. A continuación, Windows 10 se reinstala como se instalaría en una computadora nueva. Esto te permite empezar desde cero o estar tranquilo de que no se traspasa información personal si decides darle tu computadora a un familiar o a una organización benéfica.

Si quieres restablecer una computadora con problemas, sigue estos pasos:

1. **Haz clic en el botón Inicio y selecciona Configuración en el menú Inicio.**

   Aparecerá la aplicación Configuración.

2. **Haz clic en el icono de Actualización y seguridad de la aplicación Configuración. Cuando aparezca la ventana Actualización y seguridad, haz clic en la opción Recuperación que hay en el panel izquierdo. A continuación, en el apartado llamado Restablecer este PC, haz clic en el botón Comenzar.**

   Si te lo solicita, introduce el disco de Windows, el dispositivo USB o el otro medio con el que instalaste Windows por primera vez. ¿No tienes un disco o unidad de instalación de Windows? Entonces haz clic en Cancelar. Por desgracia, no podrás usar la opción Restablecer.

   Windows mostrará la ventana que ves en la imagen 18-1 y te dará dos opciones para restablecer la computadora.

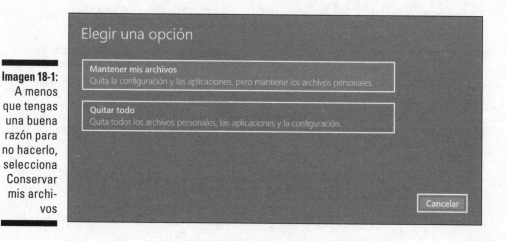

Imagen 18-1: A menos que tengas una buena razón para no hacerlo, selecciona Conservar mis archivos

3. **Elige una opción y haz clic en Siguiente.**

   La herramienta Restablecer te ofrece dos opciones:

   - **Mantener mis archivos:** esta es la opción más utilizada y reinstala Windows, pero conserva las cuentas y archivos de todos los usuarios. Lo único que se pierde son los programas de escritorio, que deben reinstalarse con sus discos o archivos de instalación. Si eliges esta opción, ve al paso 5. (Windows 8 y 8.1 llamaban a esta opción Actualizar en lugar de Restablecer).

   - **Quitar todo:** selecciona esta opción solo cuando quieras borrarlo todo de la computadora, incluidas las cuentas y archivos de todos los usuarios, y volver a instalar Windows 10. Así podrás empezar de cero o bien vender o donar tu equipo a otras personas de forma segura. Si eliges esta opción, ve al paso 4.

4. **Elige si solo quieres eliminar tus archivos o si quieres eliminarlos y vaciar la unidad de disco.**

   Windows te ofrece dos opciones:

   - **Solo quitar los archivos:** elige esta opción únicamente si la computadora se quedará dentro del ámbito familiar. Pese a que esta opción es relativamente segura, alguien que tenga las herramientas adecuadas podría extraer información que hayas borrado previamente.

   - **Quitar archivos y vaciar el disco completamente:** elige esta opción si vas a regalar o donar la computadora a desconocidos. Esta opción elimina los datos y deja el disco duro vacío del todo. Así se mantienen a salvo de todos, excepto de los especialistas más entregados que cuentan con herramientas caras de recuperación de datos.

   Al hacer clic en una opción y luego en el botón Restablecer, Windows lo elimina todo de tu computadora, vacía del todo la unidad, si se le solicita y, a continuación, se vuelve a instalar. Tu equipo tendrá entonces una copia de Windows 10 "como nueva". En ese momento, habrás terminado y tu equipo estará listo para volver a empezar o para que lo vendas o regales de forma segura.

5. **Toma nota de qué programas del escritorio tendrás que reinstalar y, a continuación, haz clic en Siguiente y luego en el botón de Restablecer.**

Windows se vuelve a instalar en la computadora, lo que lleva entre 15 minutos y una hora. Cuando la computadora se despierte, tendría que sentirse como nuevo y tener ganas de volver a trabajar. Mientras restableces la computadora, seguramente ocurra algo de lo siguiente:

✔ Si en el paso 2 introdujiste un DVD de Windows en la computadora, mantente alerta cuando la computadora se reinicie, ya que podría indicarte "Pulse cualquier tecla para arrancar desde el disco". No pulses ninguna tecla; en lugar de eso, espera unos segundos hasta que el mensaje desaparezca. Así, Windows se cargará desde el disco duro recién actualizado de la computadora y no desde el DVD de instalación de Windows.

✔ Cuando la computadora se despierte e inicies sesión, encontrarás un acceso directo llamado Aplicaciones eliminadas esperando en el escritorio. Haz clic en él y se abrirá el explorador, que mostrará una página con enlaces a todas las aplicaciones y programas que tendrás que reinstalar, si piensas que te hacen falta (y si es así, necesitarás los discos de instalación de los programas para reinstalarlos).

✔ Poco después de que Windows se despierte, acudirá a Actualización de Windows para descargar e instalar montones de parches de seguridad, así como copias actualizadas de sus aplicaciones agrupadas. Ponte cómodo.

✔ Tras restablecer la computadora, reinstala los programas uno a uno y reinicia la computadora tras cada instalación nueva. Así podrás deshacerte de cualquier programa que se comporte mal y que haya podido causar los problemas que lo estropearon todo.

✔ Si estás conectado a una red, tendrás que indicarle a Windows si se trata de una red hogar o pública. También tendrás que volver a unirte a tu Grupo Hogar, una sencilla tarea que explico en el capítulo 15.

✔ Si has vaciado tu disco duro por completo, puedes utilizar una copia de seguridad del Historial de archivos, que describo en el apartado siguiente, para restaurar los archivos que una vez vivieron en las carpetas Documentos, Música, Fotos y Vídeos.

Volver a la versión anterior de Windows

Los usuarios que tienen una licencia de Windows 7 y 8.1 pueden realizar la actualización a Windows 10 de forma gratuita durante el primer año, como describo en el capítulo 1. Pero ¿qué pasa si cambias a Windows 10 y más adelante decides que preferías la versión anterior de Windows? Pues bien, puedes volver a la versión anterior con otro truco del cuadro Actualización y recuperación de Windows 10.

Ve al apartado Actualización y recuperación de la aplicación Configuración, como se describe en los primeros dos pasos de los dos apartados anteriores de este capítulo. Entonces, en lugar de hacer clic en la opción Restablecer, elige Volver a una versión anterior de Windows. A continuación, haz clic en el botón Introducción para regresar a tu versión anterior y más cómoda de Windows. Todos los archivos y programas familiares deberían estar esperándote y todas las aplicaciones agrupadas de Windows 10 desaparecerán.

Recuperar las copias de seguridad usando Historial de archivos

El programa de copia de seguridad de Windows, el Historial de archivos, guarda los archivos que has creado, pero no realiza copias de seguridad de las aplicaciones ni de los programas. Después de todo, los programas y las aplicaciones siempre pueden reinstalarse, pero muchos de los momentos que inspiraron la mayoría de tus fotos, vídeos y documentos no pueden recrearse.

Si quieres mantener tus archivos a salvo, el Historial de archivos crea, de forma automática, una copia de cada archivo de las carpetas Documentos, Música, Fotos y Vídeos. También copia todos los archivos del escritorio y, además, el Historial de archivos crea esas copias cada hora.

El Historial de archivos hace que tus copias de seguridad se puedan ver y recuperar fácilmente, ya que permite repasar diferentes versiones de los archivos y carpetas, y compararlas con sus versiones actuales. Si encuentras una versión mejor, la recuperarás con solo pulsar un botón.

El Historial de archivos no comienza a trabajar hasta que lo activas, un proceso que describo en el capítulo 13. Vuelve unos capítulos atrás y actívalo ahora; cuanto antes lo actives, más copias de seguridad tendrás para elegir cuando lo necesites.

Si quieres explorar los archivos y carpetas con copia de seguridad, y recuperar los que prefieras, sigue estos pasos:

1. **Haz clic en el icono Explorador de archivos de la barra de tareas (se muestra en el margen) y, a continuación, abre la carpeta que contiene los elementos que te gustaría recuperar.**

   Por ejemplo, haz clic en Este equipo en el panel izquierdo de la carpeta para ver las carpetas que utilizas más a menudo, el Escritorio, Descargas, Documentos, Música, Fotos y Vídeos. Abre cualquier carpeta haciendo doble clic en el nombre.

2. **Haz clic en la pestaña Inicio en la Cinta de opciones situada en la parte superior de la carpeta y haz clic en el botón Historial.**

   Al hacer clic en el botón Historial, que puede verse en el margen, aparecerá el programa Historial de archivos, como se muestra en la imagen 18-2. El programa tiene el aspecto de una carpeta antigua corriente. En la imagen 18-2, por ejemplo, ves lo que ocurre cuando haces clic en el botón Historial de cualquier carpeta y, a continuación, en el botón de Inicio del Historial de archivos: ese botón te permite ver todas las carpetas de las que se ha hecho copia de seguridad.

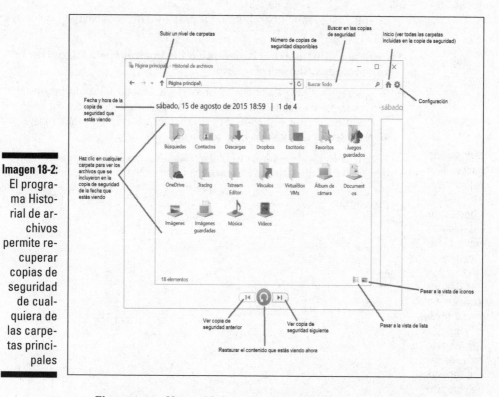

Imagen 18-2: El programa Historial de archivos permite recuperar copias de seguridad de cualquiera de las carpetas principales

El programa Historial de archivos muestra los contenidos de la copia de seguridad: carpetas principales, escritorio, contactos y sitios web favoritos.

No dudes en abrir las carpetas del interior de la ventana del Historial de archivos. También puedes colarte en los archivos para ver su contenido.

3. **Elige lo que quieres recuperar.**

   Señala y haz clic en las bibliotecas, archivos y carpetas hasta que veas los elementos que quieres recuperar.

   • **Carpeta:** si quieres recuperar una carpeta entera, ábrela para ver su contenido.

   • **Archivos:** si quieres recuperar un grupo de archivos, abre la carpeta que los contiene para que los iconos de los archivos aparezcan en la pantalla.

   • **Un solo archivo:** si quieres recuperar una versión anterior de un archivo, ábrelo desde la ventana de Historial de archivos, que mostrará el contenido de ese archivo.

Cuando estés ante el archivo o carpeta que quieres recuperar, ve al siguiente paso.

4. Desplaza el tiempo hacia delante o hacia atrás hasta encontrar la versión que quieres recuperar.

Si quieres explorar varias versiones del archivo que estás viendo en ese momento, elige la fecha que señala a la izquierda situada en la parte inferior (imagen 18-3). Si quieres ver una versión más nueva, elige la flecha que señala a la derecha.

Mientras te mueves hacia delante o hacia atrás en el tiempo, no dudes en hacer clic para abrir carpetas o archivos individuales y echar un vistazo en su interior hasta que estés ante la versión que quieres recuperar.

Imagen 18-3:
Cuando estés mirando el contenido de un archivo concreto, haz clic en las flechas izquierda o derecha situadas en la parte inferior para ver versiones anteriores y posteriores del archivo

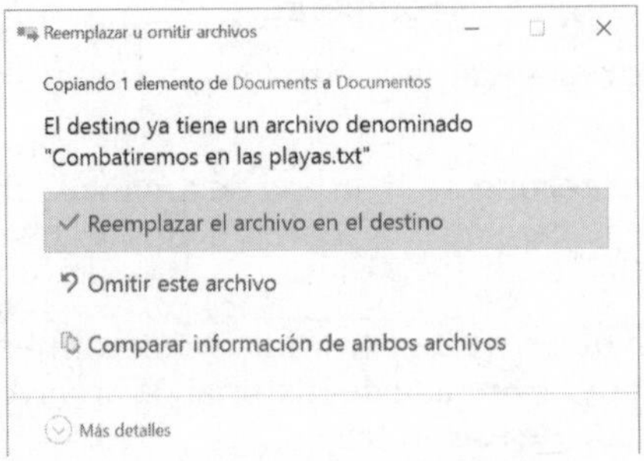

Imagen 18-4:
Escoge si quieres reemplazar el archivo existente, omitir el archivo o elige cuál de las dos versiones conservar

¿No estás seguro de que una carpeta contenga el elemento que buscas? Escríbelo en el Cuadro de búsqueda en la esquina superior derecha del Historial de archivos.

5. **Haz clic en el botón Restaurar para recuperar la versión que quieres.**

   Ya estés mirando un archivo individual, una carpeta o los contenidos de toda una biblioteca, hacer clic en el botón Recuperar guarda ese elemento de nuevo en la ubicación donde solía estar.

   Sin embargo, esto representa un posible problema: ¿qué ocurre si intentas recuperar un archivo antiguo llamado Notas en el mismo sitio donde ya existe un archivo con ese nombre? Windows te avisará de este problema en la ventana de la imagen 18-4, lo que te llevará al paso 6.

6. **Elige cómo quieres hacerle frente al problema.**

   Si Windows detecta un conflicto de nombres de archivos que afecte al archivo que intentas recuperar, el Historial de archivos cuenta con tres formas de manejar la situación, como muestra la imagen 18-4.

   • **Reemplazar el archivo en la carpeta de destino:** haz clic en esta opción solo si tienes la certeza de que el archivo antiguo es mejor que el actual.

   • **Omitir este archivo:** haz clic en esta opción si no quieres recuperar ese archivo o carpeta. Esta opción te trae de vuelta al Historial de archivos, donde puedes explorar otros archivos.

   • **Comparar información de ambos archivos:** esta opción, que suele ser la mejor de todas, permite comparar los tamaños y fechas de los archivos antes de elegir cuál conservar, si el archivo nuevo o el ya existente. O, si lo prefieres, esta opción también te permite conservar ambos archivos. Windows simplemente añade un número tras el nombre del archivo entrante y lo nombra, por ejemplo, Notas (1).

7. **Sal del Historial de archivos cerrando la ventana.**

   Puedes cerrar la ventana del Historial de archivos de la misma forma que cierras otras ventanas. Haz clic en la X situada en la esquina superior derecha.

¿Quieres ver más información sobre el Historial de archivos? Pues sigue leyendo:

✔ Además de hacer copias de seguridad de las carpetas principales y del escritorio, el Historial de archivos almacena una lista de tus sitios web favoritos, que aparecían en la imagen 18-2 con el nombre de Favoritos. También hace una copia de seguridad de los archivos de OneDrive que has sincronizado con la computadora.

✔ Explico cómo utilizar el Historial de archivos para mover los archivos de una computadora antigua a una más nueva en el capítulo 20.

✔ Cuando compres un disco duro portátil, un dispositivo USB o una tarjeta de memoria para crear copias de seguridad, no escatimes en tamaño. Cuanto mayor tamaño tenga el disco duro que elijas, más copias de seguridad podrás guardar. El Historial de archivos te será de mucha utilidad.

Restaurar desde un punto de restauración

Los nuevos programas Actualizar y Restablecer de Windows son maravillosos a la hora de resucitar una computadora enferma y son mucho más potentes que la antigua tecnología Restaurar sistema. Pero si confiabas en los programas Restaurar sistema integrados de versiones anteriores de Windows, Windows 10 sigue incluyendo Restaurar sistema (si sabes dónde encontrarlo).

Si quieres devolver la computadora a un punto de restauración donde funcionaba mucho mejor, sigue estos pasos:

1. **Haz clic con el botón derecho en el botón Inicio y selecciona Sistema en el menú emergente. Cuando aparezca la ventana Sistema, haz clic en Protección del sistema en el panel izquierdo. Por último, cuando aparezca la ventana Propiedades del sistema, haz clic en Restaurar sistema.**

   Aparecerá la ventana Restaurar sistema.

2. **Haz clic en el botón Siguiente de la ventana Restaurar sistema.**

   En Punto de restauración del sistema aparecerán varios puntos de restauración.

3. **Haz clic en uno de los puntos de restauración de la lista.**

   Puedes ver más puntos de restauración disponibles marcando la casilla Mostrar más puntos de restauración.

4. **Haz clic en el botón Detectar programas afectados para descubrir cómo afectará el punto de restauración a los programas.**

   Esta práctica lista indica los programas que seguramente tendrás que reinstalar.

5. **Haz clic en el botón Siguiente para confirmar el punto de restauración elegido. Después pulsa Finalizar.**

   La computadora hará un ruido sordo y se reiniciará usando esas configuraciones previas que (esperemos) funcionaban bien.

Si el sistema ya funciona correctamente, no dudes en crear tu propio punto de restauración, tal y como describo al comienzo del capítulo 13. Da un nombre descriptivo al punto de restauración, por ejemplo, "Antes de dejar que la canguro utilizara la computadora". De esta forma, sabes qué punto de restauración usar si las cosas salen mal.

Windows no para de solicitarme permisos

Al igual que las versiones anteriores de Windows, Windows 10 dispone de cuentas de usuario de tipo Normal y Administrador. La cuenta Administrador, pensada para el dueño de la computadora, posee todo el poder. A los usuarios de cuentas estándares, en cambio, no se les permite realizar acciones que podrían dañar la computadora o sus archivos.

Pero no importa cuál de los dos tipos de cuenta sea la tuya, ya que, a menudo, te darás de espaldas con la versión en Windows de una alambrada de púas. Si un programa intenta cambiar algo en la computadora, Windows te atizará con un mensaje como el de la imagen 18-5.

Los usuarios de cuentas de usuario estándar verán un mensaje un poco diferente, que les pide que busquen al dueño de una cuenta de Administrador para que escriba una contraseña.

Por supuesto, si las pantallas de este tipo aparecen demasiado a menudo, muchas personas se limitarán a ignorarlas y dar su aprobación, incluso si ello supone que acaban de dejar que un virus se acomode plácidamente en la computadora.

Por lo tanto, si Windows te envía una pantalla de permisos, hazte la siguiente pregunta: ¿me está pidiendo permiso Windows para realizar algo que he hecho o que he solicitado? Si la respuesta es afirmativa, da tu aprobación para que Windows lleve a cabo tu petición. En cambio, si Windows te envía una pantalla de permisos sin venir a cuento, cuando no has hecho nada, haz clic en No o Cancelar. Así evitarás que posibles invitados desagradables invadan tu computadora.

Imagen 18-5: La pantalla de permisos de Windows aparece cuando un programa intenta cambiar algo en la computadora

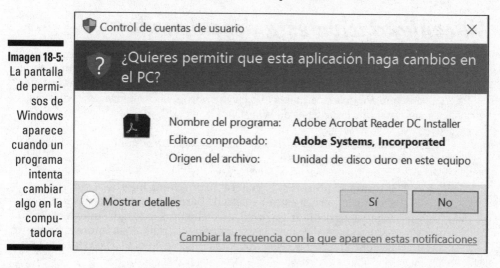

Si no tienes tiempo para este molesto nivel de seguridad y estás dispuesto a sufrir las consecuencias, puedes averiguar cómo desactivar los permisos de cuentas de usuario en el capítulo 11.

Necesito recuperar archivos borrados

Todos los que trabajan con computadoras conocen la angustia de ver cómo se van al traste varias horas de trabajo: has borrado un archivo por error.

El programa de copias de seguridad de Windows, el Historial de archivos, descrito previamente en este capítulo, te saca del apuro en casos así. Pero si no lo has activado nunca (una tarea sencilla que explico en el capítulo 13), Windows cuenta con un modo fácil de recuperar los archivos borrados: la Papelera de reciclaje.

 La Papelera de reciclaje funciona porque Windows no destruye realmente los archivos que borras, sino que los suelta en la Papelera de reciclaje (que puede verse en el margen) situada en el escritorio.

Abre la Papelera de reciclaje con un doble clic y verás todos los archivos o carpetas que hayas borrado en las últimas semanas. En el capítulo 3 hablo de la Papelera de reciclaje, pero te doy un consejo: si quieres recuperar un archivo o carpeta de la Papelera de reciclaje, haz clic con el botón derecho sobre el archivo y elige la opción Restaurar. El elemento eliminado vuelve a aparecer en su antigua casa por arte de magia.

Mi configuración está desordenada

A veces te gustaría tener las cosas de la forma que estaban antes de ponerte a revolverlas. Tu salvación yace en el botón Restaurar configuración predeterminada, que espera tus órdenes en lugares estratégicos colocados por Windows. Si haces clic en ese botón, la configuración volverá a ser igual que la original de Windows.

A continuación, verás varios botones de Restaurar configuración predeterminada que podrían serte útiles:

✔ **Internet Explorer:** si el venerable programa Internet Explorer del escritorio parece estar repleto de barras de herramientas que no quieres, *spyware* o, tan solo, de elementos extraños, utiliza el último recurso para devolver la configuración original: en Internet Explorer, haz clic en el icono Herramientas (visible en el margen) y elige la opción Opciones de internet en el menú emergente. Haz clic en la pestaña Opciones avanzadas y después en el botón Restablecer.

Restablecer Internet Explorer elimina casi todo, incluso las barras de herramientas, complementos y preferencias de los motores de búsqueda. Si también marcas la casilla Eliminar configuración personal de Internet Explorer, al hacer clic en el botón Restablecer también borrarás el historial de navegación y las contraseñas guardadas. Solo quedarán los favoritos, las suscripciones y unos pocos elementos.

✔ **Firewall:** si piensas que el Firewall de Windows no juega limpio, devuélvele su configuración original y empieza de nuevo (puede que tengas que reinstalar algún programa). En el escritorio, haz clic con el botón derecho en el botón Inicio y selecciona Panel de control. Cuando aparezca el Panel de control, elige Sistema y seguridad y abre Firewall de Windows. Haz clic en Restaurar valores predeterminados, situado en la columna izquierda. Ándate con ojo con esta opción, ya que es posible que tengas que volver a instalar algunas aplicaciones y programas.

✔ **Reproductor multimedia:** si la biblioteca del Reproductor multimedia contiene fallos, dile que borre el índice y comience de nuevo. En el Reproductor multimedia, pulsa y suelta la tecla Alt, haz clic en Herramientas, elige Avanzadas en el menú emergente y, luego, selecciona Restaurar biblioteca multimedia (o, si has eliminado por error elementos de la Biblioteca del reproductor multimedia, elige en su lugar la opción Restaurar elementos eliminados de la biblioteca).

✔ **Aplicación Música de Groove:** a veces, incluso la aplicación Música de Groove se marea. Si está dejando de lado parte de tu música o dejando huellas fantasmas de canciones que has eliminado, intenta restablecerla. En el panel izquierdo, justo a la derecha de tu nombre de cuenta, haz clic en el icono Configuración (que puede verse en el margen). Cuando aparezca el panel Configuración, haz clic en las palabras Eliminar tus listas y cualquier Música que hayas añadido o descargado del Catálogo de música. Cuando la aplicación Música de Groove se despierta de nuevo, encuentra toda tu música y la añade de nuevo en el catálogo de la aplicación.

✔ **Colores:** Windows permite retocar los colores y sonidos del escritorio, lo que a veces resulta en un caos desconcertante. Si quieres volver a los colores y sonidos predeterminados, haz clic con el botón derecho en el menú Inicio y selecciona Panel de control. En la sección Apariencia y personalización, elige Cambiar el Tema. A continuación, en la sección Temas predeterminados de Windows, escoge Windows.

✔ **Fuentes:** ¿alguna vez has retocado las fuentes hasta dejarlas irreconocibles? Devuélvelas a su estado de normalidad: en el Panel de control del escritorio, haz clic en Apariencia y personalización y, después, en Fuentes. En el panel izquierdo, haz clic en Configuración de fuentes y, a continuación, en el botón Restaurar configuración de fuente predeterminada.

✔ **Bibliotecas:** en Windows 10, las bibliotecas están ocultas por defecto (en el capítulo 5 explico cómo descargarlas). Cuando se activan, las bibliotecas aparecen en el Panel de navegación de cada carpeta. Sin embargo, si falta alguna de las bibliotecas (por ejemplo, la biblioteca Música), puedes volver a ponerla en su sitio. Si haces clic con el botón derecho del *mouse* en la palabra Bibliotecas, situada en el lateral derecho de cualquier carpeta, y eliges la opción Restaurar bibliotecas predeterminadas, reaparecerán todas tus bibliotecas: Documentos, Música, Imágenes y Vídeos.

✔ **Carpetas:** Windows esconde un montón de botones relacionados con carpetas, sus Paneles de navegación, los elementos que muestran, cómo se comportan y su forma de buscar elementos. Si quieres reflexionar con respecto a cualquiera de sus opciones o devolverlas a su configuración predeterminada, abre cualquier carpeta y haz clic en la pestaña Ver de la Cinta situada a lo largo de la parte superior. Cuando aparezca la lista desplegable, haz clic en el icono Opciones y luego en Cambiar opciones de carpeta y Búsqueda. En cada pestaña (General, Ver y Buscar) puedes encontrar un botón Restablecer valores predeterminados. Haz clic en Aplicar tras realizar cada cambio para que se guarde.

Por último, no te olvides de la opción Restablecer de Windows, descrita al principio de este capítulo. Aunque para muchos problemas resulta excesiva, lo cierto es que restablece la mayoría de las configuraciones predeterminadas.

He olvidado mi contraseña

Si Windows no acepta tu contraseña en la pantalla Inicio de sesión, puede que no te hayas quedado completamente fuera sin la llave para acceder a tu propia computadora. Comprueba lo siguiente antes de ponerte a gritar:

✔ **Comprueba la tecla Bloq Mayús.** Las contraseñas de Windows diferencian entre minúsculas y mayúsculas, lo que significa que "Abrete-Sesamo" y "abretesesamo" se considerarían dos contraseñas diferentes. Si la luz de la tecla Bloq Mayús está encendida, vuelve a pulsar Bloq Mayús para apagarla. Prueba entonces a escribir la contraseña de nuevo.

✔ **Usa un disco para restablecer la contraseña.** En el capítulo 14 explico cómo crear un disco para restablecer contraseñas. Si has olvidado la contraseña de tu cuenta local, introduce ese disco para usarlo como una llave. Windows te dejará volver a acceder a tu cuenta, donde podrás crear rápidamente una contraseña más fácil de recordar (ve al capítulo 14 y crea ya un disco para restablecer la contraseña si no lo has hecho aún).

✔ **Deja que otro usuario restablezca tu contraseña.** Cualquier usuario que tenga una cuenta de Administrador en tu computadora puede restablecer tu contraseña. Indica a ese usuario que se dirija al Panel de control del escritorio (ver capítulo 12), que haga clic en Cuentas de usuario y protección infantil y, luego, en Cuentas de usuario. En esta sección, puede hacer clic en Administrar otra cuenta para ver una lista de todas las demás cuentas. Podrá cambiar la contraseña por otra que recuerdes más fácilmente si haces clic en el nombre de la cuenta y después en el enlace Cambiar la contraseña.

El programa se ha quedado colgado

En ocasiones, alguno de tus programas se quedará completamente colgado, por lo que no tendrás forma de acceder al comando normal Cerrar. Si te ves caminando sobre terreno resbaladizo, los siguientes cuatro pasos liberarán el programa colgado de la memoria de la computadora (y también de la pantalla):

1. **Mantén pulsadas las teclas Ctrl, Alt y Supr al mismo tiempo.**

   Esta combinación de teclas, conocida como el *saludo de tres dedos*, casi siempre llama la atención de Windows, incluso cuando navega por aguas congeladas. Cuando aparezca una pantalla gris repleta de opciones, ve al paso 2.

   En cambio, si Windows no responde, mantén pulsado el botón de encendido de tu PC hasta que se apague. Cuando la computadora finalmente se apague, oirás que para el zumbido del ventilador. Pasados unos segundos, pulsa el botón de encendido de nuevo para reiniciar la computadora y comprobar si Windows está de mejor humor.

2. **Elige la opción Iniciar el Administrador de tareas.**

   Entonces aparecerá el Administrador de tareas.

3. **Haz clic en la pestaña Procesos del Administrador de tareas, si es necesario, y haz clic con el botón derecho sobre el nombre del programa que se ha colgado.**

4. **Haz clic en el botón Finalizar tarea y Windows hará desaparecer de repente el programa que se ha colgado.**

   Si después la computadora parece un poco atontado, no te arriesgues y reinícialo.

Aviso: si has olvidado la contraseña de cuenta de Microsoft, ninguna de las sugerencias anteriores funcionará. Como alternativa, abre cualquier explorador web y ve a www.live.com. Este sitio web te guía por los pasos necesarios para restablecer tu contraseña.

Si ninguna de estas opciones funciona, me temo que tu futuro es poco halagüeño. Compara la importancia de mantener los datos protegidos con contraseña con el coste de tener que contratar a un especialista en recuperación de contraseñas. En Google (www.google.com) podrás encontrar un especialista haciendo la búsqueda "recuperar contraseña windows".

La computadora se ha quedado completamente trabada

De vez en cuando, Windows pide el cambio y va a tumbarse bajo un árbol. Y tú te quedas ante una computadora que no te hace caso. Ninguna de las luces de la computadora parpadea. Los clics que haces presa del pánico no sirven para nada. Pulsar todas las teclas no sirve para nada o, lo que es peor, hace que la computadora pite cada vez que pulsas una tecla.

Si nada se mueve en la pantalla (salvo el puntero del *mouse*, a veces), significa que la computadora se ha quedado completamente trabada. Intenta llevar a cabo estas propuestas, en el orden en que se encuentran, para corregir el problema.

✔ **Propuesta 1:** pulsa la tecla Esc dos veces.

Este método rara vez funciona, pero inténtalo de todas formas.

✔ **Propuesta 2:** pulsa las teclas Ctrl, Alt y Supr a la vez y elige Iniciar el Administrador de tareas en el menú que aparecerá.

Si tienes suerte, el Administrador de tareas mostrará el mensaje de que ha descubierto una aplicación que no responde. El Administrador de tareas enumera los nombres de los programas en funcionamiento en ese momento, incluido el que no responde. En la pestaña Procesos, haz clic en el nombre del programa que está causando problemas y después en el botón Finalizar tarea. Perderás todo el trabajo que no hayas guardado en ese programa, por supuesto, pero deberías estar acostumbrado a ello (si has pulsado la combinación Ctrl+Alt+Supr sin querer, pulsa Esc para salir del Administrador de tareas y volver a Windows).

Si incluso así no consigues resolver el problema, vuelve a pulsar Ctrl+Alt+Supr y haz clic en el icono de Encendido (que puede verse en el margen) situado en la esquina inferior derecha. En el menú emergente que aparecerá, elige Reiniciar y la computadora se apagará y reiniciará, con suerte, de mejor humor.

✔ **Propuesta 3:** si las propuestas anteriores no funcionan, apaga la computadora pulsando el botón de encendido (si así solo consigues que aparezca el menú Apagar la computadora, elige la opción Reiniciar y la computadora debería reiniciarse).

✔ **Propuesta 4:** si mantienes pulsado el botón de encendido durante el tiempo suficiente (normalmente de 4 a 5 segundos), la computadora dejará de oponer resistencia y se apagará.

Capítulo 19

Mensajes extraños: lo que has hecho no cuadra

- -

En este capítulo

▶ Qué son las notificaciones

▶ Descifrar mensajes de seguridad

▶ Reaccionar a los mensajes en el escritorio

- -

*L*os mensajes de error de la vida real son muy fáciles de comprender. Un reloj digital que parpadea significa que tienes que ponerlo en hora. Los pitidos desde el salpicadero de un coche significan que has dejado las llaves puestas en el contacto. Una mirada asesina de tu pareja significa que te has olvidado de algo importante.

Pero los mensajes de error de Windows, de no ser tan breves, podrían haber sido escritos por un comité del Congreso. Los mensajes de error pocas veces describen qué has hecho para causar el fallo o, lo que es peor, cómo arreglar el problema.

En este capítulo he recopilado algunos de los mensajes de error, notificaciones y simples errores confusos de Windows más comunes. Busca un mensaje que coincida con el problema que te ocurra y lee cómo manejar la solución de forma tan digna como permita Windows.

No se ha podido activar el Historial de archivos. El sistema no ha podido hallar la ruta especificada

Significado: un mensaje como el de la imagen 19-1 te indica que el Historial de archivos, el programa de copias de seguridad de Windows, ya no funciona.

Causa probable: el Historial de archivos guardaba tus archivos en un disco duro portátil, un dispositivo USB o en una tarjeta de memoria que ya no están conectados a la computadora.

Solución: este mensaje aparece con mayor frecuencia en las computadoras portátiles y tabletas cuando estás de viaje y has dejado la unidad de copia de seguridad en casa. Así que busca el disco duro portátil, el dispositivo USB o la tarjeta de memoria y vuélvelos a conectar a la computadora. (Si el Historial de archivos no empieza a funcionar de nuevo, consulta el apartado de Historial de archivos en el capítulo 11 para asegurarte de que la configuración es correcta).

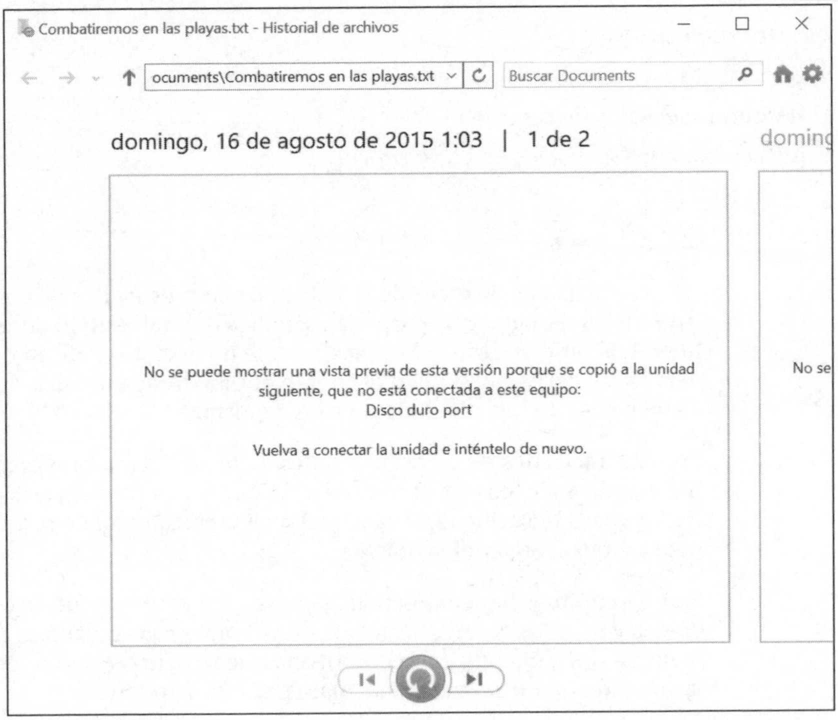

Imagen 19-1:
La unidad destinada a copias de seguridad o la tarjeta no están conectadas a la computadora

¿Quieres permitir que esta aplicación realice cambios en este equipo?

Significado: ¿estás seguro de que este programa no tiene virus, *spyware* y otros elementos dañinos?

Causa probable: al intentar instalar un software descargado o un controlador para una de las piezas de la computadora, aparecerá una ventana parecida a la mostrada en la imagen 19-2.

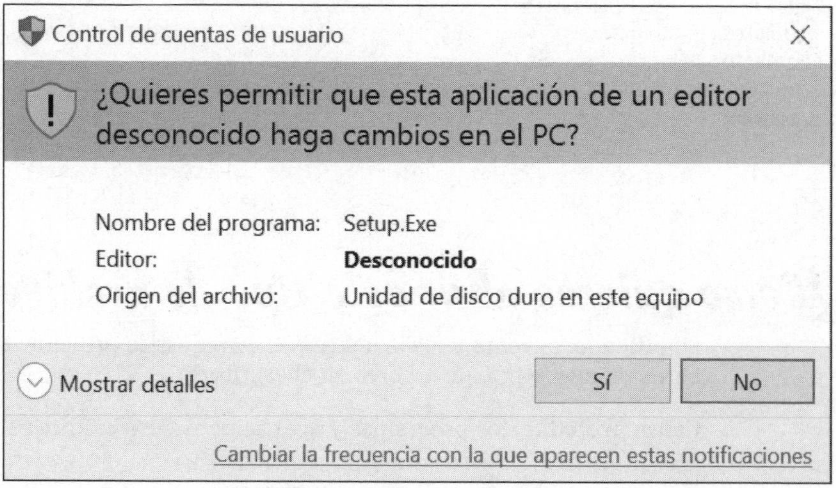

🛡 Control de cuentas de usuario   ✕

⚠ ¿Quieres permitir que esta aplicación de un editor desconocido haga cambios en el PC?

    Nombre del programa: Setup.Exe
    Editor: **Desconocido**
    Origen del archivo: Unidad de disco duro en este equipo

⌄ Mostrar detalles   [Sí]   [No]

Cambiar la frecuencia con la que aparecen estas notificaciones

Imagen 19-2: ¿Crees que este programa es seguro?

Solución: si tienes la total certeza de que el archivo es seguro, haz clic en el botón Sí o en Instalar. En cambio, si este mensaje aparece de forma inesperada, o piensas que el archivo puede no ser seguro, haz clic en el botón No o No instalar. En el capítulo 11 trato el tema de la informática segura.

¿Quieres guardar los cambios?

Significado: la imagen 19-3 indica que no has guardado los cambios en un programa y que tu trabajo está a punto de perderse.

Causa probable: estás intentando cerrar una aplicación, cerrar sesión o reiniciar la computadora antes de indicarle a un programa que guarde los cambios del trabajo que has realizado.

Solución: busca el nombre del programa en la barra de título de la ventana. A continuación, busca ese programa en el escritorio (o haz clic sobre su nombre en la barra de tareas para traerlo al frente). Por último, guarda tu trabajo mediante la opción Guardar del menú (o pestaña) Archivo del programa o haciendo clic en el icono Guardar del programa. En el capítulo 6 describo cómo guardar archivos. ¿No quieres guardar el archivo? Pues pulsa en No guardar para descartar los cambios y continuar.

Imagen 19-3:
¿Quieres
guardar tu
trabajo?

Bloc de notas   ✕

¿Desea guardar los cambios hechos a
C:\Users\Public\Documents\El secreto del
éxito.txt?

Guardar   No guardar   Cancelar

¿Cómo quieres abrir este tipo de archivo?

Significado: la ventana de la imagen 19-4 aparece la primera vez que abres un nuevo tipo de archivo en el escritorio.

Causa probable: los programas y aplicaciones de Windows a menudo

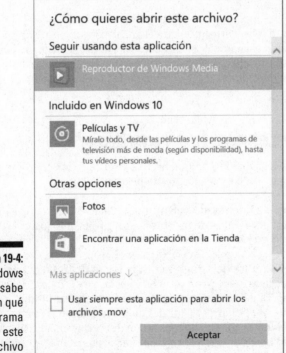

Imagen 19-4:
Windows
no sabe
con qué
programa
abrir este
archivo

luchan por el derecho a abrir tus archivos. Para asegurarse de que el programa correcto abre el archivo, Windows te pide con este mensaje que confirmes que se encarga del trabajo el programa correcto.

Solución: si abre el archivo el programa correcto, haz clic en Aceptar. Windows no te molestará la próxima vez que abras ese tipo de archivo, aunque sí que lo hará la próxima vez que abras un tipo de archivo diferente. Si el programa equivocado está intentando abrir el archivo, selecciona el programa correcto de la lista que aparece en el mensaje.

Sin embargo, si ninguna de las sugerencias de Windows es válida, elige Buscar una aplicación en la Tienda (en el capítulo 6 trato este problema). Para abrir ese archivo, puede que tengas que descargar o comprar una aplicación de la Tienda de aplicaciones de Windows.

¿Permitir que esta aplicación use tu ubicación?

Significado: una aplicación está solicitando permiso para conocer tu ubicación física actual, como se muestra en la imagen 19-5, y Windows quiere saber si lo quieres permitir.

Causa probable: una aplicación necesita saber tu ubicación para hacer algo, quizás para darte información sobre tu entorno inmediato.

Solución: si confías en la aplicación y te sientes cómodo dejándole saber dónde estás, haz clic en Sí. Esto le permite a la aplicación conocer siempre tu ubicación sin tener que preguntarte de nuevo. Si crees que la aplicación está siendo un poco entrometida, haz clic en No. Aunque, posiblemente, la aplicación vuelva a pedirte permiso la próxima vez que la abras.

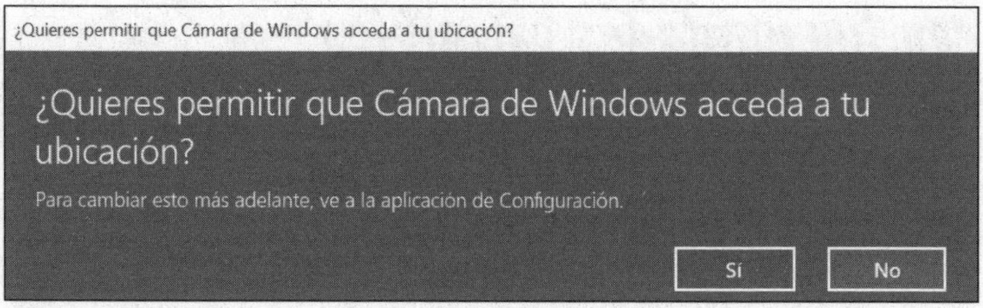

Imagen 19-5:
Haz clic en
Sí para
permitirle
a la aplica-
ción cono-
cer tu ubi-
cación

¿Quieres permitir que Cámara de Windows acceda a tu ubicación?

¿Quieres permitir que Cámara de Windows acceda a tu ubicación?

Para cambiar esto más adelante, ve a la aplicación de Configuración.

Sí   No

Malware detectado: Windows Defender está tomando medidas

Significado: si el programa antivirus integrado con Windows, Windows Defender, encuentra en la computadora un archivo que puede ser peligroso, te lo indica mediante un mensaje como el de la imagen 19-6. A continuación, Windows Defender eliminará el archivo para que no pueda dañar la computadora ni tus archivos.

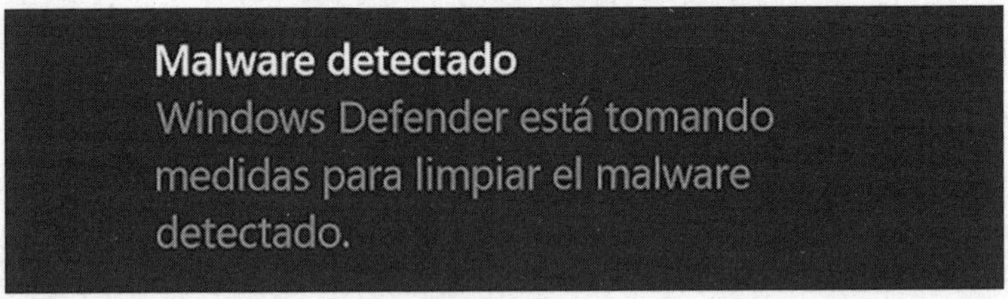

Imagen 19-6:
Windows
Defender
ha detec-
tado y eli-
minado de
la compu-
tadora un
archivo po-
tencial-
mente peli-
groso

Malware detectado
Windows Defender está tomando
medidas para limpiar el malware
detectado.

Esta notificación particular aparece siempre en la esquina inferior derecha de la pantalla.

Causa probable: ha llegado un archivo peligroso (*malware*), probablemente por correo electrónico, o en un dispositivo USB, en una computadora conectada a una red o desde un sitio web. Windows eliminará el archivo para que no cause ningún daño.

Solución: no tienes que hacer nada, Windows Defender ya ha atrapado y se ha llevado al malhechor.

Disco extraíble: elige lo que quieres hacer con las unidades extraíbles

Significado: si en la esquina inferior izquierda de la pantalla aparece la ventana que puede verse en la imagen 19-7, haz clic en ella para indicarle a Windows qué hacer con el dispositivo USB o la tarjeta de memoria que has introducido en la computadora.

Cuando haces clic en ella, la ventana que se muestra en la imagen 19-8 aparece en la esquina superior derecha de la pantalla.

Imagen 19-7:
Haz clic
para decir-
le a Win-
dows cómo
reaccionar
cuando in-
sertas una
unidad de
disco

320Gb (E:)   ✕
Pulsa para seleccionar lo que le ocurre a
unidades extraíbles.

Causa probable: has conectado un dispositivo USB (un lápiz o *pincho de memoria*) en el puerto USB de la computadora o has introducido una tarjeta de memoria, quizás de una cámara, en el lector de tarjetas incorporado en la computadora.

Solución: en la mayoría de las ocasiones, puedes hacer clic en la opción Abrir carpeta para Ver archivos. Así verás los archivos almacenados y tendrás la posibilidad de copiarlos o trasladarlos a otras carpetas de la computadora, aunque dispones de más opciones:

✔ **Configurar la Configuración de almacenamiento.** Haz clic sobre esta opción si tienes la intención de dejar el dispositivo conectado permanentemente a la computadora. Cuando aparece la ventana de Almacenamiento, le puedes decir a Windows que empiece a almacenar aplicaciones en esa tarjeta, lo cual es muy práctico para tabletas pequeñas con poco espacio de almacenamiento.

✔ **Abrir carpetas para Ver archivos.** Quizás esta sea la opción más práctica, pues simplemente muestra tus archivos almacenados en

Imagen 19-8:
Indícale a
Windows
qué quieres
que haga
con el dis-
positivo
USB o la
tarjeta de
memoria
que acabas
de introdu-
cir en la
compu-
tadora

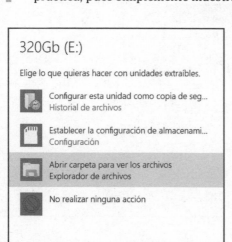

320Gb (E:)

Elige lo que quieras hacer con unidades extraíbles.

Configurar esta unidad como copia de seg...
Historial de archivos

Establecer la configuración de almacenami...
Configuración

Abrir carpeta para ver los archivos
Explorador de archivos

No realizar ninguna acción

el dispositivo USB. Luego los puedes copiar a una carpeta de tu computadora.

✔ **No realizar ninguna acción.** Si haces clic sobre esta opción, el mensaje simplemente desaparecerá. Si quieres acceder al dispositivo más tarde, abre el Explorador de archivos desde el escritorio y después abre la tarjeta desde la sección Este equipo del Explorador de archivos en el borde izquierdo. *Sugerencia:* ¿ves la letra que aparece después de Disco extraíble en el mensaje? Esa es la letra que Windows ha asignado al dispositivo.

Inicia sesión con una cuenta de Microsoft

Significado: tienes que iniciar sesión con una cuenta de Microsoft para llevar a cabo diversas tareas en Windows. Si no tienes una cuenta de Microsoft, aparecerá el mensaje que se ve en la imagen 19-9. Como describo en el capítulo 2, las cuentas de Microsoft permiten obtener los mayores beneficios de Windows.

Imagen 19-9:
Si quieres aprovechar muchas características de Windows, debes crearte una cuenta de Microsoft

Causa probable: puede que hayas intentado utilizar las aplicaciones Skype o OneDrive, que precisan de una cuenta de Microsoft. También la necesitas para descargar una aplicación de la Tienda de Microsoft.

Solución: regístrate para obtener una cuenta gratuita de Microsoft, como describo en el capítulo 2.

No hay ningún programa de correo electrónico asociado para realizar la acción requerida

Significado: el mensaje especialmente críptico de la imagen 19-10 indica que has intentado enviar un correo electrónico desde el escritorio, pero que no has instalado ningún programa de correo electrónico.

Causa probable: por algún motivo, Microsoft no le permite al escritorio de Windows utilizar la aplicación de correo. Si haces clic en cualquiera de las opciones Enviar o Enviar por correo electrónico de cualquier programa del escritorio, este mensaje aparecerá hasta que elijas e instales en el escritorio un programa de correo electrónico que funcione.

Solución: puedes descargar e instalar un programa de correo electrónico o configurar un programa de correo electrónico en muchos sitios web. En el capítulo 10, muestro cómo elegir y configurar el correo electrónico.

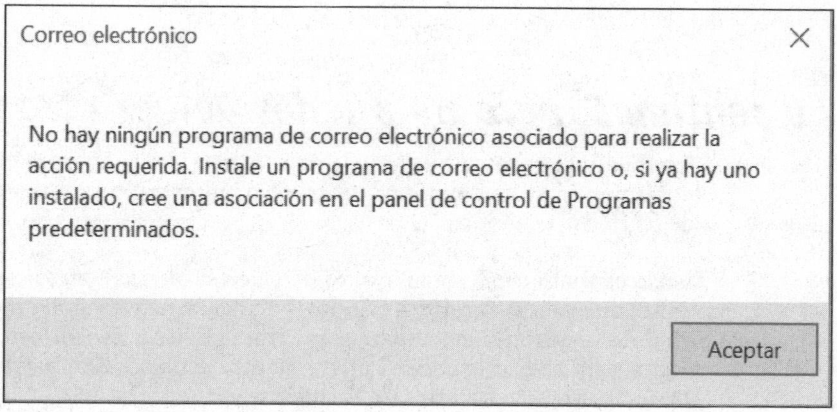

Imagen 19-10: Tienes que instalar un programa de correo electrónico en el escritorio

---

Correo electrónico   ✕

No hay ningún programa de correo electrónico asociado para realizar la acción requerida. Instale un programa de correo electrónico o, si ya hay uno instalado, cree una asociación en el panel de control de Programas predeterminados.

Aceptar

Actualmente no tienes permiso de acceso a esta carpeta

Significado: si ves el cuadro de diálogo de la imagen 19-11, significa que Windows no dejará que te cueles en la carpeta que quieres abrir (el nombre de la carpeta aparecerá en la barra de título del mensaje). Cuando Windows no permita que te cueles en un archivo, aparecerá un mensaje similar.

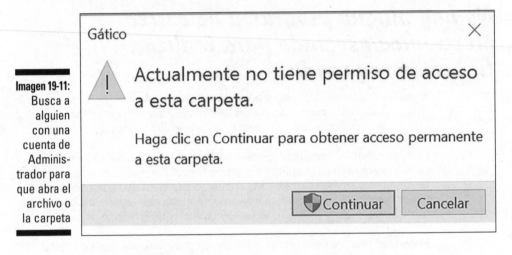

Imagen 19-11: Busca a alguien con una cuenta de Administrador para que abra el archivo o la carpeta

Causa probable: la carpeta o archivo pertenecen a alguien con una cuenta de usuario diferente.

Solución: si tienes una cuenta de Administrador, puedes abrir archivos y carpetas de otras cuentas de usuario haciendo clic en Continuar. Sin embargo, si no tienes una cuenta de Administrador, no podrás acceder a ellos.

Lo sentimos, pero no puedes volver atrás

Significado: una ventana como la de la imagen 19-12 aparece cuando intentas volver a una versión anterior de Windows que ya no está disponible en tu computadora.

Causa probable: esto ocurre si se dan ciertas circunstancias específicas: realizaste la actualización a Windows 10 desde una versión anterior de Windows y después ejecutaste el programa Liberar espacio en tu computadora para liberar espacio. Para crear más espacio, esta herramienta eliminó tu versión anterior de Windows.

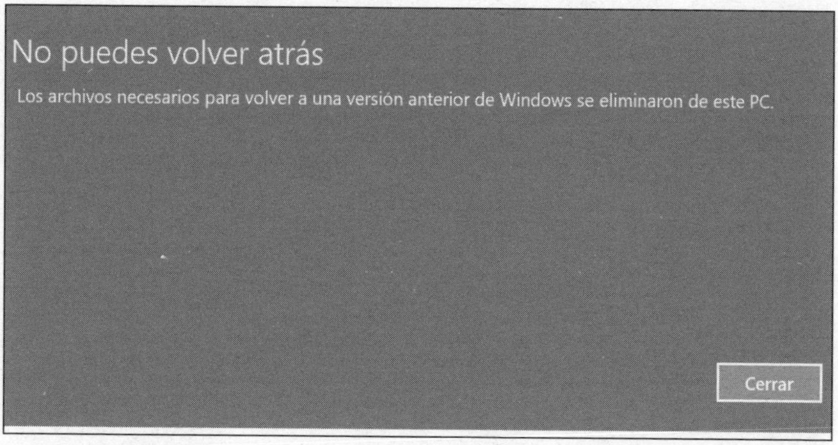

Imagen 19-12:
Introduce
el DVD o
un disposi-
tivo USB
de Win-
dows para
que la
compu-
tadora
pueda to-
mar los ar-
chivos que
necesite

No puedes volver atrás

Los archivos necesarios para volver a una versión anterior de Windows se eliminaron de este PC.

Cerrar

Imagen 19-12:
Introduce
el DVD o
un disposi-
tivo USB
de Win-
dows para
que la
compu-
tadora
pueda to-
mar los ar-
chivos que
necesite

Solución: por desgracia, no suele haber soluciones sencillas para esto y tendrás que dirigirte a la tienda de reparaciones. Allí es posible que sean capaces de salvar los archivos de tu versión actual de Windows, devolver tu computadora a tu versión anterior de Windows y, después, reinstalar tus archivos. Pero, lamentablemente, deberás reinstalar todos los programas tú mismo.

Capítulo 20

Cómo cambiarse de una computadora antigua a una nueva con Windows 10

En este capítulo

▶ Copiar los archivos y configuración de la computadora antigua a la nueva

▶ Transferir archivos y configuración con un programa o con la ayuda de un técnico

▶ Transferir archivos y configuración tú mismo con un disco duro portátil

Cuando te lleves a casa una fascinante computadora nueva con Windows 10, le faltará lo más importante de todo: los archivos de tu computadora *antigua*. ¿Cómo vas a copiar todos los archivos de esa antigua y polvorienta computadora a esa nueva y brillante computadora Windows? ¿Y cómo vas a encontrar siquiera todo lo que quieres trasladar?

Antes de Windows 10, Microsoft resolvió el problema incluyendo una furgoneta de mudanzas virtual llamada Windows Easy Transfer. El programa Windows Easy Transfer no solo tomaba los archivos de tu antigua computadora, sino también su configuración (por ejemplo, la lista de sitios web favoritos del explorador web).

Desafortunadamente, Microsoft ha decidido abandonar Windows Easy Transfer en Windows 10, lo que complica el proceso de cambiar a una computadora nueva. En este capítulo se explican las opciones que tienes ahora para traspasar tu información de tu antigua computadora a la nueva.

Para ahorrar tiempo: si estás realizando la actualización desde una computadora antigua con Windows 7, 8 o 8.1 a Windows 10, te puedes saltar este capítulo. Windows 10 conserva todos tus archivos y programas personales en su lugar (los usuarios de Windows 8 deben realizar la actualización gratuita a Windows 8.1 para poder hacer la actualización a Windows 10).

Contratar a un tercero para hacer el cambio

Microsoft ha abandonado el negocio de la transferencia de archivos de computadoras automatizada, pero muchos distribuidores estarán encantados de hacerlo. De hecho, los usuarios de Windows XP y Windows Vista no tienen otra elección: Microsoft no ofrece ninguna solución de transferencia para esas versiones de Windows más antiguas.

Así que tienes dos opciones de terceros: software de actualización informática o llevarle la computadora a un profesional.

En los siguientes apartados se exponen las ventajas y desventajas de ambas.

Comprar el programa PCmover de Laplink

El conjunto de programas de software PCmover de Laplink (`www.laplink.com`) no solo transfieren los archivos y configuración de tu antigua computadora, sino también algunos de sus programas. Eso es mucho más de lo que nunca intentó hacer el antiguo programa Easy Transfer de Microsoft. El conjunto de programas PCmover funciona con todas las versiones de Windows, desde Windows XP hasta Windows 10 (aunque no funciona con Windows RT, versión que se lanzó con algunas tabletas económicas).

Sin embargo, los potentes programas de transferencia vienen con una serie de complicaciones potenciales, lo que no nos sorprende: pasar de una computadora a otra viene cargado de contratiempos en potencia. La parte positiva es que Laplink te ayuda con el cambio ofreciendo asistencia técnica gratuita las 24 horas en Estados Unidos, Canadá, Australia y Reino Unido.

Lo primero que tienes que hacer es escoger qué software de PCmover necesitas: PCmover Home o PCmover Professional. Los dos te permiten transferir la información de solo una computadora antigua a otra computadora nueva. Esto no es un problema, en principio, pero ten en cuenta que no le puedes dar el programa a un amigo después de haber transferido los archivos.

- ✔ **PCmover Home:** este paquete minimalista te permite transferir únicamente una cuenta de usuario de una computadora antigua a una nueva. También requiere que solo tengas un disco duro en la computadora antigua.

- ✔ **PCmover Professional:** esta opción, más popular y también más cara, es un software que copia simultáneamente todas las cuentas de usuario de la computadora antigua a la nueva. Incluso funciona con computadoras que tienen más de un disco duro.

Ambos programas copian los archivos, configuración y algunos programas de tu computadora antigua a la nueva, como se muestra en la imagen 20-1. Sin embargo, ninguno de los paquetes garantiza que copiará todos los programas. Por motivos técnicos, algunos programas se pueden transferir, pero otros no (los motivos que hay detrás de estos problemas potenciales tienen su propia letra pequeña, que es demasiado detallada para exponerla aquí).

Si tienes la intención de transferir tus archivos en una red, puedes comprar y descargar el programa de PCmover que hayas escogido del sitio web de Laplink. La mayoría de gente, sin embargo, consigue mejores condiciones comprando el programa PCmover Ultimate de Amazon (`www.amazon.com`). Este paquete incluye PCmover Professional y un cable de transferencia, y tiene un precio inferior a la versión disponible en el sitio web de Laplink.

Los programas PCmover están protegidos contra copias, de modo que necesitas una buena conexión a internet para empezar a usarlos. Además, dependiendo de la cantidad de información que haya en tu computadora antigua —y de la forma en que conectas tus computadoras— el proceso de transferencia puede tardar varias horas.

Imagen 20-1:
PCmover Professional transfiere la mayoría de los programas y configuración de tu computadora al nuevo equipo

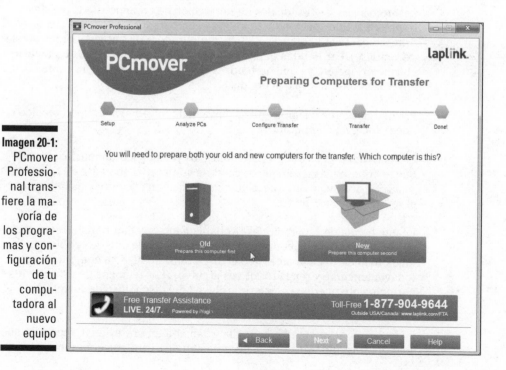

En resumen, el software PCmover funciona mejor para alguien que no solo tenga paciencia, sino también la suficiente experiencia con computadoras como para saber cómo hablar con el servicio de asistencia técnica si algo va mal (la gente del servicio de asistencia técnica a menudo habla con muchos tecnicismos).

WinWin10 Pro de Zinstall

Puede que PCmover sea la solución de terceros más económica para la transferencia de archivos, pero no es la más completa. El software WinWin de Zinstall cuesta más del doble que el de la competencia. Sin embargo, en función de tu situación, puede que haga un trabajo más en profundidad, sobre todo a la hora de trans-

ferir programas del escritorio de tu antigua computadora a la nueva.

Para más información sobre los productos de Zinstall, visita el sitio web de la empresa en http://www.zinstall.com.

Acudir a una tienda de reparaciones

Casi todas las tiendas locales de reparación de computadoras pueden transferir la información de tu antigua computadora a la nueva (llama primero para ver si quieren solo la computadora o también monitor, teclado y *mouse*). Las tiendas que hacen reparaciones a domicilio son incluso una mejor opción, ya que no tendrás que desconectar ningún cable ni llevar la computadora a la tienda.

Pregúntales a tus vecinos: quizás hayan encontrado ya un buen técnico o tienda local de computadoras.

En las tiendas locales de reparaciones los precios varían mucho y puede que te cobren más de lo que te costaría comprar el software de transferencia de archivos. Aunque si algo va mal, serán ellos quienes hablen con el servicio técnico, no tú.

En una tienda de reparaciones probablemente puedan transferir tus archivos incluso si tu vieja computadora no se enciende o tiene problemas de funcionamiento. Es posible que el disco duro de tu vieja computadora todavía funcione y tenga todos tus archivos. Los técnicos de estas tiendas normalmente pueden transferir archivos del disco duro de tu antigua computadora directamente al nuevo equipo.

Incluso si no te gusta tirar la toalla y llamar a un profesional, recuerda que solo tendrás que transferir la información de tu antigua computadora una vez. Y si el técnico que te hace el trabajo parece lo suficientemente agradable y competente, pídele una tarjeta de presentación. Puede venirte bien más adelante.

Hacer el cambio como dice Microsoft

Según Microsoft, hacer el cambio de una computadora antigua a una nueva es fácil. Primero, inicia sesión con una cuenta de Microsoft tanto en la computadora antigua como en la nueva. A continuación, copia las carpetas de Documentos, Música, Imágenes y Vídeos a OneDrive, tu espacio de almacenamiento en línea.

Cuando realizas el cambio a tu computadora nueva e inicias sesión con esa misma cuenta de Microsoft, tu configuración se traspasa automáticamente. Y, dado que Windows 10 incluye OneDrive de serie, verás de inmediato los archivos y carpetas de tu computadora antigua.

Sin embargo, el método de Microsoft solo funciona con computadoras con Windows 8, 8.1 o 10; las versiones anteriores de Windows no admiten cuentas de Microsoft. Copiar ficheros y carpetas a y desde OneDrive puede suponer también mucho tiempo y esfuerzo. Cuando traspasas tus archivos a OneDrive, Microsoft confía en que simplemente guardarás allí todo lo almacenado. En cuanto llenes todo el espacio de almacenaje de OneDrive permitido, tendrás que pagarle a Microsoft una cuota mensual para disponer de más almacenamiento.

Si sabes cómo encontrar todos los archivos de tu computadora antigua, si todos caben en OneDrive y si manejas bien las tareas de almacenamiento de archivos con el Explorador de archivos, OneDrive puede ser lo que necesitas. Pero esto son muchos *sí*. Para decirlo de forma sencilla, el método de Microsoft no es el mejor para aquellos que no tienen experiencia con computadoras.

Transferir los archivos tú mismo

Puedes transferir los archivos tú mismo si estás haciendo el cambio de una computadora con Windows 7, 8, 8.1 o 10. Para ello, combina una cuenta de Microsoft y el programa de copia de seguridad integrado Historial de archivos en Windows. Le dices al programa que realice la copia de seguridad de todos los archivos de tu computadora antigua y luego le ordenas al programa del nuevo equipo que restaure los archivos.

También necesitarás un disco duro portátil para que esto funcione. Los discos duros portátiles son bastante económicos, por lo general cuestan menos de $ 1 500. Pero hay otra cosa positiva: cuando has terminado de transferir los archivos, la unidad funciona perfectamente para hacer la copia de seguridad de tu computadora nueva.

Para transferir archivos de una computadora antigua con Windows 7, 8, 8.1 o 10 a uno nuevo con Windows 10, sigue estos pasos:

1. **Si estás ejecutando Windows 7 en tu computadora antigua, realiza la actualización a Windows 10.**

   Windows 7 no incluye Historial de archivos ni una cuenta de Microsoft. Pero si aprovechas la oferta por tiempo limitado de Microsoft para realizar una actualización gratuita a Windows 10, tu computadora antigua con Windows 7 tendrá las dos cosas.

   Realizar la actualización a Windows 10 es la única manera de hacer que tu computadora con Windows 7 tenga una cuenta de Microsoft y el programa Historial de archivos, que usarás más adelante en estos pasos.

   Si ejecutas Windows 8, 8.1 o 10 en tu computadora antigua, ve directamente al paso 2.

2. **Si ya has estado utilizando el Historial de archivos en tu computadora antigua, ve directamente al paso 5. De lo contrario, ve al paso 3.**

3. **Inicia sesión con tu cuenta de Microsoft en tu computadora antigua.**

   Cuando inicias sesión con una cuenta de Microsoft, este recuerda la mayor parte de la configuración y de los servicios para duplicarlos en otras computadoras en los que inicies sesión.

4. **Conecta el disco duro portátil en tu computadora antigua y, a continuación, configura el Historial de archivos para guardar tus archivos en el disco duro portátil.**

   El Historial de archivos viene de serie en Windows 8, 8.1 y 10. En el capítulo 13 describo cómo configurarlo y activarlo. Se puede tardar desde unos pocos minutos a unas pocas horas en hacer la copia de seguridad de tus archivos por primera vez.

   Mientras el Historial de archivos esté haciendo la copia de seguridad de tus archivos, este muestra la afirmación "El Historial de archivos está realizando copias de los archivos por primera vez". (También muestra la palabra "Detener" en caso de que quieras detener la copia de seguridad).

   Cuando el Historial de archivos haya terminado de hacer la copia de seguridad de los ficheros a la unidad de disco portátil, esa frase cambiará y dirá "Ficheros copiados por última vez", seguida de la fecha y hora en que se terminó de hacer la copia de seguridad de los ficheros, como se muestra en la figura 20-2. En ese momento, ve al paso 5.

5. **Inicia sesión en tu computadora nueva con Windows 10 con la misma cuenta de Microsoft que usabas en tu computadora antigua. A continuación, conecta el disco duro portátil a tu computadora nueva.**

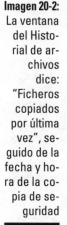

Imagen 20-2: La ventana del Historial de archivos dice: "Ficheros copiados por última vez", seguido de la fecha y hora de la copia de seguridad

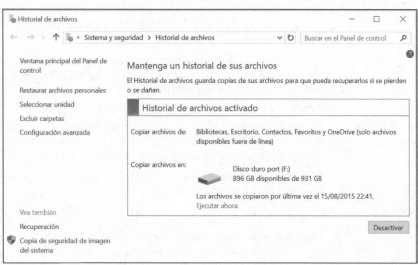

Al iniciar sesión con tu cuenta de Microsoft, tu configuración se transfiere automáticamente a tu computadora nueva. El fondo de pantalla de tu computadora nueva cambia al de la computadora antigua, cosa que te permite saber que algo está pasando.

6. **Abre el Historial de archivos y dirige a tu computadora nueva con Windows 10 a la copia de seguridad de tu antiguo Historial de archivos.**

Imagen 20-3: Selecciona Deseo usar una copia de seguridad anterior en esta unidad de disco del Historial de archivos. A continuación, haz clic en el botón Activar.

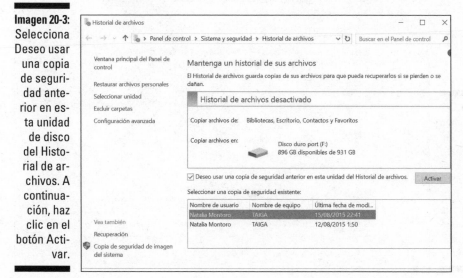

En tu computadora nueva con Windows 10, haz clic en el botón de Inicio y escribe "Historial de archivos" en el cuadro de búsqueda y presiona Intro. Aparece la ventana Historial de archivos del Panel de control, como puede verse en la imagen 20-3.

Marca la casilla llamada Deseo usar una copia de seguridad anterior en esta unidad del Historial de archivos. Se despliega una ventana que enumera las copias de seguridad que has hecho en tu computadora antigua. Haz clic en su nombre y, a continuación, en el botón Activar.

Tu computadora nueva empieza a realizar copias de seguridad de sus archivos por primera vez, pero estos archivos entrantes no dañarán las copias de seguridad de tu computadora antigua.

7. **Elige Restaurar archivos personales del panel izquierdo de la ventana del Historial de archivos.**

Puedes ver estas expresiones en la imagen 20-3.

8. **Elige los archivos y carpetas que hay que restaurar y, a continuación, haz clic en el botón verde Restaurar.**

Haz clic en las fechas Adelante o Atrás que hay junto al gran botón verde a lo largo de la parte inferior de la ventana hasta que encuentres la fecha y hora de los archivos que te gustaría restaurar.

Imagen 20-4: Haz clic en el botón verde para restaurar los archivos o carpetas que se muestran actualmente

Por ejemplo, si usaste Historial de archivos en tu antigua computadora por primera vez en el paso 4, haz clic en la flecha Atrás (a la izquierda) hasta que estés en la copia de seguridad número 1.

Si has estado usando Historial de archivos en tu computadora antigua todo el tiempo, haz clic en la flecha Adelante (en la derecha) para desplazarte hasta tu copia de seguridad más reciente.

Cuando veas los archivos o carpetas que quieres restaurar, haz clic en el botón verde que se encuentra en el borde inferior de la ventana, como se muestra en la imagen 20-4. El Historial de archivos empieza a copiar los archivos o carpetas de tu computadora antigua a la nueva.

Si no surgen complicaciones, tu computadora nueva debería tener pronto los archivos o carpetas de la computadora antigua.

✔ Si ya usabas el Historial de archivos en tu computadora antigua, todas las copias de seguridad de este deberían seguir estando disponibles en tu nuevo equipo.

✔ Tu computadora nueva seguirá haciendo copias de seguridad de los archivos a tu disco duro portátil. Ten siempre conectado el disco duro portátil, o si has comprado un nuevo portátil o tableta, conéctalos con frecuencia a la computadora para que este pueda tener copias de seguridad actualizadas.

✔ Si has tomado prestado el disco duro portátil de un amigo, ahora puedes desconectarlo y devolvérselo. Aunque deberías tener tu propio disco duro portátil para poder empezar a hacer copias de seguridad de tu computadora nueva con Windows 10 PC.

✔ Tu cuenta de Microsoft y el Historial de archivos pueden transferir tu configuración y tus archivos a tu computadora nueva. Sin embargo, seguirás teniendo que instalar todos los programas del antiguo escritorio al nuevo equipo.

✔ Si estás haciendo el cambio a Windows 10 desde una computadora con Windows 8 o 8.1, encontrarás todas tus aplicaciones en la Tienda Windows: haz clic en el icono cerca de la esquina superior derecha de la Tienda de aplicaciones y selecciona Mi biblioteca en el menú desplegable. Allí encontrarás y podrás descargar tus antiguas aplicaciones a tu computadora nueva.

Capítulo 21

Cómo moverse en el sistema de ayuda de Windows

- -

En este capítulo

▶ Encontrar consejos útiles en un santiamén

▶ Lograr entender las políticas de asistencia técnica de Microsoft

▶ Buscar ayuda para un problema o programa concretos

- -

No te molestes en rebuscar en este capítulo el meollo del asunto. A continuación, tienes las formas más rápidas para hacer que Windows facilite información útil cuando algo del escritorio te deje perplejo:

✔ **La tecla F1 en el escritorio:** pulsa la tecla F1 en Windows o en cualquier programa del escritorio.

✔ **El menú Inicio:** haz clic en el botón Inicio y, a continuación, en el mosaico Introducción.

✔ **El signo de interrogación:** si ves un pequeño signo de interrogación azul cerca de la esquina superior derecha de una ventana, lánzate sobre él con un clic rápido.

✔ **El menú Aplicaciones:** haz clic en las tres líneas de la esquina superior izquierda de una aplicación, selecciona Configuración del menú desplegable, y a continuación, haz clic en el botón Ayuda, si está disponible, en el panel que aparece a lo largo del borde derecho de la aplicación.

En todos los casos, Windows va a buscar la ayuda, ya sea conectándose a internet, buscando las instrucciones integradas o dirigiéndote a un tutorial incorporado a Windows 10.

Este capítulo explica cómo sacar el mejor provecho de la ayuda que ofrece Windows 10.

Realizar la introducción a Windows 10

La aplicación Introducción de Windows 10 dispone de una visita guiada breve por Windows 10, que atrae a más o menos la misma gente a la que le gusta leer las introducciones de los libros: te pone en antecedentes de lo que te espera.

Para abrir la aplicación, haz clic en el botón Inicio y, a continuación, en el icono Introducción (que se muestra al margen) en el menú Inicio. La aplicación llenará la pantalla, como se muestra en la imagen 21-1.

Al igual que muchas aplicaciones, Introducción coloca una lista de iconos a lo largo del borde izquierdo. ¿No ves las etiquetas de los iconos? En ese caso, haz clic en el icono del menú hamburguesa (que se muestra en el margen) en la esquina superior izquierda de la aplicación. Al hacer clic en ese icono en cualquier aplicación, se expande el panel izquierdo de la misma, lo que te permite ver etiquetas junto al misterioso icono.

Haz clic en el enlace Novedades para ver una rápida explicación de los cambios más importantes que supone Windows 10.

Haz clic en cualquiera de las otras categorías que aparecen a la izquierda y examina las opciones que se ofrecen. Aunque la aplicación Introducción sirve como una muy breve guía introductoria a Windows 10, no te ayudará a resolver los problemas.

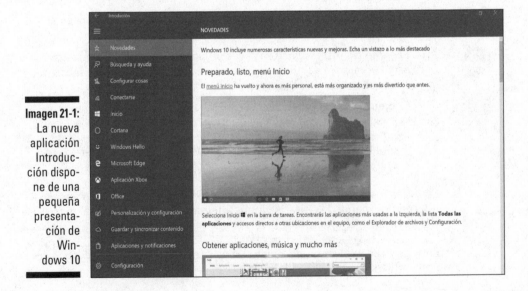

Imagen 21-1:
La nueva aplicación Introducción dispone de una pequeña presentación de Windows 10

De hecho, esta aplicación tiene su propio problema: únicamente funciona cuando estás conectado a internet. Si no lo estás, la aplicación simplemente muestra un mensaje de error.

Ponerte en contacto con el soporte técnico

Windows 10 viene con una nueva aplicación diseñada para facilitar que encuentres el tipo de ayuda que necesitas para tu problema particular. La aplicación, denominada simplemente Ponerse en contacto con el soporte técnico, funciona de forma muy parecida a esos robots que te hacen pulsar diferentes números en el teléfono para ir dirigiéndote al departamento adecuado.

La aplicación, como muchas otras cosas del Windows actual, te solicita que accedas con una cuenta de Microsoft. Microsoft empezó a hacer que Windows dependiera de cuentas de Microsoft con Windows 8, y si no dispones de una, comprobarás que Windows se complica cada vez más (aunque, para ser justos, Apple y Google también requieren que tengas sus cuentas).

Para convocar a la aplicación Ponerse en contacto con el soporte técnico y comenzar a dirigirte hacia alguien o algo que te pueda ayudar con tu problema particular con la computadora, sigue estos pasos:

1. **Haz clic en el botón Inicio, a continuación en el botón Todas las aplicaciones del menú Inicio, que se encuentra a lo largo del borde inferior izquierdo, y después haz clic en Ponerse en contacto con el soporte técnico (el icono está en el margen).**

   Aparecerá el programa Ponerse en contacto con el soporte técnico, que se muestra en la imagen 21-2, y este empezará de inmediato a dividir tu problema en categorías administrables.

2. **Haz clic en la categoría aplicable y continúa haciendo clic en los menús hasta que encuentres el método de soporte técnico que prefieras.**

   ¿Has hecho clic en la categoría equivocada? Haz clic en la flecha que apunta hacia atrás (que se muestra en el margen) en la esquina superior izquierda de la ventana para volver a la pantalla previa.

   A medida que haces clic en las categorías, observarás que la asistencia técnica de Microsoft se divide en las siguientes:

Imagen 21-2:
El programa Ponerse en contacto con el soporte técnico de Windows 10 formula preguntas que te dirigen al departamento correcto

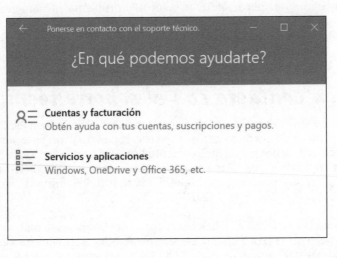

¿En qué podemos ayudarte?

Cuentas y facturación
Obtén ayuda con tus cuentas, suscripciones y pagos.

Servicios y aplicaciones
Windows, OneDrive y Office 365, etc.

✔ **En línea:** algunas categorías simplemente te dirigen a un sitio web para obtener más ayuda. Hay que decir a su favor que la aplicación, a menudo, te conduce al lugar correcto antes de lo que tú hubieras llegado por ti mismo buscando en internet. Pero esta opción no te ayudará si tienes problemas para conectarte a internet.

✔ **Chatear en línea con un Técnico de respuestas de Microsoft, Programar una llamada, Llamarme lo antes posible:** estas tres opciones suponen una variación de un tema común: asistencia técnica de pago. En el siguiente apartado de este capítulo, describo las opciones de asistencia técnica de pago de Microsoft.

✔ **Preguntar a la Comunidad:** quizás se trate de tu mejor apuesta y supone publicar tu pregunta en un foro en línea en `answers.microsoft.com`. La describo en el último apartado de este capítulo.

Te recomiendo que pruebes primero con la opción En línea. A menudo, leer las Preguntas frecuentes de un sitio web resolverá un problema común. En los siguientes dos apartados trataré las otras dos opciones, asistencia técnica de pago y Pregunta a la comunidad.

Opciones de asistencia técnica de pago de Microsoft

Microsoft te ofrece tres tipos de servicios de pago, que se describen en línea en el sitio web de la Tienda Microsoft (`http://www.answerdesk.microsoft.com`). Estos servicios se dividen en estas categorías:

✔ **Plan de soporte de Assure Software:** si pagas una cuota anual de al rededor de $2 000, Microsoft ofrece 12 meses de eliminación de virus y de ayuda mediante chat en línea o por teléfono (y formación personal, si vives cerca de una Tienda Microsoft). Para aquellas personas que llevan constantemente su computadora a tiendas de reparación o que llaman a empresas de asistencia técnica a domicilio, esta opción puede suponer un ahorro económico.

✔ **Soporte para software Premium:** si solo necesitas ayuda con el software propio de Microsoft, como por ejemplo Windows o Office, puedes pagar $1 300 por una hora de asistencia técnica mediante chat en línea o por teléfono. Pero son $1 300 por hora. Y el cargo se realiza por cada sesión, lo que muestra que el Plan de asistencia Assure Software puede ser una mejor opción para problemas que ocurren con frecuencia.

✔ **Eliminación y protección antivirus:** ¿Atascado con un virus? Microsoft cobra $1 300 por cada sesión para eliminarlos.

Si has adquirido tu computadora de tiendas físicas o tiendas en línea de Microsoft, te habrán ofrecido planes de mantenimiento y garantía extendidos. Si pagas por anticipado, podrás beneficiarte de los planes de asistencia técnica de Microsoft sin tener que pagar cargos por incidente o por hora.

Opciones de asistencia técnica gratuita de Microsoft

Para obtener asistencia técnica gratuita, la mejor opción es el foro de Respuestas de Microsoft. Se trata de un lugar de reunión en línea para usuarios confusos, entendidos entusiastas de la tecnología y empleados de Microsoft.

Visitas el sitio web, escoges tu categoría, escribes tu pregunta y esperas. A veces te contestará un empleado de Microsoft, pero más a menudo que menos meterá cuchara alguien con un problema similar. Cuanta más gente responda, más posibilidades habrá de que todo el mundo encuentre una solución a un problema común.

Pero recuerda: los foros son para productos de Microsoft. Si tienes problemas con un software de otra empresa, no tendrás más remedio que dirigirte al soporte técnico de la empresa correspondiente.

Para visitar el foro gratuito de Respuestas de Microsoft, sigue estos pasos:

1. **Visita el sitio web de Respuestas de Microsoft en** `http://answers.microsoft.com` **y elige Windows en la sección Examinar las categorías.**

2. **Elige tu versión de Windows de la sección Explorar por versión.**

3. **Inicia sesión con tu cuenta de Microsoft.**

   Como en muchas de las cosas que tienen que ver con Microsoft hoy en día, necesitas una cuenta de Microsoft para acceder al foro de Respuestas.

   Se abrirá el sitio web del foro, tal y como puedes ver en la imagen 21-3.

4. **Realiza una búsqueda en el foro para ver preguntas respondidas anteriormente.**

   Si hay algo en tu computadora que no funciona correctamente, probablemente tampoco les funcione a otras personas. Escribe unas pocas palabras clave que describan tu problema en el Cuadro de búsqueda, situado en la esquina superior derecha de la ventana y pulsa Intro.

   Cuando el sitio web muestre los resultados, dedica algo de tiempo a examinarlos para ver si encuentras alguna solución al problema particular de tu computadora. Si no la encuentras, ve directamente al paso 5.

5. **Escribe tu pregunta e introduce un título, una descripción del problema y una categoría. A continuación, haz clic en el botón Enviar.**

   Para hacer una pregunta, haz clic en el enlace Participar que hay a lo largo de la parte superior de la página y selecciona Hacer una pregunta en el menú desplegable. El sitio web dispone de un formulario, que se muestra en la imagen 21-4, para que introduzcas un título y expliques el problema que tiene tu computadora.

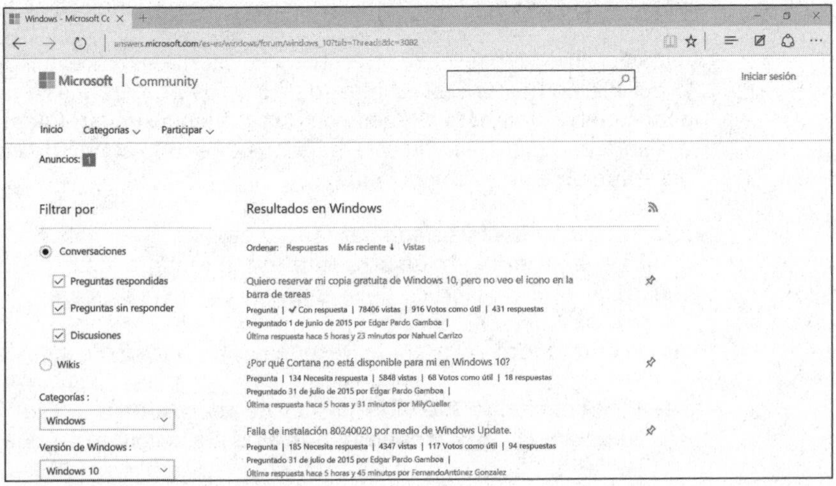

Imagen 21-3:
El foro en línea de Respuestas de Microsoft proporciona asistencia técnica gratuita

No olvides rellenar las listas desplegables de Categoría en la parte inferior del formulario. En ellas podrás escoger tu versión de Windows, así como acotar tu pregunta por tema. Esto ayudará a los demás a encontrar tu pregunta, y posiblemente a facilitarte respuestas, cuando visiten más adelante el foro.

Y entonces toca esperar. Cuando alguien responde, aparece un aviso en tu correo electrónico con un enlace al mensaje que has publicado y a la respuesta. Haz clic en el enlace de correo electrónico para volver a visitar el foro, donde podrás iniciar un intercambio de opiniones que quizás te ayude a solucionar el problema.

La Sección de respuestas es gratuita y, aunque no está garantizado que recibas una respuesta, es un buen lugar para empezar.

Para obtener los mejores resultados, ten presentes estas sugerencias cuando publiques un mensaje en el Foro de respuestas:

✔ No despotriques. Recuerda, a la mayoría de visitantes del foro no se les paga. Hay muchos apasionados de la informática a los que realmente les interesa solucionar problemas y es más fácil convencerles con la lógica que con los sentimientos.

✔ Para obtener la mejor respuesta, sé lo más descriptivo posible. Si ves un mensaje de error, reprodúcelo íntegramente y sin errores tipográficos. Introduce la marca y el modelo exacto de tu computadora.

✔ Si es posible, enumera los pasos que has seguido en tu computadora para reproducir el problema.

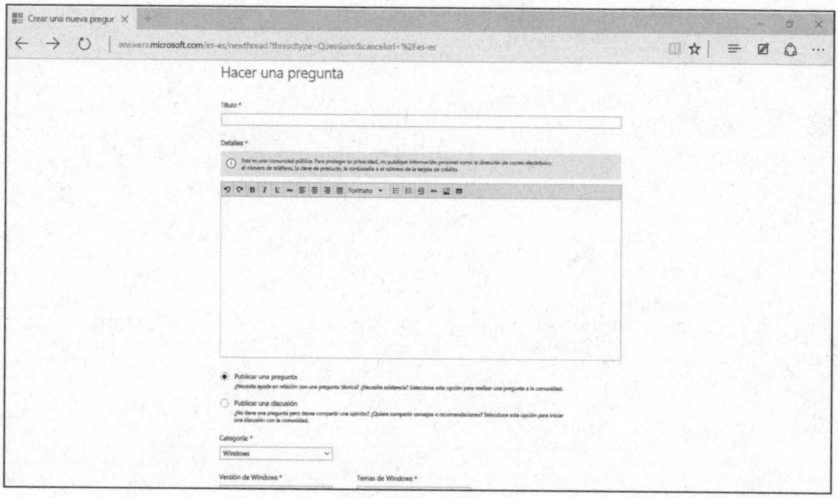

Imagen 21-4:
Selecciona Hacer una pregunta en el enlace Participar, y escribe un título para tu pregunta

✔ La mayoría de las mejores respuestas no provienen de los técnicos en nómina de Microsoft, sino de extraños que tienen el mismo problema que tú, incluso también la misma marca y modelo de computadora, y que quieren intercambiar sugerencias que mejoren las cosas para ambos.

✔ Estate pendiente de tu bandeja de entrada y responde a quien intente ayudarte. La información que intercambiéis permanecerá en el foro durante años. Si eres capaz de solucionar tu problema, dejarás un rastro que les permitirá a otras personas solucionar también los suyos.

Parte VII
Los decálogos

En esta parte...

✔ Obtén unos diez consejos para usuarios de tabletas y portátiles

✔ Descubre unas diez cosas que odiarás de Windows y cómo arreglarlas

Capítulo 22

Diez cosas que odiarás de Windows 10 (y cómo solucionarlas)

*P*uede que pienses que Windows 10 sería perfecto si... (pon aquí tu queja).

Si piensas (o dices) estas palabras a menudo, lee este capítulo. En él no solo encontrarás una lista de diez de las cosas más molestas sobre Windows 10, sino también las mejores formas para solucionarlas.

¡Quiero evitar las aplicaciones!

Con Windows 10, Microsoft continúa haciendo su paso del antiguo y aburrido mundo de los programa de escritorio a la tierra de las aplicaciones compatibles con los móviles.

A algunos les encantan las aplicaciones. Están diseñadas para tabletas con pantalla táctil y para teléfonos, que tienen limitado espacio real de pantalla. No cuentan con menús complicados y su objetivo es lograr la simplicidad a la hora de tocar. Otros odian las aplicaciones y prefieren ejecutar los programas en el escritorio. Después de todo, llevan haciéndolo así, con un *mouse* y un teclado, dos décadas.

Si te parece que la forma en la que Microsoft se centra en las aplicaciones es confusa y molesta, a continuación te explico cómo evitarlas. Sigue los consejos de estos apartados para quitar aplicaciones del menú Inicio y de tu computadora y así mantener la atención en el escritorio.

Quitar aplicaciones del menú Inicio y de tu computadora

Windows 10 llena el borde derecho del menú Inicio con mosaicos de aplicaciones. Puede que los usuarios de Windows 8 y 8.1 estén acostumbrados al nuevo estilo de vida amante de las aplicaciones de Microsoft, pero estas pueden venirle de nuevo y no ser deseadas por quienes actualizan desde Windows 7.

Por suerte, es bastante fácil quitar esos mosaicos. Para quitar de la pantalla Inicio un mosaico, haz clic con el botón derecho sobre él cuando aparezca el menú emergente y elige Desanclar de inicio. Repite la operación con todos los otros mosaicos hasta que se hayan esfumado.

Así eliminarás los mosaicos de aplicaciones del menú Inicio, aunque las aplicaciones seguirán estando en la lista Todas las aplicaciones, ordenada por orden alfabético, del menú Inicio. Además, lo anterior no elimina las aplicaciones de la computadora.

Para ir un paso más allá y desinstalar las aplicaciones, sigue estos pasos:

1. **Haz clic en el botón Inicio y selecciona Configuración en el menú Inicio.**

   Aparecerá la aplicación Configuración.

2. **Haz clic en el icono Sistema de la aplicación Configuración (que se muestra en el margen). Cuando aparezca la ventana Sistema, haz clic en el enlace Aplicaciones y características que hay a lo largo del borde izquierdo de la ventana.**

   Aparecerá la ventana Aplicaciones y características, que mostrará en el lado derecho una lista de las aplicaciones que tienes instaladas, como se muestra en la imagen 22-1.

3. **Para quitar una aplicación, haz clic en su nombre y en el botón Desinstalar que aparece debajo de este. A continuación, haz clic**

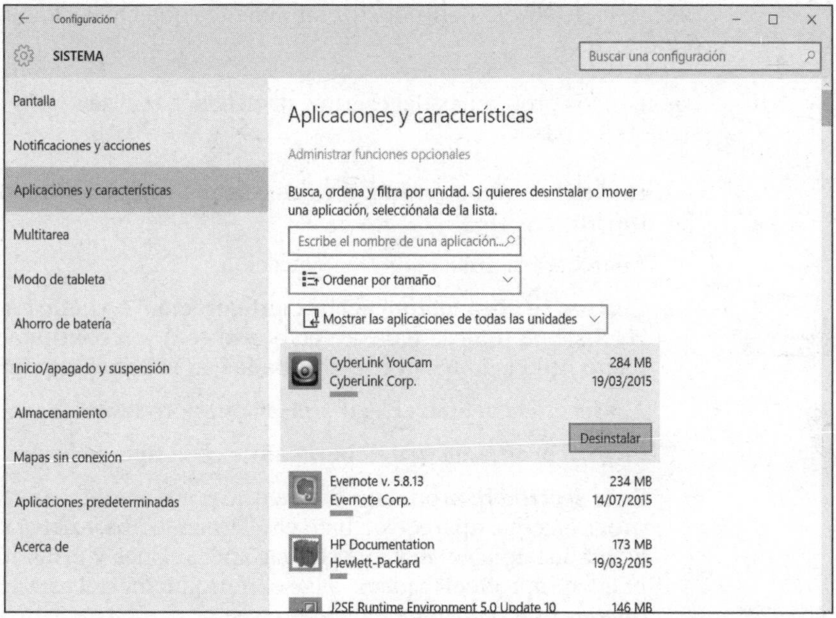

Imagen 22-1:
Para quitar una aplicación, haz clic en su nombre y en el botón Desinstalar que aparece debajo de este

de nuevo en Desinstalar cuando Windows te pregunte si estás seguro de que quieres eliminar la aplicación.

Windows elimina la aplicación de la computadora, lo que también la elimina del menú Inicio. Pero por desgracia, no todas las aplicaciones se pueden eliminar. Si el botón Desinstalar aparece en gris, esa aplicación no se puede desinstalar.

Puedes reinstalar una aplicación que hayas eliminado por error visitando la aplicación de la Tienda Windows, allí buscas la aplicación utilizando el Cuadro de búsqueda y la reinstalas. También aparece en la lista cuando haces clic en el icono de tu cuenta cerca de la esquina superior derecha de la Tienda Windows y seleccionas Mi biblioteca en el menú desplegable. En el capítulo 6, describo cómo instalar aplicaciones de la Tienda.

Decirles a los programas del escritorio, y no a las aplicaciones, que abran tus archivos

A algunas personas no les molestan las aplicaciones mientras no se inmiscuyan en las tareas que suelen realizar los programas del escritorio. Pero en Windows 10, las aplicaciones a menudo quieren abrir los archivos de tu escritorio. Si haces clic en un archivo de música del Administrador de archivos del escritorio, por ejemplo, aparecerá la aplicación Música de

Groove en lugar del Reproductor multimedia, que ha llevado las riendas durante años.

Para que los programas del escritorio vuelvan a realizar estas tareas, sigue estos pasos:

1. **Haz clic en el botón Inicio y selecciona Configuración en el menú Inicio.**

   Aparecerá la aplicación Configuración.

2. **Cuando se abra la aplicación Configuración, haz clic en la categoría Sistema (que se muestra en el margen) y, a continuación, en el icono Aplicaciones predeterminadas en el panel izquierdo.**

   Aparecerá la ventana Elegir aplicaciones predeterminadas.

3. **Elige el programa que debería abrir cada tipo de archivo.**

   En la sección Reproductor de música, por ejemplo, haz clic en el programa que aparece actualmente. Cuando aparezca la pantalla Elegir una aplicación y muestre las aplicaciones y programas que pueden reproducir vídeos, elige el reproductor del escritorio que quieres que se encargue de esta tarea.

   Repite lo anterior para otras categorías de programas hasta que hayas reemplazado cualquier aplicación del menú Inicio por sus equivalentes del escritorio.

Quiero evitar el escritorio

En una tableta con pantalla táctil, resulta tentador quedarse con las aplicaciones por sus mosaicos del tamaño de un dedo y sus iconos fáciles de tocar. Los usuarios de *smartphones* han disfrutado del estilo de vida de las aplicaciones durante años. Las aplicaciones de fácil descarga sirven de ayuda en prácticamente cualquier ámbito, desde la observación de pájaros a la reparación de coches.

El poco peso y la gran pantalla de las tabletas facilitan la lectura de libros, periódicos y revistas digitales. Y, además, puedes navegar por tus sitios web favoritos alejado de tu mesa de trabajo. La aplicación Configuración, fortalecida recientemente en Windows 10, hace que evitar el escritorio sea más fácil que nunca.

Sin embargo, permanecer acurrucado en el mundo de las aplicaciones de la pantalla Inicio puede resultar más complicado de lo que parece. Da igual cuánto intentes evitar el escritorio y sus controles del tamaño de una chinche, pues acabarás en él siempre que lleves a cabo alguna de las siguientes acciones desde el menú Inicio:

✔ **Gestionar los dispositivos.** El área de Dispositivos de la aplicación Configuración enumera todos los dispositivos conectados a la computadora, desde impresoras a discos duros portátiles pasando por *mouses*. No obstante, solo mostrará sus nombres. Si quieres cambiar la configuración de la mayoría de estos dispositivos, tendrás que visitar el Panel de control del escritorio.

✔ **Gestionar cuentas.** Puedes crear y eliminar cuentas de usuario desde la aplicación Configuración, incluso cambiar cuentas Estándar a cuentas de Administrador, y viceversa.

✔ **Gestionar archivos.** Puedes acceder a tus fotos y archivos de música desde las aplicaciones Fotos y Música de Groove, respectivamente. Aunque si necesitas acceder a los archivos de OneDrive o realizar tareas más avanzadas —ordenar los archivos por fecha de creación, por ejemplo—, tendrás que hacerle una visita al escritorio.

En pocas palabras, las aplicaciones de Windows 10 pueden realizar la mayoría de tareas informáticas sencillas. En cambio, cuando tengas que realizar ajustes de la configuración de la computadora o tareas de mantenimiento, tendrás que volver al escritorio o a su Panel de control.

Si ves que tienes que volver constantemente al escritorio para llevar a cabo ciertas tareas, visita la Tienda Windows para buscar una aplicación que pueda realizar la misma función. Microsoft abastece la tienda de más aplicaciones cada día y, a medida que las aplicaciones se encargan de más funciones, tendrás que visitar el escritorio cada vez con menos frecuencia.

Hasta que las aplicaciones se pongan a la altura del escritorio, los usuarios de tabletas tal vez quieran añadir un *mouse* Bluetooth portátil (que se describe en el capítulo 12) a su lista de la compra de cachivaches para realizar esas visitas inevitables al escritorio, y a sus diminutos botones y menús.

Cuando ejecutes Windows en una tableta, asegúrate de que estás en modo Tableta: desliza el dedo hacia dentro desde el borde derecho de la pantalla. Cuando aparezca el panel Notificaciones, asegúrate de que está resaltado el botón del modo Tableta. Si no está resaltado como los botones adyacentes, púlsalo para volver a cambiar al modo Tableta.

No quiero tener una cuenta de Microsoft

Microsoft quiere que todo el mundo inicie sesión con una cuenta de Microsoft. A favor de Microsoft diré que Windows 10 es mucho más fácil de usar con una de estas cuentas, pues muchos servicios requieren tener una. Sin una cuenta de Microsoft, te perderás el útil espacio de almacenamiento en línea OneDrive, así como el poder descargar nuevas aplicaciones de la Tienda. Incluso tu hijo tendrá que iniciar sesión con una cuenta de Microsoft si quieres controlar el uso que hace de la computadora.

No obstante, si no quieres tener una cuenta de Microsoft, no la necesitas. En su lugar, una cuenta local te servirá para iniciar sesión, aunque los usuarios de estas se autolimitan al *antiguo* mundo de la vida en el escritorio. Pero, para muchos, el escritorio ya hace su función correctamente.

Una cuenta local te permite usar el escritorio y sus programas igual que en Windows 7 y en versiones anteriores de Windows.

Solo tendrás que apartar la mirada cuando veas la entrada de OneDrive integrada en el Explorador de archivos del escritorio.

En el capítulo 14 explico cómo crear tanto cuentas locales como cuentas de usuario de Microsoft.

Windows me hace iniciar sesión constantemente

Windows, preocupado por la energía, suele poner la pantalla en blanco cuando no has tocado ninguna tecla durante unos minutos. Además, cuando pulsas una tecla con retraso para resucitar la pantalla, te enfrentas a una pantalla de bloqueo.

Para ir más allá de la pantalla de bloqueo, tendrás que escribir tu contraseña para volver a iniciar sesión en tu cuenta.

Algunos usuarios prefieren ese nivel añadido de protección. Si la pantalla de bloqueo aparece mientras pasas demasiado rato en la máquina de café, estás protegido: nadie puede ir y fisgonear tu correo electrónico.

Otros usuarios no necesitan esa seguridad añadida y únicamente quieren volver rápido al trabajo. A continuación te explico cómo adaptarte a los dos campos.

Si quieres impedir que Windows solicite una contraseña cada vez que se despierte, sigue estos pasos:

1. **Haz clic en el botón Inicio y, a continuación, haz clic en Configuración en la esquina inferior izquierda.**

    Aparecerá la aplicación Configuración.

2. **Haz clic en el icono de Cuentas de la aplicación Configuración y, a continuación, haz clic en Opciones de inicio de sesión en el panel izquierdo.**

3. **Haz clic en el menú desplegable Requerir inicio de sesión y cámbialo a Nunca.**

Seguir estos pasos hará que dispongas de un Windows más sencillo. Cuando la computadora despierte del sueño, estarás en el mismo lugar en el que te quedaste cuando paraste de trabajar y no tendrás que volver a escribir la contraseña nunca más.

Por desgracia, también te quedará un Windows menos seguro. Cualquiera que se acerque a la computadora podrá acceder a tus archivos.

Si quieres volver al Windows más seguro, aunque menos simpático, sigue los mismos pasos; pero, en el paso 3, elige la opción Cuando el equipo se active después de haber estado en suspensión. Tus cambios se realizarán de inmediato.

La barra de tareas desaparece constantemente

La barra de tareas es una característica práctica de Windows que suele ocupar la parte inferior del escritorio. A veces, por desgracia, desaparece y se pierde en el bosque. Para buscarla y traerla de vuelta a casa, a continuación te muestro unos pasos.

Si la barra de tareas de repente se aferra a un lateral de la pantalla —o incluso al techo— prueba a arrastrarla de vuelta a su sitio: en vez de arrastrar un borde, coge la barra de tareas entera desde el medio de la misma. Cuando el puntero del *mouse* llega a la parte inferior de la pantalla, la barra de tareas vuelve de repente a su sitio. Suelta el *mouse* y la habrás capturado de nuevo.

Sigue estos consejos si quieres evitar que la barra de tareas se vaya de paseo:

✔ Si quieres mantener la barra de tareas bloqueada en su sitio para que no se vaya volando, haz clic con el botón derecho en una parte vacía de la barra de tareas y elige la opción Bloquear la barra de tareas. Sin embargo, recuerda que, antes de hacer cambios en la barra de tareas en el futuro, tienes que desbloquearla.

✔ Si pierdes de vista la barra de tareas cuando el puntero del *mouse* no flote cerca, desactiva la característica Ocultar automáticamente de la barra de tareas. Haz clic con el botón derecho en una parte vacía de la barra de tareas y elige la opción Propiedades del menú emergente. Cuando aparezca el cuadro de diálogo Propiedades de la barra de tareas, desmarca la casilla Ocultar automáticamente la barra de tareas (o, si quieres activar la característica Ocultar automáticamente, marca la casilla).

No puedo alinear dos ventanas en la pantalla

Windows, empleando su arsenal de herramientas de arrastrar y soltar, simplifica la tarea de coger información de una ventana y copiarla a otra. Por ejemplo, puedes arrastrar la dirección de una libreta de direcciones y soltarla en una carta en el procesador de textos.

Sin embargo, lo más complicado de arrastrar y soltar llega cuando alineas dos ventanas en paralelo en la pantalla para intercambiar información entre ellas.

Windows cuenta con una forma sencilla de alinear ventanas para arrastrar y soltar sin complicaciones:

1. **Arrastra una ventana hacia el borde izquierdo, derecho, superior o inferior.**

   Cuando el puntero del *mouse* toque el borde de la pantalla, la ventana cambiará de tamaño para ocupar la mitad de la pantalla.

   Windows 10 también te permite arrastrar ventanas a esquinas, lo cual es tu manera de decirles a las ventanas que cambien de forma para llenar un cuarto de la pantalla. Arrastrando una ventana a cada esquina, puedes alinear cuatro ventanas convenientemente en la pantalla.

2. **Arrastra la otra ventana hacia el borde opuesto.**

   Cuando el puntero del *mouse* llegue al otro borde, las dos ventanas quedarán alineadas una junto a la otra.

También puedes minimizar todas las ventanas, excepto las dos que quieres alinear en paralelo. A continuación, haz clic con el botón derecho sobre la barra de tareas y elige la opción Mostrar ventanas en paralelo. Las dos ventanas quedarán alineadas en pantalla.

Intenta arrastrar ventanas a cada posición en el escritorio, incluidas las esquinas; así estarás preparado cuando necesites ver varios archivos en pantalla al mismo tiempo.

No puedo hacer algo, salvo que sea administrador

Windows se pone tremendamente quisquilloso sobre quién hace qué en la computadora. El dueño de la computadora recibe la cuenta de Administrador. Y es el administrador quien da al resto de usuarios una cuenta Normal. ¿Y eso qué significa? Que solo el administrador puede llevar a cabo las siguientes tareas en la computadora:

✔ Instalar programas

✔ Crear o cambiar cuentas para otros usuarios

✔ Abrir una conexión a internet

✔ Instalar determinado hardware, como cámaras digitales y reproductores MP3

✔ Realizar acciones que afecten a otros usuarios de la computadora

Los usuarios con una cuenta Normal solo pueden hacer actividades bastante básicas. Esto es lo que pueden hacer:

✔ Abrir programas instalados previamente

✔ Cambiar la imagen y contraseña de la cuenta

Windows 10 ya no dispone de cuentas de invitado, que suponían una forma práctica de que los invitados tomaran prestada tu computadora y accedieran a internet.

Si Windows te indica que solo un administrador puede llevar algo a cabo en la computadora, tienes dos opciones: pedirle a un administrador que escriba su contraseña y autorice esa acción, o convencerle para que actualice tu cuenta a una cuenta de Administrador, una tarea sencilla que describo en el capítulo 14.

No sé qué versión de Windows tengo

Si tienes en cuenta todas sus variaciones, Windows 10 está disponible en siete sabores (los describo todos en el capítulo 1). ¿No estás del todo seguro de la versión de Windows que vive en tu computadora? No es que Windows lo proclame a los cuatro vientos, pero si investigas un poco, la información vendrá a ti. Concretamente, tienes que ir a la ventana Sistema.

Sigue estos pasos para buscar la ventana Sistema o Propiedades del sistema en cualquier computadora y ver qué versión de Windows tienes instalada:

1. **En el Escritorio, haz clic en el botón Inicio.**

2. **Haz clic con el botón derecho en el elemento del menú que se llama o bien Equipo o Mi PC y selecciona Propiedades en el menú emergente.**

   Cuando aparezca la ventana Propiedades del sistema, lee la información para saber qué versión de Windows tienes y si es de 32 o de 64 bits.

Esto funciona con las versiones más antiguas de Windows, pero en las más recientes hay un par de excepciones:

✔ Si tu menú Inicio llena la pantalla completa, tienes Windows 8 u 8.1. Para saber cuál de las dos versiones es, haz clic en el mosaico del Escritorio del menú Inicio. Si el escritorio no tiene un botón Inicio, estás ejecutando Windows 8. Si lo tiene, estás ejecutando Windows 8.1.

✔ Si tu menú Inicio no muestra los términos Equipo o Mi equipo, haz clic con el botón derecho en el botón Inicio y selecciona Sistema en el menú emergente. Es muy probable que estés ejecutando Windows 10.

La tecla Imprimir pantalla no funciona

A pesar de su nombre, la tecla Imprimir pantalla no envía una foto de tu pantalla a la impresora. En su lugar, la tecla Imprimir pantalla (normalmente abreviada como Impr Pant) envía la foto de la pantalla a la memoria de Windows.

Llegados a este punto, puedes pegarla en un programa de tratamiento gráfico y enviarla a la impresora.

Si quieres capturar una imagen de toda la pantalla y guardarla rápidamente como un archivo, pulsa ▦ + Impr Pant.

Con este método abreviado le indicarás a Windows que capture una foto de la pantalla actual y la guarde como un archivo. Windows guarda esas imágenes en la carpeta Imágenes de la computadora dentro de una carpeta llamada "Capturas de pantalla". Los archivos de capturas de pantalla están en formato PNG, formato favorito de muchos programas de tratamiento gráfico. Las capturas de pantalla incluyen también el puntero de tu *mouse*. Las capturas de pantalla que le sigan se guardarán con un número tras el nombre, como Captura de pantalla (2) y Captura de pantalla (3).

Cuando las hayas guardado, puedes enviar una captura de pantalla a la impresora haciendo clic con el botón derecho en el archivo y seleccionando Imprimir en el menú emergente.

Algunas tabletas también pueden hacer, y guardar, capturas de pantalla si mantienes presionado el control de volumen abajo y pulsas la tecla Windows incorporada de la tableta. Algunas tabletas usan diferentes combinaciones de teclas, así que consulta el manual de tu tableta para ver cómo se hacen las capturas de pantalla.

Capítulo 23

Unos diez consejos para usuarios de tabletas y portátiles

L a mayor parte de este libro puede aplicarse tanto a los equipos de escritorio como a portátiles y tabletas. Windows cuenta con una serie de funciones exclusivas para los usuarios de dispositivos portátiles, las cuales trato en este capítulo. También incluyo unos cuantos trucos y referencias rápidas útiles para los usuarios de portátiles que buscan información con prisas.

Activar el modo Tableta

Cuando estés en modo Tableta, Windows 10 cambia a su modo cómodo para usar con los dedos: el menú Inicio llena la pantalla completa. Las aplicaciones también llenan la pantalla. Dado que las tabletas, a menudo, son más pequeñas que los monitores de escritorio, ver un programa en cada momento facilita concentrarse en la tarea que se está llevando a cabo.

Cuando estás en modo Tableta, Windows incorpora incluso espacio adicional a una lista de elementos del menú, lo que hace más fácil apuntar y pulsar la opción deseada.

Sin embargo, el modo Tableta no siempre es fácil de definir. Por ejemplo, cuando conectas un teclado a tu tableta, ¿quieres desconectar el modo tableta y volver a un escritorio totalmente funcional? La misma pregunta se plantea cuando conectas un *mouse*.

Añádele que los portátiles convertibles de hoy en día cambian entre portátil y tableta con un movimiento de flexión, y Windows 10 a veces no puede distinguir qué modo quieres.

Por suerte, es fácil ver si estás o no en modo Tableta y alternar entre activado o no activado.

Para cambiar al modo Tableta activado en una pantalla táctil, sigue estos pasos:

1. **Desliza el dedo hacia dentro desde el borde derecho de la pantalla.**

   Aparece el panel del Centro de actividades.

2. **Cuando aparezca el Centro de actividades, pulsa el botón del modo Tableta.**

   El panel del Centro de actividades muestra cuatro botones a lo largo de la parte inferior. Están en blanco cuando está desactivado y resaltados cuando está activado.

Algunas tabletas pueden cambiar automáticamente, dependiendo de los dispositivos que tengan conectados. Cuando la tableta note un cambio (quizás la has quitado de una base de acoplamiento), se envía un mensaje a la esquina inferior derecha de la pantalla preguntando si quieres cambiar al modo Tableta. En caso afirmativo, aprueba el mensaje y Windows cambiará de modo.

Para indicarle a Windows que cambie al modo Tableta automáticamente, pulsa el botón Inicio; luego, Configuración y, cuando aparezca la aplicación Configuración, pulsa el icono Sistema. El apartado del modo Tableta, que se encuentra en la parte izquierda de la página Sistema, te da estas opciones:

✔ **Alternar entre activado y desactivado:** cambia a Activado y Windows intenta colocar automáticamente tu computadora en modo Tableta (aunque esto solo funciona en algunos modelos de tableta).

✔ **Al Iniciar sesión:** pulsa esto y un menú emergente te permite elegir cómo debería comportarse Windows cuando inicias sesión. Puede mandarte directamente al escritorio, activar directamente el modo Tableta o permanecer en el modo en el que estaba anteriormente.

✔ **Cuando mi dispositivo quiere cambiar de modo:** aquí, un mensaje emergente te permite decidir cómo debería reaccionar tu tableta cuando note que quizás quieras alternar a modo Tableta activado o desactivado. Si tu tableta suele acertar al elegir automáticamente el modo correcto, elige los modos Nunca preguntarme y Siempre cambiar.

✔ **Ocultar los iconos de aplicación en la barra de tareas cuando estás en modo Tableta:** esta alternancia te permite elegir si quieres ver iconos en la barra de tareas. Algunos usuarios de tabletas prefieren eliminar los iconos para reducir el desorden. Los usuarios de tableta siempre pueden ver qué aplicaciones se están ejecutando en segundo plano deslizando un dedo hacia dentro desde el borde izquierdo de la tableta.

Elige cualquier opción y el cambio se realizará de inmediato; no tienes que hacer clic en el botón Aceptar ni en Sí para aprobar los cambios.

Cambiar a modo Avión

A muchas personas les gusta trabajar con sus tabletas o portátiles durante un vuelo largo. Los dispositivos portátiles son estupendos para ver películas, entretenerse con juegos o ponerse al día con el trabajo.

Sin embargo, la mayoría de aerolíneas obligan a desactivar la conexión inalámbrica durante el vuelo, lo que se conoce en jerga de aeropuerto como *modo avión*.

Si quieres activar el modo Avión en un portátil o tableta, sigue estos pasos.

1. **Haz clic en el icono de Centro de actividades cerca del reloj que hay en la esquina inferior derecha de la pantalla.**

   En una pantalla táctil, desliza el dedo hacia dentro desde el borde derecho de la pantalla.

   Aparece el panel Centro de actividades.

2. **Pulsa o haz clic en la palabra Expandir encima de la fila de botones.**

   El panel Centro de actividades normalmente muestra cuatro botones a lo largo de su borde inferior. Pulsar o hacer clic en Expandir deja ver una fila de botones adicionales ocultos.

3. **Haz clic o pulsa el icono de modo Avión (que se muestra en el margen).**

   Cuando el botón está resaltado, el modo Avión está activado y se desactivan las radios de la tableta: Wi-Fi, Bluetooth y GPS.

   Para desactivar el modo Avión y volverte a conectar a internet, repite estos pasos. Pero esta vez desactiva el modo Avión y se reactivará tu Wi-Fi, Bluetooth y GPS.

El modo Avión no solo hace que la tableta y el portátil respeten las normas de seguridad de las aerolíneas, sino que también preserva la duración de la batería. Puedes poner la computadora en modo Avión siempre que quieras, incluso cuando no estés en un avión.

Además de desconectar la conexión inalámbrica de la computadora, el modo Avión preserva el mecanismo móvil si tienes contratado un plan de datos móviles. Es una forma muy cómoda de apagar toda la actividad de la radio de la computadora, con solo pulsar un interruptor.

Conectarse a una red inalámbrica nueva

Cada vez que te conectas a una red inalámbrica, Windows guarda su configuración para que puedas conectarte de nuevo la siguiente vez. Pero la primera vez que intentas acceder a una red, tendrás que indicarle a la computadora que se tiene que conectar.

En el capítulo 15 explico las conexiones con mayor detalle, pero, como referencia, estos son los pasos necesarios para conectarte:

1. **Enciende el adaptador inalámbrico del portátil, si es necesario.**

   Si tu computadora está en modo Avión, desactívalo como se describe en el apartado anterior.

2. **Haz clic el icono de red inalámbrica de la barra de tareas, que se encuentra en el margen.**

   Puedes acceder al icono de red inalámbrica de la barra de tareas incluso cuando está activado el modo Tableta.

   Windows muestra una lista de todas las redes inalámbricas que se encuentran a su alcance.

3. **Conéctate a una red inalámbrica haciendo clic en su nombre y, a continuación, en el botón Conectar.**

En muchos lugares, hacer clic en Conectar es suficiente para que el portátil se conecte a internet al instante. Pero si el portátil pide más información, ve al paso 4.

Nunca te conectes a redes inalámbricas señaladas como conexiones *ad hoc*. Normalmente, los ladrones de datos preparan este tipo de redes con la esperanza de timar a visitantes incautos.

4. **Escribe el nombre de la red inalámbrica y la clave de seguridad/frase de contraseña si se te solicita.**

Algunas redes privadas no difunden su nombre, por lo que Windows las señala como redes ocultas. Si ves esa denominación o si Windows solicita la clave de seguridad de la red, encuentra al propietario de la red y pídele el nombre de esta, conocido como identificador de red SSID, y la clave de seguridad o la frase de contraseña para acceder a ella.

Al hacer clic en el botón Conectar, Windows anuncia que se ha conectado. Asegúrate de marcar la casilla Conectar automáticamente. Esto le dice a la computadora que recuerde la contraseña y se conecte la próxima vez que estés en ese rango.

Si inicias sesión con una cuenta de Microsoft, tu contraseña Wi-Fi viaja con tu cuenta. A continuación, si te conectas a una red Wi-Fi con el portátil, puedes iniciar sesión automáticamente también con la tableta.

Cambiar la orientación de la pantalla de una tableta

La mayoría de tabletas de Windows han sido diseñadas para sujetarlas en horizontal. Pero si las cambias de lado, giran automáticamente para que tu trabajo no se quede boca abajo. Por ejemplo, si giras la tableta en vertical, el escritorio se volverá estrecho y alargado.

La rotación automática es muy práctica cuando, por ejemplo, estás leyendo un libro digital, ya que las páginas, más finas y alargadas, se parecen más a las de un libro impreso. También es una forma muy conveniente de girar fotografías en una tableta cuando quieres mostrárselas a amigos. Sin embargo, si la pantalla gira de forma inesperada, la rotación automática se convierte en un estorbo.

La mayoría de tabletas cuentan con un botón en un borde que bloquea la rotación (por alguna razón, este botón suele estar cerca del botón de encendido). Al pulsar ese botón, la pantalla se bloquea en la posición en la que está o se le permite girar automáticamente.

Si tu tableta no tiene ese botón o no lo encuentras, puedes activar la rotación automática desde el escritorio siguiendo estos pasos:

1. **Haz clic en el icono de Centro de actividades cerca del reloj que hay en la esquina inferior derecha de la pantalla.**

   En una pantalla táctil, desliza el dedo hacia dentro desde el borde derecho de la pantalla.

   Aparece el panel Centro de actividades.

2. **Pulsa o haz clic en la palabra Expandir por encima de los cuatro botones.**

   El panel Centro de actividades normalmente muestra cuatro botones a lo largo de su borde inferior. Pulsar o hacer clic en Expandir revela los botones ocultos.

3. **Pulsa o haz clic en el botón Bloquear rotación.**

   Cuando el botón está resaltado, Windows impide que la pantalla rote automáticamente. Si lo pulsas, desaparecerá el resaltado, lo que permitirá que la tableta esté del derecho, sin importar cómo la muevas.

Repite estos pasos para activar o desactivar la rotación automática.

Elegir qué hará el portátil al cerrar la tapa

Cuando cierras la tapa del portátil significa que has parado de trabajar, pero ¿durante cuánto tiempo? ¿Durante la noche? ¿Hasta que salgas del metro? ¿Durante la hora de comer? Windows permite personalizar cómo se comporta el portátil cuando cierres la tapa.

Si quieres personalizarlo, sigue estos pasos:

1. **Desde el escritorio, haz clic con el botón derecho en el botón Inicio y selecciona Opciones de energía en el menú emergente.**

2. **Desde el panel izquierdo de la ventana Opciones de energía, haz clic en Elegir el comportamiento tras el cierre de la tapa.**

   Como se muestra en la imagen 23-1, Windows cuenta con cuatro opciones sobre el cierre de la tapa, según el portátil esté enchufado a la corriente eléctrica o funcionando con la batería: No hacer nada, Suspender, Hibernar y Apagar.

   En general, elige Suspender, ya que deja el portátil en un estado de reposo con bajo consumo de energía, preparado para reactivarse

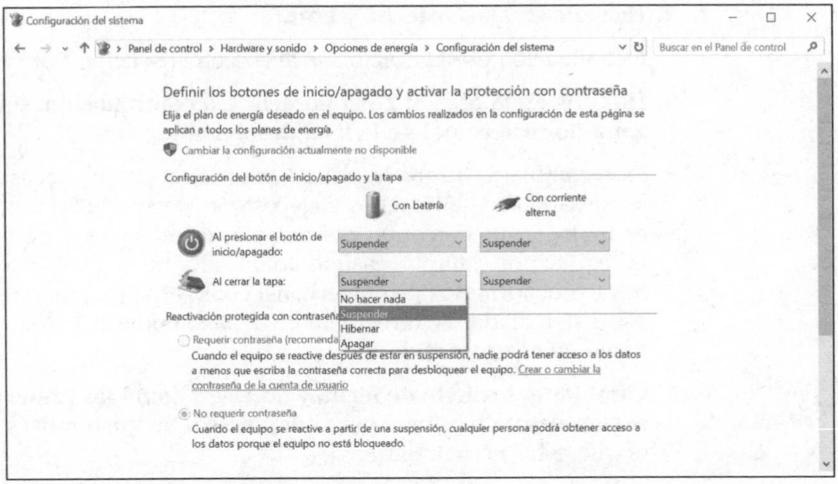

Imagen 23-1: Cambia las reacciones del portátil según esté enchufado a la corriente eléctrica o funcionando con la batería

rápidamente y que empieces a trabajar sin demora. Pero si prefieres otra opción, puedes elegirla aquí.

Además, puedes elegir si la computadora debe pedirte que escribas una contraseña al volver a encenderlo (es recomendable establecer una contraseña).

3. **Haz clic en el botón Guardar cambios para que estos sean permanentes.**

Ajustarse a diferentes ubicaciones

Las computadoras de escritorio no se mueven de allí, lo que hace que algunas cosas sean muy fáciles de configurar. Solo tienes que indicar tu ubicación una sola vez, por ejemplo, y Windows configurará de forma automática la zona horaria, el tipo de moneda y otras cosas similares que cambian según el lugar del mundo en el que estés.

Sin embargo, las ventajas de la movilidad de una tableta o portátil se ven ensombrecidas por la molestia de tener que indicarle al aparato dónde se encuentra en cada momento. Este apartado proporciona los pasos que necesitas cambiar cuando viajas a otro lugar.

Sigue estos pasos para indicarle al portátil que estás en otra zona horaria:

1. **En el escritorio, haz clic con el botón derecho en la esquina inferior derecha de la barra de herramientas.**

Aparecerá un menú emergente.

2. **Haz clic en ajustar fecha y hora.**

   La aplicación Configuración se abrirá en la sección Hora e idioma.

3. **Haz clic en la opción Zona horaria y, a continuación, selecciona la zona horaria actual de la lista desplegable.**

   Esto cambiará tu zona horaria, que es lo único que necesita cambiar la mayoría de viajeros. Los viajeros que vayan a estar mucho tiempo en un lugar pueden optar por cambiar los elementos específicos de la región: por ejemplo, el símbolo de la moneda local, la fecha, la hora y los formatos de número, así como añadir caracteres extranjeros a su teclado. Ve directamente al paso número 4 si estás arraigado en un lugar extranjero.

4. **Cambiar el formato de fecha y hora, así como las preferencias regionales y de idioma para adaptarse a las costumbres del país en el que estás actualmente.**

   La sección Fecha y hora de la aplicación Configuración te permite cambiar toda la configuración regional de Windows:

   - **Fecha y hora:** esta es la sección que cambiaste en el paso 3. No es necesario volver a esta sección a menos que cometieras un error en ese paso.

   - **Región e idioma:** elige esta opción, situada justo debajo de la opción Fecha y hora, para indicarles a tus aplicaciones el país que estás visitando (esto les permite mostrar contenido local en función de tu ubicación). Elige el botón adyacente Agregar un idioma para agregar otro idioma para que puedas leer y escribir en dicha lengua.

   - **Voz:** haz clic aquí para ajustar el reconocimiento de voz en Windows.

5. **Para salir, cierra la aplicación Configuración.**

   Para salir de la aplicación Configuración, haz clic en la X en su esquina superior derecha.

Hacer copias de seguridad del portátil antes de un viaje

En el capítulo 13, te muestro cómo realizar copias de seguridad en una computadora, y en los portátiles y tabletas se hace igual que en una computadora de escritorio. Recuerda realizar copias de seguridad del portátil antes de irte de casa o de la oficina. Los ladrones roban muchos más portátiles que computadoras de escritorio. Los portátiles y tabletas se pueden sustituir, pero los datos que estos contienen no.

Guarda copias de seguridad de la información en casa y no en la bolsa del portátil.

El motivo por el que no te recomiendo guardar ningún tipo de tarjeta de seguridad de copias en la tableta o en la funda de la tableta es que te las pueden robar. Y en ese caso, si un ladrón te roba la tableta, se llevará también la copia de seguridad.

Acceder al Centro de movilidad

El Centro de movilidad, que se introdujo en Windows 7, continúa viviendo en Windows 10. Se trata de una recopilación de configuraciones a las que se accede con frecuencia en dispositivos portátiles.

Para acceder al Centro de movilidad, haz clic con el botón derecho en el botón Inicio y selecciona Centro de movilidad en el menú emergente. Aparecerá el Centro de movilidad, como en la imagen 23-2.

Los diferentes fabricantes disponen de configuraciones distintas, pero casi todos ellos cuentan con formas rápidas de cambiar el brillo y la rotación de la pantalla, y de conectarse a monitores y proyectores.

Imagen 23-2: El Centro de movilidad coloca la configuración del portátil y la tableta en una ubicación de fácil acceso

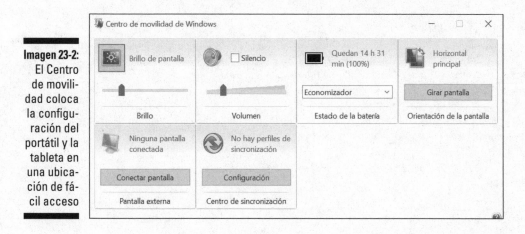

Índice

· ·

• *D* •

• *R* •